中國文化通史

隋唐五代卷·下冊

目錄
CONTENTS

第二章　高昂壯闊的時代精神

第三章　衝突與融通

第四章　交匯・擷英・輻射

第五章　哲學光華

第八章　教育與科舉

第九章　史學的卓越成就

第十章　空前繁榮的詩壇文苑

第十一章　美不勝收的藝術寶庫

第十二章　科技的輝煌成就

第十三章　社會風俗與時尚

參考書目

再版後記

第八章

教育與科舉

　　隋唐時期，不僅是中國封建社會經濟文化的盛世，也是人才的盛世。與人才盛世關係最為密切者，莫過於教育與科舉。

　　教育擔負著培養人才、提高整個民族文化素質的重任，同時又是文化繼承的重要途徑。隋唐時代，在統一的中央集權統治下，文化教育事業出現了前所未有的繁榮發展局面，學校的數量和規模均較前代有所擴大，基本教學制度也已確立，專門學校有較大的發展，從中央到地方，形成了一個比較完備的教育體系。

　　科舉制創立於隋，是隋唐五代時期選拔人才的重要方式。它一方面受當時文化觀念、人才觀念的制約，另一方面，又對當時的文化事業（如教育）及文化面貌產生了深刻的影響。

第一節·

以官學為主體
的教育體制

　　隋唐五代的教育體制，基本上是一種官學與私學相結合的體制。官學是主體，從中央到地方，形成了一個系統的教育體系。私學也有所發展，但要受到官學興衰的制約。

一、官學的興盛

　　隋唐五代時期的官學，奠基於隋文帝統治時期，在唐太宗時期達到極盛，在唐高宗武則天時期一度衰落，唐玄宗時期再度復興，安史之亂後就一蹶不振了。

　　由官方辦學，在中國起源很早。到魏晉南北時期，由於戰亂不息，政局屢變，官學時興時廢，難成規制。隋朝建立後，隋文帝為了穩定社會政治秩序，儒法並用，一方面加強法制，另一方面又積極倡導「勸學行禮，移風易俗」。大力興辦學校，是其極重要的舉措之一。他首先把國子寺從太常寺中分離出來，使其成為獨立的國家最高教育管理機構。國子寺設祭酒一人，總管學事。下屬國子、太學、四門、書、算五學，各置博士、助教，另外在大理寺設律博士，培養法律方面的專門人才。中央官學的「六學系統」基本奠定。地方上，郡縣乃至鄉社，

皆令設學。辦學盛況空前，轟動一時，史稱：「強學待問之士，靡不畢集焉。京邑達乎四方，皆啟黌。齊魯趙魏，學者尤多，負籍追師，不遠千里，講誦之聲，道路不絕。中州儒雅之盛，自漢魏以來，一時而已。」[1]

隋文帝晚年，治國指導思想有所變更，「不悅儒術，崇尚刑名」，認為官學學生雖多，但多而不精，未能培養出「德為代範、才任國用」之才，仁壽元年（601 年），下令廢天下學校，只存國子學一所。隋煬帝時期，雖也曾力圖恢復辦學盛況，但隋亡太速，這次興學熱潮也告流產。

唐朝建立後，統治者非常重視文教事業的發展。唐高祖李淵一即位，就下詔令國子學、太學、四門學立額招生，郡縣分上、中、下三等，分別規定了其立學招生的名額。武德七年（624 年）又特別下詔，「州縣及鄉，各令置學」[2]。

隋唐官學在唐太宗時達到極盛。唐太宗即位後，推行「大闡文教」的政策：其一，貞觀元年（627 年），重建國子監，加強對官學的領導；其二，在貞觀二年（628 年），下令「於國學增築學舍一千二百間」，擴大生員名額，國子學取三百名，太學取五百名，四門學取一千三百名。國子學招收文武三品以上高級官員的子孫，太學招收文武五品以上中級官員的子孫，四門學則招收文武七品以上低級官員的兒子，限五百名，另八百名招收地方庶民中的「俊異者」。並先後恢復了書學、算學、律學。其三，貞觀元年，唐太宗還在門下省設立一個特殊的高級學館——弘文館，館內聚集經、史、子、集四部書二十餘萬卷，精選天下名儒，如虞世南、褚遂良、姚思廉等充任學士，講論學術，商討政事，並教授生徒。貞觀十三年（639 年），又在東宮設立與之相似的崇賢館（後改為崇文館）。弘文館和崇文館可以說是貴族學校，能夠充任「二館」生徒的一般是皇帝、皇太後、皇後的親屬和宰相等高級官員的兒子，名額極有限。至此，唐朝以「六學二館」為代表的中央官學體系形成。

「六學二館」之外，朝廷的有關部門還辦有各類專業附屬學校，如太醫署、

1　《隋書·儒林傳序》。
2　《舊唐書·禮儀志》。

太僕寺、太樂署、太卜署就分別附設有醫藥、獸醫、音樂、卜筮之類的專業學校。唐太宗還命令在軍隊中也設立學校，「其玄武門屯營飛騎亦給博士，授以經業，有能通經者，聽之貢舉」[3]。甚至地方駐軍的都督府，也令設立學校。

由於採取了上述措施，唐太宗時，唐朝官學達到極盛，「諸館及州縣學」生員達到「六萬三千七十人」[4]。史稱：「四方儒士，多抱負典籍，雲會京師。俄而高麗及百濟、新羅、高昌、吐蕃等諸國酋長，亦遣子弟請入於國學之內。鼓篋而升講筵者，八千餘人，濟濟洋洋焉。儒學之盛，古昔未之有也。」[5]唐朝教育的發達程度，在當時世界是無與倫比的，也可以說是中華民族教育史上的一個里程碑。

唐高宗、武則天統治時期，學校教育轉入低潮。唐高宗在位時，「薄於儒術，尤重文史」[6]，上行下效，士子們也就缺乏學習儒家經典的熱情。高宗還一度廢止了書學、算學和律學。高宗時代對學校的僅有的一點貢獻，是在龍朔二年（662 年）設立東都國子監，稱為東監。中央官學由西京擴展到東京洛陽，武則天執政時期，學校教育幾近於停廢，據說當時太學堂宇蕪穢，二十餘年聽不到有讀書聲。

唐玄宗時期，崇儒興學的政策得到一定程度的恢復。皇帝經常親臨釋奠，提倡尊孔。還規定每年鄉貢明經、進士須先至國學拜詣先師。唐玄宗時學校教育的發展有以下幾個特點：（1）高宗、武則天時期學校隳廢，除統治者不重視外，還有一個重要原因是學校與科舉考試的脫節，唐玄宗時在這方面採取了一些修補措施。在開元二十一年五月的敕令中提出，諸州縣學生即使是庶人子弟，如能通一經，或「精神通悟、有文詞史學者」[7]，可以入四門學學習；貢舉落選者也可入四門學，這體現了朝廷重視學校教育的意願和為拉近學校與科舉距離所作的努

3　《舊唐書‧儒學傳上》。
4　《新唐書‧選舉志下》。
5　《舊唐書‧儒學傳上》。
6　同上。
7　《唐會要‧學校》。

力。天寶九載（750 年），朝廷還在國子監設立廣文館，以鄭虔為博士，專門負責指導國子監中修進士業的學生。天寶十二載（753 年），朝廷敕令罷天下鄉貢，只有國子學和郡縣學的學生才能參加科舉。科舉與學校的脫節，主要是學校教學內容和科舉考試的脫節，這個問題不解決，只是強制舉子們必須到學校去，自然很難有什麼成效，兩年後，這一規定就廢止了。（2）注意高級人才的培養。開元六年（718 年），設立麗正書院，以徐堅、賀知章、張說等學界名流為學士。開元十三年（725 年），麗正書院改為集賢書院，設立學士和直學士，待遇極為優厚。書院既是講學之所，同時也還為朝廷編修各種典籍，具有學術研究機構的性質。（3）道學的興盛。開元二十九年（741 年），唐玄宗在崇道思想指導下，設立了崇玄學，後改名為崇玄館；還下令在府州也設立崇玄學，專門教授道教經典。（4）教育普及面的拓展。開元二十六年（738 年），朝廷敕令天下州縣在鄉里也要設立學校，教授生員，使官學體系進一步向基層延伸。同時，在唐玄宗時，還明令允許百姓任立私學，也允許私學生在州縣學寄讀。由此，社會上掀起濃厚的讀書熱潮，至有「五尺童子恥不言文墨」的說法，反映了唐玄宗時教育的興盛。

古代教育是一種做官教育，「學而優則仕」是教育的基本價值取向。唐朝始終沒能解決學校教學內容與科舉考試（主要是進士科）的脫節問題，學校教育不適應社會需要，自然會衰落。安史之亂以後，政局動盪不寧，統治者常常無暇顧及學校問題，官學衰落，不成體系。特別是州縣學，在元和六年（811 年）下詔「廢中州、下州文學」後，事實上就不復存在了，代之而起的是私學。

二、官學的體制

隋唐官學體系，大體由京都儒學、京都專門學校和地方州縣學構成。京都儒學教育的規範化，專科學校的設立，地方官學的推廣、普及，是唐代官學體制的幾個重要特點。

隋唐時代，中央官學的京都「六學」中，級別最高的是國子學、太學和四門

學，書學、算學和律學則屬專科學校。京都「六學」統歸國子監管理，作為教育行政管理機構的國子監，設有祭酒一人，司業二人，負責國家教育事務的宏觀管理。「六學」是國子監直屬的學校。

「六學」中的國子學、太學、四門學，都以教授儒家經典為主，所以又稱京都儒學。中國正規儒學教育始於漢武帝元朔五年（西元前 124 年）設五經博士，「興太學」；西晉武帝咸寧四年（278 年）又增設國子學，北魏又增設四門學。隋唐時代京都儒學教育制度，比前代更為規範、完備，主要表現在：

（一）學校規格與學生身分的等級編制

隋唐時代，封建等級觀念依然特別強烈，反映在教育制度上，就是把學校劃分為幾個等級，學生要根據其家庭背景對號入座。等級最高的是國子學，據《大唐六典》的規定，國子學設國子博士二人，級別是正五品上，另外還設有助教、直講、五經博士等[8]，這都是負責教學的。學生總數為三百人，一般限定只有文武官三品以上和國公的子孫及從二品以上官員的曾孫，才可入國子學學習。太學設有博士三人，級別是正六品上，學生總數為五百名，一般限定只有文武官五品以上和郡、縣公子孫，以及從三品以上官員的曾孫，可入太學習業。四門學設博士三人，級別為正七品上，學生來源有兩部分，一部分是文武官七品以上和侯伯子男的兒子，另一部分是庶人子之為「俊士」者，也就是普通民家子弟中的佼佼者。四門學生徒最初限定一千三百學學習，可知四門學學生名額有不斷擴大的趨勢[9]。這說明，當時學校的等級編制是相當嚴格的。

（二）嚴密的教學計劃

8　參見《新唐書・百官志三》、《舊唐書・職官志三》。
9　國子、太學、四門合稱「三館」，唐玄宗時又在國子監設廣文館，所以後來稱國子監儒學為「四館」。

隋唐時代儒學教育的成熟，主要表現在教材的穩定、教學計劃的合理和督課有法。當時規定生徒的在學年齡為十四歲到十九歲。在校期間學習的主要內容為五經：《周易》、《尚書》、《詩》、《禮》（分《周禮》、《儀禮》、《禮記》三種）、《春秋》（分《左氏傳》、《公羊傳》、《穀梁傳》三家）。經又分大小：《禮記》、《左傳》為大經，《毛詩》、《周禮》、《儀禮》為中經，《周易》、《尚書》、《公羊傳》、《穀梁傳》為小經。大經和中經是必修，學生入學後，一般按這五經分班，在主修一大經或中經的同時，還可選修小經。另外還有《孝經》、《論語》是公共必修課[10]。學有餘力，還可兼習《國語》、《說文》及隸書等。唐太宗時期，為了解決經文歧異和經義的繁雜問題，命顏師古考定五經，搞了《五經定本》，又讓孔穎達等撰成《五經疏》，稱《五經正義》。教材的規範化，不僅有利於學生學習，也有利於學校對生徒的考課。當時學生學經有年限規定，《禮記》、《左傳》一般學三年，《周易》、《毛詩》、《周禮》、《儀禮》學兩年，《尚書》、《公羊傳》、《穀梁傳》學一年半。《孝經》、《論語》學一年。由博士、助教、直講分經教授。學習期間，要經常進行考試，有旬考、月考、季考、歲考等名目。考試的方法有兩種：讀和講。讀，就是帖經，老師掩住經書某段文字的兩邊，中間留一行，又擋住一行的三個字，讓生徒讀出被擋的字是什麼。這主要是要求生徒熟背經文。講，就是讓生徒當面講經義。一般的考試是由博士或業師主持，主要作用是督促學業。歲考是由國子監的祭酒、司業和丞主持的，每年一次，各學把學業有成的學生送到國子監參加統一考試，檢驗其是否學成（通經）。學生學成出監有三等，即通二經（大、小經各一種，或兩種中經）、通三經（大、中、小經各一種）、通四經（大經兩種，中、小經各一種）。出監者有的直接可以做官，有的是推薦參加科舉考試。通二經後有願繼續留監學習的，可以升進，四門學生可補太學生，太學生可補國子學生，借以提高政治地位和經濟待遇。由唐朝確立起來的這一套系統的教學管理方法，基本上一直被後代沿用。

　　隋唐的專科教育，形成了一個以京都律學、書學、算學為主的多門類的教育

---

10 唐高宗、玄宗時，還把《老子》也列為必修課。另據《新唐書‧百官志》：「習正業之外，教吉、凶二禮，公私有事則相儀。」

體系。從法律、書法到自然科學和技工訓練，涉及的範圍很廣。

京都「六學」中的律學、書學、算學是專科學校，招收的學生一般是文武官八品以下及庶人子弟。律學是培養法律專門人才的學校。律學置博士始於晉，在東晉至隋，是屬於廷尉或大理寺的屬官，唐朝時從憲司中分離出來，專門立學校。唐令規定律學置博士一人，助教一人，招學生五十人，以當時律令為主要學習內容，同時兼習當時的格式法例。學成後參加明法科的科舉考試。書學是培養通曉文字學並精於書法的專門人才的學校。書學設博士始於隋，始置一人，唐增為二人，助教一人，招學生三十人，課程設置以《石經》、《說文》、《字林》為主，兼習其他字書。算學是培養天文曆法、財政管理、土木工程等方面的計算人才的專門學校。算學置博士始於隋，唐設置博士二人，助教一人，招學生三十人，分兩班，一班學習《九章》、《海島》、《孫子》、《五曹》、《張丘建》、《夏侯陽》、《周髀》、《五經算》，一班學習《綴術》、《緝古》。這十部算學名著在唐高宗顯慶年間由著名科學家李淳風等校注後，稱「算學十經」，可以說是中國第一套官方頒布的數學教科書，其內容既包括古典數學，也有應用數學的內容。書學、算學生徒學成後，可參加科舉中明書科、明算科的考試，取得官職。

除了這些獨立的專科學校外，唐朝在一些專業行政部門，還設有附屬的專業技術學校。在太常寺的太醫署設有醫藥學校，由太醫令掌管，設醫學博士教授《本草》、《明堂》、《脈訣》、《素問》、《黃帝針經》、《甲乙脈經》等醫典，涉及醫學、藥學、針灸學、按摩學等幾個分科；在太僕寺設有獸醫學校，訓練學生掌握獸醫技術；在太史局設有天文學校，分曆生、天文生、漏刻生三種，設博士帶領學生邊實踐，邊學習理論，掌握學業後轉成工作人員；在太樂署附設有音樂學校，由樂博士分批輪訓散樂樂人和短番散樂樂人；在少府監也有一些技藝最高的師傅帶各種手工業製造方面的徒弟，如造橋、造車以及竹工、漆工等。說明當時的專業技術教育涉及的面是非常廣的。

隋唐時代，地方官學有了較大的發展。隋文帝時下詔令天下設立郡縣學。唐朝前期，天下安定，府、州、縣學有了一定的規模，《唐六典》中記載，當時大、中都督府和上州官學可招生徒六十人，下都督府和中州官學可招五十人，下

州官學可招四十人，縣學也根據縣的等級可招二十至五十人不等。各學都配備博士、助教。府州縣學的生徒，一般係低級官吏和庶民的子弟，所學內容也以「九經」為主，同時兼習吉、凶禮，參加地方上的禮儀活動。根據開元二十一年（733 年）的敕令：「諸州縣學生，年二十五已下，八品、九品子，若庶人生年二十一已下，通一經已上，及未通經、精神通悟、有文詞史學者，每年銓量舉選，所司簡試，聽入四門學充俊士。」這為州縣學生的晉升開了一條門路，府州縣學生中有才能者，通過進入四門學，通二經以上後，即可要求參加科舉考試。府州縣學生員由地方長官選補，在學期間可以免除課役，並享受一定的物質待遇。隋唐時期，政府也提倡鄉里辦學，不過，鄉里之學發展不齊，且大多屬於私學性質。

唐太宗貞觀三年（629 年），還下令設立府州醫學，置醫藥博士，由太醫署直接管轄，可收學生十二至二十名。唐玄宗開元二十九年（741 年）又令府州設立崇玄學，歸祠部直轄，學習《道德經》、《莊子》、《列子》等。這是地方官學中的專業學校。

綜上所述，隋唐極盛時代，從中央到地方州縣，形成了一個系統的官學網絡，對提高國民（主要是社會上層）的文化素質，發揮了很好作用。

三、私學的勃興[11]

私學與官學存在著一種互相制約的關係。在隋唐官學極盛時期，天下名儒碩學被徵集到國子諸學授業，比如唐太宗即位後，為了充實京師國子諸學的師資力量，下詔徵集天下隱逸，賜絹帛，給驛傳，令至京師充學官。原在鄉里教授子弟的王恭，就在貞觀初被征拜為太學博士。天下士子也雲集京師。私學的發展因之而受到一定的制約。不過，即使在這樣的時期，私人講學也沒有中斷。當時中央

---

11 參見吳宗國：《唐代科舉制度研究·學校與科舉·私學的興起》，瀋陽，遼寧大學出版社，1992。

官學雖盛，但能到京師讀書的士子必然是有限的。隋唐經濟繁榮，庶族地主勢力壯大，要求有更多的受教育機會，而當時地方上雖設有州縣學，但其博士、助教「多寒門鄙儒為之」[12]，教學水平很低，私人講學還有存在的社會基礎。此外，由於國子諸學教學內容與明經、進士考試的脫節，士子們為了應考而就學於私人，也所在多有，這也是私學得以維持的一個重要原因。

安史之亂以後，國子諸學荒廢日甚，唐德宗貞元時李觀在《請修太學疏》中講到，京師學館，「博士、助教，鋤犁其中，播五稼於之時，視辟雍如農郊，堂宇頹廢，磊呵屬聯」[13]。這種狀況以後也一直沒有改變，如元和十二年（817 年）劉禹錫在《奏記丞相府論學事》中講到：「今之校庠，不聞弦歌，而室廬坦廢，生徒衰少，非學官不欲振舉也，病無資財以給其用。」[14]當時國子、太學、四門、廣文四館雖仍按名額補署生徒，但並不進行教學活動，生徒們只是為了利用國子監給廚、給房的便利，落腳於此，等候解送參加科舉。至於州縣學，只有個別地方、個別時候還被提到，大多已名存實亡。私學因之勃興，代替官學承擔起社會的教育職能。

安史之亂以前的私人教育，主要以私人講學的形態存在。私人講學在南北朝時期就極普遍，南朝官學時興時廢，社會教育職能多靠私人講學來維持；北朝官學較盛，但私人講學也很盛，如大儒徐遵明，講學二十餘年，前後學生多至萬人。隋朝承南北朝餘續，私人講學仍然很盛。蘇州人顧彪以講《春秋左氏傳》而聞名，劉焯、劉炫兄弟「學通南北，博極古今」，都曾歸鄉里「以教授著述為務」[15]。隋末山西大儒王通，也曾講學於河汾之間，「門人常以百數」[16]。他的學生包愷成為《漢書》學的大師，也「聚徒教授，著錄者數千人」[17]。唐朝建立之後，一些知名的學者也常在家鄉聚徒講學。如顏師古在未顯達時，以教授為業；

---

12 《通典‧職官‧總論郡佐》。
13 《李元賓文集》卷五。
14 《劉夢得文集》卷二十五。
15 《隋書‧儒林傳》。
16 王績：《遊北山賦》自注。
17 《隋書‧儒林傳》。

孔穎達曾受業於劉焯，後也歸鄉「以教授為務」[18]。值得注意的是，唐代私人授業者中，講《文選》學者長盛不衰，曹憲在隋末就開始聚徒講學，到唐初，「江淮間為《文選》學者本之於憲」，他的學生李善寓居鄭、汴之間，也以講《文選》為業，「諸生多自遠方而至」[19]，他的學生馬懷素明經及第，又應制舉，登文學優贍科。開元時的蕭穎士也曾以文學收徒。這種情況與唐代以文學取士是有一定關係的。

不過，唐前期的私人講學的宗師大多是著名學者，講學也大多是屬於學術性的，而科舉考試在趨向規範化的過程中，並不要求考生有什麼創見。所以私人講學的規模始終有限。而屬於啟蒙教育性質的私人家學和村學，在開元年間逐步興起，開元十一年（723 年）朝廷敕令「許百姓任立私學」，於是私學發展更快。在安史之亂以後，文獻中留下許多知名人士年輕時在家學、村學或山林寺院中修業的記載。

家學是唐五代時期私學的第一種形態。唐代宗大曆初年，穆寧為和州刺史，在州東四十里僧居之外，為其子營「學館」；裴休在童年時，也曾「兄弟同學於濟源別墅」[20]。五代時期，社會動盪不寧，官學更加不振，家學發展尤快。五代軍閥羅紹威，在家「聚書萬卷，開學館，置書樓」[21]；江州名族陳氏「建家塾，聚書，延四方學者，優臟皆資焉。江南名人，皆肄業於其家」[22]。後蜀宰相毋昭裔，出資財百餘萬「營學館」，並刻印《九經》以為教材。這些名家巨族的家學，不僅供子弟學習，也允許外人來此求學，其社會意義更大。

村學又稱鄉學、里學、鄉校，是唐五代時期私學的第二種形態。唐高祖武德七年（624 年）時，就令鄉里也置學，唐玄宗開元二十六年（738 年）更明令：「每鄉之內，各里置一學，仍擇師資，令其教授。」[23]不過，官置鄉、里之學是很

---

18 《舊唐書・孔穎達傳》。
19 《舊唐書・儒林傳》。
20 《舊唐書・裴休傳》。
21 《舊五代史・羅紹威傳》。
22 文瑩：《湘山野錄》。
23 《唐會要・學校》。

難辦到的，大多數鄉、里之學是私人辦的。如苗晉卿辭官歸鄉後，「出俸錢三萬以為鄉學本，以教授子弟」[24]。王質「寓居壽春，躬耕以養母，專以講學為事，門人授業者大集其門」[25]。

唐五代鄉學極為普及，在各類文獻中，都有大量鄉學、里學、村學的記載，甚至在敦煌文書中也提到當地有坊學、社學的存在[26]。當時有許多政治、文化名人都有在鄉學學習的經歷。如陳子昂少年尚氣，喜遊玩，「它日入鄉校，感悔，即痛修飭」[27]，後中進士。王棲曜在天寶中也曾「遊鄉學」。白居易也說自己是「鄉校豎儒」。在鄉學學習的大多是窮人子弟，如竇易直幼時家貧，「受業村學」；前述王質，門人大集還要「躬耕」，也說明他的學生大多是窮苦人，「束修之禮」匱乏。牛僧孺《玄怪錄·齊饒州》記載有一「領村童教授」的田先生，有時還要「轉食」，「求食於牧豎」。說明鄉村學校經費困難之狀。然而，盛唐時代，「五尺童子恥不言文墨」，元白之詩，在當時是「禁省、觀寺、郵侯、牆壁之上無不書，王公、妾婦、牛童、馬走之口無不道」[28]，文化普及程度如此之高，應該說是鄉學、村學的貢獻。

鄉村學校主要進行的是啟蒙教育，常用的教材有《千字文》、《太公家教》、《兔園冊府》、《蒙求》等，也學習儒家經典，主要是打好文化知識基礎。

家學和村學一般都是以文化啟蒙教育為主的。唐五代私學中層次較高的是寺院、山林的講學和書院。

唐代中後期，興起了士人隱居山林、寺院讀書的風氣。晚唐五代時期，社會動盪不安，軍閥橫行，很多讀書人更傾向於隱居讀書以避世亂，因而其風更盛。羅浮山是嶺南士人的隱居讀書中心，衡山是南方人士的隱居讀書中心，而北方士

---

24 《舊唐書·苗晉卿傳》。
25 《舊唐書·王質傳》。
26 參見李正宇：《唐宋時代的敦煌學校》，載《敦煌研究》，1986 年第一期。
27 《新唐書·陳子昂傳》。
28 元稹：《白香山集序》。

人的隱居讀書中心則是嵩山、泰山和中條山[29]。隱居讀書的人中有很多名儒碩學，於是就有一些青年學子主動投到他們的門下，請求指導，山林、寺院的隱居讀書，就與講學結合在一起。

山林講學的風氣，從東漢以來就已存在。到唐中葉更興盛起來。比如陽城，在隱居中條山時，「遠近慕其德行，皆從之學」[30]；盧鴻，「博學，善書籀」，唐玄宗徵拜其為諫議大夫，固辭不就。朝廷只好「賜隱居服，官營草廬」，他到山中後，「廣學廬，聚徒至五百人」[31]。可見山林講學規模之大。

唐五代的寺院，一般也都是坐落在風景優美的名山勝地（兩京別論）。長安南郊，在長安至終南山群峰綠波起伏的丘原間，就散布著香積、興教、章敬、華嚴等十餘座金碧輝煌的佛寺。中條山有棲岩寺、萬固寺，盧山有東林寺，天臺山有國清寺，幾乎可以說有名山必有名寺。寺院建築宏偉，佛像千姿百態，壁畫琳琅滿目，院內樹木參天，陽春牡丹怒放，各種書法精品、金石碑銘四處陳列，帝王題匾，文人題詩，隨處可見。還常舉行俗講、百戲等活動，所以寺院常是藝術瑰寶薈萃的博物館和娛樂場所。唐代文人特別喜歡遊山玩水，特別是青年士子，及至學業甫就，年及弱冠，遊覽名山勝景是其人生中的一段重要經歷。唐代僧侶中也不乏飽學之士，所以士人與僧侶的交往也極密切，詩歌唱酬極為頻繁。寺院中的藏書也極多，敦煌千佛洞藏書中，佛典而外，還有相當多的經史子集類書。白居易的《白氏長慶集》，當時只有五部，就有三部分別藏於盧山東林寺、蘇州南禪寺、東都勝善寺。寺院的條件這樣好，就吸引了很多士人來此借居讀書，青年士子們也願來此結集，聽名儒碩學的講學與指導。[32]

另據日本學者那波利貞的研究，甘肅敦煌的佛寺中還設有「寺塾」，「寺塾所教所學為普通教育」，而「非佛家教育」。並指出：「此種情形當非敦煌一地之

29 參見嚴耕望：《唐史研究叢稿·唐人習業山林寺院之風尚》，香港，新亞研究所，1969；宋大川：《略論唐代士人的隱居讀書》，載《史學月刊》，1989 年第 2 期。
30 《舊唐書·隱逸傳》。
31 《新唐書·隱逸傳》。
32 參見李斌城：《論唐代士大夫與佛教》，《魏晉隋唐史論集》，第 2 輯，北京，中國社會科學出版社，1983。

特殊現象，而可視為大唐天下各州之共同現象。」[33]這說明寺院中的文化教育活動，既有高層次的學術講座，也有普及性的文化教育。

唐五代書院的情形比較複雜，一種是官方的書院，是皇家藏書、修書、校書的地方，始建於開元六年（718年），稱麗正書院，後改名為集賢殿書院。集賢殿書院設有學士、直學士、侍講學士、修撰官、校理官、知書官等，既是國家圖書館，又是國家重大修撰活動的場所。書院要為皇帝提供咨詢，即所謂「以備顧問」，同時也進行一些學術研討與講座，有「內學館」之稱。而私人建立的書院則更是多種多樣。有的是個人的讀書治學之所，如《全唐詩》中提到的李寬中秀才書院、沈彬進士書院、杜中丞書院等。另一種是一些大家族的藏書處兼家學，比如義門書院，又稱東佳書堂，在德安縣西北六十里東佳山下，為「唐義門陳衰即居左建立，聚書千卷，以資學者，子弟弱冠悉令就學」[34]。這是晚唐的事，五代時的竇禹鈞也「於室南構一書院，四十間，聚書數千卷，禮文行之儒，延置師席」[35]。而福建漳州龍泉縣的松洲書院，其性質則是「鄉校」，即鄉學。這些家學或鄉學性質的書院，進行的主要是啟蒙教育，而另一種書院則是在私人講學的基礎上發展起來的。如皇寮書院，為唐吉州通判劉慶霖流寓永豐，建以講學；梧桐書院為唐羅靖、羅簡講學之處；桂岩書院為唐幸南容「開館授業」之所。宋代著名的白鹿洞書院，原本是洛陽李渤與其兄李涉在廬山的讀書之所。寶歷中（825-827年）李渤任江州刺史，就在廬山他讀過書的地方建築臺榭，稱為白鹿洞。李渤在廬山隱居讀書時，已為名儒，宰相李逢吉少年時就曾在廬山拜在李渤的門下讀書求學。李渤建白鹿洞，應當也是一個讀書講學之所。到南唐昇元四年（940年），白鹿洞正式建學館，並置田產，供四方學者求學讀書，當時曾因國子監九經教授李善道為洞主，主持學務，遂有「廬山國學」之稱。宋代改稱為白鹿洞書院。從上述情況來看，書院確可稱為是私學發展的高級表現形式。

---

33 參見馮曉林：《中國隋唐五代教育史》，北京，人民出版社，1994。
34 嘉慶《九江府志》卷十。
35 《范文正公文集·寶諫議錄》。

四、留學生教育

　　隋唐時代的中國是當時世界上經濟最繁榮、文化最昌盛的文明國家。隋、唐王朝實行開放政策，東西各國使節、商人及留學生往來不絕，京師長安不僅是全國的政治、經濟、交通、文化中心，也是東西各國文化教育交流的集中點，隋唐盛極一時的官學，對周邊少數民族和周邊各國，產生了極大的吸引力，據《新唐書‧選舉志》所載，當時日本、高麗、新羅、百濟、渤海、高昌、吐蕃都曾相繼派遣留學生到長安來學習。

　　隋唐時代最早派留學生到長安學習的是日本。在隋煬帝時，日本曾派使臣小野妹子到中國來，並帶了高向玄理等八人來學佛法。唐貞觀年間，國學聲譽遠播四方，外國留學生源源不斷，進入國子諸學學習。留學生到長安後，一般先由鴻臚寺接待，然後安排到國子學、太學或四門學中學習，學習期間的各種費用，也由鴻臚寺供給，即所謂「官給資糧」。學習的年限長短不等，最多是九年。但有的留學生因客觀條件限制，如日本留學生要等遣唐使船到來才能歸國，他們在中國滯留的時間很長，唐朝仍供給其衣食費用。學習的內容以儒家經典為主，同時學習、了解唐朝的各種文化制度，以及書法、詩歌、棋琴等。還有的人因漢語不過關，不能到國子諸學學習，如橘逸勢即因不精漢語不能入太學，他就在長安歷訪名賢求學，還「兼學琴書」，「尤妙隸書」，唐朝的文人們呼其為「橘秀才」。

　　日本向唐朝派留學生始於貞觀四年（630 年），以犬上三田為大使的遣唐使團，帶來了一些學問生僧。終唐一代，日本遣唐使船共到中國十九次，據說有十三次都帶有留學生，每批少則一、二十人，多則二、三十人。日本留學生憑借國子監各種優越的條件，加上自身的努力，有許多人學有所成。如晁衡（阿倍仲麻呂）「各成太學」，被唐朝擢任為官，先後任過左春坊司經局校書、左拾遺、右補闕、秘書監、鎮南都護、安南節度使等職。吉備真備留學期間，「研覽經史，該涉眾藝」，在經史、法律、軍事、音樂、天文等方面都頗有造詣，歸國後官至天皇侍講、右大臣。這些留學生為日本借鑑、師法唐朝制度、文化做出了極大的貢獻。

向唐派遣留學生最多的是新羅國。貞觀十四年（640 年）新羅開始向唐派遣留學生，「玄宗開元中，數入朝，又遣子弟入太學，學經術」[36]。在唐文宗開成二年（837 年）新羅竟一次就派來二百一十六人。新羅學生崔致遠還在唐朝考中了進士。

渤海國也曾多次派諸生到長安太學，攻讀儒家經典，學習唐朝的各種制度。曾任渤海國相的烏照度及其兒子，還在唐朝考中過進士。

吐蕃留學生入唐是從文成公主時開始的。神龍二年（706 年），唐中宗曾敕令：「吐蕃王及可汗子孫，欲習學經業，宜附國子學讀書。」[37]

唐朝的留學生教育水平很高，對中外文化的交流，對中華文明向周邊地區和國家的傳播，發揮了重要的作用。

第二節 ·

科舉制度的確立
與入仕途徑的多元化

中國封建社會是一種官本位的社會，一個人的社會地位的高低，主要取決於他的官位，因而，做官幾乎是中國古代知識分子的唯一出路。隋唐時代，封建國

---

36 《新唐書·新羅傳》。
37 《唐會要·藩夷請經史》。

家極重視學校教育，但教育的功能只是為國家培養、儲備人才，以備將來之用，知識分子進入仕途，真正變成國家的有用之才，則要靠科舉制度。

一、科舉制度的產生及其背景

隋唐科舉制度是從兩漢魏晉南北朝時期的察舉制中脫胎而來的。一般認為，科舉制萌芽於南北朝後期，始於隋而成於唐。在隋代還沒有一個概括性的稱呼，唐代則一般稱為「貢舉」，到宋代才正式稱為「科舉」。

科舉制度產生的歷史背景，主要有以下幾點：

（一）士族門閥勢力的衰落和庶族寒門地主勢力的興起

魏晉和南北朝初期，士族門閥勢力特別強大，他們把持仕途，通過九品中正制度，確保他們的子弟順利步入宦海。但這種缺少社會流動的僵化機制，只能加速士族的腐朽，到南北朝後期，士族子弟發展到只懂得終日「熏衣剃面，傅粉施朱」[38]，有志讀書的很少。庶族寒門地主勢力乘機升進，掌機要，任典籤。隨著他們的勢力的不斷壯大，要求仕途上的平等競爭是自然的事。

（二）中央集權的強化

南北朝後期，由於生產力的發展和農民起義的衝擊，阻礙統一的分裂因素減弱。北朝在五世紀末以後，一直推行均田制度，與豪門大族爭奪勞動力的控制權。又實施府兵制度，中央直接掌握了強大的武裝。隋朝建立以後，在統一南北的同時，不斷強化中央集權，特別是把地方僚屬的任免權收歸中央，實現了所謂

---

38 《顏氏家訓·勉學篇》。

「海內一命以上之官，州郡無復辟署矣」[39]。這就要求開闢新的取仕途徑。

（三）教育普及面的不斷提高

魏晉南北朝後期，官學教育開始向庶族寒門開放，梁武帝天監四年（505年）設五經博士主五館，「欲招來後進，五館生皆引寒門俊才，不限人數」[40]；北周武帝選良家子充任太學生，這都是隋唐官學擴大學生來源的前奏。另外，社會上私人講學的盛行，也有利於教育普及面的拓展。這一切都說明，隨著庶族寒門地主經濟力量的增加，受教育的機會也增多。教育普及面的拓展，也是科考制度的重要背景。

漢代以來，選士的主要方式是察舉與徵辟。察舉時雖然有時也要考試，但主要還是靠舉薦。魏晉南北朝時期，士族通過中正——士族代理人把持舉薦大權，舉薦時也以門第閥閱為主要依據。南北朝後期士族勢力衰落，選士中的「唯才是舉」問題被提了出來。蕭衍（梁武帝）在齊末的奏疏中提出「設官分職，唯才是務」[41]；作為西魏北周治國綱領的蘇綽《六條詔書》，譴責了「自昔以來，州郡大吏，但取門資」，指出「門資者，乃先世之爵祿，無妨子孫之愚蠢」，要求「今之選舉者，當不限資蔭，唯在得人」[42]。舉秀才、舉孝廉的察舉制度又受到重視。北周宣帝初即位的《詔制九條》中，就講到「州舉高才博學者為秀才，郡舉經明行修者為孝廉。上州上郡歲一人，下州下郡三歲一人」[43]。秀才主要是對策，孝廉主要是試經。隋朝建立後，正式廢除九品中正制，但如何建立新的選官制度，隋朝基本上是沿著南北朝末年的辦法繼續探索。開皇七年（587年），「制諸州歲貢三人」[44]。這顯然是周宣帝《詔制九條》的進一步規範化。歲貢的內涵主要是秀才和明經。「明經」之名早見於漢代，《顏氏家訓·勉學篇》中講到梁

39 《通典·選舉·歷代制》。
40 《梁書·儒林傳序》、《隋書·百官志》。
41 《梁書·武帝紀上》。
42 《周書·蘇綽傳》。
43 《周書·宣帝紀》。
44 《隋書·高祖紀上》。

朝貴族子弟「明經求第則顧人答策」，明經和孝廉都是試經，在隋代合而為一。隋文帝開皇九年詔書講到官學「生徒受業，升進於朝，末有灼然明經高第」，仁壽元年（601 年）因此廢太學、四門和州縣之學。隋代的明經因而較少，開皇時見於史籍的只有韋雲起一人。「博學高才」的秀才科要求很高，一般士子不敢應舉，隋煬帝時，就創設了一個同樣是對策的新的考試科目——進士科。於是，進士與明經成為常舉的主要科目。上述情況表明，開皇七年「制諸州歲貢三人」，意味著「正式設立了每年舉行的常貢」[45]。唐朝建立後，在武德四年（621 年）頒布敕令：「諸州學士及早有明經、秀才、俊士、進士、明於理體，為鄉里所稱者，委本縣考試，州長重覆，取其合格，每年十月隨物入貢。」[46]唐朝的鄉貢制度與隋「歲貢三人」制度的淵源關係是很清楚的，把「諸州歲貢三人」與進士科的創立，作為科舉制創立的標誌是有道理的。

南北朝末年的舉秀才、孝廉和明經射策，門第限制已經放寬，成為寒人入仕的途徑[47]。在廢除九品中正制的隋代，明經、秀才及進士科以考試（射策）成績作為去取的標準，正是庶族寒門地主在仕途上要求公平競爭的反映。

科舉制度在隋朝還處於探索階段，很不成熟。隋朝官吏的選拔，除許多貴族子弟依靠父祖資蔭取得官職外，隋王朝還多次下詔「分科舉人」。比如在開皇二年（582 年），詔舉賢良。開皇十八年（598 年），詔令京官五品以上及總管刺史，以志行修謹、清平干濟二科舉人。仁壽三年（603 年），隋文帝又詔：「其令州縣搜揚賢哲，皆取明知古今，通識治亂，究政教之本，達禮樂之源，不限多少，不得不舉。」[48]隋煬帝在大業三年（607 年），也下詔天下，令以孝悌有聞、德行敦厚、節義可稱、操履清潔、強毅正直、執憲不撓、學業優敏、文才美秀、才堪將略和膂力驍壯十科舉人。這種分科舉人，基本上說還是漢魏以來薦舉制度的延續。這些被舉的人是否要參加考試，不得而知，但對舉薦的人才的要求，卻與過去有所不同。過去舉薦人才多強調「德」的方面，而隋朝「分科舉人」強調

45 吳宗國：《唐代科舉制度研究》，5 頁，瀋陽，遼寧大學出版社，1992。
46 《唐摭言‧統序科第》。
47 唐長孺：《魏晉南北朝史論叢續編》，《南北朝後期科舉制度的萌芽》，124-131 頁，北京，三聯書店，1959。
48 《隋書‧高祖紀下》。

的是「才」，「清平干濟」、「執憲不撓」、「才堪將略」是「幹才」，「明知古今，通識治亂」、「學業優敏，文才美秀」是「才學」，這也是科舉制度以才學作為取士標準這一精神實質的體現[49]。

科舉制創立於隋，但隋朝極短暫，加之史料記載的缺乏，隋代科舉制仍很不完善。科舉制的許多方面，是在唐朝才逐步完善起來的。

二、唐朝科舉考試的內容和方法

唐朝繼承並發展了隋朝的科舉制度，在考試科目、考生解送、考試方法等方面，形成了一套完整的制度。

唐朝的科舉分為常舉與制舉兩種。制舉由皇帝臨時下詔舉行，常舉是「常貢之科」，基本上是每年都要舉行的。

常舉的科目主要有秀才、明經、進士、明法、明書和明算六科。另外還有武周長安三年（703 年）創立的武舉和唐玄宗開元二十九年（741 年）創立的道舉。秀才科因為難考，在永徽二年停廢，明法、明算、明書科屬於專門人才選拔科目，一般士人應考的科目主要是進士和明經。

參加進士與明經考試的考生有兩個來源：一是州縣的貢生，一是學館的生徒。學館的生徒主要是兩京國子監的生徒，他們在館學成後，經國子監考試，一般通二經以上，就可被舉送到禮部參加考試，爭取明經或進士及第。

州縣的貢生是按照鄉貢制度取得應考資格的。按照唐朝的規定，地方上的學子們每年要「懷牒自列於州縣」，也就是拿著自己的報名資料到本貫州縣報名，先由各縣縣尉主持初考，然後由府州複試，選拔優異者給予解狀，在每年十月分

---

49 《舊唐書·李密傳》記載李密以父蔭為親侍，宇文述對他說：「弟聰令如此，當以才學取官。三衛叢脞，非養賢之所。」這也說明隋人對「以才學取官」的重視。

隨各州進貢物品「解送」到京，參加尚書省的科舉，這叫「貢士」。

唐朝鄉貢始於武德四年（621 年），在唐初一直嚴格按規定舉送，到武則天時代，由於當時學校廢隳，鄉貢大行，士子們爭著在各地假名就貢，投牒取解不再限於本貫。天寶以後，京兆、同華的貢士容易被錄取，士子們就爭著在此地取解。也有的士子們為得到名人的推薦，投奔到名人的宦地，如「白居易典杭州，江東士子多奔杭取解」[50]，以提高自己的競爭力。

被「解送」參加科考的人數，每年不等，少時千餘人，多時達到六、七千人。生徒與貢士的比例，在唐武宗會昌年間大約是七比十。大體上說，唐朝後期，貢士名額有逐步擴大的趨勢。貢士的名額在分攤到各州府時，也是多少不均的，比如唐後期的京兆、同華、河中州府每年可解送貢士八十餘人，而一些落後地區，如福建、黔府、安南等地，每年貢士總共不過十七、八人。每縣平均也就一半個名額。

舉子們在每年十月底匯集京師，十一月一日隨朝集使參加朝見，然後到禮部交納文狀，考試的時間一般在正月。

唐初，科舉考試一般由吏部的考功員外郎主持，後因考功員外郎官位較低，難以適應科舉制不斷發展的形勢，在唐玄宗開元二十四年（736 年）以後，主考改由禮部侍郎一人專掌，在禮部設貢院，主考官稱知貢舉。安史之亂後，也經常委派中書舍人及各部侍郎權知貢舉。主考官一般不超過三榜。

考試的內容和方法，明經與進士科有所不同，明經科考試內容有五經、三經、二經、學究一經、三禮、三傳、史科之別。還有開元禮、童子科、道舉等，也可以說屬於明經一系。不過，一般的明經考試是通二經，同時兼試《論語》和《孝經》。所謂「通」的內涵是：「文注精熟，辨明義理。」[51] 考試的具體方法是「帖經」和「墨義」。在開元二十五年（737 年）以後，明經考試加試時務策三

50　《唐摭言·爭解元》。
51　《封氏聞見記·貢舉》。

道。進士科在唐初只考時務策五道。唐高宗永隆二年（681 年），考功員外郎劉思立認為「進士唯試時務策，恐傷膚淺」，建議「加試雜文兩道，並貼小經」[52]。以後，明經、進士都保持了三場試的格局。

科舉考試中的「帖經」，方法大體同於國子監諸學的帖經考試；揭出所考經書任意一頁中的一行，帖住三字，讓考生寫出來所帖之字。成績評判以明經科為例，一般是每經帖十次，答對五次以上為及格。

「墨義」相當於館學考試中的講（口義），不過形式是筆答。考官從經書中提出問題，考生答出該句經文的注疏或上下文，也是檢驗考生對經文和注疏的熟練程度。

「時務策」考試，一般是由考官就當時政治、經濟、軍事等方面提出一些亟待解決的問題，讓考生發表書面意見。這種考試方法，本來應該說是一種較好的考試方法，它可以使士子們從經學的死背硬記中擺脫出來，思考現實問題，有助於提高知識分子的政治見解和才能。但在實際科考中，策試題目往往陳陳相因，士子們也就用心於搜求歷年考試登第者的對策論文，熟讀強記，考試時照貓畫虎，既缺少創造力，也就不能反映考生的政治見解和處理實務的能力。

進士科的「雜文」考試，最初除考詩賦外，還涉及箴、銘、表、贊等多種體裁。玄宗開元以後，就只考詩賦了，主要考查考生運用文字的技巧。

考試的放榜一般是在二月，也有早到正月或晚至三月的。放榜日，在禮部貢院東牆上出黃紙榜，上面用濃墨書寫及第者姓名。進士及第的第一名稱狀元或狀頭、榜頭。明經科錄取的人數較多，每年約有百十餘人，而進士科每年錄取二、三十人，少時只有九人。唐人有詩說「桂樹只生三十枝」，就是比喻進士科錄取人數之少。

關於「制舉」，人們一般理解為皇帝親自主持的科舉考試。《冊府元龜·貢

---

52 《新唐書·選舉志》。

舉部·總序》說：制詔舉人「始於顯慶，盛於開元、貞元」。因為在高宗顯慶四年（659 年）的時候，唐高宗曾經「親策試舉人」，當時應詔參加制舉的「凡九百餘人，惟李巢、張昌宗、秦相如、崔行功、郭待封五人為上第，令待詔弘文館」[53]。但在有關唐史的資料中，在高宗顯慶以前，也有中制舉者，如崔仁師「武德初應制舉，授管州錄事參軍」[54]，崔信明「貞觀六年應詔舉，授興世丞」[55]。《新唐書·選舉志》關於制舉的定義是：「其天子自詔者曰制舉。」《通典·選舉三》的定義是：「其制詔舉人，不有常科，皆標其目而搜揚之。」都沒有提皇帝親自策試的問題，說明「制舉」的原始概念就是皇帝下詔分科舉人，顯然這是繼承了隋代「分科舉人」的舊制，不過在唐代發展的越來越完備，特別是從顯慶以後，就進入了由皇帝親臨策試的新階段。

制舉科目的確定，是「隨其入主臨時所欲」[56]，也就是根據皇帝的意願臨時確立的。通計有唐一代，大約有賢良方正、直言極諫、文辭清麗、博學通藝、武足安邊、志烈秋霜、不求聞達等百十餘種。應制舉考試的考生，既可以是平民，也可以是科舉及第者，或者是現任官員。平民及第，可以立授官職；現任官制舉榜上有名，可以升職；有才華的士子，往往在常科及第後，又去參加各種名目的制舉，借以提高知名度，以利升遷。比如，唐代後期名臣韋執宜，「進士擢第，應制策高等，拜右拾遺」[57]。進士及第一般只能授一個從九品下階的縣尉，而韋執宜因為「應制策高等」，一開始就授了一個從八品上階的右拾遺，超升五級。這說明「制舉」是唐朝選拔人才的一種重要途徑。

制舉除下詔令各級官員舉薦外，還允許自舉，這就可能使有志氣、有才能的士子和下級官吏不必通過走後門或依靠別人的賞識而憑自己的考試成績平步青雲。制舉的根本目的，是選拔高層次的棟梁之才，這種以考試成績選拔高官的方式，使唐政權比較開放，使它有了更廣泛的社會基礎。

---

53 《舊唐書·高宗紀上》作「郭待封、張九齡五人居上第。」此引自《冊府元龜·貢舉部·考試一》。
54 《舊唐書·崔仁師傳》。
55 《舊唐書·崔信明傳》。
56 《新唐書·選舉志》。
57 《舊唐書·韋執宜傳》。

三、吏部銓選與入仕途徑的多元化

科舉及第，只是取得了做官的資格，至於真正步入仕途，最關鍵的是要參加吏部的銓選。

據《舊唐書·職官志》的記載，有資格參加吏部銓選的，「有唐以來，出身入仕者，著令有秀才、明經、進士、明法、書算。其次以流外入流。若以門資入仕，則先授親勳翊衛，六番隨文武簡入選例。又有齋郎、品子、勳官及五等封爵、屯官之屬，亦有番第，許同揀選」。概括地說，除了科舉及第者外，入仕之途，還主要有門蔭與流外入流兩種。

門蔭入仕之制，在北周、隋時就出現了。北周門蔭主要是酬勞功臣，隋代其範圍有所擴大，高官貴族子弟，可以通過直接擔任皇帝和太子的侍衛進入仕途。唐代門蔭的範圍進一步擴大，形成了多層次的、能夠照顧到各個官僚階層利益的門蔭入仕體系。

首先，唐代有封爵的（王公侯伯子男），子孫可以承襲祖上爵位，但襲爵者一般是嫡長子，其餘子孫，就要靠門資入仕。

其次，凡有封爵者及皇帝的親戚，以及五品以上官子孫，可以靠門資入仕，其入仕的品階根據其父祖的身分和官品高低來決定，如一品官的兒子初入仕就可做正七品上階的官，而從五品官的兒子入仕時也可做從八品下階的官。六品以下的官吏就沒有這一特權。

靠門資取得出身（入仕資格）的高官子孫，其入仕的具體辦法有兩種：一種是通過學館，也就是充當國子、太學生，業成通過考試後，可以直接參加吏部銓選，也可以參加科舉考試。如果能科舉及第，可在本蔭的基礎上，再提高若干個品階授官；另一種是直接入仕，即按照規定直接擔任千牛、進馬和三衛的侍衛，這些侍衛本身就是有品級的宿衛官。經過一定年限（勞考）之後，「可隨文武簡入選例」，到吏部應選，委派擔任職事官。

另外，六品以下官吏的一部分子孫，可以通過充任齋郎和品子，上番或納資

一定年限後，也可參加吏部銓選，入流做官。

　　唐朝通過封爵、資蔭、齋郎和品子這樣一個多層次的門蔭制度，維護了統治階級的利益，特別是保障了高級官僚、皇親國戚的世襲政治特權。但值得注意的是，不論是千牛、三衛，還是齋郎、品子，均需經過考試才能做上真正的官，高級官僚子弟科舉及第，授官時還給予特別優待。這一方面說明以才學取士的原則已滲透到門蔭制度中來，另一方面也為門蔭制度的衰落埋下了伏筆。

　　流外入流制度也是在唐朝形成的。唐代的官吏分為流內官和流外官，流內官是品官，也就是官品令中所列的九品三十階內的各級官員。流外官一般稱吏，是在中央尚書都省和六部及各司中職主文書和從事其他技術性工作、雜務的胥吏，如錄事、令史、楷書手、典書、謁者等。唐朝制度，六品以下九品以上子及州縣佐史和庶民，可以參加吏部司的流外銓，錄取的要求是工書、工計、曉時務，三條中有一優長，即可錄用。擔任流外官滿一定年限後，經過考試合格，參加吏部銓選，可授予低級的職事官或散官，如尚書省二十四司及門下、中書的都事、主書、主事等，這大多是一些掌管各司文案的官員。

　　相對於科舉入仕而言，凡通過做三衛、齋郎、品子及流外官而進入仕途的，唐代泛稱為「雜色入流」（或「諸色入流」）。雜色入流的人數遠遠超過科舉入仕者。唐代前期科舉及第每年不過百人，而「諸色入流，年以千計」[58]，這個一比十的比例在唐後期也無大變化。由此可以看出在唐代入仕途徑上，門蔭與流外入流，占有相當重要的地位。不過，從高級官吏來看，唐代前期門蔭入仕者居多。唐後期，高官子弟也多趨於科舉之門，門蔭因之衰落，科舉入仕成為高級官吏的主要來源。這也是唐朝前後期的一大變局。

　　無論是科舉及第，還是「雜色入流」，他們在入仕做官時，都要參加吏部的「關試」。據《新唐書‧選舉志》記載，吏部銓試的內容有四：「一曰身，體貌豐偉；二曰言，言辭辨正；三曰書，楷法遒美；四曰判，文理優長。」身、言標準

---

58 《通典‧選舉‧雜論議中》。

往往可以馬虎，最要緊的是書、判。所謂「判」，就是判詞，一般是根據各地官府的獄訟案件或典籍舊事設定案例出題，讓應試者剖析判決，寫出判詞。主要是考核應試者的斷事能力和文理優劣。但實際上，所出案例往往情節簡單，沒有多少發揮的餘地，主要是檢驗應試者的文字表達能力。判詞一般用辭采精麗、對仗工整的駢文寫成，所以後人常說「雖名之曰判，而與禮部所試詩賦雜文無以異殊，不切於從政」[59]這與進士科以文學取士的精神是一致的。

應試者所書寫的判詞，同時也表現出其「楷法」是否「遒美」。宋人馬永卿曾說：「唐人字畫，見於經幢碑刻文字者，其楷法往往多造精妙，非今人所能及。蓋唐世以此取士，而吏部以此為選官之法，故世競學之，遂至於妙。」唐代楷書名家輩出，應該說與吏部選官重書法有一定關係。

唐代入仕途徑的多元並存，既體現了唐代官僚政治的等級性，也體現了其開放性。具有等級限制的門蔭入仕和流外入流制度，實際上旨在為社會各階層規定他們在官僚政治體系中應有的位置，體現了唐朝封建制度的等級性。但科舉制度的實施，為庶族寒門進入官僚政治體系打開了通道，五花八門的制舉和吏部科目選，從不同角度，為社會各層次、各方面的人才提供了晉升的機會，造成了官僚階層的流動。相對於魏晉南北朝「上品無寒門，下品無勢族」而言，這種官僚階層的流動性，正是唐代政權開放性的體現。

---

59 《文獻通考・選舉二》。

第三節 ·

進士科
與唐代文學

一、進士科的一枝獨秀

科舉是唐代知識分子的政治出路，在諸科之中，進士科對知識分子最具吸引力。

唐代常舉六科中，明法、明書、明算是選拔專門人才的科目，並不是有文化的士子都可應舉的。秀才科舉行時間不長。而明經對知識分子的吸引力則遠不如進士科。

首先，考進士遠不如考明經容易，因而社會對考中進士的人看得更重，而有才華的士子也以考中進士為榮。

在隋、唐初，最難考的是秀才。秀才考試，是「試方略策五道」[60]，方略策不同於時務策，它要求考生不僅要精通時事，而且要引經據典，提出經世治國的方略，這是很不容易的，所以貞觀以後，「舉人憚於方略之科，為秀才者殆絕，而多趨明經、進士」[61]。高宗永徽二年（651）正式廢除秀才科。秀才科廢止後，

---

60 南北朝末秀才即試策，隋代又加試雜文。不過當時的策更重文章，與唐之「方略策」似有不同。
61 《封氏聞見記·貢舉》。

進士科的考試最難，考中進士最受社會重視，所以，唐代文獻中，有時也把應進士舉的人稱為「秀才」。

考進士難於考明經，首先是進士每年錄取的人數較少，而明經的相對較多。據徐松《登科記考》的統計，貞觀時平均每年錄取進士九人，永徽、顯慶間平均每年錄取十四人，武則天統治時期平均是二十人，開元以後，每年錄取的進士大概在三、四十人左右。而明經每年及第的人數大約是進士的二、三倍。再從中舉率的角度看，杜佑曾經說：「其進士大抵千人，得第者百一二，明經倍之，得第者十一二。」[62]唐代前期，每年應進士舉的人約一千人左右，中舉率只有百分之一、二，而明經的中舉率是十分之一、二。當時有「三十老明經，五十少進士」的說法，明經易考，三十歲才考中明經就是「老明經」了；進士難考，五十歲考中進士也還是「少進士」。

進士難於明經，還有一個方面是考試內容的差別。從隋代開始，明經考試的內容主要是儒家經典，但隋唐時代，儒家並不受重視，隋代民間「佛書多於六經數十百倍」[63]。唐太宗曾力圖興「文教禮樂」之治，但到唐高宗就「薄於儒術」[64]。儒學不受社會重視，鑽研經學的人也極少，士子們只是為考試才學一點儒家經典，所用的一點功夫也主要是死背硬記，而明經考試中的帖經與墨義也主要是檢驗考生對經文與經疏的記誦程度，這種考試很難體現一個考生的學識水平。進士科在隋煬帝時就試策，所以士子們「輯綴小文，名大策學」。這種試策和秀才的試策是一樣的，據《北齊書・儒林傳》記載，河清初，劉晝「舉秀才，入宗考策不第，乃恨不學屬文」。可見試策主要是看文章。唐代進士科仍是按文學之科的路子發展，高宗永隆二年（681年），令進士科在試策之外，加試雜文兩道，並加貼「小經」。宋人歐陽修評價說：「大抵重科之目，進士尤為貴，其得人亦最為盛焉。方其取以辭章，類若浮文而少實；及其臨事設施，奮其事業，隱然為國名臣者，不可勝數，遂使時君篤意，以謂莫此之尚。」[65]進士科之所以有「得人

---

62 《通典・選舉・歷代制下》。
63 《資治通鑑》卷一七五。
64 《舊唐書・儒林傳序》。
65 《新唐書・選舉志》。

之盛」，與考試內容應有一定關係。文章取士，比起明經膚淺的、死背硬記的考試，還是能給士人們以較大的自由發揮的餘地和表現自己才華的機會，所以，有才華的士子競趨進士科，以致「老死於文場」，「亦無所恨」，就可以理解了。

由於上述原因，唐朝前期，人們在觀念上就以「進士為士林華選，四方觀聽，希其風采」[66]。知識分子「父教其子，兄教其弟，無所易業」，一心一意考進士。唐太宗在端門上看見「新進士綴行而出」，喜得大叫「天下英雄，入吾彀中矣」。貞觀、永徽之際，「縉紳雖位極人臣」，若不是進士出身，意下還「終不為美」。參加進士舉的人，在應考之前，就被推重為「白衣公卿」、「一品白衫」[67]。進士科的一枝獨秀，於此可見一斑。

其次，進士及第者升官較快。特別是在唐代後期，進士科成為高級官吏的主要來源。

唐朝前期，儘管人們在觀念上視進士為「士林華選」，但在仕途上，明經與進士所差無幾。從制度規定而言，明經及第，吏部銓選授官時，敘階還要高出進士及第者一階。另外，隋唐官學盛時，高官子弟在京都儒學中學成之後，應明經舉的比較多，所以，唐前期明經出身者中有相當數量的高官子弟，他們由於資蔭的關係，「釋褐」授官時，敘階要遠遠高於寒門子弟。唐代前期高級官員主要來源於門蔭出身者，當然也包括具有門蔭與明經及第雙重身分的官員。

但由於觀念上人們視進士為「士林華選」，有才華的士子多願考進士，進士及第後，往往又去應制舉。制舉本身也是才學之科，特別是其中有相當數目的科目屬文學之科，因而進士參加制舉有一定的優勢。進士儘管授官時品階較低，進士甲第，從九品上敘階，乙第從九品下敘階，但進士升遷較快。由於他們的文化程度較高，朝中清要之官丞、郎、給、舍常選於進士，而這些清要官正是朝廷公卿將相的候選人。唐初進士並不多，但據統計，高宗時科舉出身做到宰相的十一人中，明經只有二人，進士則有九人。唐玄宗開元元年到二十二年（713-734 年）

66　《通典‧選舉‧歷代制下》。
67　《唐摭言‧散序進士》。

的二十七名宰相中，進士出身的有八人，制舉出身有五人，明經有四人[68]。這也說明，人們把進士舉子視為「白衣公卿」是有緣由的。

在唐代前期，高級官員中門蔭出身的人占多數，特別是「貴戚子弟」和「宰相近侍要官子弟」，「髫齔之年，已腰銀艾」、「童卯之歲，已襲朱紫」，是極普通的現象，因而，「美爵」高官多被他們所竊據[69]。中唐時期，社會發生急劇變化，士族地主和唐初功臣貴戚集團均衰落，躋身上層行列的新貴們，其政治地位不穩，當時出現了「諸達官身亡以後，子孫既失覆蔭，多至貧寒」的現象[70]，這使許多社會上層人士意識到按才學標準培養子弟的重要性，所以高級官員的子弟轉向參加進士科考試的人增多。特別是安史之亂以後，社會矛盾激化，各種棘手的社會問題，都需要有真才實學的人來解決，與「罕有才藝」的權貴子弟相比，文化程度較高的進士出身的官員，更具備擔起這重任的條件。唐代宗時宰相常袞提出「非以辭賦登科者莫得進用」[71]，此後，及第進士大量進入高級官吏行列。貞元、元和之際，「當代以進士登科為登龍門，解褐多拜清要，十數年間，擬跡廟堂」[72]。李肇《唐國史補》更具體地講：「進士為時所尚久矣，是故俊乂實集其中，由此出者，終身為聞人」，「故位極人臣常十有二三，登顯列十有六七」。進士科成為高級官吏的主要來源。

與進士科一枝獨秀形成鮮明對比的，是唐後期明經與制舉的衰落。明經考試以帖經與墨義為主，但帖經的成績具有關鍵意義，在唐後期更成為及第的主要標準。「明經以貼誦為功，罕存旨趣」[73]的弊端，很早就有人指出了。這種膚淺的、死背硬記的考試，完全窒息了士子們的獨立思考和創造精神，也使明經的聲譽和社會地位逐步下降。唐肅宗至德元年（757年），允許人「納錢」買明經出身，常袞「非辭賦登科者莫得進用」的政策，堵塞了明經的出路，許多人都產生了

---

68 吳宗國：《唐代科舉制度研究‧進士科與高級官吏的選拔》，瀋陽，遼寧大學出版社，1992。
69 參見《舊唐書》之《魏玄同傳》、《蕭至忠傳》。
70 《舊唐書‧姚崇傳》。
71 《舊唐書‧崔祐甫傳》。
72 《封氏聞見記‧貢舉》。
73 《唐會要‧帖經條例》。

「明經碌碌」的觀念。在現實中，儘管明經錄取的人數並未減少，但明經出身的人大多擔任中下級官吏，做到高官或成名者極少[74]。

附帶需要說明的是，五代時期，明經科頗有起色。關於這一點，《文獻通考·選舉考》講得極明白：「五代自晉漢以來，明經諸科，中選者動以百人記。蓋帖書墨義，承平之時，士鄙其學而不習，國家亦賤其科而不取，故惟以攻詩賦、中進士者為貴。喪亂以來，文學廢墜，為士者往往從事手帖誦之末習，而舉筆能文者固罕見之。國家也姑以是為進取之途，故其所取反數倍於盛唐之時也。」這段議論除說明五代時士人重視考明經外，也反證了唐代進士科的一枝獨秀。

制舉在貞元、元和之際也還一直是進士及第後通向高位的一塊重要跳板。但士人利用制舉對策攻擊時政，一直是一個令統治者頭痛的問題。隨著高官新貴普遍利用進士科來傳襲高位的趨勢的發展，他們也不願下層官吏通過制舉來躋身上層，與他們爭權奪利。在唐文宗太和二年（828年）劉蕡對策極言宦官之禍以後，制舉實際上就停止了。

二、進士行卷與唐代文學的繁榮[75]

泛泛而言，唐代進士科是以文才優劣作為選拔官員標準的科目，是文學之科，是詩賦之科，但在有唐一代三百年中，進士科的考試內容和錄取標準，還是有一些變化的。

唐初進士試策，策文的好壞是錄取進士的唯一依據，評價策文水平則主要是看文章的詞華。唐高宗調露二年（680年）考功員外郎劉思立奏請進士在試策外，加試雜文兩道，並貼小經，確立了進士三場試的格局。雜文包括箴表銘賦之

---

74 參見吳宗國：《唐代科舉制度研究·明經地位的變化》，瀋陽，遼寧大學出版社，1992。
75 本題的寫作主要參考程千帆：《唐代的進士行卷與文學》。

類，到開元年間，雜文才主要考詩賦。天寶時，進士被視為文學之科，進士三場試中，最關鍵的是雜文——詩賦的考試，帖經不合格，可以試詩來「贖帖」，進士科真正變成了「以詩賦取士」的科目。貞元以後，出現了「以文章取士」取代「以詩賦取士」的趨勢，但詩賦作為進士三場試中的一場重要考試，則始終未變。

進士雖被視為文學之科，但科考中的應試詩、文並沒有多少上品。進士科促進唐代文學的繁榮，主要是通過「行卷」這一仲介實現的。

隋唐五代時期，科舉考試的試卷是不糊名的，考生的姓名明明白白地寫在卷面上，這就使主考官評定考試成績時，有對人不對文的可能，更重要的是，隋唐五代科舉制還保留著一些薦舉制的遺風。特別是進士科，主考官在決定及第名單時，不單純依據卷面，考官在定榜之前，要採訪士子們的社會聲譽，製成「榜貼」，作為錄取進士的重要依據。主考官在確定「榜貼」時，自然要參考當時社會達官名流的意見，有時還邀請與自己關係特別密切的達官與自己共同決定取錄名單，或者乾脆委託他人製榜，這種現象叫做「通榜」。

關於唐代科考的這一特點，前人言之甚詳，如宋人洪邁就講：「唐世科舉之柄，專付之主司，仍不糊名。……故其取人也，多公而審。」[76]所謂「公而審」，主要就是能夠把社會上公認的優秀人才選入及第名單之中。考生為得到社會的承認，平時結交名流、激揚聲價，成為一種風氣。

直接關係能否及第的是「行卷」。所謂「行卷」，就是應試的舉子將自己的文學創作加以編輯，寫成卷軸，在考試前呈送給當時社會政治上和文壇上有地位的人，請求他們向主司（主考官）推薦，借以增加自己及第希望的一種手段。

早在武則天時期，科考中就出現了請託之風。天授年間，薛謙光在奏疏中就講到當時舉人，「驅馳府寺之門，出入王公之第，上啟陳詩，唯希咳唾之澤；摩

---

76 《容齋四筆·韓文公薦士》。

頂至足，冀荷提攜之思。故俗號舉人，皆稱覓舉」[77]。「上啟陳詩」，正是行卷最早的代名詞，後來則又稱投獻、投贄、投卷等，「行卷」之稱在晚唐時代才流行起來。

唐朝後期，進士及第與否，更主要地取決於士子們的社會聲譽，因而，「行卷」之風更為盛行。據《南部新書》的記載：每年六月，舉子們就匯聚長安，租借靜坊、廟院、空閒宅第居住，作新文章，叫做「夏課」。秋冬之際，舉子們就開始四處奔走，選擇行卷的對象。初次行卷，一般包括兩項內容：一項是一封書信，把對方肉麻地吹噓一番，然後自我吹噓中夾帶著苦苦的懇求；另一項就是把自己的作品裝訂成冊，投獻上去，請求審閱、指導。目的只有一個，就是希望對方能賞識自己，為自己造聲譽，並向主考推薦。還有一種情況，是舉子們把自己的作品集直接投獻給主司，稱為「納省卷」或「公卷」。投獻一次沒有引起注意，就再投一次，稱為「溫卷」。行卷的目的是為取得他人的賞識，所以行卷中的作品基本上是舉子們的精心之作，體現了較高的文學水平。

行卷中的作品，往往既有詩賦，也有古文、小說。不過，最主要的還應是詩賦。

唐代進士科「以詩賦取士」，促進了唐詩的繁榮，已為人所共識。宋人嚴羽《滄浪詩話》就已指出：「唐以詩取士，故多專門之學，我朝之詩所以不及也。」王嗣奭《管天筆記》外編《文學門》也說：「唐人以詩取士，故無不工詩。竭一生精力，千奇萬怪，何所不有？」清康熙御制《全唐詩序》也說：「唐當開國之初，即以聲律取士，聚天下才智英傑之彥，悉從事於六藝之學，以為進身之階，則習之者固已專且勤矣。」但需要說明的是，唐雖「以詩賦取士」，但唐人應試詩卻極少佳作。究其原因，考試時往往臨時命題，考生沒有充分的時間去醞釀，當然就難以創作出好的作品。好在進士錄取時，也不完全以試卷為唯一標準，而要綜合考慮士子們平時的聲譽。行卷詩正是士子們營造聲譽的精心之作。

---

77 《舊唐書・薛登傳》。

由於「行卷」關乎自己的前程，士子們平時在日常生活中，就時時留意觀察生活，觀察社會與自然，捕捉詩材與靈感，並研習吟詠，不斷積累。士子們在創作行卷詩時，因為主題比較自由，他們就可充分調動自己的生活素養，創造出自己感受最深的作品，也就能夠表現出較好的思想內容和較高的藝術水平。因而，行卷詩中名篇佳作迭出。比如白居易的《賦得古原草送別》就是一首行卷詩。相傳白居易初到長安應舉，去拜見大詩人顧況，顧況瞧不起他，見他姓名中有「居易」二字，就嘲弄地說：「長安米貴，居大不易。」但當他讀到白居易行卷中這首詩時，不由得吟詠起來：「離離原上草，一歲一枯榮。野火燒不盡，春風吹又生。遠芳侵古道，晴翠接荒城。又送王孫去，萋萋滿別情。」這首詩把木草榮枯與人生聯繫起來，顯示了青春的勃勃生機，令顧況大為感動，說：「有才如此，居亦易矣！」並為之延譽，使白居易聲名大振。

行卷詩的另一篇代表作是朱慶餘的《近試呈張水部》：「洞房昨夜停紅燭，待曉堂前拜舅姑。妝罷低聲問夫婿，畫眉深淺入時無？」這首詩用比興手法，以新婚拜舅姑（公婆）比喻自己行卷時的心態，以畫眉深淺是否合於時髦，來巧妙地試探自己的文章是否合張水部的口味，委婉含蓄，深富情韻。張水部就是中唐著名的大詩人張籍，張籍當時雖只是一個水部員外郎，但他與韓愈、白居易、元稹、李紳等頗有交情，他把朱慶餘的行卷精選二十六篇，向朝官們廣為推薦，「朝列以張公名重，無不繕錄而吟詠之」，朱慶餘「遂登科第」。[78]

行卷詩的精品自然不止上述兩首，據程千帆先生研究，流傳到現在的《唐百家詩選》，就是一部唐人行卷詩的總集，其中有許多思想性較強、藝術性較高的膾炙人口的篇章，如崔顥《黃鶴樓》、王昌齡《出塞》、李頎《古從軍行》、《古行路難》、戴叔倫《女耕田行》、盧綸《和張僕射塞下曲》、張繼《楓橋夜泊》以及王建的一部分新樂府，可謂千古傳誦。此外，如李賀的《雁門太守行》、李紳《憫農》、聶夷中《詠田家》三首，都是用來行卷的作品。

唐代「以詩賦取士」的獨特方式，不僅促進了士子行卷之風盛行，還吸引了

---

78 《雲溪友議》卷下。

大批士大夫潛心鑽研作詩，在平日的交往中也以詩歌酬唱為重要內容。送別、賀贈、酒宴歡聚，都要作詩，作詩好壞成了顯示一個人才能優劣的重要標準。這樣一種社會風氣，正是唐詩繁榮的社會基礎。

進士行卷之風還推動了古文運動的勃興。中晚唐古文運動的健將韓愈、柳宗元、李觀、張籍、李翱、李漢、皇甫湜、沈亞之、孫樵等，都是進士出身。他們為了應試，都諳熟詩賦，但在行卷時，卻多用古文，如李觀《帖經日上侍郎書》所舉獻省卷文九篇，都是古文，這種方法，自有助於古文的傳播和流行。

古文家以詩賦為應試的敲門磚，當他們進士及第，成為當世顯人後，反過來利用可以接受行卷的方便，向後進士子們宣傳自己的古文主張。《唐國史補》卷下《韓愈引後進》條云：「韓愈引致後進，為求科第，多有投書請益者，時人謂之『韓門弟子』。」韓愈在《柳子厚墓誌銘》中也說：「衡湘以南為進士者，皆以子厚為師，經承子厚口講指畫為文詞者，悉有法度可觀。」韓、柳均以「獎掖後進，開啟來學」為己任，晚輩士子們也很樂意投到他們的門下，以期得到他們的提攜和指導。士子們向韓、柳輩行卷，自然要投其所好，接受其文學主張；韓、柳在指導後學的過程中，也把自己的文學主張灌輸給他們。這是古文運動的勃興中至為重要的一環。

進士行卷之風，還推動了唐代傳奇小說的發展。

唐代傳奇小說在貞元、元和間勃興，和行卷有一定關係。我們知道，文學創作的基本功主要是敘事、抒情、議論，科舉考試中，詩賦可以反映作者的抒情能力，策論可以表現作者的說理能力，獨有敘事能力在科考中難以表現出來。傳奇小說以敘事、描寫人物為主，是一種皆具「史才、詩筆、議論」的體裁，所以從中唐時起，士子們就樂於以這種能表現自己多方面文學才能的文體來行卷。元和十年（815 年），李師道遣刺客謀害宰相裴度，裴度僕人王義為保護裴度而以身殉難，這一年，許多考進士的人都寫了《王義傳》，來作行卷。

用傳奇小說來作行卷，還與朋黨之爭有一定的關係。行卷之風盛行，本身就造成了考生與主考官和行卷對象間的親密關係，主試公卿與達官顯人們也常借機

拉攏新進士人，結黨營私，排斥異己，這是唐後期「朋黨之爭」不息的一個重要原因。傳奇小說是隨意之作，可以虛構，一些士子為了博得達官顯人們的青睞，就在自己的小說中或隱或顯地攻擊異己。最明顯的例子是《周秦行紀》。當時牛李黨爭方熾，李德裕的門人韋瓘就假託牛僧孺之名寫了這篇作品，文中讓牛僧孺以第一人稱講述了自己的一次旅途奇遇，敘述了牛僧孺與諸後妃的種種悖逆之事，從政治上、名節上誣陷牛僧孺。傳奇小說作為攻擊中傷敵對方的工具，在行卷中被大肆應用，也是傳奇小說在貞元、元和之際勃興的一個原因。

據陳寅恪、程千帆先生的考證，牛僧孺的《幽（玄）怪錄》、《傳奇》和李復言的《續玄怪錄》、裴鉶的《傳奇》都可能是行卷之作，這些傳奇小說作品集，也是流傳至今的唐人小說中的一些精品。

總而言之，唐代文學的繁榮，特別是詩歌的昌盛，自然有著社會經濟、政治等多方面的原因，但行卷之風的盛行，無疑是一個直接的原因。除此而外，唐代科舉制度中的進士科，適應社會上文化正在普及、官吏文化水平亟待提高的現狀，採取了以文取士、以詩賦取士的方式，使詩文成為知識分子博取功名的手段。利祿的誘惑，吸引了幾乎整個知識層群體畢其全副精力投身於詩文的揣摩、創作，使唐代社會的文學水平從整體上達到一個很高的層次，正是這樣的社會氛圍，才能孕育出李白、杜甫、韓愈、柳宗元等一大批文學巨匠。他們中的許多人，如李白、杜甫，儘管並未考中過進士，但他們幾乎都有為中進士而拚搏的經歷，也許他們的許多文學精品既非省試詩，也非行卷之作，但他們能創作那樣高水準的詩文，卻是受了科舉制「以文取士」造成的重文學、重詩歌的社會風氣的間接影響。

第四節·

科舉制與
唐代知識分子

　　科舉制度不僅直接或間接地推動了唐代文學的繁榮、詩歌的昌盛，而且對唐代文化的其他方面，諸如教育、學術、思想等，都有極大的影響。而這一切，可以說，都是通過左右知識分子的價值觀念與命運來實現的。

一、科舉制度激發了知識分子的活力

　　許多人概括中國傳統文化的基本精神，常用「天行健，君子自強不息」一語。儒家所說的「君子」，主要是指知識分子，即所謂「學而知之者」。所以，「自強不息」，主要體現的是古代知識分子對待命運的態度。中國知識階層與西方知識階層相比，從形成之初，就缺乏獨立意識，但中國知識階層卻有更強烈的社會責任感。在以農業經濟為主的古代社會，小農生產更多的是依靠經驗而不是知識，建立在小農經濟基礎上的集權政治卻極具複雜性，為社會精英展現才智提供了廣闊的天地。因而，中國知識階層從產生之日起，就追求參與政治，建立一個理想社會。參政就成為其表現社會責任感的基本思路，孔夫子為中國知識人設計的道路，就是「學而優則仕」。這也就是中國古代知識分子的基本價值觀。

但知識分子為獲得政治參與權而進行的奮鬥歷程是漫長的。高度集權的專制政治確立之初，地主階級對知識分子本能上是排斥的，這從秦始皇的「焚書坑儒」，劉邦拿儒生的帽子撒尿等事件中，很明顯地表示出來。陸賈、叔孫通、董仲舒為了爭取儒生的政治地位，苦苦努力，但東漢末的「黨錮之禍」還是再一次擊碎了知識分子左右政局的夢想。漢代的察舉制，魏晉南北朝的九品中正制，雖也有過考試選官，雖也給少數知識分子留有一點入仕的空隙，但總的來說，政治的大門是對知識分子關閉的。

但是，隨著地主階級的日漸成熟，他們對知識在統治中的作用有了較明確的認識。加之，教育的普及面日益拓展，知識分子隊伍不斷壯大（主要是寒人知識分子的崛起），這都推動了官吏選拔制度的變革。

科舉制的基本作用是促進統治階級的內部不斷更新，使地主階級政權具有一種開放性與流動性。任何一個統治階級，當其長久占據統治地位，趨向腐朽就是一種歷史必然。隋唐統治者從南北朝士族的墮落中認識到了統治集團必須不斷吸納新鮮血液的必要性，在其官吏選拔體系中，門蔭制度主要保證既得利益者的特權，而科舉制則主要發揮補充活力的功能。特別是唐代科舉制，對舉子資歷的限制極為寬鬆，除賤民與工商雜色外，均能應考。而唐代後期，進士科考對出身的要求放得更寬，縣吏、工商市井、僧道、節鎮衙將及貧寒之家的子弟，都有中進士的[79]。這使唐政權的統治基礎更廣泛，也使統治階級在開放與流動中保持活力，這對唐代封建社會走向極盛，是起著不容忽視的作用的。

隋唐科舉制的確立，為古代知識分子參與政治開闢了一條途徑。科舉制通過考試來選拔官吏，「一切以程文為去留」，「才學」成為科舉及第與否的主要標準，不管是策論取士，還是詩賦取士、經義取士，崇尚的都是知識，這和知識分子的價值觀念是一致的。科舉制使政府公職向所有有知識的人開放，這正是中國古代知識分子「學而優則仕」這一傳統政治理想與人生理想的實現。所以，科舉

---

79 參見傅璇琮：《論唐代進士的出身及唐代科舉取士中寒士與子弟之爭》，載《中華文史論叢》，1984 年第 2 期。

制的實行，使隋唐知識階層歡欣鼓舞，以滿腔的熱情投入舉業是可想而知的。

隋唐時期，科舉制確實高度激發了知識分子的活力。在隋唐的極盛時代，「五尺童子恥不言文墨」，讀書人從幼年時就表現出了超凡的才華，李白「五歲誦六甲，十歲觀百家」[80]；劉晏八歲即「獻頌行在……號神童，名震一時」[81]。「慈恩塔下題名處，十七人中最少年」[82]，這是白居易一生中最為快慰的事。仕與隱本來是中國古代知識分子生命的雙重旋律，但在科舉制的誘惑面前，唐代知識階層的感覺卻是：「王者無外，誰為方外之臣；野無遺賢，誰為在野之客。」[83]儘管唐代文人有時也會吟出「欲射狼星把弓箭，休將螢火讀詩書；身賤自慚貧骨相，朗嘯東歸學釣魚」[84]之類的句子，但他們的內心是鄙棄隱逸的，入世是唐人生命的主調，而入仕又是其世俗情操的基本追求。

盛唐知識分子有一種蓬勃向上的青春心態，從某種角度講，這種心態是科舉製造就的。科舉制使知識分子看到了希望，對自己的未來充滿美好的憧憬。這種對自我的確信與對前途的熾熱企盼，常在詩歌中流露出來。每當開科之際，士子們懷珍袖玉，滿懷信心，匯聚帝京，個個都「期美祿必取，期殊科必中」，堅信「一鳴從此始，相望青雲瑞」[85]。即便科場失利，一時雖也頗感失落，但很快就能調整心態，相信這只是時運不濟，應當「利吾器以俟其時」。三月放榜，七、八月士子們就又開始忙「夏課」，準備新的「行卷」，確信「金馬招賢會有時」。

「三十老明經，五十少進士」，唐人能一生鍥而不捨、孜孜以求，醉心於舉業，原因當然是舉業能給他們帶來榮譽和地位。科考及第，無異一步登天，孟郊的《登科後》非常形象地表現了士子及第後的得意情態：「昔日齷齪不堪嗟，今朝放蕩思無涯。春風得意馬蹄疾，一日看盡長安花。」進士放榜之後，有各種名目的喜慶宴席，聞喜宴、櫻桃宴、曲江宴、月燈閣打球宴、關宴等，不一而足，

80 李白：《上安州裴長史書》。
81 《新唐書・劉晏傳》。
82 白居易：《慈恩塔》。
83 《古今圖書集成》經濟匯編選舉典、科舉部藝文。
84 殷堯藩：《下第東歸作》。
85 劉禹錫：《送韋秀才道沖赴制舉》。

這是為新科進士們充分享受榮譽而設的。最負盛名的是曲江宴，士女如雲，春意融融，上至公卿，下至市民，都湧到曲江岸邊觀看新科進士們的風采，年輕英俊者便成為公卿豪貴東床擇婿的搶手貨。

科舉制給知識分子帶來的不僅是個人的榮譽，更主要的是給知識分子參與政治、實現自己的政治理想開闢了一條途徑。知識分子是社會良心的化身，中國古代知識分子的社會責任意識，比較傾向於通過直接參與政治，建立符合自己理想的政治秩序來實現。所以，唐代知識分子對個人功名，即對當官的追求，是和其社會責任感聯繫在一起的。科考及第的人都希望能「立登要路津」，得到展現自己的才能，「使寰區大定，海縣清一」[86]的機會。「致君於堯舜」是唐代士人的口頭禪，若不能「出將入相」，退而求其次，或者投身軍旅，奔赴邊疆，建功立業；或者為民父母，造福一方，做一名循吏。正是因為有強烈的社會責任意識，使唐代士人普遍有一種昂揚奮發的時代氣質，追求轟轟烈烈，「縱死俠骨香，不慚世上英」[87]，文人的這種英雄主義氣概，在其他朝代是不多見的。

唐代科舉制度是不成熟的，特別是考試不糊名，取士並不完全根據卷面成績而定，作為一種制度，這顯然是不完善的。但歷史往往是辯證的，正是這種不成熟性，使唐代科舉制度缺少後代完善後的那種僵化氣息，而充滿活力。儘管唐代科舉取士中存在請託、走後門等問題，但總體上看，正像宋代學者所稱讚的那樣，「其取人也，多公而審」。靠著這一條，一大批讀書人，特別是下層寒士，被選拔出來，構成唐代社會政治與文化生活中的一股活躍的力量。特別是使唐代官僚隊伍的素質，比以前有了很大的提高，兼有實學之才的唐代大詩人杜牧就講：「國朝自房梁公以降，有大功，立大節，率多科第人。」[88]大唐盛世的出現，與其有一支較高素質的社會管理隊伍是分不開的。唐代的行政管理效率特別高，主要得益於有健全的法制[89]，管理的法制化，一個基本前提就是管理隊伍的知識化。隋唐科舉制度，有利於知識階層政治、社會地位的提高，知識分子社會作用

---

86 李白：《在壽山答孟少府移文書》。
87 李白：《俠客行》。
88 《樊川文集·宣州上高大夫書》。
89 參見王永興：《論唐代前期行政管理的較高效率與法制的關係》，載《北京大學學報》，1985 年第 3 期。

的發揮，對社會進步是大有裨益的。

二、科舉制對知識分子思想文化活動的影響

　　隋唐科舉制度在為知識分子提供社會進身機會的同時，也成為左右知識分子價值觀念與命運的一根魔棒，知識分子受教育的方式、文化活動的內容和前途命運的設計，自覺不自覺地都受到這根魔棒的指揮。

　　教育是造就讀書人的第一個環節，科舉本應是教育制度的延續，但科舉制度又反過來影響了唐代教育的發展方向。科舉產生之初，對唐代文化教育，特別是教材、教法和考試制度等方面的發展，是有促進的，但學校教學內容和科舉有一定的距離。學校教育要求學生通經，即以明經義為主，但科舉在調露二年（680年）改革後，明經、進士加試帖經，在以後的發展中，明經確立「以貼誦為功」的考試，主要是檢驗考生識字、背誦能力，這是小學功夫，蒙童先生教授子弟即可達到要求，不一定非要到官學中去學習。進士科沿著文學之科發展，並且地位越來越高，「縉紳雖位極人臣，而不由進士者終不為美」[90]。文學是一門尚靈性、不重師承的學科，隋唐官學教育的內容主要是經學，文學教育是欠缺的。從武則天時代開始，由學校出身參加科考的人就越來越少，每年中舉者「兩監惟得一二十人」[91]。當時士人讀書以參加科舉為主要目的，學校教育在這方面難以勝任，自然就會衰落。唐玄宗時曾一度下令，「罷天下鄉貢，明令舉人不由國子及郡縣學者，勿舉送」[92]。這種強制性的措施缺乏合理性，很難堅持下去。安史之亂以後，官學極度衰落，私人講學、私學、家學並舉，教育呈多元化發展態勢，同時，利用山林、寺院的良好環境讀書自修的風氣蔓延開來，發展出後來的書院教育。

90　王定保：《唐摭言》。
91　《冊府元龜》卷六十四《學校部・奏議三》。
92　《新唐書・選舉志》。

科舉制為讀書人憑知識來獲取官職開了一條途徑，它對讀書人的治學方向與方法，也起一種導向作用。唐代進士科為「士林華選」，時共貴之。進士的錄取，「主司褒貶，實在詩賦」，所以很多士子都把自己的精力「勞心於草木之間，極筆於煙雲之際」，唐代詩歌因之幾乎發展到登峰造極，成為中國詩史上的一座高高聳立的豐碑，後代再難企及。由此也帶來一些消極影響，唐人自己已經注意到有兩個方面的問題：一是士子們「驅馳於才藝，不務於德行」；另一方面就是士子們祖尚浮華，「日誦萬言，何關理體」，造成「士林鮮體國之論」的積弊[93]。科舉制度對唐代的經學也產生了很消極的影響。唐朝貞觀年間，為適應教育與科舉考試規範化的要求，唐太宗命顏師古、孔穎達等人考訂五經，並加疏正，為《五經定本》和《五經正義》，頒行全國，令士子們誦習，並作為科舉考試的依據。科舉考試中有關經學方面的考試，如帖經、經義，只要求應試者死背硬記，把《五經正義》揣摩的爛熟，就能取得好成績，不允許自由發揮。更有甚者，士人為了應考，「咸以《禮記》文少，人皆競讀」[94]，至於文繁義縟的《周禮》、《儀禮》、《公羊》、《穀梁》諸經，則無人問津，以致治此學者常有獨學無友之嘆。還有更簡便的辦法，「明經射策，不讀正經，抄撮義條，才有數卷」[95]，把這點東西記熟了就去應考。士人因循陋習、不願獨立思考的學風，與科舉制有極大的關係。

知識分子的主要社會功能是用思想文化活動參與社會生活，充當社會先導的角色。哲學是時代精神的集中體現，隋唐五代時期的哲學卻相對貧困，純思辨的哲學幾乎無人理睬，作為哲學載體的經學極為守舊。學術領域中像劉知幾、杜佑那樣的大師極為罕見。這都與科舉制有一定的關係。

第一，科舉制的實施，使宦門大開，知識分子醉心於舉業，不願從事冷靜的學術研究與思考。

如前所述，「學而優則仕」是孔夫子以來歷代知識分子苦心孤詣的政治理

---

93 《全唐文》卷四三三劉餗《取士先德行而後才藝疏》、卷三五五趙匡《舉選議》。
94 《通典‧選舉典》。
95 《冊府元龜‧貢舉部‧條制》。

想。科舉制下仕途大門的頓開，把唐代知識分子的注意力徹底地吸引了過去，士子們如醉如痴地奔波於應舉的道途，使他們沒有精力做精深的學術思考與研究。進士科的祖尚浮華，明經科的淺薄直露，使學子也沒有必要對學問深鑽細研。受科舉制的左右，當時知識階層的價值觀形成一種讀書——科舉——做官——「致君於堯舜」的思維定式，他們堅信能做官就能幹出一番事業，「寧為千夫長，勝作一書生」，因而很少有人願意致力於思想文化活動。科舉制使知識分子整體蛻變，發生了異化。

第二，知識分子與統治者合流，削弱了其獨立意識與批判精神。

作為社會先覺的知識分子，獨立意識應是其基本的品格，冷靜地批判社會現實，是其基本的社會職能。中國封建官僚政治，由於科舉制的實行，使其建立在廣泛的社會基礎之上，增強了它的穩定性。知識分子通過科舉而做官後，就成了附著在封建地主階級皮上的毛，他們的思想意識也與統治者合流，知識階層的主體，成了地主階級的代言人。特別是經過隋唐之際局部更新的統治階級，朝氣蓬勃，營造出了大唐盛世，知識分子對現實統治的信任遠多於懷疑。中國封建社會後期，知識階層的主體成了封建地主階級的附庸，這正是科舉制度給中國知識分子造就的悲劇。

第九章

史學的卓越成就

漢唐之際，歷史學飛速發展，西漢劉向父子編訂《七略》時，史書只歸在「六藝略」的「春秋」門下，而唐初修《隋書‧經籍志》，圖書分經、史、子、集四部，史書不僅獨立成部，而且躍居第二位，說明史書已蔚為大觀。進入隋唐時期，史學受到統治者前所未有的重視，取得了更為非凡的成就。完善的官修史書制度，成為中國一個優良的文化傳統；第一部史學評論專著——劉知幾的《史通》、第一部典志體通史——杜佑的《通典》，可謂隋唐五代史壇的雙璧。隋唐史學，就像那個時代一樣，具有宏大的氣魄，充滿創新精神。

隋唐五代又是中國封建社會由前期向後期過渡的一個轉型期，變革是這個時代的主題。與社會變遷相適應，史學在這個時代的不同時期，也有不同的視點，表現出了不同的精神品格。隋、初唐時期，社會復興與文化復興迫在眉睫，史學也以清理南北朝遺留下來的紛亂的歷史學遺產為己任，而以總結前代治亂得失（主要是亂的教訓）、為統一王朝的穩定提供歷史借鑑為依歸。一方面，進入盛唐時代，經濟繁榮、社會安定，盛世修典，展示大唐官制格局的《大唐六典》，展示大唐禮制之盛的《開元禮》，都是在這一背景下產生的。史學也具有宏大的氣魄，通史撰述之風開始興起。另一方面，文化有了一定的積累，學術總結與反省，就具備了條件，因而才能產生《史通》這部傑出的史學名著。安史之亂後，嚴峻的社會現實，向史家們提出了新的挑戰，經世致用成為中唐的一種學術思潮，通史撰述也因其具備更深遠的鑑古知今功能而與經世史學相結合，得到進一步的發展，杜佑《通典》、李吉甫《元和郡縣圖志》，是中唐史學的代表作。晚唐五代時期，中央集權衰落，社會進入無序狀態，雜史、筆記勃興，成為史苑一種新景觀。

第一節 ·

史館修史制度
及其成就

中國自古就有設立史官的傳統,但官修史書的制度化則完成於唐代。所謂「官修史書的制度化」,實有兩層含義:一是官修前代「正史」,成為唐以後歷朝歷代的一個傳統;二是史館修國史,即當代人修當代史,成為一種制度,保證了歷史記載的延綿不斷。

一、史館修史制度的確立

史館修史制度是從古代的史官制度演化而來的。據《周官》所記,周代就有大史、小史、內史、外史、御史。五史的職掌範圍很廣,不僅掌管記言記事,而且兼有政治和宗教方面的職能。漢武帝時設立太史令,仍是「以著述為宗,而兼掌曆象、日月、陰陽、管數」[1]。到魏明帝太和年間,在中書省設著作郎,則專掌修史。在史職日趨專門化的過程中,史館修史制度也萌生了。一般認為,東漢時聚集史臣於蘭臺及東觀,編修《東觀漢紀》,為官修當代史之肇始。北魏時,

---

1 《史通·史官建置篇》。

於祕書省設立著作局，「北齊因之，代亦謂之史閣，亦謂之史館」[2]，「史官以大臣統領者謂之監修」[3]，史館、監修之名的出現，標誌著史館的基本格局奠定了。唐朝建立之後，貞觀三年（629 年），唐太宗於門下省設置史館，使其成為職官體制中固定的常設機構，同時確立了以宰相監修國史、修撰官由他官兼任的史館組織原則，標誌著史館修史制度正式形成。

史館修史制度是對私人修史的否定。魏晉南北朝時期，少數民族統治者入主中原，戰亂不息，政權更迭頻繁，官府的資料容易散失，不得不靠私家記錄；另外，許多漢族文人士大夫，在民族矛盾的尖銳衝突中，也借修史來宣揚民族精神。因而，這一時期，私人修史之風很盛。但私人修史，也有嚴重的缺點，劉知幾就指出：私人修史採摭不精，「夫同說一事而分為兩家，蓋言之者彼此有殊，故書之者是非無定，涇渭一亂，莫之能辨」[4]。私人修史占有的第一手文牘材料有限，因而不得不採自傳聞，歷史記載的準確性就較差。隋、唐國家統一，政權穩定，私人修史之風已不適應時代的需要，隋文帝開皇十三年（593 年），就下令：「人間有撰集國史、臧否人物者，皆令禁絕。」[5]禁絕私人撰集國史的同時，隋文帝還下令讓王劭與辛德源、劉炫、劉焯等同修國史，在隋煬帝大業二年（606 年）王劭死之前，完成了「錄開皇、仁壽時事」的《隋書》八十卷。唐太宗則更將史館移於禁中，宰相監修，「重其職而祕其事」[6]，史館「掌修國史」成為國家制度。

史館專修國史制度，與私人修史相比，孰優孰劣？歷代史家的看法並不一致。唐朝的史學批評家劉知幾就對史館修史提出許多批評，但並不能據此就否定唐代的史館修史制度。從史學本身的特點而論，編撰史書能否取得較高的成就，主要取決於兩個因素：其一，資料條件；其二，修史人員的素質。若論到集體修史，還要考慮人員的組織是否得當。

2　《大唐六典·中書省·史館》。
3　《史通·辨職篇》。
4　《史通·採撰篇》。
5　《隋書·高祖紀》。
6　《舊唐書·李元紘傳》。

盡可能地占有詳盡的資料，是史書編撰的一個基本前提。而對於修當代史來說，資料條件如何，就更為關鍵。史館修史的資料來源，主要是靠國家有關制度來保證的，具有明顯的壟斷性特點。唐代史館修史的資料主要有三類：（1）記錄中央核心統治集團政事活動的起居注和時政記。唐朝承襲前代制度，設立起居郎和起居舍人，「每皇帝御殿，則對立於殿，有命則臨陛俯聽，退而書之，以為起居注。凡冊命啟奏、封拜薨免，悉載之，史館得之以撰述也」[7]。可見起居注是以皇帝上朝聽政的言行為中心，記錄朝政大事。每季為卷，送史館作為修史的依據。修起居注極重視直書人主善惡，貞觀十五年（641 年），唐太宗要求觀看起居注，被褚遂良諫止，自此，皇帝不得觀起居注，就成為有唐一代的制度。大和九年（835 年），唐文宗看過一次起居注，開成四年（839 年）他又要取看，史官魏謨堅決拒絕，並批評了大和史官的嚴重失職。唐太宗時，還有所謂「螭頭之制」：皇帝上朝議政畢，仗下入閣與宰臣討論軍國大事，起居郎和起居舍人可以執筆立於螭頭之下，詳錄宰相奏事，寫入起居注。但到高宗永徽年間，此制被許敬宗、李義府破壞。武則天長壽二年（693 年），宰相姚璹建議：「仗下後，宰相一人錄軍國政要，為時政記，月送史館。」[8]元和十二年（817 年）、開成三年（838 年）、會昌三年（843 年）幾次重申這一制度，大概修時政記時斷時續。另外，唐穆宗時還修過一種聖政記，性質和時政記相同。（2）由各級政府送報的文書材料。唐政府制訂有一個詳細的《諸司應送史館條例》，頒發給各級官府衙門，責成他們凡屬「祥瑞、天文祥異、藩國朝貢、藩夷入寇及來降、變改音律及新造曲調、州縣廢置及孝義旌表、法令變改、斷獄新議、有年及飢、水旱蟲霜風雹及地震、流水泛溢、諸色封建、京諸司長官及刺史都督護行軍大總管除授、刺史縣令善政異跡、碩學異能、高人逸事、義夫節婦、京諸司長官薨卒、刺史都督護及行軍副大總管已上薨、公主百官定諡、諸王來朝」等，都要整理材料，按時送報史館。（3）遺聞佚事及當代聞人的文集、行狀等，除由史官自行採訪外，還可由朝廷下特詔徵集。史館修史，可資利用的材料如此詳備宏富，個人修史，絕難辦到。

7　《通典·職官二》。
8　《新唐書·百官志》。

資料條件極好，唐代史官隊伍的素質也極佳。唐代史職很受尊崇，「得廁其流者，實一時之美事」[9]。唐政府對於史官的甄選非常重視，唐高宗咸亨元年（670 年）頒發的《簡擇史官詔》，就提出史官必須「操履貞白」、「讜正有聞」、「業量該通」，也就是史德、史才兼備，「方堪此任」。唐德宗貞元九年（793 年），要任命蔣武為史館修撰，「上重難其職，制未可下前，召見於延英殿」[10]，可見皇帝對於史官選任是多麼重視。唐代史官隊伍有三個明顯的特色：第一，膺任史職者大多為博通古今、飽學多識之士。如吳兢「勵志強學、博通經史」，路隋「博涉史傳」，韋述續修吳兢《國史》，「文事簡約，蕭穎士以為譙周、陳壽之流」，其他如徐堅、劉知幾、韓愈、沈既濟等，都是當時著名的學者。第二，尊尚「不虛美、不隱惡、據事直書」的優良史風。長孫無忌、敬播等撰《太宗實錄》，頗多詳直，劉知幾《史通》更高標「彰善揚惡，不避強御」，很受當時人推崇，徐堅讀後，感嘆「為史職者宜置此座右也」[11]。儘管唐代史官不見得人人都具備這樣的史德，但如果實錄直書形成一種風氣，成為史家的信條，則對少數愛憎以私、曲筆飾非之輩還是有一定制約力的。第三，重視家學傳統。如蔣氏一門，從蔣武起，「世以儒史稱」，「與柳氏、沈氏父子相繼修國史實錄，時推良史，京師雲《蔣氏日曆》，士族靡不家藏」[12]。其他如劉知幾一門，令狐德棻一門，幾代都有以史職顯名於世者。家學相沿，史家的修養一般都較好，有利於史官隊伍素質的提高。後人對於唐代史家的評價也很高，清人趙翼在論及《舊唐書前半全用實錄國史舊本》時說：「舊時史官本皆名手，故各傳有極工者」，又說「如《郭子儀傳》，乃裴垍所修，首尾整潔，無一釀詞。因此可知唐史官之老於文學也」[13]。雖然唐代史官隊伍中不乏尸位素餐、平庸無能之輩，但就其主體來說，素質還是優良的。

最後，我們來考察唐五代史館的組織。唐五代史館按照宰相監修、修撰官由

9　《史通‧史官建置篇》。
10　《唐會要‧史館上》。
11　《新唐書‧劉子玄傳》。
12　《舊唐書‧蔣乂傳》。
13　趙翼：《廿二史札記》卷十六。

他官兼任的組織原則，其人員配置由監修、修撰人員以及典書手、楷書手、亭長、掌故、裝潢直、熟紙匠等各種輔助人員構成。監修的職責是對修史工作進行督促和審查，引薦史館的修撰人員。唐代前期，監修之職不專任，如景龍中，宰相紀處訥、楊再思、宗楚客、蕭至忠四人同時監修國史。但到唐代後期，這種情況有所改變，一般「宰相常以一人監修國史」[14]。宋代，監修國史只設一人，就成為定制了。可見，唐代史館制度還處於不斷完善的過程當中。

唐初設立史館時，史館修撰人員多以他官兼修國史，也聘用職位較低但有史才的人為直館（或稱直國史），參加編修工作。兼修國史的官員，其本職一般都較顯重，有的雖貴為宰相，仍兼修國史。實際上，許多人雖有修國史之名而無修國史之實，所以天寶時，便設立了史館修撰。唐代宗大曆年間，進一步規定了史館修撰的名額。唐憲宗元和四年（809年），根據監修裴垍的奏請，「登朝官領史職者，並為修撰；未登朝入館者為直館。修撰中以一人官高者判館事」[15]。判館事者職責，據《五代會要·修史官》所記：「自除修撰外，應館中著述及諸色公事，都專主掌」。即負責館中的日常事務。

史館修撰、直館是史書的具體編修人員，史館有修撰任務，他們每人各負責撰寫一部分，責成事功。長慶三年（823年），監修國史杜元穎在一份奏疏中說：「臣去年奉詔，各據見在史官，分修《憲宗實錄》，今緣沈傳師改官，若更求人，選擇非易。沈傳師當分雖搜羅未周，條目綱紀，已粗有緒。……其沈傳師一分，伏望勅就湖南修畢，先送史館，與諸官詳考，然後聞奏。庶使官業責成，有始終之效；傳聞據實，無同異之差。」[16]杜元穎的奏疏中，反映了兩個問題：其一，史官對於自己撰寫的部分要自己選擇、搜集材料，並根據修國史的基本原則，自己撰定條目大綱；其二，各史官的史稿完成後，還要統一審稿定稿。史館修史的一般程序是史官依據起居注、時政記及各種文牘檔案材料編成實錄，然後在實錄的基礎上修撰國史。貞元元年（785年），韋執宜奏請，史官要先把資料編成長

---

14 《冊府元龜》卷五五四《國史部總序》。

15 同上。

16 《唐會要·史館》。

編性質的「日曆」，每月底，在館中共同討論定稿，成為實錄。可見，史館修史是採用分工執筆、統一定稿、集體成書的編修方法，書成之後，由監修領銜上奏，藏之於府。

綜上所述，唐代史館薈萃當代史界精華，組成修撰集體，利用資料上獨特的優越條件，修撰人員責成事功，分工合作，這是修撰國史的一種較好的方式，它具有私人修史所不可比擬的優勢。當然，唐五代史館制度也還存在一定的局限。如史館「通籍禁門」，修史要體現當權者的意志，避諱、回護在所難免；史書的命運又常受政治風雲變幻的影響。此外，唐代史館監修的職責只限於對修史的監督和審查，對於史書不負刊削之責，不盡銓配之理，劉知幾稱之為不符合「總領之義」[17]。用我們今天的話說，唐代的監修還不是修書的主編，對於一個修史集體，這不能不是一個缺陷。

二、從實錄、國史到《舊唐書》

史館的職責，《舊唐書·職官志》中明確規定是「掌修國史」。唐人所說的「國史」，有廣義與狹義之分，廣義的「國史」就是本朝史，也就是唐朝當代史，包括歷朝實錄和狹義的「國史」。[18]所謂狹義的「國史」，是指唐人自己修的紀傳體本朝正史。唐朝有比較健全的史館修史制度，唐朝的歷史記載也遠比前代詳備，實錄、國史自成體系，為後來《唐書》的修撰，打好了基礎。

實錄的修撰，始於南朝的梁。《隋書·經籍志》雜史類著錄《梁皇帝實錄》兩種，分別記梁武帝、梁元帝朝事。二書今已失傳，其體例如何，不得而知。唐人修本朝史，始於溫大雅的《大唐創業起居注》，全書三卷，記述了李淵父子從太原起兵到入長安登位近一年間的史事。《史通·古今正史》講：「惟大唐之受

---

17 《舊唐書·劉子玄傳》。
18 據《唐會要·史館上》上記載，貞觀十六年唐太宗要求看《起居注》，褚遂良不許，唐太宗對房玄齡說：「國史何因不令帝王觀見？」房玄齡回答：「國史善惡必書，恐有忤旨，故不得見也。」由此可知，唐代《起居注》有時也稱「國史」。

命也，義寧、武德間，工部尚書溫大雅首撰《創業起居注》三篇。自是，司空房玄齡、給事中許敬宗、著作佐郎敬播相次立編體，號為實錄。」可知房玄齡等創修實錄，與《大唐創業起居注》是有一定繼承關係的。

房玄齡等編修的實錄有兩種，均成書於貞觀十七年。一種是《高祖實錄》二十卷，另一種是《今上實錄》二十卷。「今上」是指唐太宗，這部《實錄》記事的下限止於貞觀十四年。由此可知，唐朝皇帝的實錄並不一定要等到皇帝死後才修，皇帝在位時編修實錄的工作就開始了。《新唐書‧藝文志》著錄的唐朝前期諸帝實錄中，可以確認為是該皇帝生前就修撰的實錄還有幾種：一是許敬宗等修的《皇帝實錄》三十卷，記唐高宗事下迄於乾封；二是張說等修的《今上實錄》二十卷，記開元初事；還有一種是《開元實錄》四十七卷，成書於天寶年間，安史之亂時焚毀於長安興慶宮史館。皇帝生前就纂修實錄，這對保存史料無疑是一件極有意義的工作。

唐朝後期，政局混亂，實錄編修失時，除沈既濟等修的《建中實錄》十卷是在唐德宗生前撰成的外，其他皇帝的實錄都是在死後才開始修撰的，加上政治鬥爭的干擾，避諱太多，修實錄的進度遲緩，像《憲宗實錄》，在穆宗長慶二年（822年）開始修纂，一直拖到文宗大和四年（830年）才修成，這中間皇位已經下傳了三世。到唐朝晚期，修實錄的工作更加遲滯，唐武宗以後，宣、懿、僖、昭、哀諸朝的實錄就沒能修成。

實錄是一種編年體的當代史，基本上是按照年月日來記錄朝政大事與皇帝言行，很像「正史」裡的本紀，不過內容要比本紀充實得多。依據現存韓愈《順宗實錄》看，唐朝實錄中還有一種立傳的體例，即在某個重要人物去世的這一年月下，在記錄其逝世的同時，還要附帶為他寫個小傳。這對紀傳體「國史」的編修提供了便利條件。

唐朝紀傳體國史的編修，始於姚思廉。《史通‧古今正史》稱：「貞觀初，姚思廉始撰紀傳，粗成三十卷。」高宗顯慶元年（656年），長孫無忌、令狐德棻等又續作五十卷，合成八十卷。後來許敬宗又續修添成一百卷。但許敬宗所作紀傳，「或曲希時旨，或猥飾私憾，凡有毀譽，多非實錄」。唐高宗咸亨四年

（673 年），曾下詔令劉仁軌等改修，左史李仁實參加了改修工作，「續撰於志寧、許敬宗、李義府等傳，載言記事，見推直筆，惜其歲短，功業未終」。武則天長壽年間，春官侍郎牛鳳及別撰《唐書》一百一十卷，劉知幾評價：「鳳及以暗聾不才，而輒議一代大典。凡所撰錄，皆素責私家行狀，而世人敘事，罕能自遠。或言皆比興，全類詠歌，或語多鄙樸，實同文案，而總入編次，了無釐革。」[19]質量如此之差，自然很難流行。

武則天長安三年（703 年），又下詔令李嶠、朱敬則、徐堅、劉知幾、吳兢等修唐史，「採四方之志，成一家之言」，勒成《唐書》八十卷。吳兢還私撰《唐書》八十九卷，《唐春秋》三十卷。

開元、天寶之際，出現了一位著名史學家，那就是史官韋述。史稱韋述「嗜學著書，手不釋卷」，他有感於國史「雖累有修撰，竟未成一家之言」，始定類例，補遺續闕，寫成《國史》一百一十三卷。後人評論韋述《國史》「事簡而記詳，雅有良史之才」[20]。安史亂軍攻陷長安時，官府所藏一百零六卷本《國史》焚毀於興慶宮史館。韋述捨家拋產，獨抱所修《國史》藏於南山，這部《國史》才得以保存下來。唐肅宗時，著名史學家柳芳在韋述《國史》的基礎上，撰成《國史》一百三十卷，記事上起高祖，下止乾元，這是唐人整理編定的最後一個國史定本。

柳芳在編修《國史》的時候，深感敘天寶以後事「率多闕漏」[21]，後來他在流放黔中（今貴州）的途中遇到高力士，打聽到了許多開元、天寶時的政事軼聞，因《國史》已經奏聞，不好更改，就又撰寫了《唐曆》四十卷，這是一部編年體的唐朝國史。到唐宣宗時，下令由宰相崔龜從監修，編成《續唐曆》三十卷，記事下迄唐憲宗元和末年，把編年體國史的編修也納入了史館修史的範圍。

唐末農民大起義，結束了腐朽的唐王朝的統治，但並沒有給人民帶來安康與

---

19 《史通·古今正史篇》。
20 《舊唐書·韋述傳》。
21 《舊唐書·柳登傳附柳芳傳》。

幸福，中國卻從此進入了近半個世紀的軍閥混戰的五代十國時期。

北方的梁、唐、晉、漢、周五個小朝代，統治時間雖極短，卻都很重視修史，史館的工作一直沒有停頓，史官們勤勉地從事史料徵集與實錄修撰的工作。

當代諸帝實錄的編修依然是史館工作的重點。後梁編修的實錄有兩種，一種是《梁太祖實錄》三十卷，另一種是為補充《太祖實錄》遺漏而撰的《大梁編遺錄》；後唐明宗天成四年（929 年），史官張昭遠等修成後唐《懿祖、獻祖、太祖紀年錄》和《莊宗實錄》，以後又續修了《創業功臣傳》、《後唐明宗實錄》；後漢史官賈緯修成《後漢高祖實錄》，在後周太祖廣順元年（951 年），又補撰了《後晉高祖實錄》、《後晉少帝實錄》；顯德五年（958 年），張昭遠等修成《後周太祖實錄》，後來王溥又續修了《後周世宗實錄》。五代實錄的撰修官張昭遠、賈緯、王溥等都是著名的史學家，因而，五代實錄的水平還是相當高的。

五代史館的另一項偉大成就，就是修成了《舊唐書》。在唐朝，官修前代史的工作，並不是在史館完成的，不過，官修前代正史這個優良傳統，卻為五代諸王朝所繼承。唐朝滅亡後，有關唐朝的遺存史料，是由史館保存的。從後梁時開始，徵集唐朝史料的工作就由史館負責，在後梁末帝龍德元年（921 年），史館就建議徵集史料：「如記得前朝會昌已後公私，亦任抄錄送官，皆敘直書，不用文藻。」[22]後唐明宗時，庾傳美從成都搜訪得唐高祖以下九朝實錄，詔付史館，長興二年（931 年），史館上奏提請徵集唐宣宗至昭宗時史料，以「備編修，冀成一代之信書」[23]。後晉天福六年（941 年），正式下詔編修唐史，由宰相趙瑩擔任監修，在史館「別置史院」[24]，由張昭遠兼判院事，專門負責唐史的修撰工作。參加這次修撰工作的還有史館修撰賈緯、趙熙、鄭受益、李為先、呂琦、尹拙等。開運元年（944 年）七月，趙瑩罷相，劉昫接任監修之職，第二年六月書成奏上，遂書劉昫等撰。全書二百卷，包括本紀二十卷，列傳一百五十卷，志三十卷。當時叫《唐書》，宋代歐陽修、宋祁的《新唐書》修成後，才改稱《舊唐

---

22 《舊五代史·梁末帝紀下》。
23 《冊府元龜》卷五五七。參閱《五代會要·史館雜錄》。
24 《宋史·張昭（遠）傳》。

書》。

從天福六年始修到開運二年（945年）成書，前後不到五年的時間，成書如此之速，主要得益於有唐人的國史、實錄舊本可以憑借。趙瑩在最初擬訂的編纂原則中就強調：「褒貶或從於新意，纂修須按於舊章。」[25]事實上，《舊唐書》的前半部分，也大多抄錄唐人國史、實錄原文，清人趙翼就指出：「《舊唐書》前半全用實錄、國史舊本。」還說：「舊時史官本皆名手，故各傳有極工者。」《四庫全書總目》更明確地說：「大抵長慶以前，本紀惟書大事，簡而有體；列傳敘述詳明，贍而不穢，頗能存班范之法。長慶以後，本紀則詩話、書序、婚狀、獄詞委悉具書，語多枝蔓；列傳多敘官資，曾無事實，或但載寵遇，不具首尾。」《舊唐書》紀傳的後半部修得不好，主要原因是晚唐史料殘缺，唐宣宗以後各帝本無實錄，《唐武宗實錄》在五代時，也僅存一卷，而崔龜從的《續唐曆》只修到唐憲宗元和末年。那些沒有經史館整理過的文書檔案資料，在唐末戰亂中損失慘重，五代各朝雖屢次下詔徵集，但收獲不大。賈緯在修《舊唐書》時，曾撰《唐年補錄》六十五卷，乃係「採掇近代傳聞之事及諸家小說，第其年月」[26]而成，《舊唐書》有關晚唐的史事，主要是依據此書寫成的，要做到詳明信實，自然很難。不過，對於賈緯、張昭遠等在搜集、整理、編次晚唐史料方面所做的努力，還是應該肯定的。

《舊唐書》在志的編修方面，還是很有成就的。趙瑩原計劃修十個志，即禮儀、樂、曆、天文、五行、地理、職官、經籍、刑法、食貨，後來又增加了一個《輿服志》。後人評價，這些志總的來說「搜集的資料比較豐富，講得也很有條理」[27]。

《舊唐書》是第一部完整地反映唐朝興衰的紀傳體史書，對唐代史料的保存，功不可沒。特別是在唐人實錄、國史已失傳的今天，其史料價值就更可貴了。這是五代史館的歷史貢獻。

---

25 《五代會要·前代史》。
26 《舊五代史·賈緯傳》。
27 黃永年：《〈舊唐書〉與〈新唐書〉》，頁33，北京，人民出版社，1985。

「六書二史」與官修前代「正史」傳統的開創

一、官修前代「正史」舉措的出臺與背景

「正史」之名，始見於梁朝阮孝緒的《正史削繁》。在目錄學上，正式把「正史」作為史書的一個種類，則始於唐人所編的《隋書·經籍志》。按照《隋志》的解釋，「正史」是指那些仿照《史記》、《漢書》體例而作的紀傳體史書。中國自古就有設立史官的傳統，不過，作為「正史」的紀傳體史書，在唐朝以前，大多是個人撰修的。特別是魏晉南北朝時期，私人修史之風盛行，十八家晉史，大多出於私撰。

隋唐的大統一，結束了長達四個世紀的混亂局面，重建了統一的多民族中央集權國家。官修前代「正史」成為統一時代中央政權在文化領域中的一個新的重大舉措。

唐修前代「正史」，始於唐高祖武德五年（622 年），當時擔任起居舍人的著名史學家令狐德棻鑑於「近代以來，多無正史」，就提議修史，唐高祖欣然採納他的建議，下詔修魏、齊、周、隋、梁、陳諸史，並提出了「務加詳核，博采舊聞，義在不刊，書法無隱」的要求。由於缺乏組織經驗，這次修史「歷數年竟不

能就而罷」[28]。

貞觀三年（629 年），唐朝的統治已穩固下來，極其重視「文教」的唐太宗下令重修前代「正史」。這一次組織工作做得相當嚴密，首先，在中書省設置秘書內省，作為修史的專門機構。[29]其次，精選人才，分頭撰述。由令狐德棻、岑文本、崔仁師負責編撰周史，起用具有家學淵源的李百藥、姚思廉分撰齊史和梁史、陳史，隋史則由魏徵和孔穎達、顏師古編纂，可謂各用其長。當時眾議以魏史已有魏收、魏澹二家，已為詳備，就放棄了重修魏史的打算。「五代史」的編修工作，由房玄齡任總監，由魏徵「總加撰定」[30]，由令狐德棻「總知類會」[31]，即協調諸史的內容和體例。貞觀十年（636 年），「五代史」修成。

「五代史」只有紀傳，沒有志，不能稱為全史。貞觀十五年（641 年），唐太宗又下詔令於志寧、李淳風、韋安仁、李延壽等修《五代史志》，高宗顯慶元年（656 年），《五代史志》三十卷修成，由長孫無忌領銜奏上，編入《隋書》。

貞觀二十年（646 年），唐太宗又鑑於晉史「十有八家，雖存記注，而才非良史，事虧實錄」，令「依修五代史故事」，設立修史所，「銓次舊聞，裁成義類」，重修《晉書》。這次修撰工作由房玄齡、褚遂良、許敬宗「掌其事」，由來濟、陸元仕、劉知翼、盧承基、李淳風、李義府、薛元超、上官儀、崔行功、辛邱馭、劉允之、楊仁卿、李延壽、張文恭等「分工撰錄」，最後由令狐德棻、敬播、李安期、李懷儼四人「總其類」，「詳其條例，量加考正」。[32]僅用了不到三年的時間，就修成奏上。

唐朝政府如此重視前代「正史」的編修，是有其時代背景的。

第一，政治穩定的需要。開皇九年（589 年），隋軍突破長江天險，消滅了

---

28 《舊唐書・令狐德棻傳》。
29 關於專門設立秘書內省以修五代史，可參看《唐會要》卷六十三：「貞觀三年，於中書置秘書內省，以修五代史。」《舊唐書・敬播傳》：「俄有詔詣秘書內省佐顏師古、孔穎達修隋史。」
30 《舊唐書・魏徵傳》。
31 《舊唐書・令狐德棻傳》。
32 《唐會要・史館上》，參見《舊唐書・敬播傳》。

陳王朝，長達四個世紀之久的大分裂局面結束了。但如何鞏固統一的中央集權，實現政治穩定、社會安定，是統治者面臨的一個新考驗。隋朝在這方面的努力是失敗的，二世而亡。唐王朝統一全國後，尤其著意探討長治久安的政治方略，而總結前代得失、借鑑歷史經驗，是形成新的統治政策的最主要的思想源泉。唐高祖在《命蕭瑀等修六代史詔》中，就明確提出：「考論得失，究盡變通」，「多識前古，貽鑑將來」，為的是「握圖御宇，長世字人」。[33] 唐太宗更是常講「以古為鏡，可以明得失」，「覽前王之得失，為在身之龜鏡」。可見，修前代「正史」，在唐初，首先是一種政治需要。唐太宗讓魏徵「總加撰定」五代史，並主編《隋書》，魏徵親自撰寫了《隋書》的序，對隋亡的歷史教訓，作了極為深刻的探討，提出了許多極有價值的政治見解，魏徵也就成了貞觀統治集團中最富政治經驗、政治智慧的一員，而貞觀君臣能主動地借鑑歷史經驗為現實政治服務，這也是王朝政治成熟的一個標誌。

第二，意識形態統一的需要。中央集權國家，極重視思想意識形態的統一。唐朝在唐太宗時期，首先搞了《五經定本》和《五經正義》，統一了經學。在史學領域中也提出了「正史」的概念，官修「正史」，也就是要統一歷史觀念、歷史認識。史書中第一個敏感問題是所謂「正統」問題，魏晉南北朝時，私人修史成風，常常不免拘於成見，「南方謂北為索虜，北方指南為島夷」，隋、唐王朝要為自己統治的合法性辯護，統一「正統」觀念就非常必要。隋文帝命魏澹等改修《魏書》，目的之一是要以「西魏為真，東魏為偽」[34]，為西魏、北周爭得正統，就等於擺正了隋朝的地位。令狐德棻建議修「六代史」時也說到：「陛下既受禪於隋，復承周氏曆數，國家二祖功業並在周時，如文史不存，何以貽鑑古今？」[35] 這不僅把修前代史與繼統問題聯繫在一起，還點出另一層深意，即史書是為帝王將相樹碑立傳的，像周史、隋史，關乎李唐先人的形象問題，自然該由官方定議，不能任人私議。唐太宗在《修晉書詔》中還提出史書具有「彰善癉

---

33 《舊唐書‧令狐德棻傳》。
34 《史通‧古今正史篇》。
35 《舊唐書‧令狐德棻傳》。

惡，激一代之清芬；褒吉懲凶，備百王之令典」的作用[36]，私人修史，褒貶出於私意，自然不符合統一價值觀念的要求。隋朝開皇十三年下令禁止私修國史和臧否人物，主要著意於當代史的編修，唐朝官修前代「正史」，則把前朝歷史的評價權也控制在朝廷手裡，這是封建的中央集權不斷強化意識形態統一的反映。

第三，文化復興的需要。隋唐政治一統，經濟繁榮，發展文化事業也自然要提上議事日程。早在武德五年，令狐德棻就提出：「竊見近代以來，多無正史，梁、陳及齊猶有文籍，至周、隋遭大業離亂，多有遺闕。當今耳目猶接，尚有可憑，如更十數年後，恐事蹟湮沒。」[37]唐太宗時期，「大闡文教」是其基本政策之一。貞觀二年（628 年），任命魏徵為秘書監，整理國家圖書，數年之間，「秘府圖籍，粲然畢備」[38]。貞觀四年（630 年）又組織學者們整理「五經」。顯然，整理前代史料，官修「正史」，是當時文化復興工作中最為緊迫的大事。

二、「六書」的特點與價值

所謂「六書」，即指梁、陳、齊、周、隋五代史和新修《晉書》。關於「六書」的成書經過，已見前述，這裡主要分別介紹它們的特點與價值。

《梁書》五十六卷：本紀六卷、列傳五十卷；《陳書》三十六卷：本紀六卷，列傳三十。作者均題姚思廉（557-637 年）。姚氏本為江南吳興人，其父姚察仕陳為吏部尚書，陳亡入隋，移居關中萬年縣（今陝西西安市）。梁、陳二史的撰修，是姚察的未竟之業，貞觀三年詔令魏徵與姚思廉同撰二史，但魏徵只是「裁其總論」而已，「其編次筆削，皆思廉之功」。[39]

梁、陳二史的特點：（1）材料比較真實。梁、陳去唐未遠，修史時可供參

36　《唐大詔令集·經史》。
37　《舊唐書·令狐德棻傳》。
38　《舊唐書·魏徵傳》。
39　《舊唐書·姚思廉》。

考的資料還保存不少。修《梁書》時，可以看到資料除其父姚察的舊稿外，還有梁謝吳《梁書》四十九卷，陳許亨《梁史》五十三卷，劉璠《梁典》三十卷，何之元《梁典》三十卷，陰僧仁《梁撮要》三十卷，姚最《梁後略》三十卷及梁蕭韶《太清紀》、蕭世怡《淮海亂離志》等。清人趙翼認為，《梁書》「各列傳必先敘其歷官，而後載其事實，末又載飾終之詔，此國史之體例也」，可見姚氏父子之書是「本之梁之國史」[40]。「國史」是第一手資料，當然比較真實。《陳書》編撰時，主要參考顧野王與傅縡撰寫的《武帝》、《文帝》二本紀和陸瓊《陳書》四十二卷，更重要的是陳朝五世共傳三十二年，姚氏父子親歷其半，許多史事都耳聞目睹，自然更可信任。（2）列傳充實。特別是《梁書》列傳竟有六十五卷之多，其中有關文化名人的傳尤有價值，如范縝、沈約、江淹、裴子野、蕭子顯、阮孝緒、陶弘景、鍾嶸、劉勰等傳，對後人研究當時的思想、史學、文學、宗教等文化面貌，提供了非常難得的資料。（3）用古文敘事，文字精練勁銳。六朝文尚駢儷，追逐浮華，姚氏父子卻擅長用古文敘事，趙翼評價：「勁氣銳筆，曲折暢明，一洗六朝蕪冗之習，《南史》雖稱簡淨，然不能增損一字也。」[41]《四庫全書總目》也說：「持論多平允，排整次第，猶具漢、晉以來相傳之史法。」後人常把姚氏父子稱為唐宋古文運動的先驅。（4）諱飾太多。梁陳歷史與人物，與姚氏父子關係較近，因而，修史中的忌諱也較多，二史書法，有美必書，有惡必諱。無論人物賢愚，傳末必虛詞稱頌。《陳書》三十六卷，陳氏子孫不分賢愚，人人有傳，幾乎占了其他列傳的半數，一部《陳書》，成了陳氏家譜。《陳書》為姚察立傳，事無巨細，文長三千餘字，將朝廷優禮、名流褒獎以及姚察遜謝之詞，也一一詳載，常被後人譏為失體。

《梁書》、《陳書》雖有缺點，但由於有關梁陳二代的歷史，留下來的史料極少，只有李延壽《南史》於「二書」有所補正，所以研究梁陳二代史，「二書」仍是最主要的文獻。

《北齊書》五十卷：本紀八卷，列傳四十二卷。作者李百藥（565-648 年），

---

40 趙翼：《廿二史札記·〈梁書〉悉據國史立傳》。
41 趙翼：《廿二史札記·古文自姚察始》。

定州安平（今河北安平縣）人。其父是隋代著名的政治家李德林。李德林少有才名，仕齊官至中書侍郎，預修齊史。入隋後奉詔續撰。李百藥因父舊稿，雜採他書，完成了這部反映北齊一代八十年歷史的紀傳體「正史」。

《北齊書》在北宋時，已殘缺不堪，據清人錢大昕與趙翼的考證，原書本紀八卷，只存一卷，列傳四十二卷，只存十七卷。中華書局在標點整理《北齊書》時，發現列傳第四十二篇也非李百藥原文，所以李百藥原文現存已不過十七篇。今通行的五十卷本，大部分是用《北史》和唐人高峻的《高氏小史》配補的。不過，《北史》在寫作時，大多因襲《北齊書》原文，所以，現在的通行本仍然大體體現李百藥原書的特點與價值。

《北齊書》最主要的特點是體例完整。北齊是承襲東魏而來，《北齊書》本紀在創立北齊的文宣帝高洋之前，首列神武帝高歡、文襄帝高澄的本紀，這一方面說明了北齊建國的淵源，另一方面補充了《魏書》關於北魏晚期和東魏歷史記載的不足，極有價值。《北齊書》的列傳寫得也較好。北齊立國短暫，政治上缺少建樹，大臣「鮮始終貞亮之士」，「無奇功偉節，資史筆之發揮」，[42] 但李百藥寫的列傳，仍能做到資料比較豐富翔實，這是極可貴的。

《周書》五十卷：本紀八卷，列傳四十二卷。作者是令狐德棻、岑文本、崔仁師等人。岑文本僅撰寫了史論，崔仁師是令狐德棻的助手，主要工作是由令狐德棻完成的。

令狐德棻（582-666 年），宜州華原（今陝西耀縣）人，出身門閥貴族，官至國子祭酒，是唐初一位著名的史學家。他首倡官修前代「正史」，除主撰《周書》外，對「五代史」的纂修負有「總知類會」之責，是房玄齡、魏徵而外另一位對「五代史」的編修負有全面責任的史官。後來修《五代史志》時，「其先撰史人，唯令狐德棻重預其事」[43]。此外，還參與《太宗實錄》、《高宗實錄》及《藝文類聚》等書的修撰，對唐初的文化復興事業做出了極大的貢獻。

---

42 《四庫全書總目·史部·正史類·〈北齊書〉》。
43 《史通·古今正史篇》。

《周書》記事起於宇文泰，終於周靜帝，記述了宇文氏王朝七十餘年的興衰起落。《周書》的特點，一是在本紀的編撰中採用於連帶敘述他國史事的關照法。當時國內是宇文周集團、高齊集團與南朝梁陳三足鼎立，在政治、軍事及經濟文化方面，三方都有緊密的聯繫，《周書》本紀在主要記述西魏、北周大事的同時，也連帶述及東魏北齊和梁陳的遷革興廢，可以使人視野開闊，從當時總的政治態勢中了解北周政治歷史的背景及因果關係。這種寫法，被趙翼譽為是敘述「列國鼎沸」的分裂時期歷史的「書法之最得者」[44]。《周書》的另一個特點是資料比較豐富。《周書》在撰寫時，可供參考的現成資料主要是北周史官柳蚪撰寫的起居注和隋代牛弘編撰的《周史》十八卷，令狐德棻在搜羅史料時，「旁徵簡牘，意在摭實」[45]，下了很大的工夫。《周書》不僅為後人了解周朝的歷史提供比較豐富的史料，而且還保存了許多重要的文獻，比如《庾信傳》中收入其《哀江南賦》，這篇文學名作正因《周書》得以流傳後世；《周書》還有一個特點是敘事繁簡得宜，文筆簡勁。當然，《周書》也存在一些缺點，最主要的是「御用」色彩較濃厚，因為唐朝統治集團和北周的淵源關係極密，所以《周書》過分地為自己集團的先人們臉上貼金，喪失了歷史的客觀性原則。但從總體上說，《周書》的史料價值還是不可否定的。

《隋書》八十五卷：本紀五卷，志三十卷，列傳五十卷。《隋書》的紀傳部分是「五代史」的最後一種，至於其志，當時修成時雖俗稱《五代史志》，但細考其內容，可知其記述獨詳於隋，從書法上講，對梁陳周齊往往只舉其朝代名，而隋則稱帝號或年號，可見當初編修時即以隋為主，所以成書後就附入了魏徵主編的《隋書》中，成為其重要組成部分。

《隋書》的特點與價值主要表現在：（1）對隋朝「二世而亡」的歷史教訓作了深刻的反思，具有鮮明的時代氣息。如前所述，唐太宗詔修「五代史」的主要目的是「覽前王之得失，為在身之龜鏡」，認真總結隋亡的經驗教訓尤其重要，所以唐太宗讓魏徵直接主持《隋書》的編撰。據記載，《隋書》的序論，都是魏

---

44 趙翼：《陔餘叢考·周書〉》。
45 《四庫全書總目·史部·正史類·〈周書〉》。

徵所作，對隋亡的反思，也主要體現在魏徵的史論中。魏徵在《隋書》史論中，從多層次、多角度對隋亡的原因做了分析，他首先指出：隋朝的滅亡「所由來遠矣，非一朝一夕」，是「起自高祖，成於煬帝」[46]，這個見解開闊了人們的認識視野。接著，他對隋亡「成於煬帝」作了重點分析，指出隋的興亡取決於統治者是「安民」還是「虐民」，隋煬帝嚴刑峻法、窮兵黷武、營造不休、巡幸不止、取之無道、用之無節，「虐民」者必然「覆舟」。《隋書》卷六六後論還提：「大廈雲構，非一木之枝；帝王之功，非一士之略。」得人者昌，失人者亡，能否發揮統治集團內部各種人才的作用，是政治成敗的一個關鍵。這些觀點，對於成就「貞觀之治」，是具有重要作用的。[47]（2）史料價值極高。編纂《隋書》時，距隋亡只有十幾年，不僅當時能看到的有關隋史的文獻最全，而且修《隋書》諸臣，大多親身經歷過隋的滅亡，耳聞目睹，了然於胸。這些有利條件，使《隋書》在史料之完備、鑑別史料之精審等方面，都超過他書，成為「五代史」中最精備的一種。（3）體例嚴謹，文字簡練。《隋書》繼承《史》、《漢》優良傳統，於紀傳篇第安排、材料組織都極講究。更重要的是《隋書》十志，是《漢書》以後歷代「正史」中志最完整的一種，也是最好的一種。宋人鄭樵就評價「《隋志》極有倫理，而本末皆明，可以無憾，遷、固以來，皆不及也」[48]。《隋志》能取得這樣的成就，主要得益於充分發揮了史臣的專長，天文學家李淳風撰寫《天文》、《律曆》、《五行》三志，當時即有「最可觀采」之稱；由魏徵訂定的《經籍志》是《漢書·藝文志》之後目錄學上的又一部傑出的篇章。《隋書》在文字簡練方面也享有盛譽，清代史學家趙翼就指出：「《隋書》最為簡練，蓋當時作史者，皆唐初名臣，且書成進御，故文筆嚴淨如此。《南北史》雖工，然生色處多在瑣言碎事，至據事直書，以一語括十數語，則尚不及也。」[49]這個評價是令人信服的。

　　《晉書》一百三十卷：本紀十卷，志二十卷，列傳七十卷，載記三十卷。《晉

46　《隋書·高祖紀》。
47　參見瞿林東：《略談〈隋書〉的史論》，載《歷史研究》，1979 年第 8 期。
48　《通志·藝文略》。
49　《陔餘叢考·〈隋書〉》。

書》成於眾手，前後參與修撰的有二十餘人，唐太宗還親自寫了《宣帝紀》、《武帝紀》、《陸機傳》、《王羲之傳》四篇末尾的「論」。

新修《晉書》是以臧榮緒《晉書》為底本，旁採諸家晉史及《十六國春秋》、《世說新語》等野史小說資料而成的。

《晉書》的特點，一是體例上有所創新。「志」的敘事始於漢末，彌補了陳壽《三國志》無「志」的缺憾；又援《東觀漢紀》之例，設立「載記」，記十六國史事[50]，被劉知幾稱為「可謂擇善而行，巧於師古者」[51]；列傳合傳較多，便於觀覽，且多載有用文字，如魯褒的那篇著名的《錢神論》，就靠《晉書》得以流傳下來。二是喜歡引用小說中的資料，生動有餘，但不辨真偽，難成信史，常被後人譏為文人修史的大忌。《晉書》有優點，也有缺點，但據劉知幾的說法，唐修《晉書》成書後，「自是言晉史者，皆棄其舊本，竟從新撰」[52]。說明新修《晉書》確有高出舊史的地方。特別是在今天，十八家晉史俱已散佚，這部新修《晉書》就成了我們研究兩晉一個半世紀歷史的主要資料，其價值就更大了。

三、李延壽與《南史》、《北史》

在唐初朝廷組織編修五代史、志及《晉書》的過程中，湧現出了一位極有心志的青年史學家──李延壽，他獨立完成了《南》、《北》二史，「二十四史」中他一人獨撰兩部，可知他在中國史學史上的地位。

李延壽沒有做過什麼大官，以致他的生卒年也不可詳考。但知他家本是隴西大族，他的父親李大師（570-628 年）也是一位史學家，隋朝末年參加了竇建德的農民起義軍，唐朝建立後，被長期流放，直到武德九年（626 年）才赦歸相州

---

50 載記是記少數民族政權的，但唐人認為李暠是其始祖，以漢人自視，而前涼張氏政權一直奉晉正朔，所以西涼、前涼寫入列傳，載記實記十四國。
51 《史通·題目篇》。
52 《史通·古今正史篇》。

（今河南安陽），貞觀二年（628年）就去世了。

李大師在青年時期，就有修南北朝史的遠大抱負，據說他「常以宋齊梁陳、魏齊周隋南北分隔，南書謂北為『索虜』，北書指南為『島夷』，又各以其本國周悉，書別國並不能備，亦往往失實，常欲改正，將擬《吳越春秋》，編年以備南北」[53]。他的夙願未能完成，就帶著「沒齒之恨」去世了。

秉承家學的李延壽並未因是政治異己分子的後代而受到唐王朝的歧視。貞觀三年開始修五代史時，年輕的李延壽就被起用，與同樣年輕的另一位文學家敬播一起在顏師古、孔穎達手下做《隋書》史料的刪削整理工作。後來又因令狐德棻、褚遂良的引薦，參加了《晉書》、《五代史志》的編修。這使他有機會接觸到更多的南北史資料，於是產生了「追終先志」的想法，利用職務之便，在編輯官史之暇，晝夜抄錄「舊事所未見」者，前後用了十六年的工夫，修成《南史》八十卷（包括本紀10卷，列傳70卷），《北史》一百卷（包括本紀12卷，列傳80卷）。修成後，請著名史學家令狐德棻校訂一遍，在顯慶年間奏上，據說唐高宗曾親自為其序，可惜序文已佚。但這也足以使李延壽私修前代史合法化，納入了官修「正史」的範疇。

李延壽撰寫南北史時，是擬司馬遷《史記》而作，也就是說要貫穿一種通史精神。這種通史精神是隋唐政治大一統觀念在史學中的反映。南北朝時期，南北分隔，在史書中也充斥著褊狹的正統觀念與華夷之別觀念。進入隋唐時期，政治上的大統一，也促進了民族大融合，這就要求史家們必須重新審視南北朝的歷史，在修史時，應從全國統一、天下一家的觀點出發，通觀全局，總攬南北，平等地對待南北諸王朝。用通史體裁分撰《南史》、《北史》，正是現實對史學提出的新要求。

在具體寫作方法上，李延壽主要是利用沈約《宋書》、蕭子顯《南齊書》、魏收《魏書》和唐修「五代史」這八部正史，用抄錄、連綴的方法，重新編次，

---

53 《北史·序傳》。

「除其冗長，捃其菁華」，同時還參考了正史以外的各種雜史小說一千餘卷，用以「鳩聚遺逸，以廣異聞」[54]，並訂正「八書」中的錯誤。重新改作後的「南、北史」，與「八書」相比，它的主要成就在於：第一，體例統一，敘事條貫，節省篇幅。改編之後，南、北朝諸帝本紀前後相接，歷史發展脈絡清晰；列傳在刪去許多重複立傳的同時，還刪節了許多大臣奏議、文人詩文等蕪詞。這樣就大大壓縮了篇幅，「八書」總共五百六十六卷，而「南、北二史」僅一百八十卷，約占原書卷數的三分之一，字數的二分之一。[55]所以宋人在編《新唐書》時，稱讚「二史」「頗有條理，刪落釀詞，過本書甚遠」[56]。大史學家司馬光也認為「二史」「敘事簡徑」，「無煩冗蕪穢之辭」，「陳壽之後，惟延壽可以亞之」[57]。所以，《南史》和《北史》更便於讀者了解南北朝政治演變的軌跡，閱讀起來省時省力。第二，「二史」不僅僅是簡單地「抄撮」八代史，而且還於「八書」多有增補修正。據趙翼的研究，《南史》對《宋書》刪除較多，特別是許多文章刪掉了；對於《南齊書》則增添了不少事實，補充了資料；對於《梁書》有刪節，也有增補；對於《陳書》則無大增刪。《北史》於北魏部分全取材於《魏書》，但刪節較多；對於《周書》、《齊書》增刪不多，對於《隋書》則幾乎全用舊文[58]。「二史」訂正「八書」的地方，一是糾正舊史在朝代更替之際的一些曲筆、回護之辭；二是辨正了舊史記載中的史實錯誤。正因為「南、北史」有這樣一些優點，所以「自南北史行而八書俱微，誦習者鮮，故愈久而闕佚愈甚」[59]，到了宋朝，反要以「南、北史」來填補《魏書》、《周書》、《北齊書》的殘缺。

　　當然，李延壽的「南、北史」也有缺點。一是刪削有不當之處，如《魏書》所載李世安《均田疏》，是一篇重要經濟文獻，《北史》竟刪而不錄；二是增添的文字，有很多是依據小說、野史，摻雜入不少妖異、徵祥、謠讖等荒誕內容；三是祖述《史記》，卻沒有承繼司馬遷重視書志、年表的傳統，沒有修志，不能

---

54 同上。
55 參見瞿林東：《「八書」、「二史」》（上下），載《文史知識》，1982 年第 7、8 期。
56 《新唐書·令狐德棻附李延壽傳》。
57 《溫國文正司馬公集·貽劉道原書》。
58 趙翼：《廿二史札記》卷九至卷十五。
59 梁章鉅：《退庵隨筆》。

闡明南北朝典章制度的因襲之跡，沒有修表，卻喜搞家族合傳，時序觀念較差，頭緒不清。正因為有這樣一些缺點，「二史」雖便於閱覽，「八書」卻也不可偏廢，後人將其並列入「廿四史」，正是對二者價值的雙重肯定。

「廿四史」中，唐朝所修的就占了八部，官修前代「正史」的優良傳統，也由此開創了。

第三節 ·
史學批評的經典之作
—— 劉知幾與《史通》

輝煌燦爛的盛唐文化，在史學領域中也孕育出了兩朵奇葩，這就是劉知幾的《史通》與杜佑的《通典》。《史通》是中國第一部史學批評專著，《通典》則是中國第一部專詳典章制度的通史。

《史通》一書，分內外二篇，各十卷，合為二十卷。內篇分三十九目，其中《體統》、《紕繆》、《弛張》三篇有目無文，實存三十六篇；外篇分十一目，其中《雜說》一目分上、中、下三篇，共十三篇。《史通》的主旨是對盛唐以前的中國歷史學進行了一次系統的批判，書中凸現出的文化精神，在中國學術文化史上是極有價值的。

一、史家自覺意識的萌醒

中國「史」字的淵源很早，據說在甲骨文中就有它的雛形。不過，中國史學的發展，卻經歷了一個由從屬到逐步獨立的過程。商周時代，中國就設有史官，是掌管文書檔案的，同時還「兼掌曆象、日月、陰陽、管數」，即所謂的「巫史不分」。到了兩漢時代，經史不分，史學是經學的附屬物，在圖書分類目錄《七略》中，史書是附在《六藝略》的《春秋》門下。「史學」名稱的正式出現是在十六國時期，據說是石勒在晉太興二年（319年）稱趙王時，設立了經學、律學、史學祭酒，「史學」正式立為官學。

魏晉南北朝時期，史學取得突飛猛進的發展。唐初修《隋書·經籍志》，正式確立經、史、子、集四部分類法，史部設有十三個子目，著錄史書八一七部，一萬三千二百六十四卷。這說明史學已發展成一門僅次於經學的獨立學科。隋、初唐時期，史學受到統治者的扶植，取得了更大的進步。在史學擺脫其附屬地位，逐步獨立壯大的過程中，史家的自覺意識萌發，並逐步強化。《文心雕龍·史傳篇》，論及史之功用、源流利病、史籍得失及撰史態度，已開史學批評之先河。不過，它還主要是從文體的角度來討論，史是從屬於文的。唐朝發展到盛唐時代，豐富的物質條件、寬鬆的文化氛圍，使史家具有更為宏大的氣魄。一方面，他們治史的眼光已不局限於一朝一代，而是要有更大的作為，「通識古今」成為當時學者崇尚的治史精神。另一方面，史官在唐代極受尊崇，劉知幾稱「得廁其流者，實一時之美事」，朝廷選任史官也提出了德、才方面的要求，這促進了史家角色意識的增強。劉知幾從史家的角度，縱論古今，對唐以前的中國史學進行系統的反思、徹底的清算，這是史家自覺意識強化的表現。

劉知幾（661-721年），字子玄，徐州彭城（今江蘇銅山）人。彭城諸劉，大多為漢代皇室後裔。劉知幾出身文化世家，他的族祖劉胤之是唐初一位史學家，與令狐德棻一齊修過國史和實錄，他的父親劉藏器，也很有學問。據劉知幾自己回憶，他「年在紈綺」，父親就向他傳授《古文尚書》，但他怎麼也學不進去。父親給他的哥哥們講授更為博大的《春秋左氏傳》，他旁聽得極有興趣，感嘆「若使書皆如此，吾不復怠矣」。從此，他便確立了對史學的愛好。到十七歲

時，他已把《左傳》、《史記》，下至唐朝當代實錄國史，「窺覽略周」，初知「敘事之紀綱，立言之梗概」，為他後來撰寫《史通》打好了基礎。

二十歲時，劉知幾考中了進士，始授獲嘉主簿，到四十二歲擔任史官之前，劉知幾一直沉跡下僚，官卑人微，他在《自敘》中說：「洎年登弱冠，射策登朝，於是思有餘閒，遂獲本願。旅游京洛，頗積年歲，公私借書，恣情披閱。至如一代之史分為數家，其間雜記小書又競為異說，莫不鑽研穿鑿，盡其利害。」[60] 政治上不得意，使他更加醉心於自己所熱愛的史學事業。

武則天長安二年（702 年），劉知幾升任著作郎，兼修國史。在史館任職期間，他先後與當時著名的史官徐堅、吳兢、朱敬則等修成《唐書》八十卷，《則天實錄》三十卷，他還獨立完成了《劉氏家史》十五卷及《劉氏譜考》三卷。

一生有志於史，能夠出任史官，本應是遂了本願，但當時正值唐朝政局混亂時期，政出多門，史館監修太多，人各言殊，他感到很難發揮自己的才能。他寫《史通·自敘》時回憶當時的處境：「凡所著述，嘗欲行其舊議，而當時同作諸士及監修貴臣，每與其鑿枘相違，齟齬難入。故其所載削，皆與俗浮沈，雖自謂依違苟從，然猶大為史官所嫉。嗟乎！雖任當其職而吾道不行，見用於時而美志不遂。郁怏孤憤，無以寄懷。」這不僅促使他對當時的官修史書制度進行反思，同時也促使他思考作為一個史家應該具備哪些素質與條件。他感到「當時載筆之士，其義不純」，也就是不懂史學的真義，因而他感到有必要對過去的史學進行一次系統的批判總結，「辨其指歸，殫其體統」，這就是《史通》寫作的動機。劉知幾的這種意識並不是孤立的，他的《史通》寫成後，當時著名學者徐堅非常推崇，說：「居史職旨，宜置此書於座右。」[61] 劉知幾還與當時的史學家朱敬則、劉允濟、薛謙光、元行沖、吳兢、裴懷古常「以言議見許，道術相知，所有權揚，得盡懷抱」。這說明史家自覺意識的萌醒，是當時史學界的普遍現象。

所謂「史家自覺意識」，最主要地是指史家的角色意識，即史家對自身素質

---

60 《史通·自敘篇》，本題下引自該篇的史料不再注出處。
61 《舊唐書·劉子玄傳》。

與職責的自覺。這裡特別要提出的是劉知幾的「史才論」。據《舊唐書·劉子玄傳》記載，禮部尚書鄭惟忠曾經問劉知幾為什麼「自古以來文士多而史才少」，劉知幾發表自己的見解說：

> 史才須有三長，世無其人，故史才少也。三長，謂才也，學也，識也，夫有學而無才，亦猶有良田百頃，黃金滿籝，而使愚者營生，終不能致於貨殖者矣。如有才而無學，亦猶思兼匠石，巧若公輸，而家無梗枏斧斤，終不成其宮室者矣。猶須好是正直，善惡必書，使驕主賊臣所以知懼，此則為虎傅翼，善無可加，所向無敵者矣。脫苟非其才，不可叨居史任。自敻古已來，能應斯目者，罕見其人。

史家應該具備怎樣的素質，前人已經論及。班固在《漢書·司馬遷傳》的「贊」中，說到劉向、揚雄稱贊司馬遷「有良史之才」，「服其善序事理，辨而不華，質而不俚，其文直，其事核，不虛美，不隱惡」。劉知幾採納前輩的思想精髓，對「史才」即史家素質作了更精確的概括，提煉出「史才三長說」，並作了形象的比喻說明。他所說的「學」，是指史家應該具備廣博的知識，特別是要掌握豐富的文獻材料；他所說的「才」，主要指史家駕馭文獻資料的能力及文字表述能力；他特別重視「識」，即後人所稱的「史德」，強調史家必須「好是正直，善惡必書」，因為史學的基本功用是「記功司過，彰善癉惡」，[62]喪失了「史識」，就等於史家放棄了自己的職責。才、學、識三者皆備，才可稱得上是一個史學家。

劉知幾的「史才三長論」，被「時人以為知言」，正說明他代表了盛唐史家對自身素質的更加自覺的理論認識。雖然劉知幾本人並未明言《史通》與「史才三長論」的內在聯繫，但通觀《史通》全篇，可以發現，劉知幾基本上是以才、學、識三個理論範疇批評傳統史學的。因而也可以說《史通》的寫作是史家自覺意識進一步萌醒的結果。

---

62 《史通·曲筆篇》。

二、批判精神與求實精神

劉知幾寫作《史通》的宗旨是「辨其指歸，殫其體統」。所謂「指歸」，即指著史的宗旨、目的；所謂「體統」，即指史書體例上的裁制及史文風格、編寫手法、語義、稱謂等在全書的統攝劃一。劉知幾在《史通》寫作中貫徹這一宗旨的方法是「多譏往哲，喜述前非」，即通過對舊史的系統批判，摭其史文，商榷史篇，析其利害，辨其真偽、邪正，申古今凝滯，從而達到「辨其指歸，殫其體統」的目的。因而，《史通》一書充滿批判精神，以真實蕩破虛浮，以嚴正擊破荒誕，以公正反刺邪曲，成為《史通》的文化取向。

劉知幾「多譏往哲，喜述前非」的治學精神的形成是有其淵源的。據劉知幾自己講，他「自小觀書，喜談名理，其所悟者皆得之襟腑，非由染習。故始在總角，讀班、謝西漢，便怪前書不應有《古今人表》，後漢宜為更始立紀。當時聞者共責，以為童子何知，而敢輕議前哲？於是赧然自失，無辭以對。其後見張衡、范曄集，果以二史為非。其有暗合於古人者，蓋不可勝紀。始知流俗之士難與之言，凡有異同，蓄諸方寸，及年過而立，言悟日多」。這說明劉知幾自幼讀書就不喜死背硬記、因襲陳說，而是要通過自己的理解，提出質疑。《史通》中的許多批判性的觀點，就是劉知幾長期在讀書、思考中積累起來的。在治學方法上，劉知幾非常推崇《淮南子》和揚雄《法言》、王充《論衡》、劉劭《人物志》、陸景《典語》、應劭《風俗通》、劉勰《文心雕龍》，他從中汲取了豐富的精神養料，從而確立了自己「上窮王道，下掞人倫，總括萬殊，包吞千有」的治學道路和對古今人物學術加以與奪、褒貶、鑑誡、諷刺，攻擊甚或牴牾，化除拘忌的批判精神。在他出任史官之後，他對官場的黑暗有了更清醒的認識，政治上感到悲觀失望；他的修史工作又受到權貴的干擾和同僚的妒忌，以致「道不行」、「志不遂」。這些強烈的刺激，更增強了他對傳統史學進行系統批判的理論勇氣。

劉知幾對舊史的批判，絕不徒託空言，而是有理有據。劉知幾認為史家以「彰善癉惡」為指歸，「實錄」、「直書」是史家最基本的價值取向，但在舊史，往或因統治者對修史的干預，或因史家的政治偏見、阿諛心態，或因修史者喜好標新立異，造成許多曲筆與虛妄之處，史學研究的首要任務是求實、存真。求實

是批判的目的，批判是求實的手段，批判精神與求實精神融為一體，這是《史通》的基本創作方法。

《史通》對舊史的批判，主要是從歷史編纂學的角度，評論其得失。但更能體現劉知幾文化精神的是他對傳統思想的懷疑與批判，對五行災異、鬼神迷信思想的駁斥。

從漢代以來，孔子被視為「神而先知」的大聖人，成了中國封建時代的精神主宰，而儒家經典則成為人們必讀的教科書。在史學領域，自董仲舒、劉向父子以陰陽五行解釋歷史之後，班固又在《漢書》中特設《五行志》，神學史觀在史學領域中投下了濃厚的陰影。思想文化領域中的每一個製作，幾乎都要直面這種思想陰影的籠罩。東漢王充首先向傳統思想發起挑戰，劉知幾繼承王充《論衡》「問孔」、「刺孟」的懷疑批判精神，寫出了《疑古》、《惑經》及《〈漢書·五行志〉錯誤》[63]等戰鬥性極強的篇章。首先，他認為孔子雖然是一位「大聖大德」的偉人，但「尺有所短，寸有所長，其間切磋酬對，頗亦互聞得失」。接著就對孔子刪訂的六經提出批評，說《尚書》「略舉綱維，務存褒諱，尋其終始，隱沒者多」，並且對一些重要史事「芟夷不存」，有「理有難曉」之弊。而孔子修《春秋》「皆遵彼乖僻，習其訛謬，凡所編次，不加刊改」，以至「鉅細不均，繁省失中」，「真偽莫分，是非相亂」，進而責問：「聖人立教，其言若是，」怎麼可以稱得上是「良史」呢？劉知幾還對歷代推崇的三皇五帝夏商周時代一些史事提出自己的看法。他認為古史記述的堯舜禹「禪讓」是很值得懷疑的，他依據《山海經》「放勳之子為帝丹朱」的說法，推測堯舜「禪讓」實際上是「舜廢堯，仍立堯子，俄又奪其帝」；他依據《虞書·舜典》舜死於蒼梧之野的說法，認為：蒼梧地接五嶺，地氣瘴癘，舜在垂暮之年，遠涉不毛之地，以至湘妃淚灑斑竹，哀怨幽恨而死，說明實際上舜是被禹放逐，老死於蒼梧。正統思想往往言必稱堯舜，劉知幾揭穿了堯舜禹禪讓的謊言，這種不盲從迷信、敢於懷疑的精神，不僅是一種可貴的治學方法，而且也反映了劉知幾反對復古主義、主張歷史進步的進

---

63 下引文出自這三篇者，不再出注。

步歷史觀。

　　在歷史學範疇內批判神學迷信思想，劉知幾也是不遺餘力的。神學迷信史觀在舊史中的表現，一是把一些自然災異現象人為地與歷史現實聯繫在一起，二是編造祥瑞符命，用天命論來解釋歷史。劉知幾認為古代史官「聞異則書」，所以留下許多關於日食、山崩、隕霜、雨雹之類的記載，後人往往附會人事，使其神秘化。他首先列舉大量史實，說明迷信史觀的虛假，比如武王伐紂時曾占卜吉凶，結果是「龜焦蓍折」，這本是不吉之兆，但武王伐紂卻取得巨大成功。又如宋武帝劉裕攻打盧循時，軍中大旗桿折，按照迷信，這是出兵不利之兆，但劉裕果斷出擊，大敗盧循。這說明歷史大事的成敗，是人主觀努力的結果，與天變、災異、占卜並沒有必然聯繫，陰陽家往往故意神秘其事，「不憑章句，直取胸懷，或以前為後，以虛為實，移的就箭，曲取相諧，掩耳盜鐘，自云無覺」[64]。他們往往同說一事，各主其說，矛盾百出，難以自圓，完全是自欺欺人。對於祥瑞符命，劉知幾雖然沒有徹底否定，但他認為「發揮盛德、幽贊明王」的祥瑞是千年不遇的個別現象，「近古」以來的祥瑞大多「非關理亂。蓋主上所惑，臣下相欺。故德彌少而瑞彌多，政愈劣而祥愈盛」[65]。也就是說所謂祥瑞呈現，大多是統治者為擺脫政治危機而編造出來騙人的。對於符命、預言，劉知幾也認為是不可信的，他指出：國家的興衰治亂主要取決於統治者有德無德，因而，「夫論成敗者，固當以人事為主，必推命而言，則其理悖矣」。他特別批判了司馬遷《史記》中的命定論觀點，指責他開了一個壞的史論傳統，以致魚豢《魏略》、虞世南《帝王略論》都承襲司馬遷的觀點，在解釋遼東公孫述之敗和南朝陳朝滅亡的原因時，均「以命而言」。這樣「推命而論興亡，委運而忘褒貶，以之垂誡，不其惑乎」[66]？也就是說這完全背離了史家的宗旨。劉知幾對神學史觀、天命史觀的批判，體現了他歷史觀的唯物主義意識和理性主義價值。

64　《史通‧書志篇》。
65　《史通‧書事篇》。
66　《史通‧雜說篇上》。

三、《史通》的史學批評理論體系

關於《史通》一書的命名，劉知幾在《自敘》中講：「且漢求司馬遷後，封為『史通子』，是知史之稱『通』，其來自久。博采眾議，爰定茲名。」確實，自「疏通知遠」的《書》教發端，經「究天人之際，通古今之變，成一家之言」的《史記》的弘揚，「通識」學風成為中國古代史學的一個優良傳統。《史通》一書的主要篇幅是從不同的角度，對古代史家和史著進行批評，申明自己的歷史編纂學主張。這些看似林林總總的批評，實際上貫穿著一種「辨其指歸，殫其體統」的「通識」，這種「通識」表現的就是劉知幾史學批評的理論體系。

（一）「直書」論

《史通》中有《直書》、《曲筆》兩篇，就史書撰述原則與修史態度問題，進行專門的討論。

劉知幾認為，史學的基本功能是「記功司過，彰善癉惡」，「申以勸誡，樹之風聲」，而要達到這一目的，史家必以「秉筆直書」作為撰史的基本原則。因為只有「實錄」、「直書」，才能激揚正氣，「令賊臣逆子懼」，這就從史學社會功能的角度揭示了社會對史學的「直書」要求。接下來劉知幾用較多的筆墨，對古代敢於「直書」的史家進行了表彰，從「仗氣直書，不畏強御」的南史、董狐，「不虛美，不隱惡」的司馬遷，到敢於「肆情奮筆，無所阿容」的韋昭、崔浩，劉知幾認為他們儘管「周身之防有所不足」，「或身膏斧鉞，取笑當時；或書填坑窖，無聞後代」，一個個沒有什麼好結果，但他們「烈士殉名，壯夫重氣，寧為蘭摧玉折，不敢瓦礫長存」的英雄氣概和高貴品質，使他們足以「遺芳餘烈」，成為後代史家永遠尊敬的楷模。

無論從史學自身的價值觀還是史學的社會價值觀來看，「實錄」、「直書」都應作為修史的原則。但劉知幾也清醒地認識到，自古以來能夠「直書」的史官屈指可數，史書中的「曲筆」之處所在多有。所以，劉知幾在《曲筆篇》中對造成曲筆的原因作了多角度的分析。他首先指出了「曲筆」產生的社會歷史根源，他

引用一句俗語：「直如弦，死道邊；曲如鉤，反封侯。」這種社會現實在史學中的反映就是：「古來唯聞以直筆見誅，不聞以曲詞獲罪。」在統治者的淫威下，史官常有因「直書」而掉腦袋的可能，「世事如此，而責史臣不能申其強項之風，勵其匪躬之節，蓋亦難矣」。可見，造成「曲筆」的最根本原因是封建專制統治。其次，劉知幾從史官的個人品格和素質的角度，進行了深入細緻的分析。他指出許多「曲筆」往往是由史官個人的主觀態度造成的，一種是由於史官的政治偏見，往往在更代之際，菲薄前朝忠臣；分裂之時，標榜本朝而誣蔑他國。另一種是修史官為了自己的榮華富貴，通過在修史中歪曲和捏造事實來向統治者獻媚，自覺地放棄了史家自身的價值追求。劉知幾認為這些人是「記言之奸賊，載筆之凶人」，是應該唾棄的。

《直書》、《曲筆》二篇在《史通》內篇中雖放在較後的位置，但劉知幾的「直書」思想卻是貫穿全書。在劉知幾的史評理論體系中，對史書是「直書」還是「曲筆」的批評，應該說是第一位的，也是最基本的一對史學批評範疇。

（二）史料取捨論

劉知幾認為，修史首先應明確修史的目的，端正修史的態度。其次，修史必須掌握廣博的資料，在確立史書內容的前提下，決定史料的取捨，並鑑別史料的真偽，這主要是屬於史料學範疇的問題。

首先是史書內容的取捨。劉知幾在《書事篇》中指出，史書是「記言之所網羅，書事之所總括」，用今天的話說，就是史家對客觀歷史的認識和概括。史書不能什麼都記，作為「記事之體」，它追求的是「簡而且詳，疏而不漏」，這就有一個內容取捨問題。劉知幾從史書「彰善癉惡」的目的論出發，提出史書內容取捨方面的「參諸五志」、「廣以三科」的論點。「五志」是由寫過《漢紀》的史家荀悅提出的，他說：「立典有五志焉，一曰達道義，二曰彰法式，三曰通古今，四曰著功勳，五曰表賢能。」後來史家干寶做了進一步的闡釋，以為「五志」是：「體國經野之言則書之，用兵征伐之權則書之，忠臣烈士孝子貞婦之節則書之，文誥專對之辭則書之，才力技藝殊異則書之。」劉知幾對史書內容的取

捨，是「採二家之所議，徵五志之所取」，更廣以「三科」：一曰敘沿革，二曰明罪惡，三曰旌怪異。他自己對「三科」的闡釋是：「禮儀用捨、節文升降則書之，君臣邪僻、國家喪亂則書之，幽明感應、禍福萌兆則書之。」顯然，「五志」、「三科」提出的都是一些史書內容取捨的原則與標準，至於具體內容則往往與史書的體裁聯繫在一起。同時還須注意，即使是去取的原則與標準，也是隨世而宜、隨時而宜，但就封建史學而言，劉知幾所論是大體得當的。

修史必須以廣博地搜集資料為前提，劉知幾在《採撰篇》中明確提出了這一問題，他說：「蓋珍裘以眾腋成溫，廣廈以群材合構。自古探穴藏山之士，懷鉛握槧之客，何嘗不徵求異說，採摭群言，然後能成一家，傳諸不朽。」廣泛地搜集資料只是修史的第一步工作，更重要的是對史料進行鑑別，決定其去取。劉知幾在這方面的貢獻在於，他對史料進行了分類概括，從理論的角度分析了不同類型史料的不同價值。他在《申左篇》中談到《左傳》有三長、《公羊傳》和《穀梁傳》有五短時，區別了史料有親見和傳聞的不同，有原始文件和口頭傳說的不同，有原始記錄和後來追記的不同，這就指出了第一手資料和二、三手資料的價值區別。劉知幾在《採撰》、《雜述》以及批評歷朝「正史」的諸篇中，還分析了「正史」與「偏記小書」的不同價值。一般地說，劉知幾比較重視「正史」的價值，但他在《載文篇》中也指出了「正史」中的史料偽謬之處，概括為「虛設、厚顏、假手、自戾、一概」五條；在《忤時》、《古今正史》以及《疑古》、《惑經》諸篇中，也批評了官修史書中存在的回護、曲筆、諱飾等弊病。在這個意義上說，出自私家的「偏記小錄」也不可忽視，他在《雜述篇》中指出「大抵偏記小錄之書，皆記即日當時之事，求諸國史，最為實錄。但這類出自私人的著述，也存在「言多鄙樸，事罕圓備」的缺點，更甚者則「真偽不辨，是非相亂」。《採撰篇》還指出「郡國之記，譜牒之書，務欲矜其州裡，誇其氏族」，難以征信，至於「訛言難信，傳聞失實」之處，更為普遍。這些都是在史料鑑別、取捨中應注意的問題。

（三）編撰體例論

劉知幾對史書的體例問題極為重視，他講：「史之有例，猶國之有法。」《史通》的大部分篇章是講史書體例的，可以說，編撰體例論是《史通》的核心。

劉知幾在《六家》、《二體》、《雜述》、《古今正史》諸篇中，將唐以前的歷史著作分為正史與雜史兩類，正史按其源流分為六家：《尚書》家、《春秋》家、《左傳》家、《國語》家、《史記》家、《漢書》家；雜史按其內容分為十種：偏記、小錄、逸事、瑣言、郡書、家史、別傳、雜記、地理書、都邑簿。劉知幾重點對六家的體例特徵進行了分析，稱《尚書》為記言體，《春秋》為記事體，《左傳》為編年體，《國語》為分國體，《史記》為通史紀傳體，《漢書》是斷代紀傳體，這六種體裁最初不過是各時代記錄歷史的方法，但後來學者競相模仿，於是這六種體裁就演變為六種歷史學流派。六種體裁在發展過程中，逐步凝結為二體，即編年體和紀傳體，「載筆之體於斯備矣」。

在「六家」、「二體」論之後，劉知幾重點對紀傳體的體例進行了系統批判，寫了《本紀》、《世家》、《列傳》、《表曆》、《書志》、《論贊》、《序例》諸篇，不僅指出古代史家著作的體例乖謬之外，而且從理論上對史書各部分的體例提出了明確的要求。在這些意見中，最為後人注意者，有以下三點：一是「尊班而抑馬」，不主張寫《史記》那樣的通史，以為它「疆宇遼闊，年月遐長」，「事罕異聞，而語饒重出，此採錄之煩者也」；贊成效法班固《漢書》寫斷代史，「包舉一代，撰成一書，言皆精練，事甚該密，故學者尋討，易為其功」。二是在《書志篇》中提出增設都邑志、氏族志、方物志，刪除天文、藝文、五行志。三是提出在表、志之外，更立一書，「題為制策、章表書」[67]。而反對寫表曆，以為「載諸史傳，未見其誼」。這些意見有的是中肯的，有的則頗為後人詬病。

在《模擬篇》中，劉知幾還提出，史書的體裁不是一成不變的，「世異則事異，事異則備異」，歷史體裁也應隨時發展，不能一味模擬古人。即使是模擬，

---

67 《史通・載言篇》。

也只應師其立論命意，而不應葉公好龍，徒有其表。這實際上提出史書體裁創新的命題。

（四）史學文風論

劉知幾在《敘事》、《浮詞》、《言語》等篇中，對歷史著作的文字表述風格提出了自己的見解。他認為文史本是同源的，但後來「時移世異，文之與史，較然異則」。他針對當「世重文藻，詞宗麗淫」的風氣，反對文人修史，提出史書的文風應有自己的特色。首先，他提出：「夫史之稱美者，以敘事為先。而敘事之美者，以簡要為主。」「簡要」的標準是「文約而事半」，要做到這一點，方法有多種，「有直紀其才行者，有唯書其事蹟者，有因言語而可知者，有假贊論而自見者」。他還要求在省句、省字上下工夫，以達到「簡要」的目的。其次，劉知幾提出史書文風的「用晦」之道，即所謂「省字約文，事溢於句外」。這就要求史文的寫作不能太「顯」：「繁詞縟說，理盡篇中。」而應給讀者留有回味、思考的餘地。史文的風格應該是「能略小存大，舉重明輕，一言而鉅細咸該，片語而洪纖靡漏」，這就要求寫史的人要有很高的文字駕馭能力。另外，在史書中，劉知幾主張「言無美惡，盡傳於後」和「言必近真」，因而，他贊揚王劭《齊志》善錄當時的「口語」、「方言」，使古今之異、民俗之殊、風土之別，由此可得考見，這是「志存實錄」的修史原則在語言應用上的體現。劉知幾反對「妄益文采」，反對把「夷音」變成「華語」。他還舉例批評，說霍光本是一個「不知一經」的「無學」之人，但史書「述其語言，必稱典誥」，這是十分荒唐的。

劉知幾的歷史觀和史學批評理論，從抽象的角度講，是中國史學的精華。不過，劉知幾史學的立場是封建的，他的許多具體結論，也還有商榷的必要，但劉知幾仍是中國一位偉大的史學批評理論家。

第一部典章制度的通史
—— 《通典》

　　杜佑的《通典》是中唐史學最為傑出的代表作，它體現了中唐史學著意於經世致用、疏通知遠的史學意識。《通典》又是中國第一部專詳典章制度的通史，這是歷史編纂學上的一次創新。作為唐代最傑出的史學家之一，杜佑進步的歷史觀，也非常值得重視。

一、經世致用的學術旨趣

　　杜佑（735-812 年），字君卿，唐京兆萬年（今陝西長安縣）人。杜氏為唐代關中名門世族，唐人有「城南韋杜，去天尺五」的說法，言其家族之顯赫。杜佑在十八歲時，依靠門蔭入仕，做了濟南參軍事。安史之亂以後，杜佑從工部郎中充江淮青苗使起步，歷任容管經略使、水陸轉運使、戶部侍郎判度支，在唐代宗大曆至唐德宗建中年間，杜佑是唐朝的理財能臣之一。後因受奸臣盧杞的排擠，外放到地方，先後擔任蘇州刺史、嶺南節度使、淮南節度使。唐德宗貞元十九年（803 年），入朝為相，在唐順宗和唐憲宗初年，杜佑以先朝老臣，參預朝政。

杜佑一生為宦五十餘年，但稱不上是一個傑出的政治家，史記在唐順宗時，他與王叔文共掌朝政，但他「恭默無為」，僅為配角而已；「出師應變」，也「非其所長」，[68]貞元十六年（800年），徐州張建封之孫擅立為節度使，德宗命杜佑為主帥統淮、泗之軍進討，杜佑竟「固境不敢進」[69]，貽誤戰機。但杜佑擅長做一些實際的事務性工作，他在擔任地方官和財臣時，都有一定的政績，特別是在轉運江淮財富以供應京師方面，杜佑的貢獻還是很大的，因此，說杜佑是肅、代、德、順時期理財能臣，不為過譽。

杜佑為宦一生，卻始終沒有丟失讀書人的本色。史記「佑性勤而無倦，雖位極將相，手不釋卷。質明視事，接對賓客，夜則燈下讀書，孜孜不怠」[70]。他勤於讀書，勤於思考，他從自己從政的經歷中感受到：時代要求學人們走出為學術而學術、追求辭章、不根實藝的封閉之圈，回應現實提出的挑戰。因而，他以探究「經邦濟世、富國安民」之術為己任、潛心於實學。他對管子之學極感興趣，著有《管氏指略》二卷；他苦心研讀史籍，他感到《孝經》、《尚書》等儒家經典，多屬空泛言論，「罕存法制」，因而他從大曆初年就開始致力於撰寫一部專詳典章制度的通史，目的是要「將施有政」，即為現實政治服務。這部書前後用了三十多年的時間，到貞元十七年（801年），書成獻上，可謂是杜佑半生心血的結晶。

中國古代的史學，從來沒有割斷過與現實的聯繫，不過就史家的意識而言，寫史更注重客觀地反映現實，所以「秉筆直書」是史家最高的道德追求，立言不朽，藏之名山，成為史家著述的理想寄託。而杜佑的《通典·序》卻開宗明義地提出：「所纂《通典》，實采群言，徵諸人事，將施有政。」明確提出寫作的目的是為當前的現實政治服務。李翰在《通典序》中更明確地講：「君子致用在乎經邦，經邦在乎立事，立事在乎師古，師古在乎隨時。必參古今之宜，窮始終之要，始可以度其古，終可以行於今。問而辨之，端如貫珠，舉而行之，審如中

68 《新唐書·杜佑傳》。
69 《舊唐書·杜佑傳》。
70 《舊唐書·杜佑傳》。

鵠。」「經邦」、「致用」，正是杜佑的學術旨趣。

史學界一般認為中國「經世致用」的學術思潮產生於明末清初，其實，清人在談到杜佑《通典》時就指出：「（《通典》）元元本本，皆有用之實學，非徒資記問者可比」。[71]應該說，在史學領域中，明確樹起「經邦」、「致用」旗幟，杜佑是第一人，而《通典》正是杜佑「經世致用」學術旨趣的結晶。

《通典》記事上起傳說中的黃帝、堯舜，下迄唐玄宗天寶末年，有的地方還以附注的形式寫入唐代宗、德宗時期的有關史實。全書二百卷，共分食貨、選舉、職官、禮、樂、兵、刑、州郡、邊防九門，每門下又分若干子目。《食貨典》是講經濟制度的，內容包括土地所有制形態的變遷、租稅、貨幣制度的沿革、戶口的盛衰、鹽鐵的管理、雜稅的興起等；《選舉》、《職官》、《刑》是講政治制度的，詳細闡述了歷代官吏的選拔、考課制度和官制、法制的沿革演變；《禮》、《樂》講禮樂；《兵》卻不講兵制，而是關於兵法方面的一部理論專著；《州郡》講地理沿革；《邊防》講周邊少數民族與外域國家的起落興衰始末。每一門下面，大略以朝代先後為序，每一朝代，又以時間先後為序，將各種制度的沿革興廢及歷代賢哲對各種制度的評價有序地編次起來，並用說、議、評的形式，表達自己的主張和見解，用小注的形式對正文進行注釋、補充、考辨。確實可稱得上是一部「包羅宏富、義例嚴整」、「卓然成一創作」的偉大著作。

二、《通典》在歷史編撰學上的創新

劉知幾稱唐朝以前的歷史編撰形式，基本上是紀傳體與編年體二體並峙。《通典》的出現，打破了歷史編撰學上二體獨尊的格局，開創了一種新的史書編撰體裁——典志體，後經馬端臨等人的發揚光大，成為中國歷史編撰學上能與紀傳、編年、紀事本末相抗衡的四大史書體裁之一，這是杜佑對中國歷史學的偉大

---

71 《四庫全書總目·史部·政書類·〈通典〉》。

貢獻。

《通典》在歷史編撰學上的創新，主要表現在以下幾個方面：

第一，「統括史志」與「會通古今」相結合的撰述基本原則。

梁啟超在《中國歷史研究法》中，概括《通典》是一部「統括史志」、「會通古今」、「卓然成一創作」的著作，「專」與「通」的有機結合，正是《通典》的一大創造。

舊的史書體裁，基本上是綜合性的。編年體是以政治事件為主，兼及經濟、制度、文化諸方面的大事的一種綜合性的按年月敘事的歷史編撰形式，而紀傳體則更是一種包羅萬象的百科全書式的史書體裁。隨著史學的深入發展，史學的門類愈分愈細，愈來愈專，是一種趨勢。因為面對紛繁的歷史，任何史家都很難做到對歷史的各方面都同等地加以敘述、研究，事實上，即便是綜合性的紀傳、編年體史書，也還是各有側重的。紀傳體中的「志」是專講典章制度的，但一方面由於「志」不是紀傳體的重點，另一方面「志」的寫作較難，司馬遷、班固以後的紀傳體史書，有的就只有紀傳，而沒有志。這樣，有關典章制度的記載，就處於一種斷斷續續的狀態。這說明，從史學發展的本身而言，就有「統括史志」的必要。

唐朝是中國歷史上比較重視制度建設的一個時期，過去史書中「志」所講的典章制度，在唐朝被尊稱為「典」。唐玄宗時，完成了中國第一部政典——《唐六典》，劉知幾的兒子劉秩，還寫成《政典》三十五卷，據稱是以《周禮》六官的體例分類撰述的。這種關注典章制度的社會風氣，對杜佑是有深刻影響的。安史之亂以後，唐朝社會危機重重，史學家從典章制度的角度反思唐朝政治的得失，借鑑歷代各朝制度建設的經驗教訓，就成為其關注現實的一個切入點。

杜佑在撰寫《通典》時，首先對歷代正史中的書、志進行了分析，從經世致用的主旨出發，拋棄了與「經世」關係不大的天文、曆法諸門，選定食貨、選舉、職官、禮、樂、兵、刑、州郡、邊防九門為基本內容。這九門中，有的是因襲舊志，如食貨、職官、禮樂等，有的是他的新創，如選舉、兵。即便是舊目，

舊史中也不是整齊劃一，如食貨，只有《史記》（《平准書》）、《漢書》、《晉書》、《宋書》、《魏書》、《隋書》有，其他則無。因而，杜佑要「採五經群」的資料加以補綴，才能使其成為一本完備的著作。

杜佑在「統括史志」時，不是簡單地分類輯錄、排比史料，而是把「會通古今」的通史思想貫穿其中。我們知道，司馬遷編撰《史記》、開創紀傳體時，是以「通古今之變」為其精髓的，班固將紀傳體通史改造為包舉一代的斷代體之後，司馬遷的「通變」史觀反而不受人重視了。隋唐政治的大一統局面，賦予史家們一種比他們的前輩更為宏大的氣魄和胸懷，使他們的學術視野更加開闊，志向更加遠大。盛唐時代的歷史學家中，許多人具有「疏通知遠」的歷史觀念，著名史家蕭穎士就撰寫過一部「起漢元年，訖隋義寧」的編年體通史。[72]安史之亂給唐中葉的學者們打了一針清醒劑，使他們從沉湎於開元、天寶盛世的迷夢中清醒過來，認識到煌煌盛唐典制，並非沒有弊端，從而把他們的目光投向更深遠的歷史。「通識」意識推動了中唐史學的通史撰述之風形成。杜佑自然也會受到這種思潮的感染。另外，杜佑的學術旨趣是通過研究典章制度以圖「將施有政」，典章制度本身的傳承性很強，正如梁啟超所說：「茲事所貴在會通古今，觀其沿革。各史斷代為書，乃發生兩種困難：苟不敘前代，則源委不明；追敘太多，則繁復取厭。」[73]更何況斷代史諸志眼光局限於一朝一代，就很難起到「明其得失」的效用，因此，杜佑找回了司馬遷「通古今之變」的史義，把「通」作為自己撰史的一個基本立意，「通」與「典」結合，因號其書為《通典》。杜佑的這一創制，取得了極大的成功，在當時「其書大傳於時，禮樂刑政之源，千載如指掌，大為士君子所稱」[74]。同時，《通典》也成為後代撰寫典志體通史的一個典範。

第二，歷史與邏輯相統一的建構方法。

《通典》採取的是分門輯錄、以類相從的撰述體例，如何劃分門類，杜佑的

---

72 《新唐書·蕭穎士傳》。
73 梁啟超：《中國歷史研究法》。
74 《舊唐書·杜佑傳》。

《通典》大體做到了歷史與邏輯的統一[75]，這是《通典》在歷史編撰學上的一個突出成就。

杜佑在《通典·序》中闡述了他的「篇第之旨」：

夫理道之先在乎行教化，教化之本在乎足衣食。《易》稱聚人曰財，《洪範》八政，一曰食，二曰貨。《管子》曰：「倉廩實知禮節，衣食足知榮辱。」夫子曰：「既富而教。」斯之謂矣。夫行教化在乎設官職，設官職在乎審官才，審官才在乎精選舉。制禮以端其俗，立樂以和其心，此先哲致治之大方也。故職官設然後興禮樂焉，教化隳然後用刑罰焉。列州郡俾分領焉，置邊防遏戎敵焉。是以食貨為之首，選舉次之，職官又次之，禮又次之，樂又次之，刑又次之（大刑用甲兵，其次五刑），州郡又次之，邊防末之。或覽之者庶知篇第之旨也。

從杜佑的自序中可以看出，《通典》立分門不是隨便的，門類的取捨去留、先後次第，是根據他對社會結構的認識來安排的，更準確地說，是以杜佑關於如何治理國家的理論思想為指導建構的。杜佑吸收了管子「倉廩實知禮節，衣食足知榮辱」的觀點，認識到要管理好國家，經濟問題是第一位的，因而他把食貨列在了首位，這是杜佑樸素的唯物史觀意識的體現。列在第二位的是選舉與職官，也就是建立起完整的封建統治機構，以行使統治職能。封建統治歷來是「禮法」並用，在杜佑看來，首要是制禮作樂，即建立起良好社會道德規範和禮俗，讓社會良性運行。但任何時代都不可能避免會出現這樣那樣的社會問題，特別是犯罪，所以在禮樂之後，緊接著就是刑。杜佑認為：「大刑用甲兵。」也就是說，對於那些危害國家利益的重大犯罪活動，主要是指叛亂、兵變、割據、外敵入侵，就要用軍隊去行使懲罰的職能。五刑則是適用於制裁一般的刑事犯罪活動。上述三個層次是從宏觀上把握的，具體地治理好一個國家，還要從微觀上管理好地方和邊防事務，所以把州郡和邊防列為第四個層次。杜佑概括的這一「理道要訣」，體現了杜佑對社會結構的清醒認識，這一認識大體上是與「歷史進程」本身相吻合的，具有一定的科學性。

---

75 參見瞿林東：《論〈通典〉的旨趣與方法》，《唐代史學論稿》，北京，北京師範大學出版社，1989。

不僅大部類的建構，即便是子目的結構，杜佑的安排也是有深意的。比如《食貨典》，共十二卷，依次分為幾個層次：第一個層次是田制、水利、屯田，是講土地所有制形態的；第二個層次是鄉黨、土斷、版籍，是講對勞動人民的管理的；第三個層次是賦稅、歷代戶口、丁中，是講賦稅勞役制度的；第四個層次是錢幣、漕運、鹽鐵、鬻爵、榷酤、算緡、雜稅、平准、輕重，主要是講商品貨幣經濟及相關的稅收政策的。這個層次的劃分，體現了杜佑對封建社會經濟結構的認識，以封建社會基本的生產關係——土地制度為基礎，依次揭示勞動控制形式、賦役關係、人口關係和商品貨幣經濟關係，這個邏輯結構與封建社會經濟結構的大體吻合，是毋庸置疑的，這不能不說是杜佑的卓見。

從上述分析中可以看出，杜佑的「篇第之旨」，具有嚴密的邏輯結構，而這一邏輯結構與歷史進程本身，與封建社會經濟結構，是基本吻合的。這一方面反映了杜佑對社會結構的認識達到了很高的水平，另一方面也反映了杜佑歷史編撰方法的科學性：做到了歷史與邏輯的統一。

第三，記事與記言相結合的行文方式。

司馬遷在《史記》中就常以「太史公曰」的形式發表議論，這一傳統為後代史家所繼承，歷代正史都無一例外地以「史臣曰」來表達作者自己的歷史見解。相較而言，《通典》比其他史書更注重議論，記事與記言緊密結合，敘、議相得益彰。《通典》撰述的主旨在於為現實政治服務，其內容以記述歷代典章制度沿革為主，同時又將歷代「群士議論得失」作為一個重要組成部分，供統治者鑑別斟酌。所謂「群士議論」，包括漢魏六朝人文集、奏疏中之有裨得失者和當朝人關於典章制度的評論。行文方式有以下幾種：一是將「群士議論」編於卷後，以《雜議論》、《雜議》的形式出現；二是在卷中夾敘夾議；三是以注文的形式附錄議論。不論何種形式，議論都是與典制沿革的敘述相配合，對於讀者了解制度得失，有很大的參考借鑑作用。

《通典》還以序、論、說、評、議、按的形式，表述作者自己對史事的見解和主張，集中反映了作者的政治思想和歷史觀。

記事與記言相結合，夾敘夾議，使《通典》成為一部既內容充實可信，又能引人入勝的偉大史著。

《通典》在歷史編撰學上有其特殊的地位，但作為第一部典志體通史，它也還存在著一些不足。《通典》最常為人詬病的，一是《兵典》體例不純，應講兵制沿革，而杜佑卻用來講兵法；二是《禮典》過於繁複，全書二百卷，《禮典》就占了一百卷，幾乎把一整部《大唐開元禮》全部抄錄了進來，在今天看來，《禮典》又是價值最小的部分。但瑕不掩瑜，作為一部開創性的著作，存在著一些缺點，也是可以理解的。

三、杜佑的歷史進化觀

杜佑的《通典》是一部專門闡述歷代典章制度興廢沿革的通史，他在探究歷代典章制度興廢損益的機制及原因時，也從某些側面探討了歷史發展的規律及社會變化的因果關係。從中可以看出杜佑的歷史觀是一種進化論歷史觀。

第一，杜佑反對「是古非今」，主張歷史是不斷變化、不斷進步的。

人類社會的歷史，是一個由野蠻、落後、簡單不斷向文明、開化、複雜進化的過程，杜佑在考察歷代典章制度發展變化的過程中，看到了人類社會的歷史也是在不斷變化、前進的。他在研究職官制度的時候，發現作為國家統治工具的官僚機構經歷了一個從無到有、從簡單到複雜的過程，官職的名稱由樸野而不斷典雅，官員的人數在夏商時不過一、二百人，到唐朝增加到了三十六、七萬人，國家選拔考核人才的考試銓選制度，也是愈來愈完善；他研究風俗禮儀的變遷時，發現正統儒家所講的三皇五帝「黃金時代」，實現上經濟文化都很落後，穴居野處、茹毛飲血、以人殉葬、同姓婚娶，說明人類當時還處在一個非常落後的社會階段。他還說明，這一落後階段，在「中華」與「夷狄」的歷史上都存在過。這就在一定程度上認識到人類社會的不斷進步，是一個普遍規律。由穴居野處到

「易之以宮室」，由「不封不樹」到「易之以棺槨」，[76]表明社會是不斷進化的。

第二，杜佑反對「宿命論」、「天命論」，認為歷史發展變化的原因是「形勢驅之」。

杜佑不僅注意到歷史是發展變化的，還著意探討發展變化的原因。他在寫《通典》時，摒棄了歷代正史中關於陰陽五行、祥瑞符命的記載，他喜歡徵諸人事，從社會現實來說明歷史發展變化的因果關係。如前所述，杜佑繼承前人「倉廩實知禮節，衣食足知榮辱」的觀點，朦朧地認識到社會經濟，特別是農業的進步，在社會發展中的決定作用，具有樸素的唯物史觀意識。但在探討具體社會變化原因時，杜佑更多的是從分析當時的客觀歷史環境入手。杜佑注意到「中華」、「夷狄」都經歷過原始的野蠻階段，在說明「中華」禮俗文明在歷史發展進程中超越了「夷狄」的原因時，杜佑認為是由於「中華地中而氣正」，「四夷諸國地偏氣獷」，[77]也就是從地理環境的不同來解釋歷史發展快慢的原因。杜佑在討論分封制與郡縣制時，杜佑認為分封制是在承認遠古氏族首領既有權力的基礎上產生的。後來諸侯兼並，秦朝一統，廢分封行郡縣，乃勢之必然。後世「欲行古道，勢莫能遵」。客觀形勢變化是不能以人的意志為轉移的。杜佑還否定了秦因廢分封孤立而亡的簡單歷史結論，認為秦亡的主要原因是秦始皇窮兵黷武、濫用民力，秦二世腐朽荒淫，失去了民心。這種從具體歷史環境去分析歷史變化原因的方法，顯然也是進化論史觀的一個重要方面。

第三，杜佑主張「隨時立制，遇事變通」。

杜佑既承認社會是不斷前進的，當然也就承認隨著時代的發展變化，那些不符合客觀形勢的舊制度必須改革。他在《通典》敘、論中，多次講到要「詳古今之要，酌時宜可行」，「隨時拯弊，因物利用」，「隨時立制，遇事變通，也就是強調作為上層建築的典章制度，必須與客觀形勢的要求相適應。杜佑對歷史上的多次改革都給以充分的讚揚和肯定，他讚揚秦國的商鞅變法，使秦國「數年之

---

76 《通典・禮典・棺槨制》。
77 《通典・禮典・立屍》。

間，國富兵強，天下無敵」；他稱讚楊炎的兩稅法為「適時之令典，拯弊之良圖」。這正是因為他認識到人類歷史發展的必然趨勢是不可抗拒的，對落後於現實需要的政治經濟制度，必須進行變革，才能維持封建統治。

第五節 ·
多角度展現隋唐風采
的其他史學名著

古代「史」的領域本極寬泛，《隋書·經籍志》史部有十三個類目，除正史、古史（編年）外，尚有雜史、霸史、起居注、舊事、職官、儀注、刑法、雜傳、地理、譜系、簿錄。新、舊《唐書》藝文、經籍志大體沿用這個分類。由此可知，隋唐五代的史學著作，除了前述「六書二史」、《史通》、《通典》外，還有很多。本節選擇那些從不同角度展示隋唐風采的史著，分類加以介紹。

一、《唐律疏議》、《大唐六典》與《唐會要》

唐朝是一個極重視法制建設的時代，這幾部書正是唐朝法制建設成就的集中反映。

《唐律疏議》三十卷，長孫無忌等撰。這是中國現存最早、最完備的一部封建法典。

唐朝的法典有四種形式：律、令、格、式。律是國家大法，是刑法典。唐朝在高祖武德時期，就依據《隋律》，制定了《武德律》十二篇。貞觀年間，唐太宗又命令房玄齡、長孫無忌等重加刪定，歷時十餘年，修定《貞觀律》，分為名例、衛禁、職制、戶婚、廐庫、擅興、賊盜、鬥訟、詐偽、雜律、捕亡、斷獄十二篇，五百條，成為唐律的定本。唐高宗時，除對律文做了一些個別調整外，針對律文在執行過程中產生的解釋無憑、「觸塗睽誤」等問題，在永徽三年下詔令長孫無忌、於志寧等人撰定《律疏》三十卷，頒行天下，這就是《唐律疏議》的來源。全書以《貞觀律》律文為經，按照十二篇的順序，對五百零二條律文逐條逐句進行銓解和注釋，辨析疑異。在頒行之後，與律文並行，具有同等的法律效力。

《唐律疏議》中廣泛徵引唐代的令、格、式，涉及唐代各種典章制度，是研究唐代法律以及唐代政治、經濟、社會的重要史料。另外，唐律本身是集戰國秦漢至隋封建法律遞變之大成，《疏議》編撰時，又根據秦漢以來的封建法律理論敘述其源流，闡釋其微義，補充其未備，這使《唐律疏議》成為中國封建法典的範本，不僅在中國法制史上具有重要地位，而且對日本、朝鮮、越南等國的封建法制建設也產生了較大影響，被稱為世界五大法系之一的「中華法系」的代表作。

《大唐六典》三十卷，題唐玄宗御撰，李林甫等奉敕注。是中國古代最早的一部行政法典。

唐朝發展到開元年間，達到極盛。盛世修典，自古皆然。開元十年（722年），唐玄宗令「法以《周官》，勒為唐典」，即模仿周公制禮作樂，撰唐六典：理、教、禮、政、刑、事典。但是由於唐制與《周禮》之制全不相同，難以傅會，歷久不能成書。後來監修張說委任毋煚、徐欽、韋述等採用變通的辦法，「以令、式分入六司，像《周禮》六官之制，其沿革並入注」[78]。後經張九齡、李林甫監修，在開元二十六年（738 年）成書。

---

78 《直齋書錄解題‧唐六典》，參見《新唐書‧藝文志》、《大唐新語》卷九。

《唐六典》基本上以唐朝前期的行政機構為部類，按照當時的政府組織形式，分部門編列其編制品秩，陳述其職掌權限，並附注歷朝沿革、故事，「一代典章，釐然具備」[79]。這是對盛唐行政機構及其職能的最完備的記述，對後人研究唐朝政治體制，具有重要的價值。

《唐會要》一百卷，雖題北宋王溥撰，但王溥之書主要是依據唐人蘇冕兄弟的《會要》和崔鉉、楊紹復等撰的《續會要》修成的。

「會要」體的首創之功，應歸於蘇氏兄弟。《新唐書·蘇弁傳》記載，蘇弁為唐京兆武功（今陝西武功）人，是唐高宗時名相蘇良嗣的從孫。此人「通學術，吏事精明」，曾任判度支，和杜佑一樣，是位理財家。其家藏書二萬卷，當時稱「與秘府埒」。大約在貞元十九年（803年）《通典》進上的同時，當時擔任杭州刺史的蘇弁與兄蘇冕「纘國朝故事」撰成《會要》四十卷，分類記述唐高祖至唐德宗時唐朝典章制度的變遷。該書本為私修，唐宣宗大中七年（853年），由宰相崔鉉監修、由修撰官楊紹復等官修《續會要》四十卷，補錄了德宗至宣宗時的有關資料。宋初王溥等只將二書合併統編，又採錄宣宗以後史事，共成百卷。書中記高祖至德宗時事最詳，德宗至宣宗時事次之。書中多次出現「蘇氏議曰」、「國朝」、「皇朝」等字樣，說明王溥對唐人原書基本上是原文照錄。

《唐會要》全書大約有三百六十餘個類目，基本上是刪節唐代詔敕和奏議而成的，因而保存了大量的原始文獻，比較精確地記錄了唐朝一代典章制度的沿革變化，為後人研究唐朝政治、經濟、文化提供了翔實的資料。由蘇氏兄弟首創的「會要體」，成為中國古代史苑中斷代記述典章制度史的一種重要體裁，而由崔鉉等開創的官修當代「會要」，也同官修當代國史一樣，成為中國史學領域中的一個優良傳統。

---

79 《四庫全書總目·史部·職官類·〈唐六典〉》。

二、《元和郡縣圖志》

中國很古就有編撰地志的傳統，現存《尚書·禹貢》，可謂是地理總志的雛形。魏晉南北朝時期，出現了中國第一部地理總志——《畿服經》。隋朝大業年間，曾「普詔天下諸郡，條其風俗物產地圖，上於尚書」[80]，最後編成《諸郡物產土俗記》一百五十一卷，《區宇圖志》一百二十九卷，《諸州圖經集》一百卷。唐初，在魏王李泰的主持下，編成《括地志》五十卷，此書以貞觀時的行政區劃為綱，「分道諸州，披檢疏錄」，多載六朝時地理書，詳於歷史沿革。上述地志大多散佚，《括地志》僅有輯本四卷。今天能看到的最早、最完整的地理總志是李吉甫《元和郡縣圖志》四十卷。

李吉甫（758-814 年），字弘憲，唐趙郡（今河北趙縣）人，少好學，該洽多聞，尤精於唐朝故實。唐憲宗時為宰相，力主削藩，頗有政績。他一生勤於著述，精於易學、史學、地理學，著有《六代略》、《元和國計簿》、《十道州郡圖》、《古今地名》等多種著作，只有《元和郡縣圖志》保存下來（圖已散失）。

李吉甫所處時代，正值安史之亂後，唐朝社會矛盾重重。他從自己從政的切身經歷出發，受安史之亂後「實學」思潮的影響，悉心探究地理之學。《元和郡縣圖志》的編撰旨趣，就是通過「辨州域之疆理，審戶口之豐耗」，明「丘壤山川攻守利害」，以達到「佐明王扼天下之吭，制群生之命」[81]的目的。更明確地說，就是為解決「藩鎮割據」問題、鞏固封建中央集權統治而服務。這使《元和郡縣圖志》與《通典》一起成為唐後期「經世」之學的代表作。

在上述編撰旨趣的指導下，《元和郡縣圖志》在編撰過程中貫穿了實用性與科學性相結合的原則，在體例上形成一些特點：（1）詳今略古。李吉甫認為編撰地志的目的是「成當今之務，樹將來之勢」，所以他反對詳古略今、重文獻徵引而輕視現今地理的著述。《元和志》的體例框架，是以貞觀十三年（639 年）

---

80 《隋書·經籍志》。
81 李吉甫：《元和郡縣圖志序》。

規劃的十道為大綱，以元和時的四十七鎮為構架，每鎮一圖一志，分鎮論述府州及屬縣的等級，鄉、戶數目，四至八到，開元、元和貢賦以及沿革、山川、鹽鐵、水利、軍事設施等。宋人程大昌稱此書「於唐家郡縣疆境、方面險要，皆熟按當時圖籍言之，最為可據」[82]。（2）備載各府州戶口、貢賦、礦產、水利和城關關隘，為研究唐代經濟、軍事地理提供了重要資料。（3）備列四至，為後人確定府州界線提供了方便。

《元和郡縣圖志》奠定了中國地理總志的基本框架，為後世修地理總志提供了範本。《四庫全書總目》稱：「輿地圖經隋唐志所著錄者，率散佚無存，其傳於今者，惟此書最古，其體例亦為最善。後來雖強相損益，無能出其範圍。」[83]所以後人常稱《元和郡縣圖志》為「地志書鼻祖」。

三、《大唐西域記》、《蠻書》及其他

邊疆民族史與中外交通史的撰述，是隋唐五代史學的重要成就之一。特別是唐代，疆域遼闊，天下和同一家，使學者們具備更為開闊的視野，因而在邊疆與域外史地的撰述上取得超越前人的成績，出現了許多名著。

隋唐時期關於邊疆史地與中西交通的第一部著作是隋裴矩的《西域圖記》三卷。關於此書的寫作，裴矩在序言中講到：「臣既因撫納，監知關市，尋討書傳，訪採胡人，或有所疑，即詳眾口。依其本國服飾儀形，王及庶人，各顯容止，即丹青模寫，為《西域圖記》，共成三卷，合四十四國。仍別造地圖，窮其要害。」[84]但遺憾的是此書後代失傳，只有一篇序言保存在《隋書·裴矩傳》中，就這篇簡短的序言，價值也很高，特別是其中講到的「發自敦煌，至於西海」（地中海）的三條通道，至今仍是研究中西交通史的寶貴資料。此外，唐高宗在平定

---

82 程大昌：《元和郡縣圖志跋》。
83 《四庫全書總目·史部·地理類·〈元和郡縣圖志〉》。
84 《隋書·裴矩傳》。

西突厥後，也曾遣使往康國、吐火羅等地「訪其風俗物產，圖畫以聞」[85]，後由許敬宗主持編纂了《西域國志》六十卷，這部著作後來也散失了。

關於中西交通的記述，保存下來的是玄奘撰《大唐西域記》十二卷。玄奘（600-664 年）俗姓陳，名禕，唐洛州緱氏（今河南偃師緱氏鎮）人。唐太宗貞觀元年（627 年）離長安西行，去印度取經，貞觀十九年（645 年）返回長安，奉敕將其所經歷的一百一十個和傳聞所知的二十餘個國家、地區、城邦的情況口述出來，由其弟子辯機執筆寫成《大唐西域記》，不僅為研究唐代西域和印度等地的歷史提供了重要資料，而且被稱為「東方三大旅行記」之一，在世界文明史上也享有盛譽。

另外還有慧立原撰，經彥悰修訂，成書於武則天垂拱四年（688 年）的《大慈恩寺三藏法師傳》十卷。這是玄奘的個人傳記，其前五卷記述了玄奘西行前的情況和西行十九年的經歷，不僅可以和《大唐西域記》相互比讀，而且還補其所未備，如《大唐西域記》記玄奘西行從高昌講起，而此書則從長安講起，對「絲綢之路」的記述更為完整。此書後五卷主要介紹玄奘回到長安後的佛學活動。

杜環的《經行記》也是唐代中西交通史上的一部名著。杜環是杜佑的族子，在唐軍西征大食的怛羅斯戰役中被俘。這次被俘的有兩萬餘人，其中有一些造紙的工匠，使得中國造紙術西傳，為世界文明做出了貢獻。從天寶十載（751 年）被俘到寶應初（762 年）乘商船至廣州歸唐，杜環在中亞滯留、遊歷十餘年，對中亞有很深的了解，歸國後寫成《經行記》一書。其書雖佚，杜佑在《通典》錄入了一千五百餘字，從中可以看到杜環對中亞各國和大食、拂菻、苫國等的詳細記述，另外還提到中國綾絹、金銀、畫業工匠的被俘，是唐代生產技術西漸的見證。

晚唐時期，出現了多種反映西南少數民族地區社會歷史的著作。記述雲南地區社會歷史的著作，保留到現在的有樊綽的《蠻書》十卷。樊綽在唐懿宗咸通年

---

85 《新唐書‧藝文志》。

間曾任安南從事，後參考前人著述，依據自己考察所得，寫成這部記述南詔社會歷史的專著，計分雲南界內途程、山川江源、六詔、名類、六賧、雲南城鎮、雲南管內物產、蠻夷風俗、蠻夷條教、南蠻疆界連接諸番夷國名十卷，是研究唐代雲南地區交通、山川、城鎮，以及南詔與鄰近各國的民族、風俗的主要文獻。記述嶺南地區物產民情的著作還有劉恂的《嶺表錄異》三卷和段公路撰、崔龜圖注的《北戶錄》三卷，記述桂林名勝古蹟、山川城址、名人軼聞的有莫休符的《桂林風土記》一卷，這些都是研究唐代邊疆地區社會歷史的名著。

四、《貞觀政要》與雜史、筆記

劉知幾在《史通》中把史書分為正史和偏記小說兩大類，認為「偏記小說，自成一家，能與正史參行」。所謂「偏記小說」，也就是後人所說的野史、雜史、筆記、小說。在四部分類法中，這一類書常分在史部雜史類和子部的雜家、小說類。唐代被稱為「筆記的成熟期」[86]，這類可以補正史之疏漏、證正史之謬誤的雜史筆記之書，在唐代也有不少名著，最有名的當然要推《貞觀政要》。

《貞觀政要》十卷，是與劉知幾同時的著名史學家吳兢所撰。據該書自序講，作者是鑑於「太宗時政化良足可觀，振古而來，未之有也」，也即「貞觀之治」可為帝王政治的萬世楷模，把貞觀君臣的言論記錄下來，目的是使「有國有家者克遵前軌，擇善而從」，效法「貞觀之治」，建立良好的政治秩序。此書編撰於開元前期，編成後曾經送給唐玄宗御覽，所以此書編撰的直接目的是希望唐玄宗能效法唐太宗，再現大唐輝煌。

《貞觀政要》全書分十卷四十篇，分類輯錄了唐太宗君臣的「嘉言善行，良法美意」，其中有的是貞觀君臣共商國是的應對問答，有的是大臣的諍言與奏疏，有的還涉及政治制度。總之，是著意表現貞觀時期明君在上，良臣在下，君

---

86 劉葉秋：《歷代筆記概述》，頁 76，北京，中華書局，1980。

臣相得，「君有任賢納諫之美，臣有輔君進諫之忠」的良好政治局面，樹立封建帝王政治的典範。同時，這部書也表現了大史學家吳兢的民本思想及重視集體智慧、重視農業生產等進步的政治歷史觀。

直接模仿《貞觀政要》而作的雜史有劉肅的《大唐新語》十三卷。劉肅是元和時人，他選取唐高祖至唐代宗時君臣「事關政教，言涉文詞，道可師模，志將存古」的言行，分類編排，目的在於為統治者提供史鑑。

與《貞觀政要》、《大唐新語》相比較，更偏重於記載軼聞軼事，小說、筆記性質較濃的一類著作有：

劉餗《隋唐嘉話》（又稱《傳記》）三卷。劉餗是劉知幾的兒子。此書主要記錄唐前期諸帝和當朝名臣的言行，也兼及一些書畫家、藝技人的軼聞。在體裁和文字風格上是效法《世說新語》，屬於小說者流，所以宋人稱此為《劉餗小說》。

張鷟《朝野僉載》六卷。張鷟是開元時人，此書記武周時歷史軼聞，多係耳聞目見，最受後人重視。

李肇《唐國史補》三卷。李肇，元和時人。作者自稱此書是模仿劉餗書而作。其上卷錄開元到長慶以前的歷史軼聞，可看作是《隋唐嘉話》的續篇。下卷多記唐中後期的典故、習俗和工商業活動，是研究唐代社會史的重要資料。

趙璘《因話錄》六卷。趙璘是開成三年（638 年）進士，官至衢州刺史。此書分宮、商、角、徵、羽五部：宮部記唐玄宗至宣宗朝人君言行；商部兩卷，記王公大臣妙語卓行；角部記在野人野聞；徵部記典故；羽部記見聞雜事。雖係小說，卻多有可質證史事之處。

此外，唐人自撰可資考證唐朝軼聞軼事、典故的筆記小說名作還有封演《封氏聞見記》、蘇鶚《蘇氏演義》、李德裕《次柳氏舊聞》等。總的說來，唐人筆記重視寫當世故事，可讀性強，又可資考史。

晚唐時期，社會危機四伏，唐朝危在旦夕。這種感覺使許多學人開始注意搜

訪唐朝的軼聞軼事。唐亡之後，五代衣冠士紳，思念故國，纂輯各種野史雜說，寄託情懷。因而，晚唐五代時期，歷史筆記小說勃興，產生了很多有意義的作品，如鄭處誨《明皇雜錄》、鄭綮《開天傳信錄》、范攄《雲溪友議》、王定保《唐摭言》、王仁裕《開元天寶遺事》、孫光憲《北夢瑣言》等，都有為正史拾遺補闕的價值。

第十章

空前繁榮的
詩壇文苑

　　隋朝的統一，結束了東晉十六國以來分裂割據的局面，建立了統一的國家，有利於經濟文化的發展。繼隋而建立的唐朝更發展了這種大一統的局面，國力強盛，經濟繁榮，交通發達，對文化的發展提供了非常有利的社會條件。正是在這種社會背景之下，詩壇文苑呈現空前繁榮的盛況。

文學精神
與時代氣質

　　隋以前長期的社會動盪，給人民帶來了無窮的災難，但同時也加速了各族人民之間的交往與融合。民族融合的進程到隋朝已大體完成，入唐以後融進新鮮血液的中原民族正煥發著青春活力，這給隋唐時期的詩壇帶來了勃勃生機。隋唐時期邊塞詩較多，內容風格往往雄渾蒼茫，洋溢著一種熱愛邊疆，以身報國的壯志豪情，如被推為唐人七絕壓卷之作的王昌齡的《出塞》，和被章太炎先生盛稱為「絕句之最」的王之渙的《涼州詞》都是描述邊塞的。當時邊塞詩所展現出的風貌反映了那個時代的活力與生機。如王昌齡的《出塞》詩曰：「秦時明月漢時關，萬裡長征人未還。但使龍城飛將在，不教胡馬度陰山。」詩中所表現的獻身邊塞的豪情，似乎可以看到作者的身影。

　　邊塞詩之外，其他題材的詩歌也多有一種游俠豪情和尚武的內在精神，如王維著名的《觀獵》詩即是以明快羨慕的筆調去描繪打獵的過程：「風勁角弓鳴，將軍獵渭城。草枯鷹眼疾，雪盡馬蹄輕。忽過新豐市，還歸細柳營。回看射雕處，千裡暮雲平。」

　　唐代詩人還常常直述自己的平生抱負，流露出一種棄文從武的壯志雄心，如高適的《淇上酬薛三據兼寄郭少府微》：「……十年守章句，萬事空寥落。北上登薊門，茫茫見沙漠。倚劍對風塵，慨然思衛霍。」又如楊炯《從軍行》詩中

曰：「寧為百夫長，勝作一書生。」

總之，隋唐時期，詩中有一種尚武精神，而這種尚武精神，融匯了北地少數民族獷悍的民族風貌。

隋朝建立以後，對政治經濟制度進行了整頓和改革，加強了中央集權，有利於社會安定和經濟的發展，而有些制度更直接對文化的發展有著重大的影響。其中選拔官吏上廢除九品中正制，改行科舉制，對詩歌的發展影響尤為顯著。首先，隋以前的九品中正制，是將居住地的士人，按「才能」進行評定，所以士人重視本鄉本土的表現。科舉制要求士人離開本鄉本土去參加考試，這就擴大了士人的視野，增加了士人的閱歷，同時也加強了他們之間的交往。其次，九品中正制注重家世，而科舉制鼓勵人們平等競爭，從而激發了人們建功立業的思想。這些都擴大了詩歌題材，同時也給詩歌注入了時代精神。唐代科舉制重進士科，考試內容以詩賦為主，這又促進了士人的詩歌創作，士人也因此變成了詩人。這無疑對唐代詩歌的發展產生著積極的影響。如杜甫即因科舉落第，漫遊齊、趙（今山東、河南、河北）寫下了磅礴古今的《望岳》等詩篇，而他著名的《同諸公登慈恩寺塔》也是科舉失意後，與在長安結交的詩友高適、岑參等同遊雁塔而作的。當時很多士人懷著齊家治國平天下的雄心壯志來參加考試，並為此而潛心作詩。考中後要雁塔題詩，交往應酬，抒發情懷；失第後，也要發洩怨悶，感時傷懷，或結伴遊覽，或投身邊塞另謀出路。這些都擴大了詩人的活動範圍，拓展了詩人的思路，增加了詩歌的創作題材。

隋、唐兩代皇帝大都重視文化。史載隋文帝楊堅「不悅詩書」，但繼他而立的隋煬帝楊廣卻愛好文學。《隋書・煬帝紀》說他：「好學，善屬文。」平陳時，「封府庫，資產無所取，天下稱賢」。當然其做法是為了求得時譽，但客觀上對江南社會的安定，對保留江南文化有著積極的意義。楊廣還注意羅致文人，平陳後南朝來的一大批文人都聚集在他的周圍。《隋書・柳𧪞傳》稱：𧪞「轉晉王（楊廣）咨議參軍，王好文雅，招引才學之士諸葛穎、虞世南、王胄、朱瑒等百餘人以充學士，而𧪞為之冠，王以師友處之，每有篇什，必令其潤色，然後示人。嘗朝京師還，作《歸藩賦》，命𧪞作序，詞甚典麗」。煬帝的做法對隋代文學的發

展有一定的推動作用。

入唐以後，歷朝皇帝大都重視文化。對唐朝有開建之功的太宗皇帝，在稱帝之前，就很注意收用文士，把當時著名文人房玄齡、虞世南等十八人招致門下，號十八學士，格外優寵。太宗稱帝後，「聽朝之間，則與討論典籍，雜以文詠，或日昃夜艾，未嘗少怠，詩筆草隸，卓越前古，至於天文秀發，沈麗高朗，有唐三百年，風雅之盛，帝實有以啟之焉」[1]。繼太宗之後的高宗、武則天、玄宗都致力於倡導文化。這不僅極大推動唐文化的發展，而且直接造就了一批詩人。在唐代詩壇占一席之地的宮廷詩人就是在他們周圍形成的，如上官儀、上官婉兒、沈佺期、宋之問等人，他們不僅創作了大量詩歌作品，對唐詩的發展也有著一定的推動作用。

單以唐朝而言，歷朝皇帝並沒有製造文字獄。王建作《宮詞》一百首，描述的是皇宮內的事情；杜甫、白居易等人都描述了當時社會很多黑暗而敏感的問題，但並未因此致禍。官方對詩歌所涉內容的寬容，以致後人有「唐詩無避諱」之說。[2] 這為唐詩的創作提供了一個寬鬆的社會環境，有利於詩人展現才華和抒發感情。

唐代佛、道等宗教興盛，尤其是佛教對唐詩的發展有著很大的影響。據郭紹林統計：《全唐詩》所收唐士大夫遊覽佛寺、研讀佛典、交接僧人的詩及唐代僧人的詩共五千二百多首，占《全唐詩》所收詩的十分之一以上。再以佛教對詩歌本身的影響看，郭紹林認為：「唐代近體詩崛起，成為一代文體，其中律詩的成就也極高，技巧極為嫻熟。律詩中的對偶部分，體現了作者的邏輯思維能力。」又說：「辨證法思想在佛教傳入之前就在中國本土出現，並由老子加以總結。對偶句式在近體詩產生之前，也已出現於文學作品和士大夫的日常閒談中。但佛教有意識地總結、宣揚、提倡，和僅僅由文學現象自發地發展相比，卻有著規範化、成熟化、多樣化、可變化的積極後果。初唐時期，近體詩還很幼稚，而盛

1　《全唐詩‧太宗詩附傳》。
2　洪邁：《容齋續筆》卷三。

唐、中唐、晚唐時期，以對偶典雅工整名世的大家輩出，其中不少是奉佛的士大夫，這和佛教創宗後的發展時期，特別是慧能講過的三十六對時期，正好相符，這便不能簡單地歸結為文學自身的發展了。」[3]

此外，佛教對詩歌的意境也產生了影響。唐代王維、孟浩然的詩，達到了山水田園詩的極致，但他們詩歌意境很大程度是受佛教影響的，如明人謝榛引孔文谷的話說：王維、孟浩然和韋應物的詩，「典雅沖穆，入妙通玄，觀寶玉於東序，聽廣樂於均天」[4]。總之，佛教的思想方法對詩歌的意境、構思和表達起了積極的作用。

從隋唐五代時期的哲學思想來看，一方面儒家思想重新被確立為官方的哲學思想，激勵士人走齊家治國平天下的道路，激勵士人關心政治，留意民間疾苦，使以杜甫、白居易為代表的詩人寫出很多傷時感事的現實主義作品；另一方面，儒家思想又不時受到士人的嘲弄，如王績曰：「禮樂囚姬旦，詩書縛孔丘。」又如李白曰：「鳳歌笑孔丘。」這種開放思想有利於表達浪漫主義的情懷，從而形成李白那種奔放自然的筆調，表現出奇妙空靈的意境。

從詩歌本身來看，經過隋代的發展，講究辭藻形式的宮體詩已經受到了衝擊，新的詩風正在孕育之中，詩歌發展到盛唐基本上是沿著兩條道路前進的，一是風骨的回歸；一是詩的形式美，即律詩的形成和成熟。強盛的唐朝為新詩歌幼苗的成長提供了良好的生長氣候和自由廣闊的天地。

隋唐五代是一個漫長的歷史時期，就唐詩發展來看，初唐政治開明，經濟發展，思想領域活躍，這為唐詩的發展奠定了一個良好的開端，詩壇也呈現出一派蓬勃興起的局面。

唐朝經過近百年的發展，到開元天寶年間，達到了它的鼎盛時期，唐詩經過這近百年的創作實踐和理論上的不斷探索，藝術經驗長期積累，也進入了它的光

3　郭紹林：《唐代士大夫與佛教》，頁 236，開封，河南大學出版社，1987。
4　謝榛：《四溟詩話》。

輝燦爛的時期。這一時期的作品，風格高昂明朗，雄渾壯大，或追求完美的詩歌意境；或表現為「清水出芙蓉」的自然美。也就在這時，統治階級變得日益腐敗起來，內部又不斷爭權奪利，剝削加重，致使人民生活窮困，階級矛盾和統治階級內部矛盾越來越激化，終於導致了安史之亂，這樣又出現了描寫生民疾苦的創作傾向和諷刺詩，從側重理想轉向寫實。

安史之亂以後，唐朝急劇衰敗，但詩人們大都生長於開元盛世，受過盛唐精神的薰陶，受過盛唐詩歌的影響，所以在他們的作品中或多或少表現出盛唐詩歌那種昂揚的精神風貌和那種渾然一體的意象韻味。同時這些詩人都親身經歷了戰亂，戰爭帶給人民的苦難和自身的感受都必然反映到詩歌作品中來。又由於盛唐詩歌盛極難繼，為了尋求新的詩歌發展道路而形成了不同風格，或通俗；或怪奇；或幽峭。而且，為了恢復唐朝往日的繁榮與昌盛，諷喻時政、反映人民疾苦的作品也不斷湧現。但隨著唐朝統治階級內部矛盾和階級矛盾的日益加深，唐朝復興的希望破滅，詩歌也轉向描述自我，或悲嘆往昔，感慨歷史，以致把閨閣生活、愛情生活、青樓歌妓生活大量反映到詩歌作品中來，並且隨著唐朝的消亡而日趨纖弱。「山窮水復疑無路，柳暗花明又一村。」就在唐詩走向沒落的時候，一種新的文體詞正在悄然興起。

詞起自民間，它的發生發展與唐後期商品經濟的發展關係甚大。詩在唐朝是可以歌唱的，著名的旗亭畫壁故事就是講述唐詩歌唱的。《全唐詩‧附錄》說：「唐人樂府，原用律絕等詩，雜『和聲』歌之。其並『和聲』作實字，長短其句以就曲拍者，為填詞。」也就是歌詩的娼妓，應用了「泛聲」或「和聲」，無形中詩已變成了長短句。漸漸的參差不齊的「詩」被驅入文學的範圍，成為新文體的詞。詞在唐末五代是一個發生發展時期。唐後期的商品經濟發展，推動了歌妓的活躍，歌妓因歌唱的需要，又推動了詞的發展。唐末五代的詞題材狹窄，如溫庭筠及花間派詞人絕大多數作品是描述婦女的容貌、服飾和情態，這與詞產生的具體環境有很大關係。詞在南唐後主李煜時，發生了一些變化。因為李煜作為南唐國主，也是著名詞人，他前期寫豪華的宮廷生活，實際上是南朝宮體和花間詞風的繼續，後期詞哀嘆身世的不幸，使詞擺脫了長期在花間樽前曼聲吟唱中所形成的傳統風格，而成為詩人們可以多方面言懷述志的新詩體，使詞向一個多彩的

藝術載體發展。

隋唐五代時期除詩詞外，文章也取得了輝煌的成就，這主要表現在隋唐文體的變革上。隋文帝雖不悅詩書，但他是一個務實的皇帝。建隋後，他在積極進行政治制度和經濟制度整頓和改革的同時，還改革了文體，即針對當時華豔的文風，詔令「公私文翰，並宜實錄」。當時大臣李諤還奏請對有華豔文風者，繩之以法，也得到了文帝的讚許，並以諤所奏，「頒示天下，四海靡然向風，深革其弊」[5]。入唐後，唐太宗和他的大臣明確提出了文學必須有益於政教的主張，在重視文學藝術特點的同時，反對淫靡的文風。從而為唐文學的發展奠定了一個很好的思想基礎。

駢文源於秦漢，形成在魏晉，六朝大為興旺，但駢文在發展過程中，過分地著眼於技巧的追求，路子越走越窄，逐漸走向僵死。這樣，先秦時期興盛一時的散體文再度興起就成為一種必然趨勢。經過隋唐兩代，主要是唐代文人的不斷努力，最後到韓愈、柳宗元完成了古文運動的進程。韓愈散文，雄奇奔放，富於曲折變化，但也有些散文，和他的詩一樣，過分追求新奇古奧，有生澀難讀之弊。柳宗元的傳奇散文，大都取材於封建社會中那些被侮辱被損害的下層人物，有很強的現實主義精神，是《史記》人物傳記的一個發展。柳宗元山水遊記文筆簡練傳神，是《水經注》之後山水遊記文學的又一典範。

總之，韓、柳在理論上奠定了散文的基礎，在創作實踐上做出了典範。唐代古文運動的勝利，結束了駢文對文壇的長期統治，開創了散文的新天地，不僅恢復了其原有的歷史地位，而且推廣了其實用範圍，使散文在傳統的著書立說之外，去表現自我，去寫景、抒情、言志。

中國小說發展到唐代，也進入了一個新階段，魯迅說：「小說亦如詩，至唐而一變，雖尚不離於搜奇記逸，然敘述宛轉，文辭華豔，與六朝之粗陳梗概者較，演進之跡甚明，而尤顯者乃在是時則始有意為小說。」

---

5 《隋書·李諤傳》。

唐人小說稱之為「傳奇」。首先，唐代城市經濟繁榮，為傳奇小說提供了豐富的素材。使小說由原來單純的談神說鬼，走向反映複雜的社會生活。其次，唐代古文運動為小說創作提供了表達能力較強的新的散文體，詩歌發展也為它輸送了豐富的營養。另外，唐代佛道教義故事，神怪傳說的流行，對傳奇創作也有相當的影響。此外，宋趙彥衛《雲麓漫鈔》說：「唐世舉人，先借當時顯人以姓名達主司，然後投獻所業，踰數日又投，謂之『溫卷』如《幽怪錄》、《傳奇》等皆是也。蓋此等文備眾體，可見史才、詩筆、議論。」「溫卷」風氣，在中晚唐尤為盛行，散文大家韓愈、柳宗元也寫傳奇小說，傳奇也在這時得到了發展。傳奇的產生使小說逐漸形成了自己的規模和特點，成為一種獨立的文學形式。

　　隋唐五代佛教宣講經文，分僧講和俗講兩種。僧講專對僧徒，俗講對普通人。俗講的話本稱為變文。俗講的內容大多是一些男女悲歡離合的故事，或歷史和佛教故事，因情節吸引人，而風行一時。變文到宋演變為話本小說，彈詞也是由變文發展而來的。

第二節·
承前啟後
的隋代詩歌

　　隋以前南北長期分裂，文風也呈現了南北的不同。《北史·文苑傳序》論南北文學之不同稱：「江左宮商發越，貴乎清綺；河朔詞義貞剛，重乎氣質。氣質則理勝其詞，清綺則文過其意。理深者便於時用，文華者宜於詠歌。此其南北詞

人得失之大較也。」這種南北不同的文風在隋以前已出現了交流。北魏末至北齊時期，號稱北朝三才的溫子昇、邢邵、魏收的詩文已受到南朝的影響。南朝著名詩人庾信出使北朝被留，另一著名詩人王褒又被擄至北朝。隨著他們身世的變化以及受北朝文風的影響，詩風也發生了變化。

隨著隋朝的統一，南北文風進一步融合。煬帝平時注意羅致文人，平陳後南朝來的一大批文人又都聚集在他的周圍。他早期長於宮體詩，名篇《東宮春》、《江都夏》、《春江花月夜》，或辭藻華麗，或雜有江南民歌的色彩。其《春江花月夜》二首之一曰：

> 暮江平不動，春花滿正開。
> 流波將月去，潮水帶星來。

這詩是描繪春江月夜景物的，有著江南民歌的韻味。《春江花月夜》是樂府《清商曲·吳聲歌》舊題，曲調創自陳後主。後主和朝臣、女學士唱和的詩中，以《春江花月夜》最為豔麗。歌詞已失傳，現在看到最早的歌詞，就是煬帝的了。但煬帝的詩中已沒有豔詞麗語，濃脂膩粉，唐人張若虛的同題名作，多少可能受了它的影響。

說到影響，煬帝的文學作品主要是對當時的影響。《隋書·文學傳》稱：「煬帝初習藝文，有非輕側之論，暨乎即位，一變其風，其《與越公書》、《建東都詔》、《冬至受朝詩》及《擬飲馬長城窟》，並存雅體，歸於典制。雖意在驕淫，而詞無浮蕩，故當時綴文之士，遂得依而取正焉。」這說明煬帝的文學作品對當時文壇風氣的變化是起了一定作用的。不過這種作用是有限的。因為他繼位不久，就天下大亂，民無生路，文學自然也失去了它存在的基礎。

煬帝周圍的文人，以柳䚖、虞世基、王冑等南朝來的詩人為知名。從柳䚖今存詩文看，大都是供消遣宴樂之用的，雖辭藻華麗，但並無佳作可言。虞世基先仕於陳，陳滅後歸隋，因貧無產業，「嘗為五言詩以見意，情理悽切，世以為

工，作者莫不吟詠」[6]。煬帝即位以後，甚被寵信。現在看來，他的《出塞》詩略可稱道，場面宏大，但通篇注重辭采雕琢，顯得無病呻吟。王冑也寫宮體詩，並且有過之而無不及。不同的是，王冑作品中也有一些情思淒涼，詞語較為清新之作。如《酬陸常侍》、《言反江陽寓目灞涘贈易州陸司馬》諸篇，顯然受到北方詩風的影響。總之，煬帝及其周圍的文人大抵沿南朝之舊，略雜以北方文風。

隋朝短促，共三十七年，前期國力強盛，詩也產生了一些可觀的作品，值得稱道的是原北方詩人盧思道、楊素和薛道衡等人。

盧思道（約 530-582 年），字子行，范陽（今北京市）人，仕於齊，文宣帝崩，當朝文士各作挽歌十首，擇其善者而用之。魏收、陽休之、祖孝徵等不過得一、二首，唯思道獨得八首，時人稱為「八鬥盧郎」，從此名重一時。他的詩曾經得到庾信的讚美。入隋後不久即去世。

盧思道的代表作是《從軍行》，詩中抒寫了征人與妻子的互相思念及邊塞風情，有一種真摯蒼涼之感，語言流暢清麗，句法多用對偶，具有早期七言歌行的特色。盧思道又多感嘆身世之作，其中以《聽鳴蟬篇》為出色，在詩中他以蟬喻己：「輕身蔽數葉，哀鳴抱一枝；流亂罷還續，酸傷合更離。」又因之而發感慨：「一夕復一朝，坐見涼秋月。河流帶地從來，峭路干天不可越。……歸去來，青山下，秋菊離離日堪把，獨焚枯魚宴林野，終成獨校子雲書，何如還驅少遊馬！」

盧思道入隋後，年事已大，壯志未酬，心境更添悲涼，他的《遊梁城詩》即流露出了這種真摯的情思。梁城為漢梁孝王故城，當年鄒陽忠而遭讒，悲憤入獄，上書為梁孝王所禮遇。盧思道過梁城，見陳跡觸發了知己難逢的感嘆。全詩描述了種種落寞蒼涼的景色，烘託出他當時悲涼的心境，頗為人所感動。

盧思道立志高遠，但仕途不幸，幾經挫折，悲涼情思在他入隋後的另一詩作《春夕行經留侯墓》中也有表現：

6　《隋書·虞世基傳》。

夕風吟宰樹，遲光落下舂。

遂令懷古客，揮淚獨無蹤。

留侯張良為西漢開國功臣，又有著傳奇式的人生。這自然會引發盧思道反思一生無所成的感愴。

　　同樣表現出真摯樸厚，又有著濃烈情思的詩人，是隋朝的開國重臣楊素。

　　楊素（？-606 年），字處直，弘農華陰（今陝西華縣）人，仕北周，以平定北齊功，封成安縣公。入隋後屢立戰功，官至太師。楊素少有大志，精研學問，長於文辭，《隋書》本傳說他「詞氣宏拔，風韻秀上」。常與虞世基、薛道衡等著名詩人酬和。他的《贈薛播州》十四首，回憶身世，懷慕知己，頗為感人，其中之一曰：

北風吹故林，秋聲不可聽。

雁飛窮海寒，鶴唳霜皋淨。

含毫心未傳，聞言路猶敻。

惟有孤城月，徘徊獨臨映。

吊影餘自憐，安知我疲病！

這是楊素臨終時寄薛道衡之作，詩中有種悲涼之氣。楊素的《山齋獨坐贈薛內史》卻要悠閒一些，其二首之一曰：

居山四望阻，風雲竟朝夕。

深溪橫古樹，空岩臥幽石。

日出遠岫明，鳥散空林寂。

蘭庭動幽氣，竹室生虛白。

落花入戶飛，細草當階織。

桂酒徒盈樽，故人不在席。

日暮山之幽，臨風望羽客。

詩中景物由遠至近，烘託出一種幽寂的閒趣，也表達了對友人的思念之情。楊素

除和薛道衡等人唱和外，他的《出塞》詩也頗為可觀：

……
> 風霜久行役，河朔備艱辛。
> 薄暮邊聲起，空飛胡騎塵。

楊素身經百戰，歷盡征程，詩中有一種深沉雄厚之氣，已開唐代邊塞詩的先河。楊素與薛道衡相交甚厚，兩人唱和較多。

薛道衡（539-609 年），字玄卿，河東汾陰（今山西萬榮）人，先仕北齊，官至中書侍郎，入隋後，任內史侍郎、襄州總管等職。薛道衡是隋代最著名的詩人。他在北齊時，曾以主客郎身分接待陳使傅縡。縡贈詩五十韻，「道衡和之，南北稱美」。入隋後，久當樞要，「才名益顯，太子諸王爭相與交，高熲、楊素雅相推重，聲名籍甚，無競一時」[7]。但性情迂誕率直，不審時宜，忤煬帝意，被害。薛道衡的代表作是《昔昔鹽》。詩描述了婦女思念征人的情景，筆法細膩，對仗工整，頗有辭采。其中佳句「暗牖懸蛛網，空梁落燕泥」為人所稱道。魏晉以來戰爭頻仍，以婦女思念征人為題材的詩較多，這應該是較好的一首。不過，其中也有受南朝豔體詩影響的痕跡，情思、意象也相似於同類題材的樂府。

薛道衡的《豫章行》也是描寫婦女想念征人的。不過感情更加纏綿悱惻，結尾兩句：「不畏將軍成久別，只恐封侯心更移。」揭示思婦心理更加深刻。薛道衡在詩歌創作上是有意吸收南朝風格的，但他畢竟長在北方，有些題材風格有時也會突破宮體詩的藩籬，如他與楊素同時作的《出塞》詩，情調也與素詩相近：

> 絕漠三秋暮，窮陰萬里生。
> 寒夜哀笛曲，霜天斷鴻聲。

詩描述的是邊塞雄偉壯闊的景象，表達了一種悲涼粗獷的感情，藝術上雖然還不能和唐代優秀的邊塞詩相比，但已有了初、盛唐邊塞詩風格的先兆。

7　《隋書·薛道衡傳》。

邊塞詩之外，薛道衡有些田園山水詩寫得也比較好，如《夏晚》對景物的描繪非常精煉：

> 流水稍西傾，夕影遍曾城。
> 高天澄遠色，秋氣入蟬聲。

又如《敬酬楊僕射山齋獨坐》中的「遙原樹若薺，遠水舟如葉」、孟浩然《秋登蘭山寄張五》中「天邊樹若薺，江畔舟如月」的意象。

薛道衡還有一首頗令人喜愛的著名小詩《人日思歸》：

> 入春才七日，離家已二年。
> 人歸落雁後，思發在花前。

全詩描述細膩、含蓄，感情委婉，風味不盡。

薛道衡還長於七言詩，他和盧思道、隋煬帝的七言詩和七言歌行，在形式上也都接近唐代的七律。而無名氏的《送別詩》：

> 楊柳青青著地垂，楊花漫漫攪天飛。
> 柳條折盡花飛盡，借問行人歸不歸。

其聲調悠揚，已經和唐代成熟的七言詩無別了。

總之，隋代詩歌顯示了南北交融的新氣象，唐代重要的七言等詩體也正在形成之中，詩壇從此走向一個新的成熟和無比輝煌時期。

第三節·
生氣勃勃
的初唐詩壇

　　初唐是唐詩發展的起點，還殘留著舊的痕跡，同時也顯得稚嫩，但正因為有舊的痕跡，才顯得新詩風的可貴，正因為稚嫩，才顯出勃勃生機。

　　初唐的詩歌可以從唐太宗談起。太宗不僅延攬文士，而且自己也從事詩歌創作。他的詩頗受南朝以來宮體詩的影響，如《詠燭》詩：

> 焰聽風來動，花開不待春。
> 鎮下千行淚，非是為思人。

詩雖襲用褚亮《詠花燭》詩中所云「莫言春稍晚，自有鎮開花」。但其構思精巧，體現出典型宮廷詠物詩的特徵。唐太宗的詩往往也有一種豪壯之氣，題材也要寬廣一些。如《飲馬長城窟行》、《帝京篇》、《過舊宅》、《還陝述還》等，都有一種豪壯的氣勢、雄視一代的襟懷。只是從藝術手法上看不時顯露出仿襲、生硬的痕跡和狀態。太宗周圍的文人也多從事於詩歌創作，如「楊師道退朝後，必引當時英俊，宴集園池，而文會之盛，當時莫比」。「太宗每見師道所制，必吟諷嗟賞之。」[8]由此可推知，當時朝臣賦詩，多南朝之舊，以麗藻為工。

8　《舊唐書·楊恭仁傳附楊師道傳》。

太宗周圍的文人中，最著名的是虞世南。世南早年仕陳，以「文章婉縟」而知名當世。後歷隋入唐，一直為宮廷文人，所以詩也多以奉和、應詔、侍宴等類作品為主。唐太宗對虞世南的詩很欣賞，稱為一絕。可見他倆的詩風是相近的。從總體上看，虞世南在力排宮體詩中最為頹靡的豔情詩；同時又創作典範的宮體詩，這在其奉和應制詩中表現得最為明顯。即使是邊塞題材的詩，也往往將其固有意象納入規範的宮體詩程式之中。不過，虞世南的詩大都構思精巧嚴密，感受敏銳，從而在程式化的宮廷詩製作中透露出一些新鮮的生氣與美感，如《春夜》詩云：

> 春苑月徘徊，竹堂侵夜開。
> 驚鳥排林度，風花隔水來。

又如《詠螢》詩云：

> 的歷流光小，飄搖弱翅輕。
> 恐畏無人識，獨自暗中明。

以上詩分別描述了鳥、螢獨特動態的一個片斷，通過巧妙的聯想、新奇的比喻，凝結為精緻的詩句，給人一種新鮮的美感。

唐太宗的朝臣中，有些人的詩還顯示了開闊襟懷與豪壯氣勢。其中著名的是魏徵。魏徵今存詩以《述懷詩》為代表：

> 中原初（一作還）逐鹿，投筆事戎軒。
> 縱橫計不就，慷慨志猶存。
> 杖策謁天子，驅馬出關門。
> 請纓繫南粵，憑軾下東藩。
> 郁行陟高岫，出沒望平原。
> 古木鳴寒鳥（一作雁），空山啼夜猿。
> 既傷千裡目，還驚九折（一作逝）魂。
> 豈不憚艱險，深懷國士恩。
> 季布無二諾，侯嬴重一言。

人生感意氣，功名誰復論。

詩充滿了悲涼蒼勁之氣，在初唐朝臣詩中，風格別樹一幟。

後於虞世南、魏徵，並對當時詩壇產生影響的宮廷詩人是上官儀。

上官儀，陝州陝（今河南三門峽市舊陝縣）人，貞觀年間舉進士，太宗聞其名，召授弘文館直學士，又遷秘書郎。「太宗雅好屬文，每遣儀視草，又多令繼和，凡有宴集，儀嘗予矣。」至高宗朝，寵任不衰，他「本以詞彩自達，工於五言詩，好以綺錯婉媚為本。儀既顯貴，故當時多效體者，時人謂之上官體」[9]。

上官儀講求詩的形式美，提倡詩要「六對」、「八對」。據魏慶之《詩人玉屑》卷七引李淑《詩苑類格》載如下：

唐上官儀曰，詩有六對：一曰正名對，天地日月是也；二曰同類對，花葉草芽是也；三曰連珠對，蕭蕭赫赫是也；四曰雙聲對，黃槐綠柳是也；五曰疊韻對，彷徨放曠是也；六曰雙擬對，春樹秋池是也。又曰，詩有八對：一曰的名對，送酒東南去，迎琴西北來是也；二曰異類對，風織池間樹，蟲穿草上文是也；三曰雙聲對，秋露香佳菊，春花馥麗蘭是也；四曰疊韻對，放蕩千般意，遷延一介心是也；五曰聯綿對，殘河若帶，初月如眉是也；六曰雙擬對，議月眉欺月，論花頰勝花是也；七曰回文對，情新因意得，意得逐情新是也；八曰隔句對，相思復相憶，夜夜淚沾衣。空嘆復空泣，朝朝君來歸是也。

其「六對」是對辭藻而言，「八對」是對詩句而言，涉及事類、喻義、句勢、詞性、音韻各方面。它們所探討的詩歌形式美，是南朝綺靡詩風的繼續和發展，不過，對律詩的最終定型成熟具有重要的推進作用。

「六對」、「八對」主要是講對偶技巧的，從今存上官儀的詩作看，也確實精於對偶的，如詠史詩《王昭君》：

---

9 《舊唐書・上官儀傳》。

玉關春色晚，金河路幾千。

琴悲桂條上，笛怨柳花前。

霧掩臨妝月，風驚入鬢蟬。

織書還待使，淚盡白雲邊。

詩中「玉關」、「金河」、「桂條」、「柳花」、「臨妝月」、「入鬢蟬」等各類辭藻精心對偶鋪排，宛如一幅昭君出塞的彩繪圖，而悲怨之情消掩幾盡。上官儀使宮廷詩的創作進一步精緻化，把宮廷詩的創作推向了一個更高的階段。

就在唐初朝廷君臣懷戀沉溺於宮體詩餘韻的時候，宮廷外唐詩卻展現著新的生機，這就是王績和初唐四傑的詩歌創作活動。「初唐四傑」是王勃、楊炯、盧照鄰和駱賓王，他們和王績的社會地位都比較低下，受傳統的禮教束縛也比較少。他們在詩歌創作中努力擺脫宮體詩的影響，力圖開拓新的題材和詩風，同時對詩的格律形式也有所探索。其中王績的詩歌創作活動先於「四傑」。

王績，生年約在五八五至五九〇年之間，卒於六四四年，自為之字曰無功，號東皋子，絳州龍門（今山西稷山）人。隋末大儒王通之弟。曾數次做官，但官職都很小，並都因酒而未終，半道而去，是一個不受禮教束縛的人。此外，他又接觸普通人民的現實生活，所以寫出來的詩清新樸素，有現代生活氣息，如他的《野望》詩：

東皋薄暮望，徙倚欲何依。

樹樹皆秋色，山山唯落暉。

牧人驅犢返，獵馬帶禽歸。

相顧無相識，長歌懷采薇。

而他的《秋夜喜遇王處士》更顯得有閒適情趣：

北場芸藿罷，東皋刈黍歸。

相逢秋月滿，更值夜螢飛。

這些詩已開唐代山水田園詩的先聲。王績是唐代最早擺脫南朝浮豔詩風的人，為

唐代近體詩的形成做出了貢獻。近年發現了《王無功文集》五卷本，使王績在唐代詩歌史上的地位更加引人注目。從王績所存詩歌來看，多為五律、五絕，大都或基本合乎格律。此外，王績詩立意也多清新剛健，氣勢恢宏，已大有唐律唐韻的規模旨趣。總之，王績對唐代詩歌的發展做出了傑出的貢獻。

王績之後，「初唐四傑」在唐代詩壇名噪一時。他們的詩已衝開宮廷、臺閣的束縛，去描述人民生活、自然風光和邊塞風情。詩的題材轉移並擴大了，風格也變得清新剛健了。他們的詩歌創作實踐對掃除南朝宮體詩餘風，開創唐代詩風，起著重要的作用。四傑之中，以王勃才氣最高，成績最大。

王勃（650-677 年），字子安，絳州龍門人，王績之侄。王勃早年因家貧入仕，但恃才傲物，不諳官場之道，仕途並不得意，後渡南海尋父，墮水而卒。終年二十七歲。

王勃因早逝，詩留傳至今的不多，題材也還不夠廣泛，內容風格雖有承襲六朝堆砌辭藻的餘習，但於纖麗婉暢之中，有渾厚的氣象，顯示了唐代詩歌發展的新趨向。同時他對五言律詩格律的建設和七言歌行的提高也做出了很大的貢獻。王勃詩以《送杜少府之任蜀川》最為著名：

城闕輔三秦，風煙望五津。
與君離別意，同是宦游人。
海內存知己，天涯若比鄰。
無為在歧路，兒女共沾巾。

文人自古傷別離，離別詩也大都寫得很傷感，但王勃這首送別詩卻寫得悲涼豪壯，一掃兒女纏綿之態。起句「城闕輔三秦，風煙望五津」就令人視野開闊，詩中的「海內存知己，天涯若比鄰」更成為千古名句。又人們常常對異地風光感受強烈，作為北方人的王勃描繪江南景物的《採蓮曲》是他另一首名詩。《採蓮曲》是樂府舊題，《江南弄》七曲之一，內容描寫採蓮女的生活及相思之情，同時也描繪了江南的水鄉風光。王勃在詩中雜用三、五、七言句，節奏顯得非常和諧。

從今存詩作來看，楊炯在四傑之中成就最低。

楊炯（650-693年），華陰（今陝西華陰縣）人，曾任校書郎、崇文館學士、詹事司直等職，恃才簡倨，與同僚不合，後遷任地方官，卒於任上。楊炯所存詩以寫邊塞的五律較有特色，其中又以《從軍行》為著名：

> 烽火照西京，心中自不平。
> 牙璋辭鳳闕，鐵騎繞龍城。
> 雪暗凋旗畫，風多雜鼓聲。
> 寧為百夫長，勝作一書生。

初、盛唐詩人多向往邊塞生活，邊塞詩也成為唐詩重要題材之一，這首詩是邊塞詩早期的優秀之作。

四傑中以盧照鄰年最長。

盧照鄰（637？-689年？），字昇之，號幽憂子，幽州范陽人，仕唐，初授鄧王府典簽，又出任益州新都縣尉，因風疾去官，後疾重，不堪其苦，自投潁水而死。

盧照鄰擅長七言歌行，以《長安古意》最為著名。他在這首長詩裡描繪了長安社會的繁華富麗、貴族生活的豪奢淫蕩以及都市景象的喧鬧繁忙，展示了統治階級的橫暴和墮落，以及他們必然走向空虛幻滅的結局。詩中哲理的昇華，也是詩人積極入世思想的反映；詩中「得成比目何辭死，願作鴛鴦不羨仙」的愛情觀，迸發著宮體詩所沒有的激情；「樓前相望不相知，陌上相逢詎相識」，體現出打破舊的家族世系與社會關係後所表現出的新的時代氣息。這種新的人際關係，有著平等競爭的新意蘊，從而激勵著人們建功立業的精神。詩的最後雖然也寫到了作者在長安的清貧生活，但其情思不僅是迴旋於個人生活的狹窄天地，而是迴旋於變易不息的歷史長河中，不是為了個人的悲歡離合而纏綿悱惻，而是在大的範圍內思索人生哲理，這正是唐代詩人精神風貌的一個重要方面，也是唐詩超越古今的生命力所在。

盧照鄰曾遊蜀地，又因事謫戍西邊，這不僅擴大了他的詩歌題材，也影響著他的詩歌風格。他在這些地區寫的《早度分水嶺》及一些邊塞詩，蒼涼壯大，已

有盛唐之氣。

在四傑中，駱賓王經歷最豐富，詩作也最多。

駱賓王（640-684 年），婺州義烏（今浙江義烏）人，做過武功、長安主簿及長安縣令等小官，不得志於官場。曾參加徐敬業反對武則天的起兵，因寫《討武曌檄》而著名。

駱賓王擅長七言詩行，代表作為《帝京篇》，內容篇幅與《長安古意》相近，但更多辭賦輔排，「當時以為絕唱」。他還久戍邊地，今天看來，他的邊塞詩寫得更好一些，如《邊城落日》：

> 紫塞流沙北，黃圖灞水東。
> 一朝辭俎豆，萬裡逐沙蓬。
> 候月恆持滿，尋源屢鑿空。
> 野昏邊氣合，烽迥戍煙通。
> 膂力風塵倦，疆場歲月窮。
> 河流控積石，山路遠崆峒。
> 壯志凌蒼兕，精誠貫白虹。
> 君恩如可報，龍劍有雌雄。

詩有一種昂揚奮發的豪俠之氣。而另一首《夕次蒲類津》還有一種立功邊塞的豪情壯志。又如《邊夜有懷》、《至分水戍》等也都是較好的邊塞詩。此外，其名作《在獄詠蟬》寄悲病於比興之中，宛轉切情，在藝術上更為成熟，是初唐五律中的名作。

總之，「四傑」的詩還沒有徹底從南朝宮體詩的影響中擺脫出來，但唐詩卻從此展現了它無限的生命力。詩歌從狹小的宮廷生活圈子裡走出來，去思索人生哲理，感嘆道路艱辛，傷懷送別離去，描述邊塞及自然風光，向往立功游俠，託物言志，慷慨悲歌，反映的生活面較前大為開闊了。

在四傑基礎上把唐詩發展更推進一步的是陳子昂。

陳子昂（681-702年），字伯玉，梓州射洪（今四川射洪）人，初為《感遇詩》而知名。二十四歲舉進士，上書論政，得到武后重視，任為麟臺正字，再遷為右拾遺。他支持武則天的政治改革，但也常上書指陳時弊，曾隨武攸宜討伐契丹，後解職還鄉，為縣令陷害，收繫獄中，憂憤而死。

陳子昂在詩歌理論上，繼承劉勰、鍾嶸反對南朝形式主義詩風，標舉「比興」、「風骨」的傳統，反對唐初宮廷詩人們所推崇的齊梁「彩麗競繁，而興寄都絕」的詩風，提倡「風雅興寄」和「漢魏風骨」。所謂「興寄」，就是要求詩歌發揚批判現實的傳統，要求詩歌有鮮明的政治傾向。所謂「風骨」就是要求詩歌有高尚充沛的思想感情，有剛健充實的內容。陳子昂繼「四傑」之後提出這樣的詩歌主張，對滌蕩南朝以來的浮豔詩風，開闢新的詩風更有著積極的意義。

陳子昂的詩較之四傑，內容更廣闊豐富，思想也更複雜深刻。如邊塞詩是一個傳統而古老的題目，但陳子昂所寫的邊塞詩，有的表現了對邊塞將士的愛國熱情遭到壓抑的同情；有的揭發了襲擊吐蕃的窮兵黷武舉動。他從征塞北時還寫下了因將帥無能，使邊民不斷遭受侵害，而深表憤慨的作品。陳子昂的邊塞詩表現了強烈的現實性。他比「四傑」進步的地方，就在於他敢於揭露現實的黑暗，從生活的旁觀者，變為生活的干預者。這在陳子昂其他題材的詩中也得到了表現，如他對武則天倡佛教做佛事而勞民傷財，深表不滿。他的《感遇》詩之十九曰：

> 聖人不利己，憂濟在元元。
> 黃屋非堯意，瑤臺安可論！
> 吾聞西方化，清淨道彌敦。
> 奈何窮金玉，雕刻以為尊？
> 雲構山林盡，瑤圖珠翠煩。
> 鬼功尚未可，人力安可存？
> 夸愚適增累，矜智道愈昏。

陳子昂的這些詩曾引起杜甫的強烈共鳴：「悲風為我起，激烈傷雄才。」也引起杜甫的深深尊敬：「千古立忠義，感遇有遺篇。」此外，陳子昂比「四傑」高明的地方又在於他不僅感悟人生，體認哲理，也關心朝政，表現出強烈的入世願望

和對建功立業的追求，如《送魏大從軍》曰：

> 匈奴猶未滅，魏絳復從戎。
> 帳別三河道，言追六郡雄。
> 雁山橫代北，飛塞接雲中。
> 勿使燕然上，獨有漢臣功。

詩中有一種昂揚壯大的感情基調，有著非凡的抱負和磅礴的氣勢。

　　由於現實的無情，有時陳子昂也陷入苦悶，感嘆人生禍福無常，向往出仕成仙，流露出佛老的避世思想，但不能簡單地看作是消極。在陳子昂的避世思想中也往往蘊含著一種氣魄、一種力量，充滿著時代賦予他的強大自信，也因此，他才能寫出千古絕唱《登幽州臺歌》：

> ……
> 前不見古人，後不見來者。
> 念天地之悠悠，獨愴然而涕下。

縱覽歷史，慷慨悲歌，蒼涼渾茫，與宇宙融為一體。這是洪鐘巨響，所表現的不是哀愁，不是失望，更不是消沉，是一種積極進取的壯大了的濃郁感情，也就是將要流於盛唐詩歌裡的生命之泉，也就是陳子昂藝術追求之所在：風骨。

　　陳子昂的詩作從形式上看，還不夠多樣，五律詩作也較少，但其中有的也頗為可觀，如《度荊門望楚》：

> 遙遙去巫峽，望望下章臺。
> 巴國山川盡，荊門煙霧開。
> 城分蒼野外，樹斷白雲限。
> 今日狂歌客，誰知入楚來。

全詩思路清晰，筆勢流暢，很有獨到之處。

　　與子昂大致同時，也對唐詩發展做出一定貢獻的著名詩人，還有張若虛、劉

希夷、上官婉兒、沈佺期和宋之問。

張若虛，生卒年不詳，揚州（今江蘇揚州）人，曾官兗州兵曹，以文知名京都，唐玄宗開元年間還在世。詩篇多散佚，《全唐詩》僅錄存兩首，其中《春江花月夜》，清詞麗語，韻調優美，廣為人們所傳頌。他在詩中以春江月夜為背景，用輕快流暢的筆調，形象細緻地描繪了相思離別的情景，沒有同名宮體詩的濃脂膩粉。詩中雖也有傷感，但這傷感是對人生的一種感悟，與自然的一種交融，在傷感中追求和展現詩歌的純美和明麗，這正體現著唐代強盛的風貌。

與張若虛詩風相近的是劉希夷。

劉希夷，生卒年代不詳，汝州（今河南臨汝）人，《舊唐書·喬知之傳附劉希夷傳》稱其「善為從軍閨情之詩，詞調哀苦，為時所重，志行不修，為奸人所殺」。

劉希夷詩以《代悲白頭吟》最為著名。他在這首長詩中，感嘆青春不能長駐，紅顏不能永存。全詩在悲嘆人生，但通篇又是那樣清純明麗，給人一種向上的朝氣。其中「年年歲歲花相似，歲歲年年人不同」兩句，言人所欲言而未言之語，傳誦古今。這似乎是嘆惜人生短促，但卻展示了大自然生生不息的無窮生命力。初看他的作品「詞調哀苦」，但並不是引導人們走向絕望，如他在《晚憩南陽旅館》中的「途窮人自哭，春至鳥還歌」句即是如此。他的詩在與自然的交融中，在悲苦中，總令人感到有一種湧動的活力，體現著時代的風貌。

唐代詩壇沈佺期、宋之問齊名，並稱沈、宋。沈、宋同為武後時期的宮廷詩人，並因諂事張易之而被貶江南。但值得稱道的是他倆同對詩歌格律所做出的貢獻。《新唐書·宋之問傳》稱：「漢建安後迄江左，詩律屢變，至沈約、庾信以音韻相婉附，屬對精密。及之問、佺期，又加靡麗，回忌聲病，約句準篇，如錦繡成文，學者宗之，號為沈、宋。」元稹也說：「沈、宋之流，研練精切，穩順聲勢，謂之為律詩。」[10]律詩發展到沈、宋手裡才完成了體制建設，達到了成熟

---

10 元稹：《唐故工部員外郎杜君墓誌銘並序》。

定型的地步，明確劃開了古體詩和近體詩的界限。他們運用這種形式，寫出了優秀的作品。

沈宋詩雖不乏格律精工之作，但內容多是奉詔而作的應制詩。其他題材的詩以沈佺期的《獨不見》為著名：

> 盧家少婦郁金堂，海燕雙棲玳瑁梁。
> 九月寒砧催木葉，十年征戍憶遼陽。
> 白狼河北音書斷，丹鳳城南日夜長。
> 誰為含愁獨不見，更教明月照流黃。

《獨不見》是樂府「雜曲歌辭」舊題。這首詩描寫相思離別，以海燕雙棲起興，從對環境氣氛的渲染，表現出思婦孤獨的心情。詩從形式上看已是完整的七律。七律在初唐還處於萌芽狀態，作者很少，這首詩是較早的優秀之作。

沈、宋南貶之後，生活發生了變化，也給他們的詩作帶來了變化。宋之問的《度大庾嶺》為其南渡的代表之作：

> 度嶺方辭國，停軺一望家。魂隨南翥鳥，淚盡北枝花。山雨初含霽，江雲欲變霞。但令歸有日，不敢恨長沙。

遭貶南溟，憂傷度嶺。懷土思鄉，置詞比興。情景交融，含蓄婉轉。幽怨沉郁，對仗工整，形式完美。深化主題，情摯動人，表現了一種全新的風格。他與沈佺期在這方面的倡導和成就，為人們贊為「豐蔚」，譽稱「新聲」。

就在沈宋體走向成熟的過程中，朝中由上官儀的孫女上官婉兒掌命，並代帝、後及長寧、安樂二公主作詩，又評第群臣之作，以定賞賜。於是上行下效，律詩遂成風氣。此後，詩人得以循轍運斤，佳作泉湧。

第四節·
百花怒放
的盛唐詩壇

　　開元、天寶年間，經濟繁榮，國力強盛，唐詩也在這個時期發展到它光輝燦爛的頂峰，出現了以李白、杜甫、王維為代表的一批著名詩人，創作了一大批光耀千古的詩歌篇章，爭奇鬥豔，目不暇接，呈現出一派百花怒放的景象。

　　立功邊塞是盛唐知識分子向往功業的一條重要途徑，邊塞景物的雄奇壯觀，邊塞軍旅生活的英武豪邁，引起盛唐詩人的感情共鳴。盛唐詩人的感情基調、精神風貌，也在邊塞詩中找到了一種很好的表現方式。因此邊塞詩即成為盛唐詩歌的一個重要方面。盛唐邊塞詩人以高適、岑參、王昌齡、王之渙為著名。

　　高適（702-765 年），字達夫，渤海蓨（今河北滄州）人，因求仕不遇，北上薊門，漫遊燕趙，但在邊塞沒有找到建功立業的機會。不過邊塞的遊歷，使他對邊塞士卒生活有了實際的了解。他在詩中對邊塞士卒生活進行了描述，表示了同情，對他們英勇戰鬥情景進行了歌頌。高適最傑出的邊塞詩是《燕歌行》，他以錯綜交織的詩筆，把邊塞大漠的自然環境，緊張激烈的戰鬥氣氛，士兵在戰鬥中複雜變化的心理活動融合在一起，形成全詩慷慨悲壯、雄厚深廣的藝術風格。全詩語多對偶，四句一轉，但不呆板，顯得很有氣勢。這首詩充分表現了高適筆勢豪健、雄厚渾樸的風格。

盛唐邊塞詩人中岑參與高適齊名。

　　岑參（715-770 年），南陽（今河南南陽）人，三十歲舉進士，授兵曹參軍，後兩次到邊塞任職，前後六年。邊塞生活擴大了他的視野，盛唐軍威激發了他的尚武豪情，邊塞獨特的自然風光喚起了他的奇思異想，從而寫出了《走馬川行奉送封大夫出師西征》、《白雪歌送武判官歸京》等著名詩篇。此外，邊塞的風土人情、軍旅生活，在他的詩中也多有反映，給人展現了一個豐富多彩、神奇雄壯的塞外世界。如他寫邊塞的景物曰：「北風卷地白草折，胡天八月即飛雪。忽如一夜春風來，千樹萬樹梨花開。」[11]又如寫邊塞歌舞宴會情景曰：「琵琶長笛齊相和，羌兒胡雛齊唱歌。渾炙犁牛烹野駝，交河美酒金叵羅。」[12]又如寫唐軍的聲威曰：「上將擁旄西出征，平明吹笛大軍行。四邊伐鼓雪海湧，三軍大呼陰山動。」[13]此外，岑參的詩在形式上也多種多樣，並以七言歌行見長，有時兩句一轉，有時三四句一轉，顯得活潑生動。

　　高適、岑參除了客觀地描繪邊塞風光、人情、風尚外，表現他們自己的感情世界也是非常豪放樂觀的，如高適的《別韋參軍》：「丈夫不作兒女別，臨歧涕淚沾衣巾。」又如岑參的《白雪歌送武判官歸京》：「輪臺東門送君去，去時雪滿天山路。山迴路轉不見君，雪上空留馬行處。」不過高、岑經歷不同，致使詩歌所反映的內容也有差別，如前述岑參主要是寫邊塞景物、風情和軍威的，而高適的詩則側重描述戰鬥生活，表現對邊塞士兵的同情。此外，高適還有著與人民感情上的相通，也因此他才能寫出「拜迎長官心欲碎，鞭撻黎庶令人悲」[14]的詩句，有著「試共野人言，深覺農夫苦」[15]的同情。

　　王昌齡（約 698-757 年？），太原（今山西太原）人。開元十五年（727 年）中進士，授汜水尉。開元二十八年（740 年）又中博學宏詞科，官校書郎，出為

---

11 《白雪歌送武判官歸京》。
12 《酒泉太守席上酒後作》。
13 《輪臺歌奉送封大夫出師西征》。
14 《封丘縣》。
15 《自淇涉黃河途中》。

江寧令。晚年貶龍標尉，後棄官隱居江夏，為刺史所殺。

王昌齡生活經歷豐富，交遊廣泛，並以詩名世，在當時被稱為「詩家夫子王江寧」，又被後人稱為「七絕聖手」，其《出塞》一詩意境開闊，有縱橫古今之氣概，曾被推為唐人七絕壓卷之作。此外，他的《從軍行》膾炙人口，向來也被認為是邊塞詩的名作，《從軍行》共七首，其中之一曰：

> 青海長雲暗雪山，孤城遙望玉門關。
> 黃沙百戰穿金甲，不破樓蘭終不還。

詩以雪山、孤城作背景，顯示出身經百戰、金甲磨穿的戰士們掃淨邊塵，以身許國的壯志。邊塞詩之外，王昌齡其他題材的詩作也寫得很出色，如《西宮春怨》：

> 西宮夜靜百花香，欲卷珠簾春恨長。
> 斜倚雲和深見月，朦朧樹色隱昭陽。

詩格調哀怨，意境超群，從細微之處寫封建帝王寵愛之不足恃及宮妃們精神生活的痛苦。此外，王昌齡寫思婦情懷和少女天真的《閨怨》、《采蓮曲》又別具一格，如《閨怨》：

> 閨中少婦不知愁，春日凝妝上翠樓。
> 忽見陌頭楊柳色，悔教夫婿覓封侯。

文筆細膩生動，清新優美。

王昌齡的送別詩寫得也很好，《芙蓉樓送辛漸》即為千古名作。沈德潛《唐詩別裁》云：「龍標（王昌齡）絕句，深情幽怨，意旨微茫，令人測之無端，玩之無盡。」

王之渙（688-742 年），本家晉陽（今山西太原），宦徙絳郡（今山西新絳）。做過冀州衡水縣主簿，被人誣陷去官，過了十五年的漫遊生活，後因家貧，補文安縣尉，死於文安。

王之渙是盛唐重要詩人，與高適、王昌齡等人相唱和，傳說中有「旗亭畫壁」的故事。靳能在他的《墓誌銘》裡，說他「歌從軍，吟出塞……傳乎樂章，布在人口」，可見當時詩名之盛。可惜作品多散佚，《全唐詩》僅錄存六首，其中膾炙人口的《涼州詞》，被章太炎先生盛稱為「絕句之最」。《涼州詞》共兩首，其一曰：

> 黃河遠上白雲間，一片孤城萬仞山。
> 羌笛何須怨楊柳？春風不度玉門關。

詩展現了塞外荒寒壯闊的景象及羌笛所吹的《折楊柳》樂曲中流露出的征人久戍思家的哀怨。後兩句婉轉深刻，含蓄雙關。

此外，王之渙的《登鸛雀樓》更是為人所熟知，全詩共二十字，寫出了落日山河的蒼茫景色，以及登高望遠、極目騁懷的一片雄心。

盛唐知名的邊塞詩人還有李頎、王翰、崔顥、張渭、劉灣等人，風格也各具特色，其中以王翰的《涼州詞》為著名：

> 葡萄美酒夜光杯，欲飲琵琶馬上催。
> 醉臥沙場君莫笑，古來征戰幾人回？

詩寫了將軍正要縱情痛飲卻被催上戰場時的複雜心情。這不是傷感，而是於粗獷之中，蘊含著壯偉的襟抱情懷。

盛唐一方面激發著詩人明朗、開闊、高昂的情懷，去寫壯闊、雄偉、粗獷的邊塞詩；一方面社會安定，經濟繁榮，使詩人們能靜下心來，去描繪美麗的自然景物和田園風光。這樣在盛唐時期，繼陶淵明、謝靈運之後，又產生了大量的山水田園詩。較早從事山水田園詩創作的是孟浩然。

孟浩然（689-740 年），名不詳，以字行，襄州襄陽（今湖北襄樊市）人，曾一度隱居鹿門山，四十歲到長安應試，失意而歸，漫遊吳越各地。張九齡鎮荊州時，招至幕府，不久歸隱，死於家中。

孟浩然詩與王維齊名，稱為「王孟」，詩風清淡，長於寫景，為杜甫、李白所推崇。孟浩然早期熱望仕途，這在他的詩歌中得到了反映，如其名作《臨洞庭湖贈張丞相》曰：

> 八月湖水準，涵虛混太清。
> 氣蒸雲夢澤，波撼岳陽城。
> 欲濟無舟楫，端居恥聖明。
> 坐觀垂釣者，徒有羨魚情。

詩托興觀湖，表現了自己積極用世的心情，希望張丞相（九齡）能予以援引。孟浩然詩內容比較狹隘，氣魄不大。但這首詩寫的較開闊，其中「氣蒸雲夢」一聯，與杜甫之「吳楚東南坼，乾坤日夜浮」同為詠洞庭名句。由於仕途失望，孟浩然轉而寫一些激憤和對權貴不滿的作品。

孟浩然的主要作品是山水田園詩，其中有些是他漫遊秦中、吳越等地所作，如《江上思歸》、《與顏錢塘登障樓望潮作》、《宿建德江》都是這方面的名作。其中《宿建德江》曰：

> 移舟泊煙渚，日暮客愁新。
> 野曠天低樹，江清月近人。

舟中夜宿，所見景色盡多，但他只寫了暮煙籠罩曠野中的一片樹林和一輪水中月影，給人一種朦朧而明淨、深遠而靜謐的景象，在這種氛圍中，一縷淡淡的鄉愁自然地抒發出來了。

孟浩然的多數山水詩都是寫故鄉襄陽名勝景物的，又由於他長期生活在農村，有些詩生活氣息相當濃厚，如《過故人莊》詩，雖然缺乏陶淵明詩那種理想境界，也缺乏勞動生活的體驗，但描述的農家生活，簡樸而親切；故人情誼，淳淡而深厚，讓人歷久難忘。

孟浩然是盛唐早期詩人，詩中還殘留著宮體詩的痕跡，這也是難免的。他也化用前人詩句，但能青出於藍，不露痕跡。他對開創盛唐詩風有著重要的貢獻。

後於他的王維更把山水田園詩的創作推向了一個高峰。

王維（701-761年），字摩詰，太原祁（今山西祁縣）人，開元九年（721年）進士，曾為太樂丞，因其為伶人舞黃獅子受累，貶濟州司倉參軍。張九齡為相後，擢為右拾遺，轉監察御史。安史兵興後，玄宗奔蜀，護駕不及，為叛軍俘獲，被迫署偽職。

王維擅長各種詩體，尤以五言律詩和絕句著稱。他前期詩歌富於進取精神，譏刺貴戚宦官，譴責紈袴子弟，反映邊塞生活，抒寫游俠意氣，情調慷慨激昂，充滿浪漫豪情，如《少年行》寫少年游俠的昂揚意氣，很有浪漫主義氣息，而《老將行》、《隴頭吟》又寫的蒼涼悲壯，慷慨曲折。王維更為出色的是描繪塞上景物的詩，往往顯得雄渾壯觀、疏淡明朗，如《使至塞上》：

> 單車欲問邊，屬國過居延。
> 征蓬出漢塞，歸雁入胡天。
> 大漠孤煙直，長河落日圓。
> 蕭關逢侯騎，都護在燕然。

詩是王維出使河西途經居延時所作，描繪了塞外特有的大漠風光，秋天景物，展現了一幅雄渾粗獷又簡潔朗曠的塞外圖景。

王維後來因仕途險惡，崇奉佛教，詩歌也以描繪田園山水景物、表達閒情逸致、宣揚逸士生活和佛教禪理為主，其中田園山水詩，不僅數量多，而且藝術成就高，最能代表王維的詩歌風格。然僅就王維的田園山水詩而論，情調也是多樣不一的，如《漢江臨泛》、《終南山》寫山川壯麗，氣勢雄渾，意境空闊。《漢江臨泛》中的「江流天地外，山色有無中」一聯，為千古名句。在另一些山水田園詩裡，王維對自然景物的刻畫又十分細緻，如《山居秋暝》用細膩的筆觸，勾畫月照、泉流、竹喧、蓮動等富有特徵性的事物，給讀者展現了一幅清新秀麗、優美和諧的秋雨過後的山色圖。王維能詩善畫，又擅長音樂，能以繪畫音樂之理通於詩。不過王維的詩比畫更為動人，因為王維的詩中，聲息、動態彷彿可聞可

見，「細枝風亂響，疏影月光寒」[16]、「松含風裡聲，花對池影中」[17]、無不給人這種感覺。有時又寫得清新、含蓄而饒有韻致，如「明月松間照，清泉石上流」[18]、「綠竹含新粉，紅蓮落故衣」[19]，無不如此。

王維的詩還受到佛教的影響，他的《辛夷塢》、《鳥鳴澗》、《鹿柴》、《木蘭詩》等都是這方面的代表作。如《辛夷塢》曰：

> 木末芙蓉花，山中發紅萼。
> 澗戶寂無人，紛紛開且落。

詩給人一種優美孤寂之感，胡應麟在《詩藪》裡稱之為「入禪」之作，「讀之身世兩忘，萬念皆寂。」

總之，王維的山水田園詩，體物精細，狀寫傳神，色彩鮮明，簡潔如畫，又語言清新、凝練，含蓄生動，有一種空寂幽靜、令人身心超脫的境界。

王維的詩是個美不勝收的花園。上述之外，其他題材的詩歌也寫的優美動人，如《相思》、《送元二使安西》等，千百年來膾炙人口，廣為傳誦。其中《送元二使安西》曰：

> 渭城朝雨浥輕塵，客舍青青柳色新。
> 勸君更盡一杯酒，西出陽關無故人。

該詩又名《渭城曲》，又被譜成《陽關三疊》的送行樂曲，思想感情健康自然，景物清新爽人，令人回味不已。

王維、孟浩然之外，常建、儲光羲、盧象、丘為、閻防等也以田園山水詩見長。

---

16 《沈十四拾遺新竹生讀經處同諸公之作》。
17 《林園即事寄舍弟紞》。
18 《山居秋暝》。
19 《山居即事》。

盛唐詩人以李白、杜甫名氣最大，韓愈曾贊說：「李杜文章在，光焰萬丈長。」

李白像

李白（701-762 年），字太白，號青蓮居士，隴西成紀（今甘肅秦安）人。其先於隋末流徙中亞碎葉（今吉爾吉斯斯坦托克馬克附近），李白可能即出生於此。李白年輕時行俠善詩，又遊歷成都、峨眉山等處。二十五歲，辭親遠游，天寶初，到長安，由於賀知章的獎譽而名動一時。後供奉翰林，不久即遭讒去職。安史兵興，因參加永王李璘幕府，受牽連，長流夜郎，途中遇赦。晚年漂泊東南一帶，依當途令李陽冰。世稱李青蓮或李翰林。

李白性格豪放，向往建功立業，他的詩奔放豪邁，瑰瑋絢麗，想像豐富，語言生動自然，有著奇妙空靈的意境，是中國古代偉大的浪漫主義詩人。

盛唐詩人有著強烈的用世思想，這其中表現最突出的就是李白。如他的《梁甫吟》：

君不見，朝歌屠叟辭棘津，八十西來釣渭濱！寧羞白髮照清水，逢時壯氣思經綸。廣張三千六百鉤，風期暗與文王親。大賢虎變愚不測，當年頗似尋常人。

這種企盼風雲際會、渴望建立奇勳的強烈願望，飽含著濃烈的感情力量，有一種逼人的壯大氣勢。

李白強烈的功業思想，往往表現為對人民的同情和朝政的關心，前者如《丁督護歌》即感於官府所徵用民夫勞苦而作；後者如《古風》之二十四，即是對玄宗後期統治階級揮霍浪費及盛行鬥雞，搞得朝野不寧的現象進行的揭露和諷刺。

李白詩歌的另一大特色是對祖國山河和大自然的描繪。在李白筆下，祖國山河或明媚秀麗，或雄偉壯觀，表現得多姿多彩。

李白描繪自然風光最著名的當推《蜀道難》。詩根據傳統的內容，以雄健的筆調，運用誇張形容的手法，描繪了由秦入蜀道路上驚險而奇麗的山川，表現了詩人的藝術天才和豐富想像力。其中「蜀道之難，難於上青天」、「黃鶴之飛尚不得過，猿猱欲度愁攀援」等句，千百年來，傳誦人口，深入人心。同樣是蜀中景物，《峨眉山月歌》又寫得精巧秀麗：

《李太白詩集》

　　峨眉山月半輪秋，影入平羌江水流。
　　夜發清溪向三峽，思君不見下渝州。

詩自然天成，令人回味無窮。

　　李白在描繪自然風光的時候，往往有一種震撼人心的力量，如「黃河之水天上來，奔流到海不復回」[20]。有一種開闊偉麗的極致，如「山隨平野盡，江入大荒流」[21]。時而又把人引入仙境：「日照香爐生紫煙，遙看瀑布掛前川。飛流直下三千尺，疑是銀河落九天。」[22]時而又在畫間：「朝辭白帝彩雲間，千里江陵一日還。兩岸猿聲啼不住，輕舟已過萬重山。」[23]總之，李白的詩像一個千姿百態的奇異長廊，美不勝收。

　　李白其他題材的詩歌也頗為可觀，如《塞下曲》六首之一曰：

　　五月天山雪，無花只有寒。
　　笛中聞折柳，春色未曾看。
　　曉戰隨金鼓，宵眠抱玉鞍。
　　願將腰下劍，直為斬樓蘭。

20 《將進酒》。
21 《渡荊門送別》。
22 《望廬山瀑布》。
23 《早發白帝城》。

詩描繪了邊塞風光及邊塞將士的英勇情懷。又如《送孟浩然之廣陵》曰：

故人西辭黃鶴樓，煙花三月下揚州。
孤帆遠影碧空盡，惟見長江天際流。

詩描繪細膩，惜別情誼頗為感人。

　　李白還很注意從民歌中吸收營養，他的《子夜吳歌》和《長干行》不僅具有民歌語言的生動、自然等特點，而且達到了「情深詞顯」的境界。李白絕句與王昌齡並稱為唐人七絕冠冕，他的五絕、七絕語言上也很具有民歌風格。當然，李白詩歌的藝術營養吸收並不僅限於民歌，他還批判地汲取了魏晉以來優秀詩人的語言技巧，摒棄了六朝以來的華靡詩風，認為「自從建安來，綺麗不足珍」[24]。主張「清水出芙蓉，天然去雕飾」[25]。李白的詩達到了他所處時代的高峰，對後代也產生了巨大的影響。

　　杜甫（712-770 年），字子美，原籍襄陽，生於鞏縣（今河南鞏縣），他的祖父是初唐著名詩人杜審言。杜甫自幼好學，知識淵博。開元後期，舉進士不第，漫遊各地。天寶初，在洛陽與李白相識。安史之亂前，寓居長安近十年，因曾住長安南杜陵附近的少陵，故世稱杜少陵。安史叛軍攻陷長安後，他逃至鳳翔，謁見肅宗，官右拾遺。長安收復後，隨肅宗還京，因直言極諫，出為華州司功參軍。不久，棄官而去。後移家成都，築草堂於浣花溪上，世稱浣花草堂。嚴武再任西川節度使時，表為節度參謀，檢校工部員外郎。後攜家出蜀，病死江湘途中，後世稱為杜工部。

　　杜甫出生於「奉儒守官」的封建士大夫家庭，處在唐朝由盛轉衰的時代，有著忠君愛國積極用世的感情，並因仕途失意，又親歷戰亂的苦難，從自己的飢寒，體念到人民的疾苦，所以他的詩能對勞動人民寄以深切的同情，一定程度上表達人民的願望，能大膽揭露當時的社會矛盾，對統治階級的罪惡作了較深刻的

---

24 《古風》第一首。
25 《古風》第 35 首。

批判。他的許多優秀作品，顯示出唐代由盛轉衰的歷史過程，因而被稱為「詩史」。

杜甫的政治詩大致可分為兩個部分。第一部分是安史之亂以前，當時杜甫在長安住了十年，對朝政的腐敗與黑暗有著切身的感受。這一時期，他很多著名作品都是感愴身世，不滿黑暗朝政和同情人民的，如他在《奉贈韋左丞丈二十二韻》即敘述了自己蹭蹬蕭索的悲愴，表達了憤懣與不平的心情。玄宗在天寶年間還不斷對四鄰用兵，拓展疆土，杜甫在《兵車行》中對唐玄宗的黷武窮兵，搞得民怨沸騰進

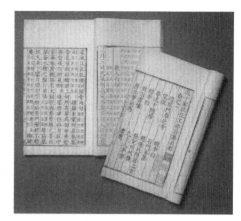

《杜工部詩集》

行了揭露和控訴：「縣官急索租，租稅從何出？信知生男惡，反是生女好。生女猶得嫁比鄰，生男埋沒隨百草。君不見青海頭，古來白骨無人收。新鬼煩冤舊鬼哭，天陰雨濕聲啾啾。」在《前出塞》中對玄宗的拓邊戰爭表示了不滿：「君已富土境，開邊一何多？」又說：「殺人亦有限，列國自有疆。苟能制侵陵，豈在多殺傷？」他在《麗人行》中對楊國忠一門的驕橫奢侈還進行了諷刺。他在《秋雨嘆》中，還借雨中草決明抒發了自己懷才不遇的情懷，表達了對農民的同情。這一時期的代表作是他的《自京赴奉先詠懷五百字》，詩作於天寶十四載（755年）冬十一月，是他長安十年生活實踐和思想認識的全面總結。他在詩中把敘事、抒情、說理三者有機地結合起來，顯得波瀾壯闊，令人嘆為觀止。杜甫作這詩時，安史叛亂已發動，只是消息還未傳到長安。詩對社會矛盾的深刻揭示和概括，似乎預示著一個時代的暴風雨即將來臨。

杜甫寫生民疾苦的創作傾向，在安史之亂後得到了進一步的發展。他超越自我，把眼光投向廣闊的社會，他把這場戰爭涉及的方方面面寫入詩中，從中可以看出這場戰爭的歷史面目，如他在《悲陳陶》、《悲青阪》中描述了唐軍的兩次敗績；在《羌村三首》中描寫了戰爭中生民的苦難；在《北征》中寫了回家途中作者的所見；在華州回家途中，又寫了千古不朽的名篇《三吏》、《三別》。這些

詩完全是從社會的最底層，反映這場戰爭給人民帶來的災難。此外，杜甫在《負薪行》、《歲宴行》、《驅豎子摘蒼耳》等詩中還從不同的側面反映了這場戰爭給人民帶來的災難和血淚。

杜甫的詩往往是直敘其事，在敘事的過程中，發表對事件的看法，把敘述、抒情自然融為一體，並更多地側重於思想內容，有時又在真實的描述中寓有諷諫之義。

杜甫晚年還寫下了很多回憶往事的詩，如《昔遊》、《遣懷》、《八哀詩》、《秋興八首》等，這是痛定思痛，也是對自己生平的反思和總結，從而完成了他整個創作生涯中一以貫之的思想內涵和時代特徵。

除政治詩外，自然風光和人文景物詩在杜甫筆下也展現了雄偉壯麗的畫卷。他遊泰山時寫下了《望岳》詩；遊雁塔時寫下了《同諸公登慈恩寺塔》詩；漂泊江湘一帶，又寫下了《登岳陽樓》詩，這些詩，或氣勢磅礴，或渾涵汪茫，或雄偉壯闊，都可謂古今絕唱。

杜甫描述自然景物的詩，往往精細入微，能把握住景物的特徵，生動感人，準確傳神，如「隨風潛入夜，潤物細無聲」[26]；「細雨魚兒出，微風燕子斜」[27]；「鳴雨既過漸細微，映空搖揚如絲飛」[28]等，都是這方面的名句。

杜甫在講究觀察和描寫準確入微的同時，又提倡詩的傳神，如「讀書破萬卷，下筆如有神」[29]；「揮翰綺繡揚，篇什若有神」[30]等，即是在理論上明確提出了傳神說的觀點。「神」主要是指情思神韻，也就是要求詩既要寫得真實，也要寫得神采飛動。杜甫還講究煉字，如前引「隨風潛入夜，潤物細無聲」句，用一「潛」字，一「潤」字，就表達出了春雨的韻味，彷彿春雨也有了情思。他還常

---

26 《春夜喜雨》。
27 《水檻遣心》。
28 《雨不絕》。
29 《奉贈韋左丞丈二十二韻》。
30 《八哀詩‧贈太子太師汝陽郡王璡》。

常錘煉疊字，表達濃烈的感情氛圍，如「無邊落木蕭蕭下，不盡長江滾滾來」[31]，「穿花蛺蝶深深見，點水蜻蜓款款飛」[32]等。杜甫的煉字使詩更加精練生動，或使詩的感情氛圍更加濃烈。

總之，杜甫的詩像一個藝術的寶庫，美不勝收，讓人目不暇接。

盛唐詩歌是中國詩歌史上的一個高峰，取得了巨大的成就，它以其無比的輝煌，光照千古而不朽。

第五節 ·

餘香不絕
的中晚唐詩壇

安史之亂以後，唐朝的政治軍事力量急劇衰落，但詩壇上盛唐的餘韻猶存。這一時期的主要詩人是元結、李益、劉長卿、韋應物、李嘉祐、顧況、戴叔倫、暢當、戎昱、詩僧皎然和當時被稱為大曆十才子的錢起、司空曙、李端、盧綸、耿湋、吉中孚、苗發、崔峒、夏侯審、韓翃等人。這些詩人大都生長於開元天寶盛世，受盛唐詩人和盛唐詩歌的薰陶，雖然經過戰亂的衝擊，但詩歌中或多或少還保留著盛唐的風貌，如盧綸的《和張僕射塞下曲六首》之二、三曰：

---

31 《登高》。
32 《曲江二首》之二。

> 林暗草驚風，將軍夜引弓。
>
> 平明尋白羽，沒在石棱中。

> 月黑雁飛高，單於夜遁逃。
>
> 欲將輕騎逐，大雪滿弓刀。

前者以漢代名將李廣射石之故事，寫出將軍神武之偉力；後者則在對邊塞戰士之生活與艱苦環境的紀實中，表現出眾將士不畏艱險、勇往直前的豪邁氣概。又如李益的《夜上受降城聞笛》，描寫久戍思鄉士兵的心思，節奏和諧，情景感人，很接近王昌齡的風格：

> 回樂峰前沙似雪，受降城外月如霜。
>
> 不知何處吹蘆管，一夜征人盡望鄉。

此外，當時詩人由於經歷了戰亂之苦，往往也流露出一些對人民的同情，如韋應物的名句「邑有流亡愧俸錢」[33]，即表達了這種感情。有時在詩中也能反映最底層人民的遭遇，如李端的《宿石澗店聞婦人哭》：

> 山店門前一婦人，哀哀夜哭向秋雲。
>
> 自說夫因征戰死，朝來逢著舊將軍。

這種在詩中對戰亂現實的反映，是從杜甫開始的寫生民疾苦的新的創作傾向的繼續。

但那時詩人們在繼承盛唐詩風的同時，一種追求寧靜寂寞而形成的清麗纖弱詩風也開始形成了。如詩風與王維、孟浩然相近的劉長卿即是如此，但沒有王、孟詩中那種蘊含於靜謐中的蓬勃生機。王維寫終南山的名句「白雲回望合，青靄入看無。」[34]於閒適、寧靜之中，有一種對生活的滿足感。而劉長卿寫江亭眺望

---

33 《寄李儋元錫》。
34 《終南山》。

的名句：「寒渚一孤雁，夕陽千萬山」[35]，卻有一種難以排遣的寂寞感。由於戰亂，文人不被重視，不少人因此而喪失了自信心，同時也就失去了高昂明朗情調的風格，這在當時詩人中較為普遍。此外，詩人對生活、對人世也有一種冷漠態度，詩也缺乏強烈的愛憎和濃烈的情思，如韋應物的《滁州西澗》就是這方面的代表作：

> 獨憐幽草澗邊生，上有黃鸝深樹鳴。
> 春潮帶雨晚來急，野渡無人舟自橫。

當時還逐漸重視雕琢綺麗，在詩歌理論上主張高情、麗辭、遠韻。但結果是「辭意新而風格自降」[36]，或者在詩歌內容上表現為對開元、天寶盛事的回憶。總之，與盛唐相比，詩壇呈現出一種迴旋的趨勢。

輝煌燦爛的盛唐詩歌使後人盛極難繼，大曆、貞元年間，詩僧皎然還曾對詩歌創作做了許多規定，想從作詩法入手，為詩歌創作尋找一條捷徑，但結果也陷入了繁瑣破碎。在盛唐之後，開闢新的道路把詩歌引向前發展的較早的詩人有張籍和王建。明人胡震亨《唐音癸簽》卷七引高棅語曰：「大曆以還，樂府不作，獨張籍、王建二家體制相近，稍復古意。或舊曲新聲，或新題古義，詞旨通暢，悲歡窮泰，慨然有古歌謠之遺，亦唐世流風之變，而不失其正者。」

王建擅長樂府詩，他的詩受民歌的影響，清新、明快又通俗易懂。王建接觸下層人民，詩也多以田家、蠶婦、織女、水手為題材，對當時的腐敗政治和人民疾苦有所反映。此外，王建和宦官王守澄同宗，他從王守澄的談話中得到一些宮內的真實情況，作宮詞一百首，大都刻畫細緻生動，在藝術上別具特色，當時和後世仿作頗多。

張籍也探求詩的通俗化。他的樂府詩已經達到了一個很高的境界。與王建所作並稱「張、王樂府」。他的詩多表現民間疾苦，從「俗言俗事」入詩。風格明

---

35 《秋杪江亭有作》。
36 沈德潛：《說詩晬語》。

朗，有一種質樸感和真實感。

王建、張籍的創作傾向得到李紳、元稹、白居易的進一步發展。

李紳曾作新樂府二十首，已佚。所謂新樂府就是一種用新題寫時事的樂府式的詩。從李紳開始，元稹、白居易相繼用這一題材創作，從而形成了新樂府運動。用白居易的話說，新樂府核心就是「歌詩合為事而作」。今從李紳著名的《憫農詩二首》來看，語言淺顯，事情真實，諷喻之義，寓於其中，由此大致可以推知李紳新樂府的寫法。元稹今存詩中有《和李校書新題樂府十二首》，寫法上，變張、王細膩寫實為敘述與議論，寫的也非親見親歷的實景，而是寫當時或以前的一些史實，風格也沉著而不縱橫，渾樸而不悲壯；同時也沒有王建、張籍那種俚俗、淺近，而是變為一種士大夫的口吻，詩也由感性的變為理性的。

新樂府之外，元稹詩以《連昌宮詞》為著名。詩通過描述宮邊老人今昔盛衰之感，揭露並批判了安史之亂前的朝政腐敗，追述了招致禍亂的因由，表現了人民對於國內和平統一的願望。元稹的言情詩也較著名，如《三遣悲懷》之二曰：

> 昔日戲言身後意，今朝皆到眼前來。
> 衣裳已施行看盡，針線猶存未忍開。
> 尚想舊情憐婢僕，也曾因夢送錢財。
> 誠知此恨人人有，貧賤夫妻百事哀。

詩為追悼亡妻韋叢所作，寫得真摯情深。

中唐詩壇上，元稹與白居易齊名，稱為「元白」。白居易也是中唐時期最著名的詩人。

白居易（772-846 年），字樂天，晚號香山居士，原籍太原，後遷居下邽（今陝西渭南）。貞元年間，中進士，授秘書省校書郎。元和年間，任左拾遺及左贊善大夫，因上書言事，貶為江州司馬。長慶初年任杭州刺史。寶曆初年任蘇州刺史。晚年以太子賓客及太子少傅分司東都，官終刑部尚書。

白居易可以說是新樂府運動的主將，他有計劃而作的樂府詩五十首，歷來為

人們所注目，涉及社會政治方面的一系列問題，反映的社會生活面非常廣闊，有頌美之詞，有規勸之言，也有諷喻之義。其中精華為寫生民疾苦的諷喻詩九篇。詩對宮女、田夫、織女、寒士、蕃人等生活遭遇表示了同情。如在《杜陵叟》詩中，他這樣憤怒地寫道：「奪我身上帛，奪我口中粟。虐人害物即豺狼，何必鉤爪鋸牙食人肉。」

白居易諷喻的有些還是當時重大而敏感的社會問題，如《賣炭翁》諷喻的宮市即是。這首詩在寫法上也突破了理性的範圍，細緻生動地描述了事情的整個經過，在藝術手法和思想勇氣上都是值得稱道的。不過，這五十首新樂府所寫的社會問題並非白居易所親歷，所以像《賣炭翁》這樣的作品並不多見。但這五十首之外的諷喻詩則多是他親歷親見；或當時有感而作，所以寫得比較真

白居易書法

切自然，如《觀刈麥》是親見之後有思而作，所以寫得頗為感人，又如《秦中吟》十首，也是「一吟悲一事」的即感而作，所以也寫得自然真實。

白居易的諷喻詩在寫法上大都明白如話，敘事詳盡，雖然做到通俗易懂，但也減少了一種詩的餘韻。白居易詩寫得韻味深長，餘韻不絕的是他的代表作《長恨歌》和《琵琶行》，其中又以《長恨歌》更為著名。

《長恨歌》是以當時社會上流行的唐玄宗與楊貴妃悲歡離合的故事為素材，即「不但感其事」，同時也想通過這件事，批判統治集團因腐朽荒淫而招致禍亂，垂作歷史教訓。但作者在刻畫玄宗相思之情上著力多，又描繪精彩，形象生

動，因而詩的客觀效果是同情遠遠地超過了諷刺。《長恨歌》前半部分寫實，後半部分融進了浪漫主義的幻想手法。情節曲折離奇，人物形象鮮明，語言優美流暢，音節和諧動人，把抒情和敘事緊密無間的融合在一起，產生了強烈的藝術效果。

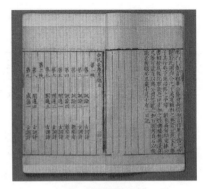

《白氏長慶集》

白居易晚年官做大了，志趣卻低了，往往表現出一種萬事不關心，唯逸樂是尋的態度，詩中也往往描寫一些身邊瑣事。這些閒適詩在白居易詩中占有很大比例，以致後人有「白俗」之謂。

白居易所作雜律也較多，如他十六歲的成名作《賦得古原草送別》，《自河南經亂關內阻兄弟離散》等已廣為人所傳誦。此外，因白居易長期在江南做官，有些描繪南方景物的詩也非常動人，如《錢塘湖春行》、《暮江吟》等，其中《暮江吟》曰：

> 一道殘陽鋪水中，半江瑟瑟半江紅。
> 可憐九月初三夜，露似珍珠月似弓。

詩膾炙人口，美妙可人。又如《錢塘湖春行》用白描的手法刻畫早春的景象，自然新穎，充滿了無限的生機。

與張、王、元、白不同，當時的孟郊、韓愈、賈島、李賀等人又探尋著另一條詩歌之路。

孟郊的詩有一種蕭索悲涼之感，如「霜洗水色淨，寒溪見纖鱗」[37]。又如「秋草瘦如發，貞芳綴疏金」[38]。於這種冷色調中，給人一種和諧的美。大約孟郊遭遇困窮，故抒情哀苦，讀之使人慘戚無歡。不過孟郊著名的《遊子吟》卻寫得情

---

37 《寒溪》。
38 《秋懷》。

真意切，餘韻不絕：

> 慈母手中線，遊子身上衣。
> 臨行密密縫，意恐遲遲歸。
> 誰言寸草心，報得三春暉。

和孟郊同以「苦吟」而著名的詩人是賈島。關於他的苦吟，有「推敲」一詞來歷的流傳。賈島的詩給人一種荒寂枯涼的感覺，如「孤鴻來半夜，積雪在諸峰」[39]。或寫怪禽，「怪禽啼曠野，落日恐行人」[40]。因為他刻意追求作詩，錘煉字句，所以往往忽略了全篇。他也寫了一些好詩，如《劍客》、《懷博陵故人》等，其中《劍客》曰：

> 十年磨一劍，霜刃未曾試。
> 今日把示君，誰有不平事。

劍客的豪俠意氣，躍然紙上。

與孟郊、賈島詩風相近，而成就較大的是韓愈。

韓愈（768-824 年），字退之，河內修武（今河南河陽）人。因郡望為昌黎，每自稱昌黎韓愈。後世稱韓昌黎。貞元八年進士，曾任監察御史、京兆尹及兵部、吏部侍郎，諡文，世又稱韓文公。韓愈是唐代古文運動的主將，但他的詩筆力雄健，氣勢壯闊，也自成一家，對以後宋詩的發展影響很大。韓愈由於過分地避熟求生，不免流入險怪；有時又以文為詩，損壞了詩特有的語言美。

韓愈提倡古文，詩也多古體而少近體，內容在一定程度上反映人民的疾苦，但更偏於抒發個人的懷才不遇和被貶的牢騷情緒。其中頗為人傳誦的是近體詩《左遷至藍關示侄孫湘》：

> 一封朝奏九重天，夕貶潮陽路八千。

---

39 《寄董武》。
40 《暮過山村》。

本為聖明除弊政，敢將衰朽惜殘年。

雲橫秦嶺家何在？雪擁藍關馬不前。

知汝遠來應有意，好收吾骨瘴江邊。

寫貶官途中的失意之感，痛切而動人。

韓愈也多寫景之作，著名的《南山詩》用鋪排手法描寫重巒疊嶂，四時變化，奔騰瑰麗，反映了自然美中奇特的一面；但也極盡搜羅奇字、押用險韻之能事。韓愈在《奉酬盧給事雲夫四兄曲江荷花行》中的「太白山高三百里，負雪崔嵬插花裡」，又給人一種壯麗雄健的新鮮意境。此外，有些寫景詩還頗有盛唐詩風，如著名的七絕《早春呈水部張十八助教》：

天街小雨潤如酥，草色遙看近卻無。

最是一年春好處，絕勝煙柳滿皇都。

寫早春微雨中景色，新鮮而又別致。

李賀是與孟郊、賈島、韓愈詩風相近的一個詩人。因避家諱不得參加進士考試，因此憤懣牢騷，想入非非，詩多為懷才不遇及出世之作；有時也接觸社會矛盾，寫一些健康的作品，其中為人所稱道的是歌頌邊塞將士英雄氣概的《雁門太守行》：

黑雲壓城城欲摧，甲光向日金鱗開。

角聲滿天秋色裡，塞上胭脂凝夜紫。

半卷紅旗臨易水，霜重鼓寒聲不起。

報君黃金臺上意，提攜玉龍為君死。

李賀在詩歌創作上，力求開闢一個新的天地。從而形成一種奇崛幽峭、穠麗淒清的浪漫主義風格，對以後的杜牧、李商隱、溫庭筠等人產生了很大的影響。

中唐詩壇上柳宗元自成一家。

柳宗元（773-819 年），字子厚，河東（今山西永濟）人，貞元進士，又中

博學宏詞科,授集賢殿正字,調藍田尉,拜監察御史。他參加了永貞革新運動,失敗後,貶永州司馬,調柳州刺史,死於柳州。世稱柳柳州或柳河東。柳宗元是唐代古文運動的主將,與韓愈齊名。詩幽峭明淨,多感嘆身世之作。

柳宗元的詩大都作於貶官之後,對自己憂傷悲涼的情懷表現得較為顯露,如《登柳州城樓寄漳、汀、連、封四州刺史》:

> 城上高樓接大荒,海天愁思正茫茫。
> 驚風亂颭芙蓉水,密雨斜侵薜荔牆。
> 遠樹重遮千里目,江流曲似九迴腸。
> 共來百越文身地,猶自音書滯一鄉!

詩把自己貶逐後的生活感受和對摯友的懷念交融在一起,十分感人。柳宗元有些詩也寫的較為含蓄,如《酬曹侍御過象縣見寄》:

> 破額山前碧玉流,騷人遙駐木蘭舟。
> 春風無限瀟湘意,欲采蘋花不自由。

詩於深雋中,給人一種傷感之情。即如柳宗元著名的《江雪》,也使人於安謐冷寂中,似乎能看到詩人的苦處。此外,柳宗元還作有一些反映生民疾苦的詩;又寫一些寓言詩,借以抒寫自己失意沉淪的不平之感。

與柳宗元遭遇大致相同的劉禹錫在中唐詩壇上也占有重要的地位。

劉禹錫(772-843 年),字夢得,中山無極(今河北無極)人。貞元七年進士,又中博學宏詞科,官監察御史。參加永貞革新失敗後,貶朗州司馬,歷連州、夔州、和州刺史。後入朝為主客郎中。晚年居洛陽,與白居易為詩友。

劉禹錫詩風自然,格律精切,由於和柳宗元身世相同,所以也寫了很多感嘆身世的作品。有些詩還直接諷刺了當朝權貴,如他貶官十年被召回京師後,寫了《戲贈看花諸君子》一詩,結果得罪了權貴再度遭貶。十四年後,他再次被召回京師,又寫了《再遊玄都觀》一詩,詩曰:

百畝庭中半是苔，桃花開盡菜花開。

種桃道士歸何處？前度劉郎今又來。

諷刺辛辣，表現了作者倔強的性格。劉禹錫在流放巴楚期間，注意學習當地的民歌俚調，他仿民歌而作的《竹枝詞》，於唐詩中別開生面，其中之一曰：

山桃紅花滿上頭，蜀江春水拍山流。

花紅易衰似郎意，水流無限似儂愁。

清新爽朗，節奏和諧，用花比男子，更別有一番風致。

劉禹錫詩中還有很多懷古之作，如《金陵五題》、《西塞山懷古》、《石頭城》等，懷古傷今，流露出詩人對唐王朝衰微的感嘆。

中唐詩壇上出現了諷喻詩，出現了反映生民疾苦和抒發自己仕途失意的作品，這都是當時地主階級知識分子立志改革、以圖中興的思想與行動在文學作品中的反映，但隨著改革一次又一次的失敗，朝政日甚一日的腐敗，宦官專權，藩鎮跋扈的有增無減，使地主階級知識分子對唐朝復興的希望破滅。詩歌也轉向寫懷古傷今的詠史之作；或描述自我，以致把閨閣生活、愛情生活、歌樓舞榭的生活大量地寫入詩歌中。詩風也日益變得纖弱。

中晚唐的詠史之作，以杜牧最為著名。

杜牧（803-852 年），字牧之，京兆萬年（今陝西長安）人，大和進士，官終中書舍人，世稱杜樊川。

杜牧工詩、賦及古文，以詩成就為最高，長於七律及絕句，其中一些詠史之作寫得頗為精彩，如《江南春絕句》：

千里鶯啼綠映紅，水村山郭酒旗風。

南朝四百八十寺，多少樓臺煙雨中。

這永恆的時間裡消逝的一切，讓人體識到盛衰興旺不可抗拒的哲理。杜牧好談兵，抱有用世之心，但不得志，往往又借古抒懷，如《赤壁》詩曰：

折戟沉沙鐵未銷，自將磨洗認前朝。

東風不與周郎便，銅雀春深鎖二喬。

詩英氣逼人，但也流露出一種不得志的感嘆。

杜牧詩中也有些是關於閨閣、愛情和歌樓舞榭的，但這方面的題材，應以與之齊名的李商隱更為出色。

李商隱（812-858 年），字義山，號玉谿生，懷州河內（今河南泌陽縣）人。開成進士，但不得志於仕途。他的詩多傷時感己之作，也寫詠史及愛情詩，其中又以愛情詩為著名。他擺脫了宮體詩寫閨閣生活、男女性愛的庸俗情調，把男女之情上升到感情領域，純淨、高潔、真摯、纏綿，更多的帶有精神追求的成分，有一種淒豔的美感，如：

身無彩鳳雙飛翼，心有靈犀一點通。[41]

春蠶到死絲方盡，蠟炬成灰淚始乾。[42]

紅樓隔雨相望冷，珠箔飄燈獨自歸。[43]

春心莫共花爭發，一寸相思一寸灰。[44]

李商隱的愛情詩有的詩意頗耐人琢磨，從而產生一種朦朧美。總體來看，他的愛情詩對後代的詩、詞、戲曲都產生過積極或消極的影響。李商隱的詠史詩也頗為可觀，如《賈生》一詩即從賈誼的故事發揮開去，融大議論於短篇之中，而以慨嘆出之，韻味深長，耐人尋味。李商隱也寫古體詩，主要學習和繼承前人風格，其中《行次西郊作一百韻》，長篇巨制，氣勢磅礴，沉郁頓挫，質樸自然，為其

---

41 《無題二首》。
42 《無題》。
43 《春雨》。
44 《無題四首》之二。

同類詩體的上乘之作。

李商隱死後的第二年，浙東爆發了裘甫領導的農民起義，唐朝出現了滅亡的徵兆，從此到唐朝滅亡，唐詩的發展也經歷了它的最後階段。這一時期的主要詩人有皮日休、聶夷中、杜荀鶴、司空圖、韓偓、陸龜蒙、吳融等人。

這時期的詩人由於感到唐朝在無可挽回的衰落下去，大都有一種無所作為的消極心態：「不共諸侯分邑里，不與天子專隍陴。靜則守桑柘，亂則逃妻兒。」[45]又由於不斷發生戰亂，統治階級也產生了一種及時享樂的思想，這樣就出現了以柳巷青樓、金閨繡戶為內容的豔情詩，在寫作技巧上較宮體詩也更為出色。這時也有些詩人追求一種清麗的情趣，韋莊在唐亡之前的作品最能反映這種傾向，如《丙辰年鄜州遇寒食，城外醉吟七言五首》之一曰：

> 滿街楊柳綠絲煙，畫出清明二月天。
> 好是隔簾華樹動，女郎撩亂送鞦韆。

當時詩人還大都表現出對淡泊詩境的追求，但因為不是一種自覺的對美的追求，所以表現的淡泊情思與淡泊境界，反而處處反映了精神上的空虛。他們放神於自然，但也沒有盛唐詩人那種向往自然的韻外之致，實際上不過是在戰亂中尋找一個安身之地，或在精神上尋找一點慰藉與寄託而已。因此，這類詩也大多格調不高，不過其間也有清新可喜之作，如吳融的《涼思》：

> 松間小檻接波平，月澹煙沉暑氣清。
> 半夜水禽棲不定，綠荷風動露珠傾。

這清新的景物描繪對宋代詩人產生了一定的影響。

唐末統治階級對人民的剝削也越來越重，人民生活困苦，這些也反映到詩人作品中來，雖然數量不多，但頗有佳作，如聶夷中的《詠田家》：

---

45 陸龜蒙：《散人歌》。

二月賣新絲，五月糶新穀；

醫得眼前瘡，剜卻心頭肉！

我願君王心，化作光明燭。

不照綺羅筵，只照逃亡屋。

這是一首流傳千古的名篇，形象深刻地概括了農民被殘酷剝削後的慘痛心情。

總的來說晚唐詩歌創作的成就不是很大的，但這一時期詩歌理論卻得到了進一步的發展，值得稱道的是司空圖《詩品》的問世。這部詩論是對唐人詩歌創作上藝術審美的出色總結，對後來的詩歌創作具有深遠的影響，他把詩歌分為二十四「品」，辨析各種不同的意境和風格。他所欣賞和倡導的是一種「妙選自然」、「超以象外，得其環中」、「不著一字，盡得風流」的藝術境界。結合他其他一些詩論，不難看出他詩論的核心點是：「景外之景」、「象外之象」，「味外之旨」、「韻外之致」之說，而《詩品》之所以具有很高的美學價值，主要在於它把詩人的詩歌創作與欣賞者的形象思維緊密地聯繫在一起了。這也就揭示了中國古代詩歌藝術的魅力所在。「景外之景」與「味外之味」完全可以看作是一個審美欣賞的過程，這個欣賞過程可分三個環節：

象、味──象外之「象」──味外之「味」

第一個環節是「象」和「味」，這個「象」是第一重象，是指作品所展示出的具有典型特徵的，可以誘發讀者進行想像的意象。「味」是從這個「象」中直接生發出來的，是讀者不經過審美想像就可以直接得出的。「味」也就是淺層的「味」。第二個環節是象外之「象」，這個象可以說是第二重象，是欣賞者在獲得第一重象之後在頭腦中經過想像而獲得的意境。第三個環節是味外之「味」，也就是司空圖所說的遠在「鹹酸之外」的「醇美」之味。它緊緊伴隨第二環節而來，是欣賞者經過想像獲得意境之後從意境中品嘗出來的。它的最大特點就是「遠而不盡」。只有當他尋覓到味外之「味」的時候，他的審美欣賞才算完成。

正如司空圖所說：「而愚以為辨於味，而後可以言詩也。」[46]司空圖的「象外之象」、「味外之味」說，豐富和拓展了中國傳統文藝和批評中的「意象」、「意境」、「韻味」等美學範疇，代表了中國封建社會後期詩歌藝術的審美理想。

第六節 ·
唐五代詞

詩歌在唐代蓬勃發展的時候，詞作為一種新的文學載體也在悄然興起。

詞最初是適應古代樂曲歌唱需要而產生的，遠在梁代沈約、蕭衍等所寫的《江南弄》就已經具有詞的雛形。入唐以後，政治安定，城市經濟繁榮，西域音樂的大量傳入，民間樂曲發達，原本可唱的詩也由於形式整齊劃一，不能適應音樂聲調的複雜變化，歌者就不免增減詩句來合樂，這些都促使了詞的發展，如文人依照聲律仿作胡夷裡巷之曲的歌詞，就是如此。又如《浪淘沙》、《雨霖鈴》、《拋球樂》等曲詞原來都是七言絕句體，後來卻演變為長短句的詞調。

現傳最早的唐代民間詞是敦煌發現的曲子詞（其中包括少數文人作品），內容涉及政治、經濟、軍事、邊疆、農民起義、醫藥等各方面以及婦女、商人、漁父、書生等多種人物。其中以寫婦女的最為出色，如《夢江南》：

莫攀我，攀我太心偏。我是曲江臨池柳，者（這）人折去那人攀，恩愛一時間。

---

46 司空圖：《詩品》。

把受侮辱的婦女比喻為任人攀折的楊柳，是非常確切的。詩用民歌慣用的比興手法，託物寄意，表現了婦女的不幸命運。

唐代文人作詞，較早的有張志和、劉長卿、韋應物等人，這時詞在文人手裡還處於剛剛發展階段，所以數量不多，形式也比較短小，所反映的生活內容也不夠寬廣。但早期的文人詞受民歌的影響，有一種明朗、清新、活潑的特色，如張志和的《漁歌子》：

> 西塞山前白鷺飛，桃花流水鱖魚肥。
> 青箬笠、綠蓑衣，斜風細雨不須歸。

唐代還有一些描寫邊塞的詞為人所注目，如韋應物的《調笑令》：

> 胡馬，胡馬，遠放燕支山下。
> 跑沙跑雪獨嘶，東望西望路迷。
> 迷路，迷路，邊草無窮日暮。

這首詞有一種高曠的情調，意境也比較開闊，對拓寬詞的題材，影響詞的藝術風格有著積極的意義。

相傳詩人李白也寫詞，有兩首詞頗為人所熟知，其一曰《憶秦娥》：

> 簫聲咽，秦娥夢斷秦樓月。秦樓月，年年柳色，灞陵傷別。
> 樂游原上清秋節，咸陽古道音塵絕。音塵絕，西風殘照，漢家陵闕。

其二曰《菩薩蠻》：

> 平林漠漠煙如織，寒山一帶傷心碧。暝色入高樓，有人樓上愁。
> 玉階空佇立，宿鳥歸飛急。何處是歸程，長亭更短亭。

這兩首詞有人認為不是李白所作，但就詞的本身而言，達到了很高的藝術水平，曾被後人譽為「百代詞曲之祖」。

中唐時期，寫詞較多的是詩人白居易和劉禹錫。其中又以白居易的詞為著名，如他的《長相思》曰：

汴水流，泗水流，流到瓜洲古渡頭，吳山點點愁。
思悠悠，恨悠悠，恨到歸時方始休，月明人倚樓。

對愛情的描寫既流轉如珠，又含意不盡，有民間詞調的本色，又有詩人加工的美感。而白居易另一首《憶江南》更膾炙人口，廣為人傳誦：

江南好，風景舊曾諳。日出江花紅勝火，春來江水綠如藍，能不憶江南。

詩人即景抒情，已和民間詞調有了很大的差別。

至晚唐，文人寫詞漸多，其中以溫庭筠最為著名。

溫庭筠（812-870年？），本名岐，字飛卿，太原祁（今山西祁縣）人。曾任隨縣尉、方城尉、國子助教等小官，屢舉進士不第，一生不得志，工詩，與李商隱齊名，時稱「溫李」，又通曉音律，熟悉詞調，能逐弦吹之音，為「側豔之詞」。其詞多寫婦女閨情，風格濃豔，如其《菩薩蠻》曰：

小山重疊金明滅，鬢雲欲度香腮雪；懶起畫娥眉，弄妝梳洗遲。
照花前後鏡，花面交相映；新貼繡羅襦，雙雙金鷓鴣。

這首詞以豔麗的筆調，細膩地刻畫出婦女剛睡醒後，起來梳妝打扮的嬌懶神態。溫庭筠的很多詞都充滿了這種香脂氣。不過同樣寫閨情，也有些悠遠感人之作，如《望江南》：

梳洗罷，獨倚望江樓，過盡千帆皆不是，斜暉脈脈水悠悠，腸斷白蘋洲！

形象鮮明生動，意境也較為開闊。在藝術手法上也達到了很高的水平，對詞的發展來說，溫庭筠向前推進了一大步。他的香軟麗密的詞風對後代，尤其是在五代產生了很大的影響。

五代時期黃河流域戰爭頻仍，但西蜀、江南一代卻相對安定，在這些偏安的

小王國裡，統治階級弦歌飲宴，晝夜不休，過著奢靡腐化的生活，於是，適應歌樓舞榭的需要，詞就大量產生了。五代時期後蜀趙崇祚選錄溫庭筠、皇甫松、韋莊等十八家詞為《花間集》，其中除溫庭筠、皇甫松、孫光憲外，都是蜀地文人。他們在詞風上大體一致，後世稱之為花間詞人。花間派詞人的多數作品是用華豔的辭藻來描繪婦女的服飾、體態和閨閣生活的，題材比溫詞更狹窄，內容也更空虛，格調也更卑下，對後代詞人產生了消極的影響。

花間派詞人中韋莊和溫庭筠齊名。韋莊的詞有一定的內容，語言也較清朗自然，情調也較真摯感人，如《思帝鄉》：

> 春日遊，杏花吹滿頭，陌上誰家年少、足風流，妾擬將身嫁與、一生休。縱被無情棄，不能羞。

全詞都用白描寫法，把一個天真爛漫的少女追逐愛情幸福的心情寫得活靈活現。韋莊詞裡還有些直抒情懷的作品，其中有首《菩薩蠻》頗為人所傳誦：

> 人人盡說江南好，遊人只合江南老。春水碧於天，畫船聽雨眠。壚邊人似月，皓腕凝霜雪。未老莫還鄉，還鄉須斷腸。

韋莊共寫了五首《菩薩蠻》，風格都相近，這在花間派詞裡，別具一格。

在花間派詞人中，也有少脂粉氣、意境較為開闊的作品，如李珣的《巫山一段雲》：

> 古廟依青嶂，行宮枕碧流。水聲山色鎖妝樓，往事思悠悠。
> 雲雨朝還暮，煙花春復秋。啼猿何必近孤舟，行客自多愁。

有些詞還饒有南朝樂府民歌情味，如牛希濟的《生查子》：

> 春山煙欲收，天澹星低小。殘月臉邊明，別淚臨清曉。
> 語已多，情未了，回首猶重道。記得綠羅裙，處處憐芳草。

與花間派詞人同時而稍晚的南唐首都金陵，也聚集了一些詞人，文學史上稱之為南唐詞人，其中著名的為馮延巳、李璟和李煜，並以李煜影響較大，成就較高。

南唐境內的金陵、揚州，唐後期以來即為繁華的都市，入五代後經濟得到了繼續的發展，當時中原戰亂不休，南下避亂的士人也多聚於此。南唐國君又都愛好文學，因此南唐文化得到了一定的發展。陳世修在《陽春集序》中說：「金陵盛時，內外無事，朋僚親舊或當宴集，多運藻思為樂府新詞，俾歌者倚絲竹歌之，所以娛賓而遣興也。」南唐著名詞人以馮延巳年齡最長。

馮延巳（904—960 年），字正中，廣陵（今江蘇揚州）人，官至宰相，詞作較多，也較有成就，代表作為《鵲踏枝》十幾首，其中之一曰：

誰道閒情拋擲久？每到春來，惆悵還依舊。日日花前常病酒，不辭鏡裡朱顏瘦。

河畔青蕪堤上柳，為問新愁，何事年年有？獨立小橋風滿袖，平林新月人歸**後**。

抒懷遣愁，纏綿悱惻，語言流轉清新，與花間派詞人一味堆砌辭藻，描寫婦女容貌體態不同。

李璟（916-961 年），南唐中主，繼位之初，承父親李昇餘威，擴展國土成為南方大國，後期荒於理政，國勢衰弱，稱臣於周，從此南唐君臣不圖振作，縱情聲色，追求享樂。南唐詞的格調也頹靡、傷感。李璟遺詞僅四首，卻表現了這種特色。如其代表作《攤破浣溪沙》：

菡萏香銷翠葉殘，西風愁起碧波間。還與容光共憔悴，不堪看。
細雨夢回雞塞遠，小樓吹徹玉笙寒。簌簌淚珠多少恨，倚闌干。

離愁別恨，情感深沉，但淒傷情調也反映了詞人精神的空虛。

李煜（937-978 年），字重光，不僅作詞，而且工書善畫，洞曉音律，是南唐最後一個皇帝，世稱李後主。他西元九六一年繼位，時宋已代周，南唐國勢岌岌可危。李煜一方面向宋上貢大量的金銀財物討宋太祖歡心；一方面又對自己小朝廷的存亡憂慮不安，而縱情享樂，沉湎聲色。他這樣過了十幾年苟且偷安的生活。南唐被宋滅亡後，又過了兩年多「日夕以淚洗面」的日子，最後被宋太宗派

人毒死。

李煜由皇帝變為囚徒這個生活上的變化，對他詞的創作有很大影響，明顯地分為前後兩種不同風貌。

李煜前期作品主要是寫宮廷生活的，如《玉樓春》：「晚妝初了明肌雪，春殿嬪娥魚貫列，鳳簫吹斷水雲間，重按霓裳歌遍徹⋯⋯」這類詞較花間派場面要大一些，心情得意，筆調欣然，然實為一種亡國之音。因為南唐的滅亡已無力挽回，李煜有些詞裡已流露出了哀愁情緒，如《清平樂》：

別來春半，觸目柔腸斷。砌下落梅如雪亂，拂了一身還滿。
雁來音信無憑，路遙歸夢難成。離恨恰如春草，更行更遠還生。

相傳這是他亡國前不久的作品，格調雖然比描寫宮廷生活的詞高一些，但心情的沉重也顯露出來。

亡國之後，李煜的詞寫得非常哀痛感人，如其頗為人所熟知的《虞美人》曰：

春花秋月何時了？往事知多少，小樓昨夜又東風，故國不堪回首月明中。
雕欄玉砌應猶在，只是朱顏改。問君能有幾多愁？恰似一江春水向東流。

這首詞很有感染力，這一時期，他同類作品還較多，如《烏夜啼》、《子夜歌》、《浪淘沙》等歷來為人們所傳誦，可見這些傷感詞在藝術上是成功的。但這些詞中沒有展示光明的前途，缺少一種激人奮鬥的力量，傷感而不悲壯。

李煜詞的藝術成就，確立了他在中國詞史上的地位。李煜以前的很多詞人，大都是描寫婦女及婦女的相思情感；或者通過對婦女不幸遭遇的描述，曲折地表達自己的心情。李煜卻用詞直接傾訴自己的哀痛，抒發自己的感情，擺脫了長期在花間樽前曼聲吟唱所形成的傳統風格，而成為人們可以多方面述志言懷的新詩體。李煜之後，詞得到了進一步發展，並呈現了繁榮局面，成為標誌一個時代的特色文學。

第七節 ·
古文運動
與韓、柳

　　先秦散文曾取得過輝煌的成就，但它是與哲學、政治學、倫理學、歷史學合為一的文體，而不是純文學的散文，隨著文學自身的發展，文學逐漸地發現了自身的特點，把自己從與其他文體相合的狀態中分離出來。另外，先秦散文中的駢句，到兩漢時發展成質樸的駢文，再到魏晉南北朝時，士族文人為了掩蓋他們生活內容的空虛，進一步追求用典，講究聲律與詞采的雕飾及句式的整齊，以至駢文用典增多，詞采繁麗，句用四、六，充分展現了它的藝術美。但同時駢文的局限性和弱點也充分地暴露出來，過多地用典超出了內容表達的需要，過分地追求詞采也使內容貧乏，這樣駢文的路子越走越窄，為自己的破滅準備了條件。

　　駢文興起之後，散文一直並未中斷。晉代王羲之的書信，南朝范縝的《神滅論》等都是用散體文寫的。西魏宇文泰、蘇綽出於政教的目的，提倡改革文體，之後還有很多人出於政治的目的，如隋文帝、王通等提倡古文，反對駢文，但收效都不大。

　　唐初文風沿南朝駢麗之習，王勃、楊炯雖對當時文壇有所不滿，但他們還是以駢文名重一時。陳子昂出來，大張復古旗幟，使文壇風氣為之一變。到玄宗開元時期，蘇頲、張說主張「崇雅黜浮」，他們有時雖然還用駢體，但浮侈華靡之風已革。此外，當時文人的書信也多用散體文，大都寫得真切生動，如李白的

《與韓荊州書》，一開頭就很有氣勢：

　　白聞天下談士相聚而言曰：「生不用封萬戶侯，但願一識韓荊州。」何令人之景慕，至於此也。

這個開頭，成為千古名句，以致有「識荊」一詞流傳。

　　玄宗天寶以後，元結、李華、蕭穎士和接下來的獨孤及、梁肅、陸贄、權德輿、柳冕等人研習經典，在創作實踐中，已經能寫出很好的散體文，如元結的《七不如篇》：

　　元子以為人之貪也，貪於權，貪於位，貪於取求，貪於積累，不如貪於德，貪於道，貪於閒和，貪於靜順者爾。於戲，貪可頌也乎哉？貪有甚焉，何如？

其中已了無駢文痕跡。安史之亂以後，元結的散體文更加成熟，如他的「記」，已有後來柳宗元山水遊記中細緻描寫景物的特點，如《右溪記》：

　　道州城西四百餘步，有小溪，南流數十步合營溪，水抵兩岸，悉皆怪石，欹嵌盤屈，不可名狀。清流觸石，洄懸激注；佳木異竹，垂陰相蔭。……

在當時散體文作者增多的同時，唐朝的科舉考試中的制策和對策，於建中元年也開始用散體。這個時期雖還有駢體文，但從陸贄的駢體文奏議看，內容切實，說理嚴密，敘事間以散行，已無詞采雕飾與典繁晦澀之病。此外，這個時期還出現了對文體文風改革理論上的探討。這樣，在韓、柳之前，主張文以明儒家之道，重政教之用的宗經復古思想已經十分明確和流行了。但當時的作者對現實超脫，缺乏與現實政治息息相關的特點，缺乏實踐性的品格；他們對駢文採取了全面否定的態度，這也就是否定了文學的特殊性；他們在藝術上缺乏獨創性，只是簡單地模仿先秦兩漢的文體文風。天寶以來，唐王朝經安史之亂而陡然衰落，文學上的復古思想與當時的歷史現實有關。文體文風的改革只能待以後去完成。

　　唐朝到貞元、元和年間，雖然當時藩鎮割據等社會矛盾還沒有改變，但出現了一個相對安定的太平時期，生產也得到了一定的恢復和發展，給統治階級帶來了中興的希望。這時以韓愈為代表的復古主義思潮，有積極的用世思想，如韓愈

即以重建儒家道統自居，反對佛老，反對藩鎮割據，強化中央政權，在文學上確立了文以明道的思想。這時柳宗元也明確提出了文以明道的主張。他要明的道，是輔時及物之道，就是要有益於時政，有益於生民，求實變通，不死守經義。他思考現實，面對現實，積極投身於實際的改革。韓愈、柳宗元儘管哲學思想不同，政治立場也不一樣，但他們積極入世、主張改革的求實精神是一致的，正是基於這種認識使他們結成一體，開創一個文學的革新運動。

文以明道是純功利主義的，這次文風改革在提倡以文明道的同時，還提出了「不平則鳴」說，而不平則鳴說是文體文風改革者們強烈入世思想在文學上的另一種反映。這樣就把不平則鳴，把強烈的喜怒哀樂的感情和功利主義的文學觀統一起來。韓愈、柳宗元都在創作中體現了這一思想。韓愈在《柳子厚墓誌銘》中，肯定了柳宗元遭貶後，文學上取得的巨大成就，正是窮愁失意的產物。

在形式上，韓愈和柳宗元還主張創新，即博覽群書，集眾家之所成，然後在此基礎上求自樹立，如韓愈在《答李翊書》中，講了自己寫文章的過程，開始「非三代兩漢之書不敢觀，非聖人之志不敢存」。然後是對古書有所取捨，最後進入化境。什麼叫化境呢？他在《答劉正夫書》中又說：「若聖人之道，不用文則已；用則必尚其能者。能者非他，能自樹立不因循者是也。」也就是說學古只是手段，集眾家之成，創新才是目的。柳宗元在《與友人論為文書》中也說：「為文之士亦多漁獵前作，戕賊文史，抉其意，抽其華，置齒牙間，遇事蜂起，金聲玉耀，誑聾瞽之人，徼一時之聲，雖終淪棄，而其奪朱亂雅，為害已甚。」韓、柳正是在這樣的思想指導下，才能寫出富有獨創性的文章，在散文的發展史上占有自己的位置。

在唐以前，文學上沒有所謂古文。「古文」一詞始自韓愈，他把自己的散體文稱為古文，是與六朝以來流行的駢體文對立的說法。韓愈所謂的古文實質上已不同於先秦兩漢的散體文，而是已經吸收了駢體文在散文發展過程中帶來的藝術經驗與藝術成就。韓愈、柳宗元提倡古文，也不是簡單的模仿，而是一種創新。由於韓愈、柳宗元的努力，文體文風的改革在當時產生了廣泛的影響，在韓愈、柳宗元周圍聚集了很多擁護者和支持者，經過貞元到元和二、三十年的時間，古

文逐漸壓倒了駢文，成為文壇的主要風尚，這就是文學史上所謂的「古文運動」。

韓愈的散體文複雜豐富，包括傳記、政論、書啟、墓誌銘、贈序、雜說、祭文等各種體裁。但從內容上又可分為說理散文和其他散文兩個部分，而說理散文又可分為政論文和一般說理散文兩個方面。其中一般說理散文是針對當時社會上存在的一些弊病和不合理現象就事論事，大都文字精練，結構嚴謹，語言生動，說理透闢，感情充沛，產生了不少優秀的作品，如《師說》就是一篇很著名的一般說理散文。韓愈在這篇文章中批評了當時社會上恥於相師的不良風尚，闡明了師的作用和從師的重要性，他認為「無貴無賤，無長無少」都可以從師，「道之所存，師之所存也」。在師弟關係上，又指出「弟子不必不如師，師不必賢於弟子，聞道有先後，術業有專攻，如此而已」。這種見解強調應該廣泛學習，打破了傳統的師道觀念，有著進步的意義。文章流轉生動，有很強的說服力。又如韓愈的《雜說四‧說馬篇》也頗為人所熟知，文曰：

世有伯樂，然後有千里馬。千里馬常有，而伯樂不常有。故雖有名馬，只辱於奴隸人之手，駢死於槽櫪之間，不以千里稱也。馬之千里者，一食或盡粟一石，食馬者不知其能千里而食也。是馬也，雖有千里之能，食不飽，力不足，才美不外見，且欲與常馬等不可得，安求其千里也。策之不以其道，食之不能盡其材，鳴之而不能通其意，執策而臨之曰：「天下無馬！」嗚呼！其真無馬邪？其真不知馬也！

借千里馬來說明才能之士不被擢用，並對他們的遭遇表示了感嘆；同時也是在表達作者的自命不凡和一腔委屈。文章簡短明快，說理透徹，有些句子已傳於人口，深入人心。

韓愈在政治上是反對佛教的，而且是唐代反佛名氣最大的一個。韓愈針對佛教寫的文章，如《原道》、《原性》和《諫迎佛骨表》是其重要的政論文章，這些文章寫得頗有氣勢和特色。佛教在中唐得到了很大的發展，脫離生產的佛教徒大量增加。他們占有大量土地，享有免租、免役等特權，成為社會上一個龐大的寄生階層，嚴重地危害著國計民生。韓愈對他們的抨擊，有著現實意義和進步作

用。但如果仔細分析一下，韓愈對佛教的抨擊是比較膚淺的，如他只看到了佛教對社會有害的一面，而沒有看到佛教的勸善說、因果報應說、教育人民不做壞事等說教，對維護封建統治的作用；又如關於國家的興亡，韓愈僅僅是從是否奉佛來推斷國家興亡，統治久暫，而不是從階級矛盾、社會矛盾、民族關係等方面去找原因，這顯然比貞觀君臣「水能載舟，亦能覆舟」的道理要膚淺得多。又如他在文章中一概嚴夷夏之防的論調，與唐代開放的社會也是格格不入的。此外，韓愈對佛教提出的處理方案，即「人其人，火其書，廬其居」[47]，也是簡單粗暴的，因此，韓愈的這些主張，對佛教不可能構成致命的威脅，反而顯得簡單、幼稚。也就是「當一種事物還沒有發展到衰落、消亡的階段時，在沒有適當的社會條件的情況下，企圖從社會的外部，強制性地將這事物窒息、取消，是根本辦不到的」[48]。此外，韓愈在政治上反對藩鎮割據，但沒有引人注目的文章問世。

韓愈說理以外的文章以贈序和墓誌銘為著名。贈序在唐以前為朋友之間的贈言，到唐代成為一種文體。唐代贈序之作以韓愈最多最好。他往往因事立議，有較充實的思想內容，在藝術上又有創新，不落前人窠臼。其中《送董邵南遊河北序》和《送李願歸盤谷序》為他的代表之作。《送董邵南游河北序》中的董邵南，與韓愈私交甚厚，因仕途失意及科考不第將往遊河北，韓愈作此文以贈。文中對邵南遭遇深表同情，在政治上又提出了朋友的忠告，勸他不要走入歧途。當時河北藩鎮勢強，為了對抗朝廷，喜招攬人才，以增強實力。邵南遊河北實為依附藩鎮，韓愈的忠告即因此而發。但韓愈行文委婉，含意深長；同時也反映了韓愈維護中央統一，反對藩鎮割據的思想。《送李願歸盤谷序》則是送李願歸隱而作的。文章本著孟子「窮則獨善其身，達則兼濟天下」的思想，指出士人在不得志的情況下，為了保持獨立人格，是可以走退隱山林這條道路的。文章還對熱衷於功名富貴人們的種種醜行盡情地予以揭露，對達官貴人的窮奢極欲進行了嘲諷。文章用對比的寫法，流暢而有氣勢，這是韓愈早期一篇有聲有色的力作。

韓愈所作墓誌銘也較多，其中以為柳宗元所作的《柳子厚墓誌銘》最為有

---

47 《原道》。
48 郭紹林：《唐代士大夫與佛教》，頁175，開封，河南大學出版社，1987。

名。墓誌銘是唐朝頗為流行的一種文體，刻石納於墓中，包括志和銘兩部分。志記載死者世系、名字、爵里、生平及子孫狀況；銘則用韻文來概括全篇，是對死者的讚揚、悼念或安慰之詞，但也有只用志或只用銘的。《柳子厚墓誌銘》綜述柳宗元生平，著重論述了他政治和文學兩個方面。韓愈對他的政治才能進行了表揚，對他在柳州的政績進行了肯定，對他的不幸遭遇寄予了同情。但出於政見的不同，對柳宗元參加永貞革新頗有微詞。韓愈對柳宗元文學上的不朽業績給予了應有的評價，並指出了取得成就的原因是「斥久」、「窮極」，這與韓愈「不平則鳴」的文學主張是相一致的。韓愈所寫的墓誌銘沒有六朝以來「鋪排郡望，藻飾官階」的公式化，敘事重點突出，條理暢達，奔放明快，富有感染力。韓愈的文章還能根據不同情況有種種不同的寫法。柳宗元死後，韓愈還寫過《柳州羅池廟碑銘》、《祭柳子厚文》，但與《柳子厚墓誌銘》無一筆犯重。

韓愈其他題材的文章也不乏名篇力作，如韓愈的抒情散文《祭十二郎文》，被前人譽為「祭文中千年絕調」。文章為悼念亡姪而作，行文結合家庭、身世和生活瑣事，抒寫委曲，語語從肺腑中流出，哀感動人。此外，韓愈的文章還頗有戰鬥性。他在很多文章中闡述了文以明道，不平則鳴，文化上不斷創新的思想，為古文運動呼號吶喊。

韓愈的文章在語言上也很有自己的特點，除少數篇章追新逐奧，略感生澀外，大都文從字順，曲折舒展，偶雜以駢儷句法，硬語生辭，映帶生輝，有些已為成語，流傳至今，如「細大不捐」、「不平則鳴」、「落井下石」等。皇甫湜說韓愈的文章「如長江秋清，千裡一道，沖飈激浪，瀚流不滯」。說他的語言「茹古涵今，無有端涯，渾渾灝灝，不可窺校」[49]。用這些話概括韓愈散文的風格特色是非常恰當的。

柳宗元在古文運動中與韓愈齊名，但在政治上與韓愈立場並不完全一致，另在哲學上也頗有成就。

---

49 皇甫湜：《諭業》。

在唐代作家中柳宗元是一個很有政治頭腦的人。他不像盛唐作家那樣充滿理想主義。他面對現實，思考現實，充滿著一種求實的精神，為此他投身於永貞革新；同時，他對自然、對歷史、對人生進行思索，又使他具有哲學家的頭腦。在政治上他和韓愈都是反對藩鎮割據的。但對這一問題的認識，柳宗元要比韓愈站得高，看得遠，而且深刻得多，這主要表現在柳宗元的名作《封建論》上。先秦時期中國實行封建制。秦統一中國以後，分天下為郡縣，由中央直接領導。因秦速亡，漢以下的有些統治者，即把秦亡的原因歸之於皇室缺乏輔助，於是在沿襲郡縣制的同時，又兼行封建制，一些封建文人也貶低郡縣制而鼓吹封建制。柳宗元的《封建論》即是對此而言。文章根據歷史史實論證了封建制的得失，指出「裂土分國」常形成「尾大不掉」的局面，封邑世襲也堵塞了賢者才能的發揮，文章最後認為封建制的形成是由於「勢」，而「州縣之設」也「不可革也」。文章雖然有維護君權等時代的局限性，但在藩鎮割據的中唐有著現實意義，對統治集團排斥賢俊的現象也是一種批判。文章立論高遠，見解新穎，論據確鑿，表現了柳宗元先進的歷史觀，為中國古代政論散文的典範之作。

柳宗元散文也是豐富多樣的，除政論散文外，記人的如《段太尉逸事狀》；辨析的如《論語辨》；敘事的如《捕蛇者說》等，都非常著名。這些文章或剪裁恰當，描寫生動；或見解精確，分析周密；或尖銳深刻，細緻入微。然就總體而言，他最富創造性的文章是寓言諷刺文和山水遊記。

柳宗元寓言諷刺文著名的是《三戒》。《三戒》由《臨江之麋》、《黔之驢》、《永某氏之鼠》三篇文章組成，每篇文章短小警策，發人深思。《臨江之麋》寫受主人寵愛的麋，後來離開主人，被外犬「共殺食之」的事，諷刺了那些依仗權貴得意忘形的小人。《黔之驢》寫驢這樣一個龐然大物終於被虎吃掉的事，嘲諷那些外強中乾、無德無能的人，最終不免落得個可恥的下場。《永某氏之鼠》寫永某人家盛行老鼠，而終於被捕滅的事，以警喻世人。這三篇文章，寓意深刻，形象生動，這說明作者善於體情察物，能抓住事情的本質。柳宗元的其他諷刺寓言也都寫得深入淺出，鋒利簡潔。先秦寓言只是某種文章的一部分，柳宗元在前人的基礎上大量創作寓言，使寓言成為一個獨立的文體形式，對寓言文學的發展做出了自己的貢獻。

柳宗元最著名的是他的山水遊記，文筆清新秀美，充滿了詩情畫意。一個小丘，一個小潭在他的筆下是那樣清麗可愛，生動逼真，如《至小丘西小石潭記》：

從小丘西行百二十步，隔篁竹，聞水聲，如鳴佩環，心樂之。伐竹取道，下見小潭，水尤清冽。全石以為底，近岸，卷石底以出，為坻、為嶼、為堪、為岩。青樹翠蔓，蒙絡搖綴，參差披拂。潭中魚可百許頭，皆若空游無所依；日光下澈，影布石上，怡然不動；俶爾遠逝，往來翕忽，似與游者相樂。潭西南而望，鬥折蛇行，明滅可見，其岸勢犬牙差互，不可知其源。坐潭上，四面竹樹環合，寂寥無人，淒神寒骨，悄愴幽邃。以其境過清，不可久居，乃記之而去。

這個山野中的小石潭，簡直是一個脫離塵世的淨化世界，沒有一點污濁，也使人忘掉了人世間的煩惱，很容易讓人聯想到佛教大千世界裡無聲無息的生生滅滅，和一方「淨土」。如果說柳宗元的詩作受到佛教影響的話，那麼，柳宗元的山水遊記也是受到佛教影響的。或者說在柳宗元那優美的景物描寫背後，彷彿可以看到一種無可排遣的悲哀。他的出遊也並不是那種無所牽掛、超塵出俗的隨意，而有著一種打發時日的無奈，也因此，他的文章於明秀之中帶著清冷，而不是歡快和熱烈。或者說當時南方很多地區還沒有開發出來，自然風光秀美天成，奇麗的景色往往會使北方來的文人陶醉其中，使他們沉浸在迷人的山光水色之中，從而陶冶了他們的性情，然後再摹山範水發而為文，產生出妙絕千古的文采。包括《至小丘西小石潭記》在內的「永州八記」，雖然其中有作者不幸遭遇的流露，是作者在政治上不得意的寄情山水之作。但如果沒有當地清新秀美的景色，柳宗元是敘寫不出那樣的文字和描繪不出那樣的文采的。「永州八記」的藝術表現手法是很高的，但首先是寫實的。總之，柳宗元的山水遊記，像唐詩一樣輝映千古。

柳宗元還寫了《懲咎賦》、《閔生賦》、《對賀者》、《起廢答》、《愚溪對》、《哀溺文》等文章，表不平之鳴，述悲憤之情。他的《天對》、《天說》等哲學論文，從文學上看也是散體文的力作。

總而言之，柳宗元在散體文的創作上取得了傑出的成就。

唐人傳奇
與俗講、變文

　　中國小說在唐以前比較粗簡，小說概念也比較混亂，往往也指一些傳聞異錄或歷史佚事，並不被人重視。入唐以後，小說像詩一樣，進入了一個新的階段，具有較完備的藝術形式和較廣闊的生活內容。作者也多是著名的文學家、歷史學家、詩人。這樣，小說也逐漸改變了人們的看法，在文學史上占有了一定的地位。

　　唐人小說稱為傳奇。《古鏡記》和《補江總白猿傳》是唐代最早的傳奇小說，它們是從六朝志怪小說發展演變而來的。

　　《古鏡記》，作者王度（一說王凝），隋唐間人，詩人王績之兄。《古鏡記》雖然宣揚封建迷信和宿命論思想，但它按時間順序，寫了古鏡降妖、顯靈、治病等十二個獨立的故事，比六朝志怪的零篇散錄，在結構上有了進步。

　　《補江總白猿傳》為無名氏所作，寫梁將歐陽紇的妻子被白猿劫走。歐陽紇率兵入山尋獲妻子，而妻子已孕，生子如猿，聰悟過人。傳奇的內容雖仍是搜奇獵異，但注重了人物活動和地點環境的描繪，情節更為曲折，比《古鏡記》在小說創作的藝術上更推進了一步。

　　《遊仙窟》也是初唐時期一篇著名的傳奇小說，是因傳入日本而保存至今

的。作者張鷟，字文成，武後時進士，甚負文名。傳奇自敘奉使河源，途中投宿仙窟，與神女邂逅的故事，其中有不少色情描寫，格調低下，但脫去了怪誕色彩，轉向現實生活的描述，在傳奇發展過程中仍有一定的意義。

開元、天寶以後，唐代傳奇小說進入了繁盛時期。這時小說雖然談神說怪，但已具有現實生活的內容，《枕中記》和《南柯太守傳》是其中的代表作品。

《枕中記》作者沈既濟（750？-800年？），曾任左拾遺、史館修撰等職，並撰《建中實錄》。傳奇寫盧生在邯鄲道路的旅舍中，借道士呂翁的青瓷枕入睡，夢中出將入相，歷盡人間富貴，一覺醒來，睡前所蒸黃粱飯尚未熟。《南柯太守傳》的作者是李公佐，寫淳於棼醉後入夢，被槐安國招為駙馬，又做了南柯太守，因政績卓著，受到百姓愛戴，故不斷升遷，後功高主忌，終於被打發回家。醒後尋蹤，始知是夢遊蟻穴。

這兩篇小說都通過夢幻的描述，揭露唐實行科舉制後知識分子熱衷功名富貴的思想及宦海沉浮，官場傾軋醜態；同時宣揚了人生如夢、富貴如煙的消極出世思想。這兩篇作品所反映的生活內容較唐初充實，藝術手法更趨完美。《枕中記》文筆簡練；《南柯太守傳》情節豐富，描述生動，更具有諷刺意味。

唐代傳奇小說以表現愛情的成就最高，代表作品有《柳毅傳》、《霍小玉傳》、《任氏傳》、《李娃傳》、《鶯鶯傳》等。這些作品大都通過一個個悲歡離合的婚姻故事，歌頌了堅貞不渝的愛情，創造了一系列優美的婦女形象。作品還大都譴責了封建禮教和門閥制度及其對婦女的迫害，並且還把科舉及第當作解決矛盾的出路。這反映了唐實行科舉選人後及第的士子已成為統治階級的一個重要階層。

《任氏傳》是寫富公子韋崟的貧友鄭生與狐女任氏相愛。《柳毅傳》寫落第書生柳毅和

《淳於棼》（《南柯太守傳》）（唐）
李公佐著

洞庭龍女經過曲折愛情，終於結成夫妻的故事。兩篇作品都具有神怪色彩，但又都充滿了人間社會的清新氣息，是對六朝志怪傳統的一大革新進步。

《李娃傳》的作者白行簡（776—826年），字知退，白居易之弟。作者通過妓女李娃與滎陽公子某生相愛的故事，塑造了李娃這樣一個真摯感人的婦女形象，同時也具有強烈的反門閥制度的意義。結尾李娃被封為「汧國夫人」，想像是大膽的，但也是對封建正統思想的屈從。榮華富貴的團圓結局，也成為後世戲曲、小說模仿的一種俗套。

唐代愛情類傳奇最具光彩的是《霍小玉傳》。作者蔣防，字子微，義興（今江蘇宜興）人。作品寫歌妓霍小玉和書生李益的愛情悲劇。李益在長安與霍小玉相戀，李做官後另娶「甲族」小姐盧氏。小玉相思成疾，沉綿不起。俠士黃衫客激於義憤，把李強拉到小玉處。小玉痛責李益，悲極而死。小玉死後，化作厲鬼，作祟李家，使李益夫妻不和，全家不安。

作品將霍小玉性格描述得溫順而剛烈，頗為感人，如描述小玉和李益最後會面時，寫道：

> 玉沉綿日久，轉側須人。忽聞生來，歘然自起。更衣而出，恍若有神。遂與生相見，含怒凝視，不復有言。羸質嬌姿，如不勝致；時復掩袂，返顧李生。感物傷人，坐皆欷歔。頃之，有酒肴數十盤，自外而來。……因遂陳設，相就而坐。玉乃側身轉面，斜視生良久，遂舉杯酒，酹地曰：「我為女子，薄命如斯。君是丈夫，負心若此。韶顏稚齒，飲恨而終。慈母在堂，不能供養。綺羅弦管，從此永休。征痛黃泉，皆君所致。李君李君，今當永訣！我死之後，必為厲鬼，使君妻妾，終日不安！」乃引左手握生臂，擲杯於地，長慟號哭，數聲而絕。

愛憎衝突如此強烈，故事也就此推向高潮。霍小玉雖在現實中失敗，但在道義上獲得了勝利。同時，作者通過情節的推進，對陪襯人物的描述，塑造烘托出李益這樣一個薄幸男子的形象。作者對封建社會中，被損害、被侮辱的婦女予以了同情，對當時階級對立進行了揭示。通過性格衝突和烘托的手法刻畫人物，把故事放到廣闊的社會生活中描述，這些都使《霍小玉傳》獲得了更大的成功。

元稹的《鶯鶯傳》（又名《會真記》）也是一篇著名的愛情傳奇。作品寫張生與崔鶯鶯相愛，終於負心背棄的故事。此外，陳玄祐的《離魂記》和許堯佐的《柳氏傳》都有著不同的成就。

這一時期還出現了以歷史為題材的傳奇小說，著名的有《高力士傳》、《安祿山事蹟》、《長恨歌傳》、《東城老父傳》等，但成就並不很高。

晚唐時期，傳奇作品大批出現，但多為遠離現實的奇異神怪之作，又因唐安史之亂後藩鎮林立，為爭權奪利，各藩鎮常蓄養刺客作為工具，以致游俠之風盛行；處在下層找不到出路的人民，也希望有一些超現實的劍俠除暴安良，這些都為俠義傳奇提供了社會基礎。晚唐佛道神仙術的盛行又給俠義傳奇蒙上了一層神秘的色彩。

俠義傳奇的代表作品有袁郊的《紅線傳》，裴鉶的《聶隱娘》、《崑崙奴》、《無雙傳》，杜光庭作的《虬髯客傳》等。《紅線傳》和《聶隱娘》分別塑造了兩個各為其主知遇報恩的女俠客形象。《崑崙奴》描寫了一位武藝出眾的老奴，幫助少主竊取豪門姬妾，成全他們愛情的故事。《無雙傳》描寫了青年男女王仙客和劉無雙悲歡離合的故事。《虬髯客傳》以隋朝重臣楊素寵姬紅拂私奔李靖為線索，描寫隋末有志爭天下的俠士虬髯客在「真命天子」李世民面前折服，出海自立的故事，旨在宣揚唐王朝的神聖不可侵犯。作品的三個主要人物——虬髯客、紅拂、李靖都寫得性格鮮明，栩栩如生，以致被稱為「風塵三俠」。此外，皇甫枚的《步飛煙》，牛僧孺的《郭元振》、《古元之》，李復言的《李衛公靖》都是一些較好的作品。

唐代傳奇有著自己的規模和特點，已成為一種獨立的文學形式，標誌著中國小說的發展已漸趨成熟。傳奇創造的眾多生動美麗的人物和故事，也成為後代小說戲劇作家汲取題材的寶庫，如元稹的《鶯鶯傳》曾演變為董解元的《西廂》，後又演變為王實甫的《西廂記》；陳鴻的《長恨歌》後演變為白樸的《唐明皇秋夜梧桐雨》，後又演變為清洪昇的《長生殿》。又如《醒世恆言》中的《杜子春三入長安》取材於《續玄怪錄》中的《杜子春》，《初刻拍案驚奇》中的《李公佐巧解夢中言，謝小娥智擒船上盜》取材於《謝小娥傳》。總之，傳奇對以後的

文學產生了重要的影響。

如果說傳奇文學帶有文人色彩的話，唐代流行的俗講和變文則是普通民眾喜愛的文藝和文學形式。

唐代佛教宣講經文，分僧講和俗講兩種，僧講專對僧徒，俗講則以普通人為對象。為了吸引聽眾，爭取信徒，俗講的內容非常豐富，有佛經故事、宗教故事、歷史故事、民間傳說、當代人物傳記等，宣講時，夾敘夾唱，敘述部分散文和韻文相結合，吟唱時採用五言詩或七言詩的形式，並配圖畫以加強效果。俗講的話本稱為變文。當時民間藝人也有採用變文的形式講唱故事的。

唐朝俗講非常流行，韓愈《華山女》講到它的盛況是：「街東街西講佛經，撞鐘吹螺鬧宮庭。」但宋以後，話本、詞話、戲曲等文藝形式興起，俗講失去了現場演出的意義，變文也因封建統治階級的歧視絕大部分沒有流傳下來。清代從敦煌藏經洞發現的變文又多被英人斯坦因和法人伯希和所盜走。殘餘存北京圖書館。

《鶯鶯傳》（唐）元稹著

現存敦煌發現的變文中，大致有兩類：一是講唱佛教故事的。這又分為講經文和變文兩類。講經文大都先引一小段經文，然後邊講邊唱，如《長興四年中興殿應聖節講經文》和原標目已失的《維摩詰經講變文》。變文則不引經文直接講唱佛教故事，如《大目乾連冥間救母變文》、《降魔變文》等。這些作品主要宣傳佛教教義，充滿了因果報應、地獄輪迴、人生無常等思想以及忠孝節義等封建道德觀念。而且想像豐富，規模巨大，描繪瑰奇，是其他俗講變文所無法比擬的。二是講歷史和人物故事的，如《伍子胥變文》、《張義潮變文》和《孟姜女變文》等。這些作品大都有一定的思想內容，有的表現人民反抗暴君、同情忠臣義士的思想；有的表現愛國思想；有的表現反抗暴政的精神。此外，有些人物描寫也頗為奇特，如孟姜女在長城下和骷髏對話一段：

……更有數個髑髏，無人搬運，姜女悲啼，向前供（借）問：「如許髑髏，家居何郡？因取夫回，為君傳信。君若有神，兒當接引。」

髑髏既蒙問事意，已得傳言達故裡。魂靈答應杞梁妻：「我等並是名家子，被秦差充築城卒，辛苦不禁俱役死。鋪屍野外斷知聞，春冬鎮臥黃沙裡。為報宮中哀怨人，努力招魂存祭祀。」

前以散敘說，後以詩歌吟嘆，這種形式最早見於《楚辭·漁父》，後又有陶淵明的《桃花源記》，但夾敘夾唱的文學樣式是唐代變文流行以後才大量出現的。宋元的詞話、鼓子詞、諸宮調等說唱文學以及雜劇、南戲都是在這種樣式下演變而來的。

第十一章

美不勝收的
藝術寶庫

　　隋唐五代時期的藝術，在總結和繼承前代文化遺產的基礎上，又充分吸收國內外各族的優秀成果，呈現出一種階段性集大成的燦爛風采。蘇軾曾言：「書至於顏魯公，畫至於吳道子，古今之變，天下之能事畢矣！」其實，何止是書畫藝術，石窟與雕塑，也處於黃金時代，著名的敦煌石窟、龍門石窟等，都顯示出這一時期石窟與雕塑藝術的輝煌成就。至於音樂舞蹈等藝術領域，更是絢麗多姿，無論是傳統的，還是從域外傳來的樂舞，都得到了巨大發展。

第一節 ·

「窮丹青之妙」
開一代新風

　　隋唐五代時期的繪畫藝術高度發展。由於受到佛教等外來文化藝術的影響，漢魏以來傳統的繪畫藝術有了較大改變。同時，大一統國家長期的社會穩定，經濟繁榮，外來交往的擴大，都給繪畫藝術增添了新的內容，使之更能多層次地反映現實生活。整個畫壇呈現出一派多姿多彩的狀態。

　　隋代繪畫以表現鬼神人物為主，著名畫家有展子虔、鄭法士、楊契丹、孫尚子、田僧亮等。他們的畫既展示出貴族生活的場面，又表現出釋道鬼神日趨世俗化的傾向。在畫技上，較多保持了齊梁細緻豐麗的畫風。張彥遠《歷代名畫記》說，田僧亮以善寫「郊野柴荊為勝」，楊契丹以「朝庭簪組為勝」，鄭法士則以「遊宴豪華為勝」，孫尚子則以「美人魑魅為勝」。其中最值得一提的是展子虔，他的名作《遊春圖》流傳至今，是中國現存最古的山水卷軸畫，被譽為「天下第一畫卷」，對唐代李思訓父子的「金碧山水畫」影響很大。

　　據宋代的《宣和畫譜》和清代官修《佩文齋書畫譜》所錄，唐朝有姓名可考的畫家約四百多人。無論是人物畫、山水畫，還是花鳥禽獸畫，都取得了很高的藝術成就。

　　1. **人物畫**　人物畫在中國繪畫史上占重要地位，秦漢以來的畫像石刻，石窟

壁畫和造像，基本上以人物為主，唐代的人物畫是在這個基礎上發展和完善起來的。

　　唐朝初期的人物畫家，以閻立本、閻立德兄弟最著名。閻立本、閻立德的父親閻毗，在隋為殿中少監，「以工藝知名」，弟兄二人隨父習業，從衣冠、建築物設計中，精通了繪畫藝術。閻立德在唐做過將作大匠，一生主要精力用於唐室的山陵、宮室以及橋梁的設計營造，曾親自主持設計營造了唐高祖李淵的獻陵、太宗的昭陵以及翠微宮、玉華宮等宮殿。也許由於他的主要精力用在這裡，所以沒有在繪畫方面留下多少墨跡，以至於後人認為他的繪畫技藝比不上他的弟弟閻立本。閻立本，唐高宗顯慶時任將作大匠，後代其兄為工部尚書，總章間曾升任右相。他的政績不很突出，繪畫卻很著名。《舊唐書》本傳說他「尤善圖畫，工於寫真」。他所繪的《秦府十八學士圖》、《凌煙閣學士圖》，是唐太宗時著名的人物寫真畫。高宗時期，《昭陵列像圖》、《永徽朝臣圖》、《外國圖》、《西域圖》，都是他的筆跡。他還依據史事記載加以想像描摹，繪出了《歷代帝王圖》。這幅畫，現在仍保留有十三個帝王的畫像，有漢昭帝、東漢光武帝、魏文帝、蜀先主、吳大帝、晉武帝、陳文帝、陳廢帝、陳宣帝、陳後主、北周武帝、隋文帝、隋煬帝。他根據每個皇帝所處時代、地區及年齡、經歷，合理地想像他們的性格特徵，通過各人的面部表情、坐立姿態、器用服飾加以表現，頗為逼真。他筆下的曹丕咄咄逼人，表現出他逼漢獻帝讓位，急切當皇帝的心理。劉備愁苦的模樣，表現他勞碌的經歷和恢復漢祚的憂思。割據江東，自立為大帝的孫權，則是一副桀驁不馴的神情。他的唐太宗《步輦圖》，現存有臨摹本。元人湯垕所撰《古今畫鑑》裡描述《步輦圖》真跡時說：「《步輦圖》畫太宗坐步輦上，宮人十人輿輦，皆曲眉豐頰，神采如生。一朱衣髯官，執笏引班。後有贊普使者，服小團花衣，及一從者。贊皇李衛公（德裕）小篆題其上，唐人八分書贊普辭婚事，宋高宗題印定真，奇物也。」可見，唐太宗的帝王氣派，吐蕃使者的忠順質樸，都在這幅畫中顯現出來，達到了相當高的藝術水平。

　　據說，唐太宗有一次泛舟遊春苑池，見異鳥容於水中，甚為喜悅，便命同舟出遊者同他賦詩，而派人召閻立本將這種情狀畫下來。當時，閻立本已任主爵郎中，聽到召喚，即刻跑到春苑池邊，俯伏池左，研吮丹粉，一邊作畫，一邊羞赧

而流汗。回到家裡，對他的兒子說：「我從小就好讀書，就是希望不去面對著牆壁作畫，文章詩賦，也趕得上今天坐在船中之輩。到如今人家只知道我會作畫，像廝役一樣對待我，讓我為人家服務，真是莫大的恥辱。你要以此為戒，不要再習此末伎！」儘管如此告誡他的兒子，可他對繪畫的愛好卻不能改變，及至當了宰相，仍以繪畫為務，故當時就有「右相馳譽丹青」之說。閻立本所繪人物畫，以現實政治為題材，展示了唐初一些重要的政治活動，不僅在人物畫像的技藝上達到了新的水平，而且也在題材和內容方面有了創新。

《步輦圖》（唐）閻立本繪

　　唐太宗時，有於闐（今新疆和田）人尉遲質跋那及其子尉遲乙僧從西域來到長安，亦以善畫馳譽中原，人稱大尉遲和小尉遲。大尉遲的畫風「灑落有氣魄」，小尉遲「用筆緊勁如屈鐵盤絲」[1]。父子倆善畫佛像和西域的風俗人物畫，其畫面有陰影的暈染，稱為凹凸法，湯垕《古今畫鑑》說：「用色沉著，堆起絹素而不隱指。」唐代寺院壁畫中，多有尉遲父子的畫跡。段成式《酉陽雜俎·寺塔記》中，記長安城中宣陽坊奉慈寺中的曼殊堂、普賢堂內，留有小尉遲的壁畫。其中普賢堂中「尉遲畫頗有奇處，四壁畫像及脫皮白骨，匠意極險。又變形

1　張彥遠：《歷代名畫記》。

三魔女，身若出壁。又佛圓光，均彩相錯亂目成。講東壁佛座前錦如斷古標。又左右梵僧及諸蕃往奇，然不及西壁。西壁逼之飄飄然」。

　　盛唐畫家，以吳道子最著稱。吳道子，又名道玄，唐玄宗時人。早年曾從張旭學書法。張旭善草書，每醉後號呼狂走，索筆揮毫，若有神助。這是書法家特有的靈感和神氣。吳道子從張旭身上得到了這種神氣，每畫亦必酣飲，醉後作畫，頗見氣勢。據說他畫長安興善寺中門內神，觀者如堵。畫神像頂上的圓光時，不用尺度，立筆揮掃，勢若風旋，觀者喧呼，驚動坊邑。足見其氣勢之豪壯。他是繪畫的全面手，臺閣、草木、花鳥、魚蟲、人物、山水，無一不具，而尤以人物畫著稱，被後世稱之為「畫聖」。

《八十七神仙卷》吳道子

　　吳道子前後畫寺院壁畫三百餘間，人物鬼怪，無一相同，僅就《酉陽雜俎》中所記，長安寺院中，大多有他和他的弟子們的畫跡，湯垕《古今畫鑑》說他的人物畫「落筆雄勁，而傅彩簡淡」。宋代的《圖畫見聞志》也說：「其傅彩，於

焦墨痕中，略施微染，自然超出縑素，世謂之『吳裝』。」其人物形象的逼真，又如蘇軾所說：「道子畫人物，如以燈取影，逆來順往，旁見側出，橫斜平直，各相乘除，得自然之數，不差毫末。」他在吸收暈染技法的同時，發揮中國傳統的線條法，把人物畫提高到了一個新的水平。《酉陽雜俎》記長安平康坊菩薩寺食堂前畫的禮佛仙人，「天衣飛揚，滿壁風動」，在常樂坊趙景公寺畫的龍和天王胡須，「筆跡如鐵」，說明他的線條畫技的純熟精深。

吳道子同時期或稍後的人物畫家，聞名於時的還有張萱、周昉、韓滉等人。

吳道子的繪畫，主要題材是宗教，張萱、周昉脫離開這個題材，重在反映貴族婦女的日常生活，諸如貴婦們的遊春、賞雪、乞巧、藏迷、撲蝶、烹茶、吹簫、聽琴等，雖然是貴族生活風俗，但畢竟是向風俗畫方面發展了。張萱、周昉的繪畫墨跡留至今天的已經很少了，流傳下來的張萱的《搗練圖》、《虢國夫人遊春圖》已是宋人的摹本，國內收藏的《簪花仕女圖》，據考證為周昉真跡。

《簪花仕女圖》（唐）周昉

與張萱、周昉的貴族人物風俗畫不同的，是韓滉的農村人物風俗畫。韓滉歷任地方官職，唐德宗貞元間，官至宰相。他不僅通於政事，而且具有多方面的才

藝，也是當時的書法家、畫家。他長期做地方官，熟悉農村生活，繪畫多以農村人物為題材。宋代的《宣和畫譜》中著錄了他的三十六件作品，多數是鄉村人物風俗畫。傳世作品，有經過宋高宗題識的《文苑圖》，畫卷上的五個人，一個人撫孤松而立，兩個人共展卷子、一個人握筆托腮凝思，剩下的一人在低頭磨墨，人物體態莊嚴，栩栩如生。

《虢國夫人遊春圖》

除了上述一些知名的畫家之外，擅長人物畫的還有很多，僅就《酉陽雜俎・寺塔記》中所見，就有韓幹、皇甫軫等多人。其中記永安坊永壽寺裡柏梁體連

句，對當時吳道子等人的壁畫評論說：「吳生畫勇矛戟攢，出奇變勢千萬端，蒼蒼鬼怪層壁寬，睹之忽忽毛髮寒，稜伽之力所瘃瘀，李真、周昉優劣難，活禽生卉推邊鸞，花房嫩彩猶未乾，韓幹變態如激湍。惜哉壁畫勢未殫，後人新畫何漫汗。」

從閻氏兄弟的帝王圖像，到吳道子的宗教畫像，到韓滉的民間人物風俗化，說明唐代的人物繪畫愈來愈接近現實生活，以社會現實生活為寫真的對象。這與唐代整個文學藝術的發展形成了一致的步調，構成了唐代現實主義文學藝術的重要組成部分。其繪畫技藝的不斷完善，使這種現實主義的人物繪畫內容更加放出燦爛的光華。

五代時期，也有不少善繪人物的畫家。南唐顧閎中畫的《韓熙載夜宴圖》，場面宏大，人物眾多，體態動作，栩栩如生。趙嵒也工於人物，格韻超絕，自成一家。

《韓熙載夜宴圖》（五代）顧閎中

2. **山水畫**　與人物畫的漸臻完美相伴隨，中唐以後，山水畫也逐漸從人物畫中分離出來，自成派別，並在藝術水平上向前邁進了一大步。

魏晉南北朝以來，山水畫只是人物畫的點綴而已，而且山石樹木頗類圖形示意，與人物也不成比例。隋代出現了以山水畫著稱的展子虔，在他的影響下，山水畫逐漸興盛起來，到盛唐，出現了吳道子、李思訓、李昭道、王維等山水畫的大家。

《明皇幸蜀圖》李昭道

　　吳道子不僅工於人物畫，而且也是著名的山水畫家。唐朝張彥遠的《歷代名畫記》說：「（吳道玄）因寫蜀道山水，始創山水之體。」據說，唐玄宗想看嘉陵江山水，派他去寫生。回來後，唐玄宗就命他在大同殿壁上畫嘉陵山水，他將嘉陵江三百里山水，用一天的工夫就全部繪於壁上。這個傳說不一定可靠，如果說他因畫蜀道山水，才創山水之體，那他畫嘉陵江山水就不可能這樣熟練。如果他真是如此熟練地描繪出蜀道山水，那他的山水體畫就不可能從此開始。可能因為吳道子的嘉陵江山水畫至為精美，唐人將其視為唐代山水畫之開山之作。認為自此而後，才有了名副其實的山水畫。

　　與吳道子同時的山水畫家是李思訓、李昭道父子。李思訓係唐朝宗室，他的山水畫，與吳道子不同。吳道子重在寫意，而李思訓則重在寫景。他的山水畫，品格高奇，用筆挺勁而細密。《宣和畫譜》說他的畫「其畫山水樹石，筆格遒勁」，元人夏文彥的《圖繪寶鑑》也說他「尤工山石林泉，筆格遒勁，得湍漱潺湲，煙霞縹緲難寫之狀」。除「筆格遒勁」外，在設色方面，亦喜豔麗，時人稱為金碧青綠山水畫。這種著色方法，用元人饒自然《山水家法》中「繪宗十二忌」的解釋，就是：「設色金碧，各有重輕。輕者，山用螺青，樹石用合綠染，為人物不用粉襯。重者，山用石青綠顯綴樹石，為人物用粉襯。金碧，則下筆之

時，其石便帶皴法，當留白面，卻以螺青合綠染之，後再加以石青綠，逐摺染之。向有用石綠皴者，樹葉多夾筆，則以合綠染，再以石青綠綴。金泥則當於石腳、沙嘴、霞影用之。此一家只宜朝著及晴景，乃照耀陸離而明豔也。人物樓閣，雖用粉襯，亦須輕淡，除紅葉外，不可妄用朱青丹金之屬，方是家數。」可見，無論畫底著色，李思訓的山水畫都十分注重工筆細描，力圖將真情實景反映於畫面上，奠定了中國畫的寫真特色。

中唐以後，士大夫階層滿足於養尊處優的生活，追求安逸閒適，向往山林水澗，反映在文學藝術上，贊美高山流水，提倡淡泊寧靜的作品逐漸增多，在繪畫藝術上，逐漸脫離現實的寫景寫真，趨向於浪漫的想像，山水畫的風格由此而一變，而導致這一變化的關鍵人物則是王維。

王維的詩、畫一向負有盛名，他自己也曾頗為自得地說：「當代謬詞客，前身應畫師。不能捨舍餘習，偶被時人知。」他的詩清新淡雅，多見於山水的若隱若現，似真非真的描寫，被人們稱為禪詩。他以寫詩的筆調作畫，將詩情畫意結合起來，具有無窮想像的魅力。《舊唐書》本傳說他「書畫臻其妙，筆跡措思，參於造化、而創意經圖，即有所缺，如山水準遠，雪峰石色，絕跡天機，非繪者之所及也」。張彥遠《歷代名畫記》也說他「潑墨山水，筆跡勁爽」，稱其山水畫為「重深」。這些都說明他的畫意境深遠，富有極高的想像力。《太平廣記》引《唐畫斷》說他在清源寺畫的《輞川圖》，「山谷欲盤，雲水飛動，意出塵外，怪生筆端」。景物尚且飄飄欲仙，更可想見居於輞川別業中的主人了。

在繪畫技巧上，王維也一改李思訓、李昭道父子工致濃重的手法，代之以輕素雅淡的水墨畫法，有人說他這種手法是追蹤吳道子。李派的金碧山水畫，將大自然的景色和盤托於絹帛，一眼便可望穿高山流水，柳暗花明；王維的水墨畫，將自然物的一動一靜輕輕勾勒，而將天地造化深深埋在畫底，讓人們去悟它的真諦。這對於一般的老百姓來說，自然是做不到的，只有詩書滿腹的文士才會就著畫面指指點點，嘖嘖嘆服。因而，王維的畫，在當時被稱為文人畫。

文人畫派的另一個知名的畫家是張藻。張藻，吳郡（今蘇州）人，出身士族，能文善畫，屬當時上層名流，與王維年歲相當。唐人說，他的「松石山水，

擅當代名」，似乎比王維還在上。《歷代名畫記》說他工於樹石山水，作畫時「唯用禿筆，或以手摸絹」，信手塗來，豪放詭奇，類似於吳道子。《唐畫斷》說，他畫「松樹特出古今，能用筆，常以手握雙管，亦一時齊下，一為生枝，一為枯枝，氣傲煙霧，勢逾風雨，其槎枒鱗皴之質，隨意縱橫，生枝則潤合春澤，枯枝則乾裂秋風」。他畫山水，其狀「則高低秀絕，咫尺深重，石突欲落，泉噴如吼。其近也，逼人而寒；其遠也，極天之淨」。可見將自然物畫活了。他也是不貴五彩，著重墨法，用單純的水墨來表現大自然的活力和生機的。

就李思訓父子的金碧畫和王維、張藻的水墨畫而言，當時金碧畫是正宗，水墨畫是旁支。但經過五代的發展，情況就完全改變，山水畫逐漸取代了金碧畫的正宗地位，受到人們的重視。

五代時期，將山水水墨畫推到新的藝術境界的畫家，著名的有荊浩、關仝、巨然、董源等人。

荊浩，河內沁水（今沁縣）人，隱於太行山洪谷，自號洪谷子。長期的山林隱居生活，使他領悟到大自然的奧妙，更善於用單純的水墨鋪繪大自然耐人尋味的蘊藏。他不僅善畫山水，而且有一套山水水墨畫的理論。他有一本山水畫的理論書，名為《山水訣》。在這本書裡，他講道：「畫者約入艱難，必要先知體用之理，方有規矩。其體者，描寫形勢骨格之法也，運於胸次，意在筆先，遠則取其勢，近則取其質。……在乎落筆之際，務要不失形勢，方可進階，此畫體之要也。其用者，乃明筆墨虛皴之法，筆使巧拙，墨用輕重，使筆不可反為筆使，用墨不可反為墨用。凡描枝木葦草，樓閣舟車，連筆使巧。山石坡崖，蒼林遠樹，運宜拙。雖巧不離乎形，固拙亦存乎質。遠則宜輕，近則宜重。濃墨不可復用，淡墨必教重提。」他注重對自然物的形的觀察、質的審度，強調意在筆先，透過形體畫出物類的神質，這確是對畫家的高標準的要求。他強調「體」、「用」。體以描繪形勢骨骼，即對整個畫面的鋪陳設計和畫物的形體的描摹；用即著墨用筆，就是為了充分表現自然物的「形」和「質」。「形」「質」互為表裡，「體」「用」互為表裡，便可使人透過畫面，領略到某種精神氣質。他有一首《答大愚僧乞畫》的詩，說「姿意縱橫掃，峰巒次第成。筆興寒樹瘦，墨淡野雲輕。」既是對

他山水畫法的具體解釋，也是一則形象的畫論。

荊浩的學生，長安人關仝，也是「工畫山水」，「有出藍之美，馳名當代」[2]。《宣和畫譜》說他的繪畫內容多在秋山寒林、村居野渡、幽人逸士、漁市山驛，「使見者悠悠然如在灞橋風雪中」。他的筆法是「筆愈簡而氣愈壯，景愈少而意愈長」。郭若虛在《圖畫見聞志》裡，更具體描繪他的筆法說：「石體堅凝，雜木豐茂，臺閣古雅，人物幽閒者，吳氏之氣也」。「關畫木葉，間用墨揾，時出枯梢，筆縱勁利，學者難到。」可見他的山水畫更注重意境的構思。有人說，關仝工於山水而不精人物，他於山水畫中作人物，往往要請人補足。這個說法未必可信。如果他不擅長人物，何以能繪出幽人逸士？而且從繪畫藝術上講，每個人對素材的理解、畫面的構思、意境的想像都不可能完全合轍，難以做到神韻相通，也就不可能在一個畫面裡出現兩種筆法。一些論著還由這一傳說進一步推論，以證明這一時期人物畫的無足輕重，就未免更有點武斷了。

五代時期，南方的山水畫家中，有名的是董源和巨然，二人都是南唐人，在繪畫方面又是師徒關係。董源的山水畫有兩種，一種是著色的山水畫，一種是水墨山水畫。他的著色的山水畫，所繪景物富麗，宛然有李思訓的風格。據《宣和畫譜》說，他的著色山水畫，「皴紋甚少，用色濃古，人物多用青紅衣，（人面）亦用粉素者……皆佳作也」。另一類是水墨山水畫。這就是《宣和畫譜》裡說的：「出自胸臆，寫山水、江湖、風雨、溪谷，峰巒晦明，林霏煙雲，與夫千岩萬壑，重汀絕岸，使覽者得之，真若寓目於真處也，而足以助騷客詞人之吟思，則有不可形容者。」他的這種山水畫法，採用的是麻皮皴，這種筆法也是王維、張藻等人採用過的，是一種細長圓潤的石紋畫法，形如麻線下披，故名。他的水墨山水畫的成就高於著色山水畫。米芾的《畫史》說：「董源天生平淡多……近世神品，格高無與比也。峰巒出沒，雲霧顯晦，不裝巧趣，皆得天真；嵐色郁蒼，枝幹勁挺，咸有生意；溪橋漁浦，洲渚掩映，一片江南也。」這雖然帶有觀畫人主觀的體味，但也說明他的畫格高人一籌。他的傳世作品中有《秋山晚靄

2　郭若虛：《圖畫見聞志》。

圖》、《瀟湘圖》等，圖上有宋、元、明人的款識、題跋，極盡贊美之詞。

也許因為董源的水墨山水畫高於著色山水畫，所以，從他學畫的巨然就只繼承了他的水墨山水畫，而沒有學到他的著色山水畫。巨然水墨山水畫，「筆墨秀潤，善為煙嵐氣象，山川高曠之景」[3]，米芾的《畫史》也說他的畫「嵐氣清潤，布景得天真多」，唯是「磯頭太多」。磯頭，大概是一種小方石，形如石帆，畫之以壯山勢雄峻之氣。五代朱景玄的《聖朝名畫評》說他畫的山水軸，「古峰峭拔，宛立風骨，又於林麓間多為卵石，加松柏草竹，交相掩映；旁為小徑，遠至幽墅，於野逸之景甚備」。他的作品保留至今的有《秋山問道》、《層崖村樹》、《萬壑松風圖》等。他是董源水墨山水畫的直接繼承者，故時人並稱董巨。

從吳道子、李思訓、王維到荊浩、關仝、董源、巨然，唐五代的山水畫總的趨勢是由重彩濃墨過渡到輕素淡雅，由以寫景為主走向以寫意為主。宋以後，山水畫更趨向於意境的渲染，隋唐五代的水墨山水畫受到了極高的評價，而且愈是輕淡素雅、著墨簡潔的山水畫，聲譽似乎愈高。唐時，李思訓的畫譽還在王維之上；五代時，荊浩、關仝的畫譽還在董源、巨然之上，可經過宋人的品評，他們的地位就顛倒過來了。元明以來，有劃南派、北派之說，將荊浩、關仝劃為北派，董源、巨然劃為南派，極力推崇董、巨清新秀麗而意深境遠的南國風光畫。這一變化的過程，是與文學藝術的總體發展變化分不開的。從文學上來講，唐宋的古文一變駢麗的藻飾為簡練質樸，大賦散文化，詩詞清爽雅致，都在客觀上帶動了其他藝術品向精深凝練的方向發展；從雕塑、建築藝術上講，也逐漸由人物雕塑的豐腴、建築上的敦厚走向了清瘦與靈巧。這些，自然與繪畫藝術互為因果，互相影響，使得繪畫藝術愈來愈欣賞輕素淡雅。進一步講，也是與漢民族的審美心理因素分不開的。長期從事於農業的漢民族，於青山綠水，總有體味不夠的心理。大自然表層的濃妝豔抹，固然能予其美的快感，但那幽山遠雲、枯藤老樹、朝霧夕陰，更有無窮的想像和尋味，是漢民族寄託情思、升發想像的最佳境源。繪畫，是情思、幽怨、想像等最理想的載體，水墨山水畫的清素平遠，正適

3　郭若虛：《圖畫見聞志》。

合了這種審美心理，因而在宋以後受到高度重視而迅速發展起來。

3. **花鳥禽獸畫**　隋唐五代，除了人物畫、山水畫外，花鳥禽獸畫的成就也很突出。唐五代善畫花鳥禽善者很多，前面提到的唐太宗時從西域來到中原的尉遲乙僧，既是一位人物畫家，也是一位花鳥畫家。與他同時的，還有從西域來的僧人康薩陀，也以善畫花鳥稱名於中土。唐時僧人彥悰的《後畫錄》說他畫的「初花晚葉，變態多端，異獸奇禽，千形萬品」，足見其這方面的功底。

唐朝中後期，善畫花鳥禽獸者漸以中土人占主要地位。其中，唐德宗時有邊鸞、唐昭宗以後有刁光胤及其弟子孔嵩、黃荃以及徐熙等人。

邊鸞，京兆長安（今西安市）人，自幼鑽研繪畫，善於花鳥折枝之妙。《宣和畫譜》說他的畫「精於設色，無斧鑿痕」。據《歷代名畫記》記載，唐德宗貞元間，新羅國獻孔雀解舞者，德宗令邊鸞於玄武門寫貌，他畫的孔雀「一正一背，翠彩生動，金羽輝灼」。他不僅畫花鳥精妙之極，而且也善畫山花園蔬，是一位繪畫技藝相當高的畫家。

刁光胤，亦為長安人，唐末避亂入蜀，居蜀三十餘年，年八十餘卒，是揚名西蜀的禽鳥畫家。他的畫，主要描繪的是湖石、花竹、貓兔、鳥雀之類。他曾於西蜀大慈寺畫《四時竹雀》小壁四堵，很受當時人的稱譽。他有兩位弟子，一是孔嵩，一是黃荃，時稱孔已「升堂」，黃已「入室」。孔嵩似乎沒有留下多少畫跡，而黃荃卻把唐五代花鳥畫推向了高峰。

黃荃，成都人，歷仕前蜀、後蜀，官至檢校戶部尚書兼御史大夫。他從師於刁光胤，同時又取法於當時西蜀眾多畫家，能夠自成一派。作品主要是描繪宮廷中的異獸珍禽。所繪禽獸羽毛豐滿。其繪花卉，勾勒精細，幾乎不見筆跡，用以輕色染成，稱之為「寫生」。據說，後蜀廣政癸丑歲（953年），他在後蜀八卦殿壁上畫了一只野雉，正好有五坊使在這所殿上獻鷹於蜀主。這只鷹誤將壁上的野雉認以為真，幾次要飛起來撲掣它，蜀主孟昶看到這種情景，驚嘆不已。可見黃荃寫生的真妙。《宣和畫譜》說，他的畫，「山花野草，幽禽異獸，溪岸江鳥，釣艇古槎，莫不精絕」。《古今畫鑑》也說：「黃荃畫枯水，信筆塗抹，畫竹如斬

釘截鐵。」清代姚際恆的《好古堂家藏書畫記》描繪黃荃的一幅《金盆浴鴿圖》說：「大幅著色牡丹下，金盆群鴿相浴，有浴者，有不浴者，有將浴者，有浴罷者，有自上飛下者，其十一鴿，各各生動，極體物之妙，真神品也。」黃荃的花鳥禽獸畫，集前人之所長，開創了五代宋以後花鳥畫富麗豐滿的一派，成為宮廷花鳥畫的主體。

《牧馬圖》（唐）韓幹

　　與黃荃花鳥畫具有不同風格的，是南唐徐熙的花鳥畫。徐熙出身江南顯族，他一生高尚不仕，過著處士生活，他「放達不羈，多狀江湖所有，汀花、野竹、水鳥、淵魚，今傳世鳧雁、鷺鷥、蒲藻、蝦魚、叢豔、折枝、園蔬、藥苗之類是也。又翎毛形骨輕秀，而天水通色」[4]。《宣和畫譜》也說，他「草木蟲魚，妙奪造化，非世之畫工形容所能及也。嘗徜徉遊於園圃間，每遇景則留，故能傳寫物態，蔚有生意，至於穿者、甲者、華者、實者，與乎濠梁嗛喁之態，連昌森束之狀」，更能曲盡其態，達到了傳神入化的境界。黃荃的畫注重景，注重色澤；

4　郭若虛：《圖畫見聞志》。

徐熙的畫注重意，輕抹淡寫，以水墨為主。這形成鮮明的對比，也與山水畫的寫景寫意相輔而行。當時就有「黃荃富麗，徐熙野逸」的評語。沈括在《夢溪筆談》裡評論兩家的繪畫時說：「諸黃（指黃荃與其子弟）畫花妙在傅色，用筆極新細，殆不見墨跡，但以輕色染成，謂之寫生。徐熙以墨筆畫之，殊草草，略施丹粉而已，別有生動之意。」宋人注重於繪畫的寫意，經過他們的評論，徐熙的花鳥畫又似乎高出了黃荃。徐熙死後，他的畫被收入皇宮，宋滅南唐，將其作品捆載於開封。據說，宋太宗因閱圖書，看到他所畫的安石榴樹一本，樹上有石榴百餘枚，曾嗟嘆良久，說「花果之妙，吾獨知有熙矣，其餘不足觀也」[5]。

在花鳥禽獸畫中，唐五代的牛、馬畫和其他獸類、畜類畫也是很多的，而且藝術水平也達到了純熟的地步。唐玄宗時，有名曹霸者，工於鞍馬，他的學生陳閎、韓幹均以畫馬著稱。韓幹，長安藍田人，據段成式的《酉陽雜俎》所記，他自幼貧窮，常為賣酒家送酒，因常到王維家中取酒錢，與王維熟識，見王維畫畫，他也在地上畫人畫馬，「右丞精思丹青，奇其意趣，乃歲與錢二萬，令學畫十餘年」，終於學成一名畫家。曹霸、陳閎畫的馬，著重於筋骨，所畫均係瘦馬，姿態騰躍。馬的色澤也比較單調，只用驃（淺黃色）、騮（赤色）、騅（蒼白雜色）、駬（赤馬白斑）四色。韓幹與之不同，他以御廄馬為寫真對象，所畫馬匹均高壯肥實，體態安徐，體現出唐朝盛世的氣派。

以畫牛著稱的有韓滉及其弟子戴嵩等人。《宣和畫譜》說，韓滉於人物畫之外，「牛馬尤工。昔人以謂牛馬目前近習，狀最難似，滉落筆絕人」。世傳的《五牛圖》即是韓滉的作品。其弟子戴嵩的牛畫，也是當時的名作。

隋唐五代的繪畫成就是多方面的，絹帛的繪畫藝術與壁畫、石窟畫藝術交相輝映，讓人有美不勝收之慨。其繪畫藝術水平的不斷提高，又影響到這一時期文學、書法、雕塑、建築等藝術的不斷提高，使這一時期整個文化藝術顯現出空前繁榮的局面。

---

5 《聖朝名畫評》。

《五牛圖》（唐）韓滉

第二節·

石窟與雕塑
的黃金時代

隋唐五代時期佛教興盛，作為佛教建築一部分的石窟也大量開鑿。石窟內最主要的部分是雕塑，這一時期也達到了很高的藝術水平。就雕塑而言，還主要表現在皇帝及大臣陵墓的建造之中。石窟與雕塑在隋唐五代都進入了一個黃金時期。

一、敦煌石窟的成就及其他石窟

佛教石窟是從印度傳入的。這類石窟是在石崖內鑿出窟室，或供僧徒坐禪修行，或滿布佛像造像壁畫，供信徒禮拜。中國的石窟最早出現於新疆，知名的有

拜城克孜爾石窟、庫車庫木吐拉石窟等，這些石窟可能早在西元三世紀已經開鑿了。內地鑿窟在北朝已經非常興盛，出現了敦煌莫高窟、大同雲岡石窟、洛陽龍門石窟和天水麥積山石窟等重要的石窟群，它們大都延續到隋唐或五代時期。

隋唐五代時期，最著名的石窟當推敦煌莫高窟。莫高窟，俗稱「千佛洞」，位於今甘肅敦煌東南二十五公里的鳴沙山（即千佛山），是中國規模最大，內容最豐富的石窟群。

敦煌莫高窟的開鑿年代，據敦煌發現的《沙州志》記載，為晉穆帝永和九年（353年），又據武則天聖曆二年（698年），李懷重修莫高窟碑記載，為前秦苻堅建元二年（366年）。李碑稱當時沙門樂傅在山上造窟名莫高窟，因此後世把整個石窟群也稱為莫高窟。不過，原來的莫高窟已不存在，現存最早的窟是北魏中期開鑿的。

敦煌石窟現存四百九十二個，其中隋窟一百一十個，唐窟一百九十九個、五代窟三十二個，隋唐五代總計三百四十一窟，約占敦煌石窟的百分之七十。隋唐五代時期是敦煌石窟開鑿的興盛時期。

敦煌地處絲綢之路的咽喉要衝，是中西經濟文化交流的「都會」，從內地來的人，到達這裡後，不免有思鄉之情，許願還願把心靈寄託在這裡，因而千佛山一度成為香火鼎盛的名山，莫高窟就是在這種歷史背景下開鑿並發展起來的。隋唐時期，民族關係得到了很大的發展，絲綢之路暢通，敦煌地區呈現一派太平治世的景象，如開元天寶年間，「自安遠門西盡唐境萬二千里，閭閻相望，桑麻翳野，天下稱富庶者，無如隴右」[6]。又張籍《涼州詞》稱：「邊城暮雨雁飛低，蘆笙初生漸欲齊。無數鈴聲遙過磧，應馱白練到安西。」所描述的都是盛唐絲路的繁盛景象。此外，佛教開鑿石窟除與僧徒修行、活動有關外，佛教以修功德、種福田的名義，招徠「布施」，引導統治者以至一般民眾造像營窟，祈福永命，很多石窟的開鑿也與此有關。尤其隋唐淨土宗盛行，施財買福、修功德快速成佛成

6　楊樹雲：《從敦煌絹畫〈引路菩薩〉看唐代的世妝》，載《敦煌學輯刊》，總第4期。

為一時潮流，營造石窟變成了修功德的一種手段，這就更促使了石窟的修造。敦煌石窟就是在這樣的歷史背景下，進入了發展的黃金時期。

莫高窟隋唐窟形以覆斗式窟最多，可作為隋唐的典型形制，此外，還有少數的涅槃窟和大佛窟。

覆斗式窟在北朝已經出現，其「覆斗」形的窟頂形式是對現實「斗帳」的模仿。窟室在北朝時大都中心略後有一個中心塔柱，這是因襲印度的支提窟而來的。隋窟基本上和北朝相同，多數有中心塔柱，也有些窟洞已將中心塔柱改為佛座。唐窟絕大多數已無中心塔柱。初唐盛行前後二室制度：前室供人活動，後室供佛像。盛唐以後改為單座的大廳堂，只有後壁鑿佛龕容納佛像，有的左右壁也有龕，整個布局非常接近於一般寺院的大殿平面。又北朝的龕，平面半圓，龕頂為曲面，龕楣為半圓拱形，龕內一般只塑一佛，龕外多立二菩薩。隋唐時塑像增多，除一佛二菩薩外，還增加了二弟子，有時還塑出二天王，形成一鋪五像或七像，而且都放在龕內，因此，龕的面積加大，平面改為外寬內窄的梯形，龕頂為外高內低的斜面，龕楣也改為直線，模擬佛殿的匠意更為明顯。中唐以後龕形又有變化，即平面為橫長矩形，龕頂為橫長覆斗，正中做出支條方格組成的平棊，四周斜面塑畫出竣腳椽，龕外左右畫柱，上面畫附有仰陽板、山花蕉葉和角端伸出龍頭銜流蘇的帳頂，明顯表現出是對當時盛行於佛殿內的佛帳的模仿。因此，就全窟而言，是一座佛殿的象徵，不再表現為一座佛寺了。這一轉變，為晚唐出現而在五代和北宋盛行的背屏式窟提供了意匠的準備。

「覆斗窟中心高起，沒有平頂的壓抑感，也形成了堅固的自拱，是一個創造性的處理。覆斗窟沒有中心塔柱，窟內空間完整寬豁，同時也給各壁面都提供了較大的前部空間，使各壁都可安置主題性壁畫，並減少了光線的遮擋，窟內比較明亮。覆斗窟的盛行，反映了隋唐佛寺形制的發展，也間接地反映了宗教觀念的轉變，同時適應了大型經變畫大量出現和彩塑增多的要求。」[7]

7　蕭默：《隋唐建築藝術》，頁98-99，西安，西北大學出版社，1996。

莫高窟的大佛窟有兩座：一是鑿於武則天天冊萬歲元年（695 年）的第九十六窟（北大像）；二是始鑿於玄宗開元（713-725 年）初年的第一百三十窟（南大像）。窟內佛像，前者高達三十三米，後者高達二十六米，均為石胎泥塑的彌勒佛坐像，即在鑿窟時留出佛像的大體形狀，外加泥塑。這兩座大石窟都是在武則天提倡彌勒佛信仰的同時或稍後開鑿的。大佛窟洞窟空間高聳，上小下大，因洞窟內佛前面積有限，人在窟底須仰視才能看見大佛全貌，更顯得佛像的巨大和空間的高聳。二窟的前壁都鑿有上下多層甬道，這在施工時可作為運輸通道，完工後可登此就近瞻禮佛像上部，同時，這些甬道也增加了窟內的光線，尤其是上層甬道，給佛像頭部提供了足夠的光線，頭胸以下轉向幽暗，有著很好的藝術效果。

　　莫高窟有兩座是涅槃窟，均鑿於唐代，即第一百四十八窟（盛唐）和一百五十八窟（中唐）。涅槃窟是為安置佛涅槃臥像而鑿，所以平面為橫長方形。敦煌二涅槃窟形制相近，石榻上臥像長達十六七米，洞窟空間很大。

　　敦煌莫高窟以彩塑著稱，有很高的藝術和文物價值。

　　石窟中最主要的雕塑是佛像，佛像總是那樣溫和慈祥，莊嚴鎮定，其中最著名的是南大像和北大像，這兩個大像，神態肅穆寧靜，頭部微微下俯，眼光下視，似與人眼相接，神人感應，令人敬畏，增加了宗教的感染力。以南大像為例，這尊身高二十六米的大佛是處諤、馬思忠等塑造的，雖然氣勢上較武周時所塑的北大像略遜一籌，但其體型圓渾飽滿，氣度雍容莊重。匠師們在雕塑中還有意加大了大佛頭部，在眼瞼、鼻翼和嘴唇等處，都塑出較深的斜面，在甬道傳進的自然光中，大佛輪廓分明，內在力量充沛，人們在其足下仰視時，反而感到比例適中，達到預期的藝術效果，表現著極豐富的創作經驗，體現著盛唐的時代精神。

　　莫高窟中還有一處高達三十六米的唐代摩崖大像，前面建有七層樓閣，但佛像已經過後代改塑，大閣也是清代的建築。

　　石窟中僅次於佛的塑像是菩薩，唐代菩薩身軀常作 S 形的三曲式，突破了呆

板挺立的舊模式，尤其是盛唐菩薩，一個個豐滿健碩，作「穠麗豐肥之態」，其中，第四十五窟正壁龕中北側的菩薩，高一點八五米，作 S 形站立，頭梳高髻，低眉俯視，姿態嫵媚綽約，如在靜靜聆聽教誨，給人以非常親切的感覺。

唐代石窟所塑人物較多，在其他塑像的塑造及群像的安排上也頗具匠心。如上述第四十五窟菩薩旁邊站立的迦葉，卻是一派老成持重的高僧神態，雙眉緊鎖，嘴角微微內收，眼睛富有洞察力，表現出他深邃的思想和富有自信的內心世界。又如第四十六窟南壁佛腳前的舍利佛，是佛十大弟子中智慧第一的高徒，當佛涅槃時，他以火自焚，先佛入滅。這一身高僅零點五二米的塑像，卻表現出舍利佛對佛的一片虔誠崇拜之心。又第一百四十八窟西壁專設的涅槃佛壇上安臥著的佛的身旁，是佛弟子、天人、各國王子、佛姨母、菩薩等七十二身舉哀像，則是群塑藝術上的一個代表作，也是一個試探性的新作。

敦煌莫高窟第 45 窟塑像

龍門石窟位於今河南洛陽市南二十餘裡，這裡兩山夾峙，伊水從中流過，名為伊闕。兩山崖面上開鑿有大批石窟，因石窟主要集中在西邊的龍門山崖，所以名龍門石窟。因龍門石窟在伊闕，所以又名為伊闕石窟。

龍門石窟是北魏遷都洛陽以後開鑿的，至唐朝而達到興盛時期。與雲岡石窟相比，這裡更多可是唐朝時期作品。龍門三十五個大、中型石窟有二十一個是唐開鑿的。與莫高窟相比，龍門石窟基本保持了唐代原貌，不像莫高窟那樣，多數經後代裝修，一些地方已失去了原貌。龍門石窟以造像、雕刻為主，也不像雲岡、敦煌那樣本身有成熟的建築處理，從建築匠意看，這些洞窟都像一所佛寺中的一個組成部分，說明龍門石窟是一種新型的石窟類型。

龍門石窟造像九萬七千餘尊，號稱「十萬軀」，主窟為奉先寺石窟，是於上元二年（675 年）完成的，它實際上是一個巨大的佛龕，東西長三十五米，主尊盧舍那（意即「光明遍照」）佛通高十七點一四米，豐頤秀目，安詳持重，既有男性雍容大度、軒昂莊嚴的風度，又有女性溫柔親切、典雅穎慧的氣質，特別是頭部微向前傾，兩目俯視，含蓄微妙，似乎在給觀眾一個重要的啟示，具有強烈的感染力

盧舍那大佛
（唐）洛陽龍門石窟

量。據《資治通鑑》記載，武則天相貌是「方額廣頤」，與此像相貌十分吻合，而武則天又資助兩萬貫脂粉錢造窟，並派官員督造此大佛，因此有人推測，這尊大佛應是女皇武則天的化身。除主佛外，兩側配置菩薩、弟子、天王、力士等，都雕琢的各具特色，十分成功，表現出不同的造型、氣質、性情、姿態和動作，並構成一個高低錯落有致、彼此襯托照應的有機整體。

與奉先寺大致同時的還有萬佛洞、高平郡王洞、惠簡洞、極南洞、東山看經洞等著名石窟，其中看經洞內二十九尊一點八米的高浮雕羅漢像是唐代浮雕中的重要作品。至中、晚唐龍門石雕有所減色，題材上彌勒像銳減，而地藏、觀音和阿彌陀像增多。

天龍山石窟中也以唐窟為最多。該石窟群位於山西太原市西南四十公里的天龍山上，共有二十一個洞窟，分布在東西二峰腰部。石窟始鑿於東魏末年，其後北齊、隋、唐陸續開鑿，唐占十三窟。天龍山石窟不如雲岡、龍門石窟規模巨大，又因屢遭劫掠、破壞，有一百五十 多件精美的雕刻品被盜往國外，但其藝術價值仍然可同雲岡、龍門石窟相媲美。其用圓雕法雕出的佛像以雕刻精細、比例合宜、華麗美觀而著稱於世，被譽為「天龍山樣式」，它是中國石雕藝術中的

一朵奇葩。[8]如第十四窟的菩薩雕像，全身比例勻稱，肌體豐滿圓潤，衣紋流利合度，給人強烈的真實感。又如第九窟的晚唐摩崖造像，分上、下二層，上部為彌勒大佛，面相方圓適中，豐潤雍容，有別於盛唐的豐厚刻風，下部是一尊高達九米多的觀音立像，其上身著細瓔珞，斜披帔巾，下裙緊貼兩腿，衣紋「勾綽縱掣」，恰如其分地表現出輕覆在健美的肌肉上的羅裙的質感和動勢，從而給我們展現了一位豐潤、秀美、活生生的女神形象。

唐代鑿造石窟的地區，由南北朝的華北地區，擴展到今四川及新疆地區，鑿造石像的功德，由帝王貴族到一般平民。鑿造規模由幾十米的大像到僅高二十至三十釐米的小浮雕壁像。其中有無數的大小不等的窟室和佛龕，應稱道的是樂山大佛和四川大足石刻。

樂山大佛在今四川省樂山市城東南凌雲山前，面臨岷江與大渡河、青衣江匯流處。樂山大佛依崖端坐，與山石渾然一體，體現出佛即是山、山即是佛的宏偉氣魄。樂山大佛是中國最大的佛像，也是世界上最大的坐像，高七十一米，《韋皋筆記》形容它：「趺足成形，蓮華山水，如自天降，如從地湧。」樂山大佛是彌勒佛像，開鑿於開元元年（713 年），鑿成於貞元十九年（803 年），歷時整整九十年的時間，主持造佛的和尚先後三易其人，參加雕琢的工匠不計其數，是中國石雕藝術史上的奇蹟。

大足石刻以雕刻精美雋奇而稱絕於世，共有造像五萬多尊，鑿於晚唐、兩宋時期。「殘唐遺蹤映北山，兩宋勝跡擁寶頂。」大足石刻以北山和寶頂山規模最大。北山在大足城北兩公里。第一百三十六號的「心神東窟」，是北山石刻的精華，二十多個菩薩面目清秀，體態豐盈嫻雅，肌膚細膩潤澤，被譽為「東方的維納斯」。

---

8 孫振華：《中國雕塑史》，頁 61，杭州，中國美術學院出版社，1994。

二、墓葬雕塑

唐代是中國陵墓建設的一個高潮。唐朝包括武則天在內共有二十一帝，除末代的昭宗、哀宗葬在豫、魯外，餘均在關中（其中武則天與高宗合葬一陵），故有「關中十八陵」之稱。它們都排列在渭河以北的盆地北緣，自西而東綿延百餘公里，大致形成一個以長安為中心的扇形。

唐代帝陵借鑑了魏晉南朝流行的所謂「陰葬不起墳」的做法，即以天然峰巒為陵，內開墓室，不另起墳。唐十八陵，除獻陵、崇陵、端陵設在平坦地段外，其他十五陵都是「依山為陵」。唐代帝陵四周築內外雙層城牆，四面對中開門，各門外列石獅一對，南門外為長達三四公里的「御道」，即古之神道。御道兩側陳列許多石刻，內容包括石獸、石人、石柱和石碑等。唐初高祖獻陵和太宗昭陵還未形成定規，故石刻的題材、位置和數目不一。

獻陵有石虎四對，石犀一對，虎高一點七米，寬二點四米，犀比虎約大一倍，均作走動覓食態，風格凝重古樸，簡潔有力。

昭陵開以山為陵的制度，陵前置有十四軀諸藩君長圓雕像，均為唐太宗所擒伏而歸順的一些國家、部族的首領，意在炫耀國威武功。此外，置於昭陵玄武門內的浮雕「昭陵六駿」，是唐代石刻藝術最傑出的作品之一。「六駿」即是六匹駿馬的浮雕，其中四件現已移置在西安碑林的陝西省博物館裡，另外兩件於早年被帝國主義分子盜竊至國外。它是根據李世民在作戰中騎過的心愛的六匹駿馬雕刻而成的。

現保存最好的唐陵為高宗和武則天合葬的乾陵。唐陵也從乾陵始形成一定之規，以後各陵大體因之。乾陵自南而北，在御道兩側分列華表一對，翼馬一對，浮雕駝鳥一對，石馬（各附牽馬人）五對和石人十對。此外，還有無字碑、述聖記碑各一通，「番酋」石刻像六十一座及石獅等。北門外，又加立馬三對，號為「六龍」。陵區廣植松柏槐楊，將石刻襯托出來，從而渲染出一種莊嚴肅穆的意境。

乾陵石雕蕃臣像是在唐各帝陵中最多的，這些蕃臣像的脊背上刻有他們的國籍和名字，反映了當時唐朝國力強盛，與外蕃交往之多。乾陵石獅共八只，高三點八五米，長三點三二米，昂首挺胸，作蹲踞狀，有著睥睨一世的威勢。乾陵馬的造型則採用於寫實性與裝飾性相結合的方法。頭部真實傳神，胸腹部則加以誇張，雙翼以流利的線條作裝飾化的處理。鴕鳥是作為珍稀動物置於陵前的，說明當時鴕鳥已由外國進貢或輸入。乾陵的石雕代表著唐代陵墓雕刻的最高水平。此外，其他帝陵的石刻也各具特色，不乏精品，如唐睿宗李旦的橋陵，有一對翼馬的四腿間是填實的，而且雕滿雲朵紋飾，這既使馬堅固穩重，又助長了翼馬的神性。這種雕刻方法多為以後各陵承襲。

唐代皇陵周圍還分布著許多功臣貴戚的陪葬墓。這些陪葬墓也有很多石刻，如華表、石人、石羊、石獅等，從已發掘的懿德太子、永泰公主、章懷太子墓來看，洞內置石墓誌、石槨等，石槨有精美的線刻人物和圖案。

五代時期，黃河流域政治動盪，帝王勳貴已無法動用大批人力物力修建陵墓。江南、西蜀相對安定，帝王陵前一般都設置有石雕，但現僅見殘跡，已無法知其全貌。

五代陵墓雕刻最著名的是前蜀皇帝王建永陵石刻。

永陵在今四川成都西門外三洞橋附近。其地宮是從地面淺處修築，埋在封土之內，並由十四道雙重石券構成，分為前、中、後三室，全長二十三點四米。中室是規模較大的地宮主體。正中是一個用青白大理石砌築的須彌座，稱作「棺床」，棺床的東、西、南三面均有精美的伎樂舞蹈浮雕，共二十四幅，刻工非常精美，其優雅動人的姿態動作和圓潤的容貌，具有不朽的藝術魅力。她們或舞、或吹、或彈、或打、或奏，自然、生動、逼真，儼如一支五代時期宮廷樂隊的縮影。

在棺床兩側的腳下，還有十二個半身抬棺武士俑，如從地內湧出一般。這些石雕武士戴武士帽或盔，身穿武士衣，外罩鎧甲，面部表情十分誇張，都是二目圓睜，嘴唇緊閉，精神飽滿，既突出了他們的身強力壯，膂力過人，又表現出了

緊張、小心的神態。[9]

此外，後室還有王建的石雕肖像，陵墓附近還發現了高大的石刻文臣像，其高度與乾陵石像不相上下，可知永陵前面也是有石人石獸等石像的。永陵是很珍貴的藝術寶庫。

在隋唐五代時期的墓葬中，還出土了很多明器雕塑，內容包括人物俑、動物俑及以自然景物為對象的雕塑等。

人物俑以唐代女俑最具特色，造型與唐代繪畫中的仕女一致，以肥胖、豐腴為美，大都面部飽滿，口似櫻桃，儀態溫婉端莊，落落大方。其中樂舞女俑更顯得婀娜多姿，俊美清秀。唐代社會開放，武則天以後，女子騎馬成為風氣，女俑中也出現了一些騎馬形象。這時人物造型準確、精細，手法嫻熟，充分表現了塑造者的創造力和豐富想像力，如上海博物館藏一唐代調鳥少女俑：髮髻高起，長裙束腰，身體微扭，左臂優雅地抬起，正在調弄立在右手拇指上的一只小鳥，造型十分富於韻律感，而且面帶微笑，顯示出少女的天真和歡樂。

男性俑大都比較誇張：文吏俑或俯首帖耳，誠惶誠恐；或歪鼻斜眼，蠻橫無理，塑造者深刻表現了這類人物媚上欺下的醜惡性格。俳優俑顯得表情生動；武士俑突出了威烈勇猛的樣子。

人物俑中還多胡人俑，這是當時民族交流的真實寫照，除深目、高鼻、鬈鬚的西域人外，還有鬈髮、厚唇、眼白、無須、膚黑的非洲黑人形象。

在動物俑中，十二生肖像大都雕塑的別致有趣，令人喜愛；馬、駱駝的造型動作都十分豐富；而鎮墓獸又奇譎怪誕，形象非常誇張；家禽、家畜顯得更富有生活情趣。

動物俑中，以馬的成就最為突出。或昂首傲天，或低首徘徊，或跳躍奔馳，或咬腿抬腳，形象都非常生動。就唐而言，均體態肥健，比例協調，色澤感很

---

9 參見孫振華：《中國雕塑史》，頁 81，杭州，中國美術學院出版社，1994。

強。駱駝姿態不如馬豐富，多為引頸昂首，張口長鳴的樣子，於溫厚穩重中顯示出偉岸高亢的氣勢。鎮墓獸身軀往往近似人形，手腳呈鷹爪狀，坐豬或怪獸，張臂伸腿，頭部和頸肩長毛向上升騰，如烈焰一般，襯托出猛烈如火的暴戾和憤怒。隋敦煌太守姬威墓中有一隻母狗正在臥地哺育小狗。西安附近唐墓中還出土過一件彩陶驢，塑造寫實精緻。五代南唐李昪欽陵出土的各類明器中，還有人頭魚身和雙人頭蛇身的形象。人頭魚身俑長三十五釐米，俑為人面，頭戴冠帽，鱗紋魚身，是神話傳說中的人魚，寓吉祥之意。雙人頭蛇身俑，長四十五點三釐米，是神話傳說中的人類始祖伏羲和女媧。

以自然景物作為明器雕塑，是前代所沒有的。陝西咸陽和西安韓森寨都出土過唐代遊山群俑。西安西郊中堡村還出土過唐代山池形水盂，其上雕塑有山、水、樹、小橋以及樹上的小鳥等。這些都是在雕塑中所少見的。

隋唐五代時期的明器雕塑以陶為主，其中不少是「唐三彩」的形式。也有少數是木質、石質和銅質的，個別還有以竹為材料的。陶俑一般採用雙模制，之後，在此基礎上加以塑製。手、髮髻、手持器物則輔以捏塑，衣紋在全部脫模後加以刻功，這使陶俑更富於變化。

三、著名雕塑家

隋唐五代時期，雕塑取得了輝煌的成就，給我們留下了無數的藝術精品，但正史並沒有雕塑家的傳記，即使留下名字的也是很少的一部分。

隋代雕塑家以李春和曇摩拙義最為著名。

李春因主持修建趙州安濟橋而聞名古今，趙州橋除因設計和建築而著名外，其裝飾雕刻也是現存隋代建築裝飾雕刻的優秀之作。據唐張嘉貞《安濟橋銘》稱：「其欄檻莘柱，鎚斫龍獸之狀，蟠繞拏踞，睢盱翕欻，若飛若動。」唐距隋不遠，可知安濟橋建時，就是有石雕裝飾的。一九五四年橋下出土了幾塊石刻欄板，正是「龍獸之狀」，其中蛟龍形象突出，體態鮮明，雕刻逼真，若飛若動，

這應是隋代原物。雕法也極其洗練明快，是「剔地起突」（高浮雕）石雕的較早實例。

曇摩拙義是天竺僧人，據《歷代名畫記》卷八載，他擅長繪畫，隋初到中國，遍禮阿育王塔，曾到今四川成都雒曇大石寺看到十二神形，便一一摹繪下來，然後製作成木雕置於寺塔下。

唐代雕塑家知名的較多，並出現了被稱為「塑聖」的楊惠之。

韓伯通，初唐雕塑家，據《歷代名畫記》稱，其在隋時，已經以「善塑像」而知名。他是一個宮廷塑工，隋文帝所立佛塔中有他的作品，唐高宗時，曾奉詔為高僧道宣塑像並裝鑾，時稱「相匠」。

宋法智是雕塑名匠，並兼善繪畫。唐太宗貞觀年間（627—649 年），隨唐使王玄策去過天竺（今印度）。當時天竺佛教興盛。在天竺期間，他摹寫了大量佛像，圖繪了著名的摩訶菩提樹像樣本。歸國後，他將在天竺所得運用到實際雕塑中，對當時的雕塑風格產生了極大的影響。他在兩京地區（今西安和洛陽）參加了很多重要的佛像製作。當時也有許多造像是以他臨摹的藍本創製的。

竇弘果，武則天時人，兼善塑繪，曾任尚方丞。張彥遠在《歷代名畫記》中認為他的畫作「跡皆精妙，格不甚高」，而在雕塑方面卻「巧絕過人」。他曾在東都洛陽敬愛寺主持製作了大量的塑像。

釋方辯，盛唐時期蜀地僧人，玄宗先天元年（712 年），方辯謁見禪宗六祖慧能，自稱善於捏塑。慧能即請他試塑，於是當即捏七寸慧能像，曲盡其妙，但慧能卻認為他「善塑性，不善佛性」。可見他長於真實生動地表現現實人物，而在表現抽象的人物方面要略遜色一些。

劉九郎，曾於今洛陽地區南宮大殿塑三清大帝塑像及門外青龍、白虎等守殿神，時人稱為「神巧」。之後，廣愛寺東法華院主持惠月又請他塑九子母，工畢聲動天下，而他還說此像共塑三處，這一處是最差的。

隋唐五代時期，最傑出的雕塑家是楊惠之。

楊惠之，唐吳縣（今江蘇蘇州）人，曾與吳道子同時學畫，師法南朝的張僧繇，後因吳道子在繪畫上「聲光獨顯」，遂焚筆碎硯，恥居其次，放棄繪畫，專事雕塑，並取得了卓越的成就，被時人譽為「塑聖」，其雕塑上的成就也與吳道子繪畫上的成就並稱。

　　楊惠之的雕塑技巧，已到了爐火純青、出神入化的地步，人物肖像更被稱為「古今絕技」，往往氣韻生動，栩栩如生。據說他曾為長安一個名演員留盃亭塑像，然後將其面壁放置在長安大街上，結果行人一看到這個塑像的背影，就能認出塑像的主人公來。可見楊惠之的雕塑技藝是很高明的。又昆山慧聚寺天王及二侍女像，也為楊惠之所塑，造像極其工巧，為人所稱道。楊惠之為中國的雕塑藝術做出了重大貢獻，主要表現在以下三個方面：

　　（1）他創造了「山水塑壁」的雕塑形式，也就是以連綿山水樹木為背景安排人物或故事的一種壁塑，在楊惠之首創以後得到發展，成為中國寺院中常見的一種雕塑樣式。

　　（2）相傳佛教雕塑中千手千眼觀音菩薩的造型是他首創的。又據記載，洛陽廣愛寺的五百羅漢也是楊惠之塑的，這是關於五百羅漢像創作者的最早記載。這些記載雖需進一步考證，但從史籍記載之多可以推知，楊惠之一生所造塑像很多，為人民大眾所喜愛，對雕塑發展做出了重大貢獻。

　　（3）楊惠之在從事雕塑創造的同時，還注重理論的總結，曾撰有《塑訣》一卷，後來雖然失傳了，但這是中國雕塑史上唯一見於記載的理論著作。[10]

　　五代著名的雕塑家有雍中本、許侯、楊元真和程承辯等人。

　　雍中本、許侯和楊元真為前蜀人，雍中本以塑聖興寺天王院的天王、熾盛光佛、九曜、二十宿以及天長觀、龍興觀、龍虎宮等像，馳名當時。許侯曾塑大聖慈寺熾盛光佛、九曜、二十八宿及華嚴閣釋迦立像。雍中本和許侯的塑像，均由

---

10 參見孫振華：《中國雕塑史》，頁 67-68，杭州，中國美術學院出版社，1994。

楊元真裝鑾，也稱奇巧。

程承辯為五代後蜀人，除雕刻外，兼善繪畫，曾塑造彭山道教洞明觀內造像。

第三節·

諸體兼備
的書法藝術

隋唐五代時期，書法藝術取得了很高的成就，形成自晉代以後的又一個高峰。當時，在真、行、草、篆、隸各體中都出現了影響深遠的名家，書壇呈現百花爭豔的局面。

一、兼有南北，光大二王

東晉書法藝術繁榮，產生了鍾繇、王羲之、王獻之等著名的書法家，到隋代楷書已趨定型，更有利於書法藝術的發展；又由於全國的統一，南北文化趨向融合，這也對隋代書法藝術產生了影響。隋代書法，上承南北朝，下啟唐代，書風巧整兼力，不離規矩，有東晉南朝書法的妍妙疏放，又有北朝書法的遒勁方整。唐初大家的規模風範，已在此時初具規模。著名的書法家有丁道護、史陵、智永、智果等，其中以智永最為著名。

智永是陳、隋間山陰（今浙江紹興）永欣寺的和尚，名法極，人稱「永禪師」。相傳他是王羲之的七世孫，藏有很多二王真跡，並繼承祖法，精勤書藝，擅長真書與草書，曾手寫《千字文》八百本，分送附近寺廟，今有《智永真草千字文》傳世，是書法藝術的珍品。

智永書成名滿天下，來求書法的人很多，將住處的門檻都踏壞了，於是包上鐵皮，有「鐵門限」之譽。他的書法得王羲之精髓，運筆凝練，骨力內含，結構方正，嫻雅秀麗，對唐初影響較大。

與智永同時稍後的僧人智果，亦居永欣寺，書法亦師法王羲之，但字體「瘦健」，自認為得王書之骨，而智永得其肉。但當時人評價認為他「稍乏清幽，傷於淺露」[11]。

隋代墓誌碑刻中也多有書法精品，如《張貴男墓誌》、《董美人墓誌》、《常丑奴墓誌》、《尼那提墓誌銘》等，已帶有南北書法融合的特點，間架趨於工整，在魏、齊的雄峻中帶有齊、梁的溫婉。其中《尼那提墓誌銘》書法，端正寬博，筆劃遒勁圓潤，略帶隸書遺意，融北朝魏碑體的方整雄健和南朝楷書的修美遒潤為一爐，是不可多得的隋代書法珍品。墓誌之外，還有一些隋代的碑刻，如《龍藏寺碑》、《啟法寺碑》等。總之，當時的書法藝術反映著一個時代的特點，預示著一個新的書法藝術高潮的到來。

入唐以後，書法藝術進入了中國歷史上一個輝煌的時代。唐初的太宗皇帝雅愛王羲之的墨寶，即位後，「大購圖書，寶於內庫。鍾繇、張芝、芝弟昶、王羲之父子書四百卷，及漢、魏、晉、宋、齊、梁雜跡三百卷」[12]。唐太宗尤其喜愛王羲之的行書《蘭亭序》真跡，多方求而得之，視為至寶，並命人以「鉤摹」的方法加以複製，以廣流傳。臨死還讓高宗用來殉葬。唐太宗還親自為《晉書・王羲之傳》作贊。他所寫的《溫泉銘》和《晉祠銘》，是最早以行書寫的碑文，從書法藝術上看，已達到了很高的水平。唐太宗曾將《晉祠銘》拓片，作為贈送外

---

11 《太平廣記》卷二〇七《智果》條。
12 《法書要錄》引徐浩《古跡記》。

國貴賓的禮物。唐太宗愛好書法，對書法藝術的發展起了重要的推動作用。二王書法也因唐太宗的提倡舉世風靡。

二、歐、虞、褚的書法成就

唐建立以後即實行科舉取士制度，並設有《明書》一科，而且其他科如進士、明經及第後，也不能立即實授官職，必須再經過吏部考核，內容是「身、言、書、判」[13]，在具體考核時，也是先考書判，書判合格，再考察其身言，但由於每年參加吏部銓選的人多，實際不能一一察其言行，只是憑書判用人，所以唐代科舉考試書法顯得非常重要。此外，在最高學府國子監中有學生專門學習書法。鄰國也派有留學生前來學習，這些都激發了讀書人學習書法的熱情。書法藝術在當時社會上得到了普及。同時也湧現出很多書法名家，其中名重一時的是聚集在唐太宗周圍的歐陽詢、虞世南、褚遂良等。

歐陽詢（557-641 年），字信本，潭州臨湘（今湖南長沙）人，仕隋，官至太常博士。入唐，官太子率更令、弘文館學士，封渤海縣男，世稱歐陽率更。他學識淵博，曾負責編輯類書《藝文類聚》，能真、行、隸三體書法，其中真體為最，行體次之，隸體更次。真行初學王羲之，後於王派書法中融入北魏的峭拔，「字形瘦長，結體於嚴謹平實中求奇險，於險絕中求平正，左右配合，喜用相背之意，其勢外拓。用筆則方圓互用，在橫畫與彎鉤的收筆處猶存隸意。行書則體勢縱長，筆力勁健。他的書法給人以神氣外露，猛銳長驅之感」[14]。

歐陽詢生前，書名已遠著，「人得其尺牘文字，咸以為楷範焉。高麗甚重其書，嘗遣使求之」[15]。他傳世的碑刻有《蘇孝慈墓誌》、《化度寺碑》、《皇甫誕碑》、《溫彥博碑》及《九成宮醴泉銘》等。他的碑書結構嚴謹，筆劃穩健，以

---

13 《新唐書·選舉志》。
14 楊仁愷：《中國書畫》，頁 114，上海，上海古籍出版社，1990。
15 《舊唐書·歐陽詢傳》。

方為主，略顯偏長，給人以刀戟森森之感。後人曾歸納其楷書結構規律，假託他著《歐陽結體三十六法》。他的行書有《卜商帖》、《夢奠帖》、《張翰帖》與《千字文》等真跡。又相傳《定武蘭亭》是以他的臨本上石。小楷在套帖中有《心經》、《陰符經》等，甚為後人所推重。歐書自成一家，人稱「歐體」。

初唐二王書法盛行，歐書因摻入了北方風格而時人頗有微詞，如張懷瓘在《書斷》中說他的草書，「迭蕩流通，視之二王可為動色。然驚奇跳駿，不避危險，傷於清雅之致」。可見在二王嫡系看來，歐書是不純的。不過歐陽詢書法對後來的顏真卿、柳公權有直接的影響，對宋代書法的發展影響也較大，直到清代，臺閣書法講究歐體。可見，歐書愈到後來評價愈高。

歐陽詢的兒子歐陽通也長於書法，武則天時為宰相，後為酷吏所殺。他自幼學其父書法，長而以書法名世，時稱大小歐陽。《書斷》稱其書法「瘦怯於父」，從其所書《泉男生碑》來看，結體雅正，筆力勁挺，別具一格。

虞世南（558-638 年），字伯施，會稽餘姚（今浙江餘姚）人，官至秘書監，封永興縣公，世稱虞永興。他是智永的外甥，親受其傳授書法，繼承了二王書法的傳統，真書體方筆圓，外柔內剛，圓融遒麗；行書遒媚不凡，筋力稍寬。張懷瓘在《書斷》裡說他的字，「得大令（王獻之）之宏規，含五方之正色」；「秀嶺危峰，處處間起，行草之間，尤所偏工。及其暮齒，加以遒逸」。清人包世臣《藝舟雙楫》說其書法如「姑射仙人，不食人間煙火」。虞世南真書代表作為《孔子廟堂碑》，姿媚遒勁，筆畫凝練，結體端正而舒展，外形略長而見方，總體有文質彬彬之風。行草書墨跡為《汝南公主墓誌銘》，是其撰寫唐太宗女汝南公主墓誌的草稿真跡，書法圓活自然。二者均為後人所推崇。當時人對歐、虞作比較認為，「歐之與虞，可謂智均力敵」，「歐若猛將深入，時或不利；虞若行人（外交家）妙選，罕有失辭。虞則內含剛柔，歐則外露筋骨，君子藏器，以虞為優」[16]。可見對虞世南評價要比歐陽詢高。虞世南書法傳給他的外孫陸柬之。陸又傳給張旭。顏真卿又得張旭之傳。

---

16 《法書要錄》引張懷瓘《書斷》。

虞世南的書法被唐太宗稱為一絕，太宗所藏二王真跡，也大都由虞世南鑑定。虞世南死後，唐太宗非常悲痛，認為從此無人可以論書，頗為傷感。這時，魏徵就把褚遂良推薦給唐太宗，並說：「褚遂良下筆遒勁，甚得王逸少之體。」[17]從此，褚遂良就繼虞世南成為唐太宗的書法老師，頗受器重。「太宗嘗出御府金帛購求王羲之書跡，天下爭齎古書詣闕以獻，當時莫能辨其真偽，遂良備論出，一無舛誤。」[18]

褚遂良為貞觀名臣，字登善，錢塘（今浙江杭州）人，曾封河南郡公，人稱「褚河南」。他擅長真書，書學王羲之、虞世南、歐陽詢，能登堂入室，又能別開生面。其書法融歐、虞為一體，方圓兼備，波勢自然，富於變化，豐豔流動，節奏感較強。張懷瓘在《書斷》中稱其書法「若瑤臺青瑣，窗映青林，美人嬋娟，不任羅綺，增華綽約，虞、歐謝之」。唐韋續《九品書》又評其書法為「字裡金生，行間玉潤，法則溫雅，美麗多方」。他的碑刻作品有《孟法師碑》、《伊闕佛龕碑》、《房梁公碑》和雁塔、同州兩《聖教序》；行書真跡有臨《蘭亭集序》、《枯樹賦》；還有楷書真跡《倪寬贊》等。

褚遂良和歐陽詢都宗法二王，又都受北方風格的影響，融南北風格，推進了書法藝術的發展，就此而言，褚遂良更為突出一些。

唐初書法大都是師承智永一派，智永又承繼王羲之，加上太宗、武則天都喜歡王字，所以初唐名家都學王字，善用輔鋒，也就是兼用方筆和圓筆，成為風氣。大家都這樣又顯得俗氣，當時人譏之為「院體」。不過，這時的書法畢竟不是二王的翻版，而是在學習二王中孕育著新的生機。

---

17 《法書要錄》引《唐朝敘書錄》。
18 《舊唐書·褚遂良傳》。

三、張、李、顏的書法成就

書法至盛唐，名家輩出，諸體兼備，真草均徹底擺脫王家書派的約束形成了新的風格。真書方正寬博，雄壯樸厚，書法巨匠顏真卿為其傑出代表；草書在章法上變今草為狂草，筆法極盡變化，豪放縱逸，顯現盛唐氣象，以張旭、懷素為代表。漢朝以後，篆書已成絕響，隸書混同真書，至盛唐，篆隸二體又重現書壇，出現了李陽冰、史惟則等名家，他們的隸書，結體用筆皆變漢法，規矩嚴於漢隸，另闢唐隸一體。行書新風貌始於李邕，發展到顏真卿則完全摒棄二王風韻。以下僅對張、李、顏書法作一介紹。

張旭，字伯高，吳（今江蘇蘇州）人，曾官金吾長史，人稱「張長史」，擅長真、草，又以草書著名，號稱「草聖」。他的書法學自舅父陸彥遠，彥遠為陸柬之之子，柬之是虞世南的外甥，追根溯源還是宗法二王，承繼智永、歐、虞等人，風格較高，當時有「喬松倚壁，野鶴盤松」[19]的評語。

張旭真書，謹嚴端正，應規入矩，功力頗深，代表作有《郎官石柱記》，體兼歐虞，挺勁秀潤，前人贊為「進退履繩，旋曲中規」[20]，備盡楷法。張旭草書，相傳他見「公主與擔夫爭路，而得筆法之意，見公孫氏舞劍器而得其神」[21]。他尤善狂草，常酒後運筆，「變化無窮，若有神助，時人號為張顛」[22]。據《太平廣記》卷二〇八引《幽閒鼓吹》載：張旭為「蘇州常熟尉，上後（到任後）旬日，有老父過狀（送上呈文），判去，不數日復至，乃怒而責曰：『敢以閒事，屢擾公門。』老父曰：『某實非論事，但睹少公（縣尉尊稱）筆跡奇妙，貴為篋笥之珍耳。』」由此可見時人對張旭書法愛好之一斑。張旭草書，極富於創造，縱逸飛動。使轉頓挫，剛柔縱橫。內擫外拓，連綿迴繞。氣勢博大，激情充溢而不失矩度。當時他的草書與李白的詩歌、裴旻的劍舞，號為「三絕」。張旭傳世的草書墨跡《晚復帖》、《十五日帖》、《移屋帖》及存西安碑林重刻的草書《肚

---

19 《宣和書譜》。
20 《廣川書跋》。
21 《太平廣記》卷二〇八引《國史補》。
22 《舊唐書·賀知章傳》。

痛帖》等，都代表他的草書風格，博大清新，縱逸豪放。面對他那神采奕奕、千變萬化的草書，往往可以升華情感，是一種藝術的享受。其中有音樂的旋律，詩的激情，繪畫的筆情墨趣。

李邕，揚州江都（今江蘇揚州）人。父李善，以注《文選》知名。李邕官至汲郡、北海太守，人稱李北海。

李邕善行書，筆力沉雄，又長於碑誌文。唐以前碑誌為隸體，入唐以後，因崇尚二王書法，除個別碑誌還參酌隸體以外，多是以真書上石的，碑志往往結體端正，書法妍雅。當時人不僅請李邕作墓誌文，而且還請他書寫碑誌文，為此不惜重金爭求。李邕不僅負盛名於當代，後世評價也很高。《續書品》稱其書法如「華岳三峰，黃河一曲」；解縉《續書評》稱其書法如「樓臺映日，花木逢春」；董其昌說「王右軍如龍，李北海如象」[23]。以致把他和王羲之並列言之了。

李邕有《雲麾將軍李思訓碑》、《雲麾李秀碑》、《麓山寺碑》、《葉有道碑》、《端州石室記》等和行書真跡傳世。從李邕所存碑書看，除受王羲之影響外，又得力於虞、歐諸家，字形寬肥而雄強凌厲，具有盛唐書法的特點。對李邕行書書法有所發展的是書法巨匠顏真卿。

顏真卿（709-785年），字清臣，京兆萬年（今陝西西安）人，曾任平原太守，世稱「顏平原」，官至吏部尚書、太子太師，封魯郡公，人又稱「顏魯公」。他的書法初學褚遂良，後又親得張旭指授，還專門寫了《述張長史筆法十二意》一文。

初唐書法崇尚二王，二王書法似回風流雪，娟媚見長，如人稱褚遂良書法如「美女嬋娟，不任羅綺」，開元年間，由於時君所好，字體漸趨肥腴。顏真卿從篆書中體會出中鋒直下的筆法，遂棄輔鋒不用，專用中鋒，也就是以篆書作楷書，在當時肥俗的書風中雜以篆籀氣，一矯當時肥俗之病；同時也徹底擺脫了初唐風範，摒棄了以姿媚為尚的風氣，一變古法，創造了新的時代書風，世稱「顏

---

23 馮班：《鈍吟書要》。

體」，從此取代了王書的地位。直至元初，書壇一直是顏家的天下。他的真書和行草都具有自己的獨特風格，其「真書雄秀端正，天骨開張，結字由初唐瘦長變為方形，方中見圓，正而不拘，莊而不險，雄強茂密，具有向心力。用筆渾厚強勁，精力內含，善用中鋒筆法，得金釵股、屋漏痕、錐畫沙、印印泥之筆意，饒於筋骨，亦有鋒芒。他極善運用點畫的粗細對比與鈍銳對比，一般橫畫略細，豎畫、點、撇與捺略粗，粗筆中畫飽滿，出鋒處又強調鋒芒。這一書風，大氣磅礴，多力豐筋，具有盛唐氣象，也顯示出正直、質樸、倔強與內美外溢的個人風格。他的行草書，遒勁郁勃，真情流露，結構沉著，點畫飛揚，亦在王派之後為行草書開一生面。」[24]

顏真卿書法

顏真卿書法傳世極多，其碑刻作品，早期的有《多寶塔感應碑》、《東方化贊碑》、《鮮於氏離堆記》等，這些作品尚不夠成熟；其成熟期作品有《郭家廟碑》、《麻姑仙壇記》、《中興頌》等，這時的作品個人風格已經形成；晚年作品有《元次山碑》、《宋璟碑》、《李玄靖碑》、《顏勤禮碑》、《顏氏家廟碑》。晚年作品更顯得渾樸端莊一些。真書墨跡有《自書告身》、《竹山堂聯句》等，其前者較之碑刻結體略窄，

行書更硬，究竟是否真跡還有爭論。行草書墨跡傳世的有《劉中使帖》、《祭侄文稿》、《爭座位帖》等。其中《祭侄文稿》是顏真卿祭奠在安史之亂中死去的侄子的手稿，其書縱筆浩放，一瀉千里，渾然一體，情意動人，或遒勁，或流利，或若篆籀，或若鐫刻，從中似乎可以看到顏真卿當時內心的悲憤、激昂、沉痛、緬懷的情緒起伏。該書法被譽為繼《蘭亭》之後的天下第二行書。

24 楊仁愷：《中國書畫》，頁 121，上海，上海古籍出版社，1990。

顏真卿的書法在唐代已為珍品，《新唐書》本傳稱其「善正、草書，筆力遒婉，世寶傳之」。宋代書家評價他的書法說：「觀魯公此帖，奇偉秀拔，奄有魏、晉、隋、唐以來風流氣骨，回觀歐、虞、褚、薛、徐、沈（傳師）輩，皆為法度所窘，豈如魯公蕭然一出於繩墨之外，而卒與之合哉！蓋自二王後，能臻書法之極者，惟張長史與魯公二人。」[25]蘇軾也說：「顏魯公書，雄秀獨出，一變古法」，「後之作者，殆難措手」[26]。宋代書家還竭力提倡顏書，南宋詩人陸游就有「學書當學顏」的詩句，千百年來，中國人民對這種具有剛勁、厚實、雄偉的民族特色的書法藝術，特別欣賞。可以說，顏真卿把中國的書法藝術提高到一個新的高峰。

四、沈、柳的書法成就

盛唐以後，書家受唐玄宗的影響，書風趨於肥俗，直至柳公權異軍突起，才力矯此弊，他以顏書為體，以歐虞書法為用，自出新意，別成一體，成為百代宗匠。中晚唐至五代著名的書法家還有沈傳師、林藻、高閒、杜牧、楊凝式等人，其中又以沈傳師成就為高。

沈傳師，蘇州吳人，貞元末舉進士，官至吏部侍郎。《新唐書·沈既濟傳附傳師傳》稱：其「工書，有楷法」，書法為後世所重。宋朱長文《墨池編》稱：「傳師正、行書，皆至妙品。」當時著名詩人杜牧亦工書法，杜牧做過沈傳師幕僚，書法可能受傳師影響。

（唐）柳公權《玄秘塔碑》拓本

---

25 黃庭堅：《山谷題跋》。
26 《東坡題跋》。

柳公權（778-865 年），字誠懸，京兆華原（今陝西耀縣）人。他在穆宗、敬宗、文宗三朝侍書禁中，官至太子少師，世稱「柳少師」。

柳公權初學王書，後又遍閱近代筆法，得力於顏與歐，但變顏之內蘊於外棱，又極力變王體書，不使與其面目相似，體勢勁媚，自成一家。穆宗十分欣賞他的書法，一次嘗問公權筆法，公權回答說：「用筆在心，心正則筆正。」[27]穆宗是個很荒唐的皇帝，柳公權借談筆法來勸諫穆宗，從而使他在書史上也留下了「筆諫」的美名，但同時也說明公權是正鋒用筆，這樣寫出來的字方折峻麗，棱角分明，以骨力勁健著稱，並能於方正中見清媚舒展，後世稱之為柳體，與顏書並稱「顏筋柳骨」，他本人又與顏真卿並稱為「顏柳」。真書之外，柳公權還長於行書，墨跡《蒙詔帖》，字體豪雄，氣勢遒邁，為一名跡。

柳公權生前書法名氣極大，「當時公卿大臣家碑版，不得公權手筆者，人以為不孝。外夷入貢，皆別署貨貝，曰：『此購柳書』。」[28]柳公權傳世的書碑很多，以《玄秘塔碑》、《神策軍碑》和敦煌所出的《金剛經》為最。

顏、柳二人的楷書結構嚴謹，法度精密，到宋代雕版印刷術普及以後，其印刷字體即取自顏柳楷書，稱為「宋體字」，一直使用至今。

五、書論

隋唐時期有關書法的論著極多，已知的有四十餘種。其中重要的有初唐李嗣真的《書後品》、孫過庭的《書譜》，盛唐張懷瓘的《書斷》、竇臮的《述書賦》，晚唐張彥遠的《法書要錄》。

李嗣真，字承冑，初唐書法理論家，官至御史中丞，他在詩、書、畫方面均有論著，流傳至今的僅為《書後品》。《書後品》（一作《後書品》）是繼梁肩吾

27 《舊唐書·柳公權傳》。
28 同上。

之後的又一部書法品評著作。全書按十品評述秦至初唐的八十一名書法家。「品」即「等」，十品是在九品之上加「逸品」，評論之詞，好用辭藻，晦澀難懂，但保存了一些史料，也反映了當時的認識水平。

孫虔禮，字過庭，吳郡人，初唐傑出的書法理論家，官率府錄事參軍。他擅長行草書，《書譜序》即用草書寫成，留存至今。《書譜序》，亦稱《書譜》，二卷六篇，成書於唐垂拱三年（687年），是中國書法史上享有盛譽的書學論著，歷來為學書者所重。作者結合自己的實踐，對漢魏以來的書法發展經驗進行了總結，闡述了書法理論中的許多重要問題。既主張繼承，又提倡創新；既充分闡明了不同書體的功用和特點，又著重探討了真草二體的特質與相互為用；既敏銳地指出書法美有如「情動形言」、「本乎天地之心」，又對「執、使、轉、用」等書法技巧探微鉤玄；既標舉出「內含筋骨」與「外耀鋒芒」兩大風格，又反對褊狹之弊；不但總結了書法創作「意先筆後」、「運用盡於精熟」的經驗，也指出了學習要分階段進行，「先求平正」，「次追險絕」，「復歸平正」的必要。[29]南宋姜夔撰《續書譜》一卷，論述正、草二體的具體書寫方法等，亦可供參考。

張懷瓘，海陵（在今廣東陽江南海陵島上海陵鎮西）人，書畫理論家，開元中（713-741年）供奉翰林院，又曾任率府兵曹，鄂州司馬等職，能書法，但不足稱，書畫理論著作極豐，其中以《書斷》最為著名。《書斷》成書於玄宗開元十五年（727年），分三卷，對盛唐以前書法作品，溯源明流進行分析和評價。卷上為「十體源流」，論述黃帝至盛唐的十種書體，古文、大篆、籀文、小篆、八分、隸書、章草、行書、飛白、草書的發生發展，各體的特點及表現效果。卷中與卷下為「三品優劣」，共品評歷代可入品流書家一百七十餘人。卷中為神品與妙品，卷下為能品，每品中以書體為先後，每人列一傳記，傳中夾敘夾議。每卷末又有一總評，並對前人書論提出自己的看法，評論公允，記述詳贍，當時和後世均對此書評價頗高。張懷瓘還著有《書議》、《書估》、《文字論》、《六體書論》、《二王等書錄》、《評書藥石論》、《玉堂禁經》與《論用筆十法》等，這些

---

29 參見楊仁愷：《中國書畫》，頁145-146，上海，上海古籍出版社，1990。

著作論及有關書法的方方面面，從而使張懷瓘的書論形成一個比較完整的體系，張懷瓘也因此成為絕無僅有的書法研究家。

竇臮，字靈長，扶風（今陝西扶風縣）人，德宗建中年間（780-783 年）官檢校戶部員外郎，宋汴節度參謀。《述書賦》為其晚年之作。《述書賦》綜論周至盛唐書家二百餘人，持論概從所見原作出發，審慎、精到、嚴肅，評語則不加粉飾，「直道公認」，或理盡名言，或「外假興喻」。敘述則要言不繁，所引頗豐。

竇臮兄竇蒙，也是一位知名的書畫史論家，著《述書賦語例字格》對《述書賦》中評論用語加以解釋。他在《題述書賦語例字格後》一文中，對竇臮生平著述有簡要的評述，對《述書賦》也有簡要的說明，指出《述書賦》在用語遣字上，「且褒且貶，還同謐法」，極為考究。並說明其作《述書賦語例字格》的目的，是使「注有未盡，在此例中；意有未窮，出此格上」。因此，《述書賦語例字格》對閱讀和研究《述書賦》有一定的參考作用。

張彥遠，祖籍蒲州猗氏（今山西臨猗）人，唐著名宰相張嘉貞之後，大中（847-859 年）初，曾任尚書祠部員外郎。他是傑出的繪畫史家，也是著名的書法學者，據說他曾以九等品第漢至唐的書學人物，但已不傳。他所編的《法書要錄》是第一部書學論著叢書。

《法書要錄》共十卷，收載東漢至唐元和年間（806-820 年）各家書法理論文字及著名的書法著錄四十餘篇，多數具載原文，少數僅存書名，採集繁富，又不失精要，唐以前的遺文佚篇，往往賴之以存，張彥遠自稱「好事者得此書及《歷代名畫記》，書畫之事畢矣」。這雖為自信之說，但確實也為研究書法的重要著作之一。

第四節 ·

八方樂奏
萬般舞姿

　　隋唐五代時期，中國的音樂、舞蹈藝術得到了高度發展，並取得了令人矚目的輝煌成就。隨著隋唐國家的相繼統一，政治局勢日趨穩定，國內外各民族的交流日益頻繁，為音樂、舞蹈藝術的空前繁榮奠定了良好的基礎。豐富多彩的隋唐樂舞，正是在繼承南北朝各族樂舞大交流、大融合的基礎上，又進一步吸收了國內外各民族的樂舞特點而形成的，同時又創造了許多新的樂舞，使中國封建社會時期的樂舞藝術達到高峰。

　　樂舞藝術成為當時最重要的藝術表演形式。音樂歌舞廣泛應用在宮廷宴享、典禮、節日慶祝、群眾娛樂等各種社會活動中，是各階層人們都喜聞樂見的藝術形式。出現了大批專業和業餘的傑出藝人。他們中，有王公貴族，也有社會地位低下的歌舞伎。

　　當時政府非常重視歌舞樂活動的開展，設置了專門的樂舞機構：太樂署、鼓吹署、教坊和梨園。集中培養了大批專業藝人，創作、表演音樂舞蹈和各種技藝。養官伎、營伎和家伎風氣盛行，雖然也摧殘迫害了不少藝人，但為樂舞的創作和表演提供了一定的條件。大批專業和業餘藝人的辛勤勞動及智慧創造，把樂

舞藝術的發展推向了一個新的水平。[30]

一、樂舞機構的設置和管理

太樂署和鼓吹署，屬於中央政府的太常寺管。太樂署既管雅樂，也管燕樂，有樂師負責教學。樂師們每年考核一次，評定為上、中、下三等；十年一大考，決定職位的升降和除名。學習音樂的「音聲人」，十五年中有五次上考，七次中考，才能得到職位。學會難的曲子五十曲以上，並能夠演出者，才算畢業。學不成者就從太樂署調到鼓吹署，去學大小橫吹。這兩個機構管理的樂工大約就有幾萬人[31]。

《合樂圖》（南唐）周文矩

---

30 參見王克芬：《中國舞蹈史》（隋唐五代部分），北京，文化藝術出版社，1987。
31 《舊唐書・職官志三》、《新唐書・百官志三》。

教坊，是管理百戲、領導藝人的機構。唐初就設有內教坊，歸太常寺管。唐玄宗時，有教坊五處，除內教坊外，另有外教坊四處，兩處設在西京長安，兩處在東都洛陽。教坊成員有男女藝人。女藝人們依色藝高低，分出等級。學習各種器樂彈奏技術及歌舞者，稱為「掐彈家」；一般女藝人稱為宮人；最高級的女藝人屬於宜春院，因常在皇帝面前表演，稱為「內人」或「前頭人」。難度較大的節目總是讓內人來表演，一般女藝人只表演少數幾個容易的節目。內人一日就能排練完成的節目，掐彈家則往往好幾天，還不一定能表演。³²

梨園，比教坊的專業範圍要窄，主攻法曲。法曲有歌有舞，需要具備高級技術的器樂演奏。唐玄宗做了新曲，常交梨園演奏。梨園組織約有三個，其中主要是設在內宮的梨園。另外，西京還有一個「太常梨園別教院」，歸太常寺領導；洛陽的「梨園新院」，歸東都太常寺管轄。宮內梨園，有男藝人三百，女藝人幾百，教練地點在宜春北苑。梨園還重視從小培養人才，所謂「小部音聲」，即是由十五歲以下的少年三十多人組成[33]。梨園別教院的樂工約一千人，水平比梨園差[34]。梨園新院的專業較廣，約有樂工一千五百人，其水平當更差些，從這裡選拔的優秀人才，才有資格進入教坊[35]。唐玄宗精通樂舞，常常親臨內宮梨園現場指導，所以他們又被稱為「皇帝梨園弟子」[36]。

樂舞藝人，有的是搜括了前代在宮廷服務過的大批藝人們的子弟，有的是從民間藝人中選拔而來的。《隋書·裴蘊傳》記載：「大業初……奏括天下周、齊、梁、陳樂家子弟皆為樂戶；其六品以下至於民庶，有善音樂及倡優百戲者，皆置太常。是後異技淫聲，咸萃樂府，皆置博士弟子，遞相教傳，增益至三萬眾。」也有的原先本不是藝人，因政治變故，受到處罰，被降低身分，充當伎人。隋代著名音樂家萬寶常就是這種情況。《隋書·藝術·萬寶常傳》說：「萬寶常，不知何許人也。父大通，從梁將王琳歸於齊。後復謀還江南，事洩，伏誅。由是寶

32 段安節：《樂府雜錄》。
33 樂史：《楊太真外傳》。
34 《唐會要》卷三十三《諸樂》。
35 段安節：《樂府雜錄》。
36 《新唐書·禮樂志一二》。

常被配為樂戶。」這種因罪被降為樂戶的情況很多。

宮廷以外，地方上也有許多藝人。一般稱為伎人。伎人，分為家伎和公伎。公伎為官府所設，供皇帝娛樂的稱宮伎；供官吏娛樂的稱官伎；軍中設有營伎。家伎為貴族或有錢人家蓄養的樂人，身分介於婢、妾之間，社會地位低賤。供主人驅使，甚至買賣、賞賜或饋贈。白居易《感故張僕射諸伎》詩曰：「黃金不惜買娥眉，揀得如花三四枝。歌舞教成心力盡，一朝身死不相隨。」反映的就是買賣家伎的情況。

此外，還有大批身懷絕技的民間藝人散在城鄉，他們或走街串巷，或游蕩江湖，從事表演，以養家糊口。其中有不少技藝出眾者，往往被徵調入各級官府的樂舞機構，促進了民間和上層歌舞樂藝術的交流。這些都是這一時期歌舞樂藝術走向繁榮的重要因素。

二、從《七部樂》、《九部樂》到《十部樂》的發展看宮廷樂舞

隋唐宮廷樂舞的發展，突出表現在從《七部樂》、《九部樂》到《十部樂》的發展上。這些來自各地的風格各異的各民族樂舞，顯示了當時國家繁榮開放的新氣象。

早在西元前十一世紀的西周時期，就設有「四夷樂」。隋唐宮廷設置的《七部樂》、《九部樂》、《十部樂》正是繼承了這種傳統。唐以後的各封建王朝也設有「四夷樂」，但遠不及隋唐宮廷樂舞影響之深遠。

隋朝在繼承南北朝樂舞的基礎上，整理了國內外流傳的各種樂舞，隋文帝在開皇初制定了七部樂，即：《國伎》、《清商伎》、《高麗伎》、《天竺伎》、《安國伎》、《龜茲伎》、《文康伎》。隋煬帝大業中，又增加了《康國伎》和《疏勒伎》，並把《清商伎》列為第一部，把《國伎》改為《西涼伎》，《文康伎》改為《禮

畢》，成為隋代的《九部樂》。[37]

　　唐初繼承了隋代樂舞而又有所發展。唐高祖武德初，創製《燕樂》，列為第一部；隋代《文康伎》（即《禮畢》）似乎已不復用，故仍稱為《九部樂》。太宗貞觀時正式廢除《禮畢》，增加《高昌伎》，形成《十部樂》，總稱燕樂。[38]

騎駝樂舞三彩俑（唐）1957 年陝西西安鮮於庭誨墓出土

37　《隋書‧音樂志下》。
38　《新唐書‧禮樂志一一》、《通典‧樂典六》。

這些樂舞除《燕樂》、《清樂》兩部代表中原傳統樂舞外，其餘八部都是從國內外各民族傳來的樂舞。其樂部名稱直接以所在地和國家命名，保留了原有的民族風格和地方特色。如《高麗樂》舞人穿黃裙襦，長袖，具有高麗傳統服飾的特點；《天竺樂》舞者穿「朝霞袈裟」，類似僧人裝扮，反映了天竺信仰佛教的特色；《龜茲樂》、《疏勒樂》、《康國樂》、《高昌樂》舞人都穿皮靴，突現出這些民族及地區的游牧色彩。各樂部所用樂器也都是當地的民族樂器，其曲名也多為音譯[39]。這些都反映出這一時期空前開放的時代特徵。

唐玄宗時又按不同的演出情況，將其分為「堂下立奏」的立部伎和「堂上坐奏」的坐部伎。立部伎有八部，即《安樂》、《太平樂》、《破陣樂》、《慶善樂》、《大定樂》、《上元樂》、《聖壽樂》、《光聖樂》；坐部伎有六部：《燕樂》、《長壽樂》、《天授樂》、《鳥歌萬壽樂》、《龍池樂》、《小破陣樂》。其中《燕樂》又分為四部：《景雲樂》、《慶善樂》、《破陣樂》、《承天樂》。[40]這些樂舞大多是從初唐到盛唐一百多年間，以中原樂舞為基礎，大量地吸收融化國內少數民族和外國樂舞而創製的新的樂舞節目。其主題以歌頌當朝皇帝的文治武功為中心，《破陣樂》為其中最著名的一部。《破陣樂》，又名《秦王破陣樂》或《七德舞》，因唐太宗為秦王時，征討四方有功，民間始有此曲。太宗即位後，命魏徵等製詞，並由一百二十人披甲執戟舞蹈，聲韻慷慨，表現出大唐雄壯威武的勇猛之氣，被稱為唐代第一樂。[41]

唐代音樂中龜茲樂最為流行，在燕樂創作中成就最大的是大曲（包括法曲）。大曲是大型歌舞曲，是聲樂、器樂和舞蹈的綜合。《綠腰》、《涼州》、《破陣子》、《水調》、《玉樹後庭花》、《霓裳羽衣曲》、《雨霖鈴》等都是典型的大曲作品。

除燕樂外，還有雅樂。雅樂採梁、陳舊樂，雜以吳楚之音，又吸納周、齊舊樂，多涉胡戎之伎。於是斟酌南北，考以古音，作為雅樂。用於祭祀朝享等較為

---

39 同上。
40 《新唐書·禮樂志》。
41 《新唐書·禮樂志》。

莊嚴的場合[42]，所以雅樂遠不如燕樂流行。

三、健美多姿的各族舞蹈

隋唐時期舞蹈豐富多彩，種類繁多。據《樂府雜錄‧舞工》記載：

舞者，樂之容也。有大垂手、小垂手，或如驚鴻，或如飛燕。婆娑，舞態也；蔓延，舞綴也。古之能者，不可勝記，即有健舞、軟舞、字舞、花舞、馬舞。健舞曲有《棱大》、《阿連》、《柘枝》、《劍器》、《胡旋》、《胡騰》；軟舞曲有《涼州》、《綠腰》、《蘇合香》、《屈柘》、《團圓旋》、《甘州》等；字舞，以舞人亞身於地，布成字也；花舞，著綠衣，偃身合成花字也；馬舞者，櫳馬人著彩衣，執鞭，於床上舞蹀躞，蹄皆應節奏也。

另據崔令欽《教坊記》載，軟舞還有《垂手羅》、《回波樂》、《蘭陵王》、《春鶯囀》、《半社渠》、《借席》、《烏夜啼》等，健舞也有《黃獐》、《拂菻》、《大渭州》、《達摩》等。

有唐一代，從西域傳來的《胡騰》、《胡旋》、《柘枝》三種健舞，風靡長安及各地。

《胡騰舞》：據李端《胡騰兒》詩云：「胡騰身是涼州兒，肌膚如玉鼻如錐。桐布輕衫前後卷，葡萄長帶一邊垂。……揚眉動目踏花氈，紅汗交流珠帽偏。醉卻東傾又西倒，雙靴柔弱滿燈前。環行急蹴皆應節，反手叉腰如卻月。絲桐忽奏一曲終，嗚嗚畫角城頭發。」胡騰舞，傳自西域石國（今烏茲別克斯坦塔什干一帶），有騰空旋轉動作，幅度大，節奏快，音樂急促。胡騰舞複雜多變，技巧繁難，風格豪邁奔放。在西安東郊蘇思勖墓中發現的一幅樂舞壁畫，就是一個胡人跳胡騰舞的場景。[43]

---

42 《唐會要》卷三十二《雅樂上》。
43 熊培根：《唐蘇思勖墓壁畫樂舞圖》，載《文物》，1960 年第 8、9 期。

《胡旋舞》：傳自中亞一帶。據白居易《胡旋女》詩曰：「胡旋女，胡旋女，心應弦，手應鼓，弦鼓一聲雙袖舉，回雪飄飄轉蓬舞。左旋右旋不知疲，千匝萬周無已時。人間物類無可比，奔車輪緩旋風遲。」又說：「胡旋女，出康居。」唐居即康國（今烏茲別克斯坦撒馬爾罕一帶），隋九部樂和唐十部樂中的《康國樂》舞蹈「急轉如風」，其風格應是一致的。胡旋舞以快速、輕盈的旋轉動作為主，在內地極為流行。楊貴妃、安祿山和武則天的侄孫、安樂公主的丈夫武延秀等都是舞胡旋的能手[44]，以致「臣妾人人學圓轉」，迅速風靡各地。

《柘枝舞》：也傳自西域石國。舞者身穿胡服，劉禹錫《觀柘枝舞》詩有「胡服何葳蕤」句，盧肇《湖南觀柘枝舞賦》也有「媚戎服之豪俠」句。伴奏以鼓為主，節奏鮮明，氣氛熱烈，風格健朗，舞姿變化十分豐富，時而婉轉綽約，時而矯捷奔放。張祜《觀楊瑗柘枝》詩云：「促疊蠻鼉引柘枝，卷簾虛帽帶交垂。紫羅衫宛蹲身處，紅錦靴柔踏節時。微動翠蛾拋舊態，緩遮檀口唱新詞。」又《觀杭州柘枝》詩：「舞停歌罷鼓連催，軟骨仙蛾暫起來。紅罨畫衫纏腕出，碧排方胯背腰來。旁收拍拍金鈴擺，卻踏聲聲錦靿催。看著遍頭香袖褶，粉屏香帕又重隈。」柘枝舞，有單人舞、雙人舞，還有適合兒童舞的《屈柘枝》（或作「屈枝」）。舞者特別注重眼部表情，與今天流傳在新疆一帶的少數民族舞蹈十分相似。

這三種舞矯健有力，節奏感強烈、明快，動作瀟灑、流暢，深受當時各階層人民喜愛。

盛唐時還流行一部著名的大型舞蹈《霓裳羽衣舞》。這是一部非常華麗優美的舞蹈，白居易《霓裳羽衣歌》描寫道：「虹裳霞帔步搖冠，鈿瓔累累佩珊珊。婷婷似不任羅衣，顧聽樂懸行復止。……飄然轉旋回雪輕，嫣然縱送游龍驚。小垂手後柳無力，斜曳裾時雲欲生。煙蛾斂略不勝態，風袖低昂如有情。上元點鬟招萼綠，王母揮袂別飛瓊。繁音急節十二遍，跳珠撼玉何鏗錚。翔鸞舞了卻收翅，唳鶴曲終長引聲。」這個舞既具有軟舞的動作，又包含了健舞的姿態，典雅

44 白居易：《胡旋女》詩有：「中有太真外祿山，二人最道能胡旋」。《舊唐書‧外戚‧武延秀傳》。

華麗，美不勝收。

唐前期，還流行一種《潑胡乞寒》之戲，舞時，「坊邑相率為渾脫隊，駿馬胡服，名曰《蘇莫遮》。旗鼓相當，軍陣勢也。騰逐喧噪，戰爭象也。……裸形體，灌衢路，鼓舞跳躍，而索寒焉」[45]。這是一種群眾性自娛舞蹈，場面熱鬧、盛大。人們化妝遊樂、布置場地、裝飾街道，裸體跳足，揮水投泥，以水相潑，十分歡樂熱鬧。但由於此舞不符合中原民情，屢遭非議，終於在玄宗朝遭到禁止。[46]

除以上所說的幾種較著名的舞蹈外，當時還流行不少舞蹈，在此就不一一列舉了。總之，隋唐五代時期是中國舞蹈發展史上的一個高峰，這也是當時社會風氣開放、封建禮教束縛較輕的反映。

四、戲劇的發展

中國的戲劇藝術在隋唐五代時期是一個重要的發展階段。在當時民間流行的劇種很多，主要有：三大歌舞戲——《大面》、《拔頭》、《踏搖娘》、參軍戲、傀儡戲等，至唐後期又出現了雜劇。

歌舞戲是以故事情節為主，由演員裝扮成人物，用歌唱或說白以及輔之以表情動作的文藝節目。它不同於後來的戲劇，它在表演時的舞蹈成分還很多，其中還雜有一些古老的角抵戲和雜戲的形式。杜佑《通典·樂·散樂》中說：「歌舞戲，有《大面》、《拔頭》、《踏搖娘》」。這是唐代最有名的三大歌舞戲。

《大面》，又稱《代面》，演員戴面具登臺演出北齊蘭陵王的故事，所以又稱為《蘭陵王》。崔令欽《教坊記》說：「《大面》出北齊。蘭陵王長恭，性膽勇，而貌若婦人。自嫌不足以威敵，乃刻木為假面，臨陣著之，因為此戲。亦入歌

---

45 《新唐書·呂元泰傳》。
46 《唐大詔令集·禁斷臘月乞寒敕》。

曲。」這個歌舞戲在唐代流傳很廣，宮廷宴會時經常演出以助興。唐玄宗的弟弟李隆范五歲時即能表演《蘭陵王》，鄭萬鈞《代國長公主碑》記：「則天太後御明堂宴。聖上（指唐玄宗）年七歲，為楚王，舞《長命女》。……岐王年五歲，為衛王，弄《蘭陵王》，兼為行主詞曰：衛王入場，祝願神聖神皇萬歲，子孫成行。……」[47]這個戲在表演時，除了戴假面具，還有其他道具，「戲者衣紫，腰金，執鞭也」[48]。這個歌舞戲，在唐代還傳入日本，至今還能以保存著古代的舞面舞服演出[49]。

《拔頭》，又作《鉢頭》。它是從西域傳來的一個歌舞戲。據《舊唐書·音樂志》載：「《拔頭》，出西域。胡人為猛獸所噬，其子求獸殺之。為此舞以象之也。」它初傳來時，似乎是表現人與獸搏鬥的舞蹈故事。在長期的發展中，故事情節有所改變，表演也由單純的舞蹈逐漸發展成為有歌有舞的歌舞戲節目。《樂府雜錄·鼓架部》說：「《鉢頭》，昔有人父為虎所傷，遂上山尋其父屍。山有八折，故曲有八迭。戲者被發、素衣、面作啼，蓋遭喪之狀也。」故事情節由表現人與獸搏鬥的場面，發展成為表現上山尋父屍所經歷的種種磨難，其中大概就包括與虎相遇而搏鬥的場面。其有歌有舞，以表現遭喪而心情痛苦的場面是顯而易見的。這個歌舞戲在唐代也很流行，出現了像容兒這樣的表演大師，連裡中小兒也可以模仿其情狀而嬉戲。張祜《容兒鉢頭》詩云：「爭走金車叱鞅牛，笑聲唯是說千秋。兩邊角子羊門裡，猶學容兒弄《鉢頭》。」這個節目在唐代可謂婦孺皆知、家喻戶曉了。

《踏搖娘》，是一出具有現實主義意義的歌舞戲。崔令欽《教坊記》載：「北齊有人姓蘇，皰鼻，實不仕，而自號為郎中。嗜飲酗酒，每醉輒毆其妻。妻銜悲，訴於鄰裡，時人弄之。丈夫著婦人衣，徐行入場。行歌，每一迭，傍人齊聲和之云：『踏搖和來，踏搖娘苦，和來！』以其且步且歌，故謂之『踏謠』；以其稱冤，故言苦，及其夫至，則作毆鬥之狀，以為笑樂。今則婦人為之，遂不呼

---

47 《全唐文》卷二七九。
48 段安節：《樂府雜錄·鼓架部》。
49 歐陽予倩：《唐代舞蹈》。

郎中，但云『阿叔子』。調弄又加典庫，全失舊旨。或呼為『談容娘』。」這出戲揭露了當時普遍存在的男女不平等現象，控訴了黑暗的不合理社會，產生了巨大的反響。蘇五奴妻張四娘，就是一位善歌舞、美姿色、能演《踏搖娘》的著名表演藝術家。這出戲在民間經常演出，引起人們的極大共鳴。常非月《詠談容娘》詩云：「舉手整花鈿，翻身舞錦筵。馬圍行處匝，人壓看場圓。歌要齊聲和，情教細語傳。不知心大小，容得許多憐。」這出戲有完整的故事情節，有歌有舞，且有說白及表情動作，有規定的情景場次，出現了旦、末、丑三個角色，已具有後代戲劇的雛形。

參軍戲，源於秦漢時的俳優表演，類似於滑稽戲。它最初是描寫一個贓官遭優伶戲弄的故事，《樂府雜錄‧俳優》載：「開元中，黃幡綽、張野狐弄參軍，始自後漢館陶令石耽。耽有贓犯，和帝惜其才，免罪。每宴樂，即令衣白夾衫，命優伶戲弄辱之，經年乃放。後為參軍，誤也。開元中，有李仙鶴善此戲，明皇特授韶州同正參軍，以食其祿。是以陸鴻漸撰詞《韶州參軍》，蓋由此也。」後來故事內容有所變化，出現了許多屬於參軍戲形式的節目和傑出的表演藝術家。「武宗朝有曹叔度、劉泉水、咸淡最妙。咸通以來，即有范傳康、上官唐卿、呂敬遷等三人，馮季皋亦其次也。弄《假婦人》，大中以來有孫乾飯、劉璃瓶，近有郭外春、孫有熊。……弄《婆羅》，大中初有康迺、李百魁、石寶山。」其中最著名、最具戰鬥力的是懿宗朝的表演藝術家李可及所表演的《三教論衡》，他把嘲弄的矛頭直指被統治者尊奉為三教聖人的釋迦如來、太上老君、孔子。參軍戲詼諧幽默，妙趣橫生，深受群眾喜愛。李商隱《驕兒》詩有：「忽復學參軍，按聲喚蒼鶻。」薛能《吳姬》詩也有：「此月楊花初似雪，女兒弦管弄參軍。」連小孩、女兒都能夠模仿參軍戲而嬉戲，可見參軍戲在當時是極為流行的。

傀儡戲，又稱「窟礧子」或「魁壘子」，即現代所說的木偶戲。傳統的傀儡戲，是作為喪葬祭獻之戲。據《封氏聞見記》卷四載：代宗時太原節度使辛杲京葬日，諸道節度使爭以傀儡戲「道祭」。范陽的祭盤最大，「刻木為尉遲鄂公、突闕鬥將之像。機關動作，不異於生。祭訖，靈車欲過，使者請曰：『對數未盡。』又停車設項羽漢高祖會鴻門之像，良久乃畢。繞經者皆手擘布幕收哭觀戲。事畢，孝子陳語與使人：『祭盤大好，賞馬兩匹。』」像這種「道祭」，實際

上是一次傀儡戲匯演。不過，唐代傀儡戲主要還是作為宴享嘉會娛樂項目而經常上演。僖宗時，成都節度使府，「頻於使宅堂前弄傀儡子，軍人百姓，穿宅觀看，一無禁止」[50]。杜佑《通典·樂·散樂》說傀儡戲在唐代已經是「閭市盛行」。《樂府雜錄·傀儡子》記載了一位姓郭的民間表演傀儡戲藝人，「髮正禿，善優笑，閭裡呼為『郭郎』，凡戲場必在俳兒之首也」。梁煌《詠木老人》（一作唐玄宗詩）詩云：「刻木牽絲作老翁，雞皮鶴髮與真同；須臾弄罷寂無事，還似人生一夢中。」描寫了提線木偶的表演情景。林滋《木人賦》也敘述道：「……來同僻地，舉趾而跟底則無；動必從繩，結舌而語言無有。……既手舞而足蹈，必左旋而右抽。藏機關以中動，假丹粉而外周。」[51]把木偶戲製作的惟妙惟肖展現出來。在新疆吐魯番阿斯塔那二〇六號張雄夫婦合葬墓中曾發現過絹衣木偶[52]，證明在初唐就出現了用傀儡來表演有故事、有情節的歌舞戲。這在中國戲劇史上也具有重要意義。

雜劇大盛於宋元時期，但其形成比之當更早。至晚在唐後期，地方上已經出現了簡單的雜劇形式。唐文宗大和三年（829年），南詔進攻東、西川，掠走五萬多人，「音樂技巧，無不盡畢」。後來，據李德裕的調查報告稱，被擄走的人口中，「其中一個是女子錦錦、雜劇丈夫兩人」[53]。這是歷史上最早關於雜劇的正式記載。據《酉陽雜俎》續集卷三記載，當時的四川地區還出現了「五人為伙」的戲班子，流動演出，「五人為伙……監軍院宴，滿川等為戲，以求衣食。少師李相怒，各杖十五，遞出界」。這五人是千滿川、白迦、葉珪、張美和張翱，為中國戲劇史上見諸記載的最早的戲班之一。晚唐五代還開始上演了不少優秀劇目，比較有名的有：《劉辟責買》、《旱稅》、《麥秀兩歧》、《排闥戲》等。

《劉辟責買》，約編成於唐憲宗元和元年（806年），但沒有得到演出的機會。《唐語林》卷一載：「高崇文……入成都日，若有閒暇，命節級將吏，凡軍府事無鉅細，一取韋皋故事。……舉酒與諸公盡歡。俳優請為《劉辟責買》戲，

50　孫光憲：《北夢瑣言》卷三。
51　《文苑英華》卷八十二。
52　金維諾、李遇春：《張雄夫婦墓俑與初唐傀儡戲》，載《文物》，1976年第12期。
53　李德裕：《李文饒文集》卷十《論故循州司馬杜元穎狀》。

崇文曰：『辟是大臣，謀反，非鼠竊狗盜，國家自有刑法。安得下人輒為戲弄。』杖優者，皆令戍邊。」這是一出揭露叛逆劉辟，諷刺封建官僚欺壓人民的「現代戲」。

《旱稅》，是唐德宗貞元二十年（804 年），優人成輔端諷刺當時管理京畿地區的高級官吏——京兆尹李實的戲。李實對人民非常殘暴，盡量加重對人民的剝削，以取媚皇帝，史稱其「恃寵強愎，不顧文法，人皆側目」。當時關中大旱，李實向皇帝報告說：「今年雖旱，穀田甚好。」人民照舊得納租交稅，為此不得不拆屋賣麥苗。成輔端利用在皇帝面前演戲的機會，扮成窮苦人民的形象，創作並上演了這出戲。戲中共有幾十段傾訴人民疾苦的唱腔，其中之一為：「秦地城池二百年，何期如此賤田園，一頃麥苗五石米，三間堂屋二千錢。」為此得罪了李實，遭誣陷，以「誹謗國政」罪被殺害。[54] 這是反映唐中葉尖銳的階級矛盾的「現代戲」。

《麥秀兩歧》，本是東漢初漁陽人民頌揚同情人民、鼓勵農業生產的清官張堪的一首歌曲，[55] 一直流傳到唐代，又填了新詞。晚唐五代時期被改編為戲劇。據《太平廣記・封舜卿》引《王氏見聞錄》載：五代後梁時封舜卿出使西蜀，當地為他表演了這場戲。情節大體是：堂前擺著割麥用的工具，由幾十個演員裝扮的窮人，身著破衣爛衫，拖兒帶女，提筐拾麥，同時唱著自述困苦生活的歌，歌聲悲慘。反映了人民痛苦的生活，諷刺了統治階級。

《排闥戲》，又名《樊噲排君難》。它是根據楚漢相爭時「鴻門宴」的故事改編的，為了慶賀唐昭宗返正而上演，屬於歷史劇。據《唐會要・諸樂》載：「光化四年（901 年）正月，宴於保寧殿，上制曲，名曰《贊成功》。時鹽州雄毅軍使孫德昭等，殺劉季述，帝反正。乃製曲以褒之，仍作《樊噲排君難》戲以樂焉。」顯然，這出戲是有一定的政治目的的。

像這類戲劇，一定還有不少，可惜沒有流傳下來。此外，還有一種被稱為

---

54 《舊唐書・李實傳》。
55 《後漢書・張堪傳》。

「合生」的有說有唱有舞的戲劇形式，在唐前期已很流行。《新唐書・武平一傳》載：中宗宴兩儀殿，「胡人襪子、何懿等唱合生，歌言淺穢」。平一上書曰：比來「妖妓胡人、街童市子，或宮妃主情貌，或列王公名質，詠歌蹈舞，號曰『合生』」。這些戲劇藝術的發展標誌著這一時期已經具備有後世戲劇的雛形。

五、民謠、民樂與民間音樂比賽

唐代的民間歌謠活動十分盛行，詩人們以「行人南北盡歌謠」[56]，「人來人往唱歌行」[57]等詩句來反映當時民謠的盛況。

對情歌、唱山歌等活動，廣泛流行於鄉村僻壤及少數民族地區。《宣和畫譜・唐女仙吳彩鸞》條記載：「南方風俗，中秋夜婦人相持踏歌，婆娑月影中，最為盛集。」民間賽歌成為一些地區的風俗，如巴渝一帶，「歲正月……裡中兒聯歌《竹枝》，吹短笛擊鼓以赴節。歌者揚袂睢舞，以曲多為賢」[58]。民歌的盛行，影響到文人的創作，劉禹錫的《竹枝詞》有：「楊柳青青江水準，聞郎江上踏歌聲。東邊日出西邊雨，道是無晴（情）卻有晴（情）」。「楚水巴山江雨多，巴人能唱本鄉歌」。《堤上行》之二有：「江南江北望煙波，入夜行人相應歌」。《踏歌詞》之二有：「春江月出大堤平，堤上女郎連袂行。唱盡新詞歡不見，紅霞喚樹鷓鴣鳴。」這些都反映出大江南北民間對歌的盛況。

文人的作品，往往成為民間歌手傳唱的內容。《集異記》記載的三位著名詩人王昌齡、高適、王之渙旗亭聽歌的故事，就反映了這種情況。

唐代湧現出一批具有較高水平的民歌手。如劉采春，據說能唱一百二十餘首歌曲，「皆當代才子所作。其詞五、六、七言，皆可和矣」。每當她一展歌喉，

---

56 《敦煌曲子詞・望遠行》。
57 《全唐詩》卷三六五劉禹錫《竹枝詞》之三。
58 《全唐詩》卷三六五劉禹錫《竹枝詞》引。

「歌聲徹雲，閭婦行人莫不漣洏」[59]。街頭流浪藝人張紅紅，「本與其父歌於衢路丐食」，後被選入皇家宜春院，因聰明伶俐，聞曲即可默記心中，被宮中人稱為「記曲娘子」[60]。念奴是位女高音，「每囀聲歌喉，則聲出於朝霞之上，雖鐘鼓笙竽嘈雜而莫能遏」[61]。開元時宜春院歌手永新，本名許和子，原為吉州永新縣樂家女。「既美且慧，善歌，能變新聲。韓娥、李延年（漢代著名歌唱家）歿後千餘載，曠無其人，至永新始繼其能。遇高秋朗月，臺殿清虛，喉囀一聲，響傳九陌。明皇嘗獨召李謨吹笛逐其歌，曲終管裂，其妙如此」。一次，「賜大酺於勤政樓，觀者數十萬眾，喧嘩聚語，莫得聞魚龍百戲之音。上怒，欲罷宴」，高力士奏請永新出演，只見她「撩鬢舉袂，直奏曼聲，至是廣場寂寂，若無一人；喜者聞之氣勇，愁者聞之腸絕」[62]。可以說，永新的歌具有極大魅力，扣人心弦。此外，還有李可及、韋青、李龜年、李鶴年、米嘉榮、田順郎、南不嫌、陳意奴，等等，舉不勝舉。可以毫不誇張地說，唐代是詩的世界，歌的海洋。

　　唐代的民間音樂，尤其是市民音樂活動，有很大的發展。首先，表現在唐代湧現出了一大批民間音樂家，如彈琵琶的曹保保、曹善才、曹綱祖孫三代，奏箜篌的李憑、張野狐及李齊皋父女，吹笛的李謨、孫楚秀、尤承恩、雲朝霞，擊羯鼓的黃幡綽、王文舉，等等，粲若群星[63]。至於那些連名姓都沒有留下來的民樂藝術家們，就更如滿天星鬥，數不勝數了。白居易在潯陽江頭遇到的琵琶女，即其中之一，她還算幸運者，通過詩人的名篇《琵琶行》，後人還能領略到其風采。這些藝術家大都來自民間，起碼也受到民間藝術的深刻影響。

　　其次，從樂器種類的繁多上，也可以看出當時人音樂生活之豐富。據唐人段安節《樂府雜錄》所載，較常用的樂器約有三百種，可以分為吹奏、彈奏、擊奏樂器三類。僅鼓就有羯鼓、銅鼓、腰鼓、桴鼓等十餘種，大部分樂曲在演奏時，

---

59 范攄：《雲溪友議》。
60 段安節：《樂府雜錄·歌》。
61 王仁裕：《開元天寶遺事》卷上。
62 段安節：《樂府雜錄·歌》。
63 參見王永平：《唐代游藝》，頁 29-32，西安，西北大學出版社，1995。

「皆擂大鼓，雜以龜茲之樂，聲震百里，動盪山谷」[64]。它如琵琶、笛、笙、篳篥、方響、箜篌等，則是當時最盛行的樂器。

另外，唐代市民音樂比賽更為當時的城市生活增添了熱鬧情趣。都城長安是各種有專長的藝人雲集的地方。長安城中的王公貴族官僚士大夫之家和歌榭酒樓妓館之中，經常是歌舞昇平。長安市上還經常舉行各種音樂比賽，屆時行人駐足，好不熱鬧。有的為了增加新奇性，男扮女裝，及至公開亮相，才令人豁然明白。《樂府雜錄‧琵琶部》就記載了這樣一次市民音樂比賽：

貞元中，有康崑崙，第一手。始遇長安大旱，詔移兩市祈雨。及至天門街，市人廣較勝負及鬥聲樂。即街東有康崑崙琵琶最上，必謂街西無以敵也，遂請崑崙登彩樓，彈一曲新翻羽調《綠腰》，其街西也建一樓，東市大誚之。及崑崙度曲，西市樓上出一女郎，抱樂器，先云：「我亦彈此曲，兼移在楓香調中。」及下撥，聲如雷，其妙入神。崑崙即驚駭，乃拜請為師。女郎遂更衣出見，乃僧也。蓋西市豪族，厚賂莊嚴寺僧善本，以定東廛之勝。

像這一類的活動，經常舉行。如白行簡的《李娃傳》提到長安東街和西街的「凶肆」（從事殯葬業）商人，為了爭勝，在天門街比賽各自殯儀和挽歌歌者的優劣，竟引得一時萬人空巷。《太平廣記‧趙燕奴》記載，「以捕魚宰豚為業」的市民趙燕奴，「每鬥船驅儺及歌竹枝詞較勝，必為首冠」。類似此類的市民音樂比賽，構成唐代城市豐富多彩生活的一個側面。

順便提一下唐代的「廟會」和「戲場」。隨著商業的發展和城市的繁榮，市民文娛生活在中唐以來逐漸興旺。一些以從事文藝為業的伎人，除了投靠宮廷貴族以外，也開始直接面向觀眾獻藝。這種賣藝場所多集中於寺廟，形成「廟會」和「戲場」。據《南部新書》記載：「長安戲場多集於慈恩，小者在青龍，其次薦福、永壽。」這種廟會中的戲場有各種雜戲及音樂表演活動，據《裴鉶傳奇‧崔煒》條載：「貞元中，中元日，番禺人多陳設珍異在佛廟，集百戲於開元寺。」

---

64 《舊唐書‧音樂志二》。

盧子《逸史》也說：「唐天寶後，有張某為劍南節度使，中元日，令郭下諸寺，盛其陳列，縱士女游觀。」逛廟會戲場的除了官僚貴族外，更多的是普通士子、妓女及平民百姓。由於戲場聚集了各種百戲藝術，娛樂性較強，所以吸引了人們樂此不疲。唐宣宗大中二年（848 年），萬壽公主丈夫鄭顥重病臥床，萬壽公主仍泡在「慈恩寺觀戲場」。由此可見，廟會戲場之魅力無窮。此外，在城市中還出現了隨地而設的賣藝人場子。《尚書故實》中提到的「京國頃歲街陌中，有聚觀戲場者」，當即指的這種場子。廟會和戲場的出現，反映了唐五代市民生活的逐步開展。這種廟會、戲場逐漸朝著宋代的瓦欄勾舍方向發展。

第十二章

科技的輝煌
成就

　　隋唐五代時期，在相當長的一段時期內，國家保持了政局的穩定，經濟的繁榮。
這就為科技的發展提供了良好的條件，大一統的國家，可以充分地調動各階層人民的
創造力，從事科技的發明和應用，無論是天文曆算、農業科技和水利事業，還是醫藥
學、手工業和建築，都取得了舉世矚目的成就。實測子午線的成功、雕版印刷術的發
明和應用、趙州橋的建造、大運河的開鑿、規模宏大的長安、洛陽兩京的建築、《新
修本草》的頒定，等等，無不凝聚著這個時代的精神風貌，代表著這個時代科技的輝
煌成就。

建樹頗多
的天文曆算

　　隋唐五代時期在天文曆算方面取得了卓越的成就。湧現出了一批優秀的天文學家，如劉焯、張胄玄、李淳風、僧一行、傅仁鈞等。在天文方面唐設置了太史局（又叫渾天監、司天臺等），內置天文博士、曆法博士、天文觀生、曆生等，掌管天文，制定曆法等；在算學方面，隋國子寺和唐國子監中均設有算學，內有算學博士、助教及學生，在隋唐的科舉考試中也有明算科。此外，隋唐時期一些著名的天文學家，如劉焯、李淳風等也是著名的算學家。當時天文曆算方面的成就，突出地表現在渾天儀的改進、子午線的實測、曆法的改定和數學的進步等方面。

一、渾天儀的改進

　　渾天儀也叫渾象，是用來表示天象的儀器，也是中國古代研究天文的唯一測器，首創於東漢天文學家張衡，以後製造技術不斷改進和提高。隋文帝時，耿詢（字敦信，丹陽人，今安徽當涂人）就曾改進、試造渾天儀。《隋書·耿詢傳》載：「詢創意造渾天儀，不假人力，以水轉之，施於閣室中」，「外候天時，合如符契」。可惜沒有傳下來。

唐初李淳風鑑於當時北魏造的鐵渾儀不夠精密，因而立意改革，在唐太宗的支持下，於貞觀七年（633年），造了一架新型的渾天黃道銅儀，「其製以銅為之，表裡三重，下據準基，狀如十字，末樹鰲足，以張四表焉」[1]。原渾天儀由六合儀和四游儀兩重，李淳風再安裝一重三辰儀。六合儀是外面的一層，由地平圈、子午圈和赤道圈固定在一起。中國古代把東西、南北、上下六個方向叫做六合。裡面能夠旋轉用來觀測的四游環連同窺管，叫做四游儀。這兩層之間新加的三辰儀是由三個相交的圓環構成，這三個圓環是表示太陽位置的黃道環，表示月亮位置的白道環，表示恆星位置的赤道環。古代把日、月、星叫做三辰，所以稱之為三辰儀。三辰儀可以繞著極軸在六合儀裡旋轉，而觀察用的四游儀又可以在三辰儀裡旋轉，這樣就可直接用來觀察日、月、星辰在各軌道上的運動情況。渾天儀用三層，是從李淳風開始的。經過這樣的改進，黃道經緯、赤道經緯、地平經緯都能測定。[2]

　　到唐玄宗開元年間，李淳風的黃道渾儀已亡佚，為了制定新曆，僧一行和另一位天文學家梁令瓚一起，製成了銅渾天儀和黃道游儀。

　　銅渾天儀是在漢朝渾天儀的基礎上加以改進製成的，並運用古代漏壺滴水的原理，在儀器上安裝了一個齒輪，「注水激輪，令其自轉，一日一夜，天轉一周」[3]。表現星宿的運動和日升月落。此外，還安裝自動報時器，即「立二木人於地平之上，前置鐘鼓以候辰刻，每一刻自然擊鼓，每辰則自然撞鐘」[4]，設計得非常巧妙。

　　黃道游儀是在李淳風黃道渾儀的基礎上加以改進完成的。黃道游儀由三重環組構成：外面一重是固定不動的，包括地平、子午（南北方向）和卯酉（東西方向）三個環。中間一重是黃道環、赤道環和白道環，它們均可繞極軸轉動。裡面一重是夾有窺管的四游環，可以靈活地照準任一天體。此外，李淳風曾在黃道環

1　《舊唐書・李淳風傳》。
2　參見張奎元、王常山：《中國隋唐五代科技史》，頁18，北京，人民出版社，1994。
3　《舊唐書・天文志》。
4　同上。

上打了二百四十九對孔，令白道環每經約二十七日移動一對孔，以適應黃白交點沿黃道不斷西移的天文觀象。對此，僧一行等人分別在黃道環和赤道環上，每隔一度打一個孔，計三百六十五個小孔，這除了保留了李淳風的製造理念，還適應了歲差現象。

黃道游儀制好後，僧一行用它重新測定了一百五十餘顆恆星的位置；同時還測量了二十八宿距離北極的度數，經過實測，發現與前代數據有明顯的差異，這說明恆星不像古人認為的那樣，其位置不是永恆不動的，而是在天體中移動的。這一發現，在世界天文學史上也是首次。

二、僧一行與子午線的實測

僧一行除改進渾天儀外，還實測子午線和編定《大衍曆》。他是中國古代著名的天文學家。

僧一行（683-727 年），俗姓張，名遂，魏州昌樂（今河南南樂）人。他「少聰敏，博覽經史，尤精曆象、陰陽、五行之學」[5]，受到當時學者的讚揚。因不願結交權貴武三思而出家為僧，隱居嵩山。玄宗登基，被強徵入京。開元十二年（724 年），唐政府在一行的建議下，派南宮說等到北起鐵勒（今俄羅斯貝加爾湖附近，約北緯 51°），南至林邑（今越南中部，約北緯 18°）的十三個地點進行測量，內容包括：當地點的北極距地高度（即地理緯度）、冬夏至和春秋分日影長度以及冬夏至晝夜漏刻長度等數據。

這次測定的重點是由南宮說負責的，在滑州白馬（今河南滑縣）、汴州浚儀（今河南開封市）、許州扶溝（今河南扶溝縣）和蔡州上蔡（今河南上蔡縣）四處。它們大致位於同一地理經度上。在這四處，除測量了北極高度和日影長度外，還測量了這四個點之間的水平距離。根據實測證明古代流傳的「南北地隔千

5　《舊唐書‧僧一行傳》。

裡，影長差一寸」的說法是錯誤的。一行由這四處的距離差與北極處的高度差的比例關係分析得出：南北相距，「三百五十一里八十步而差一度」[6]的重要結論。換算成現在單位，即為南北相距一百三十一點一公里，北極高度相差一度，比現在測量的數字偏大二十點一七公里，但僧一行實測子午線在世界上是第一次。

三、曆法的改定

渾天儀的改進，使天文常數的測量精度進一步提高，子午線的實測，也增加了人們對宇宙的新認識以及其他天文曆算知識的進步，都為新曆法的制定提供了科學依據。

早在北齊時期，著名的天文學家張子信用渾儀觀測日月五星的運動，獲得了中國天文學史上具有重大意義的三大發現：一是關於太陽視運動（即地球運動的反映）不均勻性的發現；二是關於五星運動不均勻性的發現；三是關於食差的發現。入隋以後，傑出天文學家劉焯把張子信的三大發現列入曆法，並成功地解決了這三大發現的具體計算和合理應用問題，並於六〇四年撰成《皇極曆》。

月球和太陽的黃經相等的時候，在朔日，月球運行到地球和太陽之間，和太陽同時出沒，呈現出新月的月相，朔發生的那一天定為夏曆每月的初一日。在隋以前還沒有準確推算出合朔的時間，劉焯在《皇極曆》中將對這一問題的研究向前推進了一步。

張子信發現太陽視運動的不均勻性，推算出了二十四節氣的「入氣差」（即二十四節氣時，視太陽實際行度與平均行度之差）的具體數值。劉焯根據張子信的「入氣差」，在《皇極曆》中製成了二十四節氣太陽視運動不均勻性改正數值表，即日躔表。在應用日躔表進行任一時刻的改正值的計算時，劉焯首創了等間距二次內插法。這一數學方法的物理意義，是把某一時段內太陽視運動的速率看

---

6 《舊唐書‧天文志》。

成是匀加速或匀減速的。這一方法較好地解決了太陽視運動不均勻性的計算問題。在此基礎上，劉焯又成功地解決了同時考慮日、月運動不均勻性影響的定朔計算方法，使真正朔日時刻的計算精度得以提高。儘管他的算法所得數值與實際不大相符，但據此編制的曆法較前有了很大的進步。

劉焯在《皇極曆》中還第一次同時採用日行和月行速度的不均勻理論，用以推算五星位置和日、月食起訖時刻及食分等。

還應提到的是，劉焯對歲差的認識也達到了一個新的高度。因為地球是一個橢圓球體，自轉軸對黃道平面是傾斜的，地球赤道那裡的突出部分受到日月等吸引，引起地軸繞黃極作緩慢的移動。速度每年 50″.2，約二萬五千八百年運行一周，從而出現回歸年比恆星年短的現象。中國最早定出較為精確歲差值的是晉朝的虞喜。他測出太陽從今年冬至點到明年冬至點並不是在原點上，而是每五十年冬至點西退一度，並指出使天為天，歲為歲。即較早的區分了恆星年與太陽年。之後，祖沖之首先用歲差改進曆法。他實測得冬至點在鬥十五度，認為不到一百年相差二度，得出四十五年十一月相差一度。

在劉焯之前曆法給出的歲差值都是屬於赤道歲差，是冬至點或夏至點及赤道宿度的變化求得的。劉焯為了求得精確的歲差值，測定了二十八宿的黃道度，並與東漢時代測定的數值進行比較，發覺其中有十一個宿的黃道度有了變化。因此他指出「歲久差多，隨術而變」[7]。就是說，要精確推算當時日、月、五星離冬至點的黃道積度，不能根據過去的而必須根據當時的二十八宿黃道來推算。如果要推算過去和將來的行度，則必須先按歲差求得那時候的二十八宿黃道度。劉焯曾測得七十五年差一度的新歲差值，這與實際數值非常接近，而當時西方仍沿用一百年相差一度的數值。

劉焯還在推算交食時第一次考慮視差對交食的影響，也就是在地球表面觀察天體和在地心觀察天體所產生的天體位置差，這在當時也是十分可貴的創見。劉

7　《隋書‧律曆志》。

焯的《皇極曆》和其他一些科學建議因受到太史令張冑玄和張賓等人的排斥，未能施行，但他對天文曆法學的貢獻是不可泯滅的。

到唐代曆法變更了八次，但確有價值的曆法是戊寅、麟德、大衍三部。

《戊寅曆》由初唐傅仁均制定，並於武德二年（619年）頒行。貞觀十九年（645年）以後，因採用《戊寅曆》連續出現四個大月，至麟德二年（665年），李淳風以劉焯的《皇極曆》為基礎加以改進，製成並頒行了《麟德曆》。《麟德曆》對連續出現的幾個大月或幾個小月的情況，採取了臨時變通調整的方法，並在無中氣的月份置閏月。開元九年（721年），因《麟德曆》所推算日食不準，唐玄宗命僧一行重新制定曆法。

一行受命重造新曆後，認真研究了中國曆代的曆法，又參考了當時天竺國（印度）的曆法，在此基礎上大膽創新，於開元十五年（727年），編制了當時比較先進的《大衍曆》。《大衍曆》最突出的成就是比較正確地掌握了太陽在黃道上運行的速度變化的規律（實際是地球繞太陽運行時速度的變化規律）。劉焯在制定《皇極曆》時，吸收了張子信的研究成果，提出在曆法中改用二十四等分周天來定節氣，得知每氣十五度多，以前劉焯也採用張子信的研究成果，但劉焯所定太陽運行的快慢數值，是與實際不符的。僧一行制定的《大衍曆》認為冬至前後日行最快，所以二氣之間時間最短；夏至前後日行最慢，所以二氣之間時間最長。《大衍曆》較劉焯的《皇極曆》更符合實際情況。《大衍曆》又測知從冬至到春分六個定氣間共八十八、八十九日，日行一象限。春分到夏至六個定氣間共九十一、七十三日，也行一象限。秋分前後和春分前後情況相同。僧一行所測量的數據已非常精確。

編成後的《大衍曆》共分七篇：「一、步中朔，即計算平逆望、平氣；二、步發斂術，計算七十二候；三、步日躔術，計算每天太陽的位置和運動；四、步月離術，計算月亮的位置和運動；五、步軌漏，計算每天見到天空的星象和晝夜時刻；六、步交會術，計算日月食；七、步五星術，計算五大行星的位置和運

動。」[8]一行創制的曆法編訂格式，一直為以後所遵循，直到明末西方曆書傳入才有所改變。唐時，日本留學生吉備真備把《大衍曆》帶到日本，在日本廣泛流傳使用，影響甚大。

在中國古代，曆法是封建統治權的象徵之一，各地不能頒行與中央不同的曆法，但到唐後期，由於藩鎮割據，中央曆法已不能頒行全國，這就為民間曆書編訂流行提供了條件，在唐德宗建中年間（780-783 年），天文學家曹士蔿編成了一種簡便易行的《符天曆》，它以唐高宗顯慶五年（660 年）為曆元，以雨水為氣首，又把數據化為十進小數，從而大大減輕了計算工作，所以受到民間的歡迎，從唐末到宋，流行了好幾百年。

由於天文學的發展，天文知識也得到了普及。唐初王希明所作的《步天歌》，介紹了陳卓星圖中二百八十三個星官、一千四百六十四個星辰的知識。它把全天分為三十一個天區，即後世流傳的所謂「三垣二十八宿」的分區法。這種對星空的區分方法，一直沿用到近代。《步天歌》對古代普及天文學知識起了很大的作用。

在敦煌還發現了標有一千三百五十顆星的唐代星圖，這是當今世界上留存星數最多而又最古老的星圖。敦煌星圖一九〇七年被英國人斯坦因帶走，現存英國倫敦博物館。

當時在日食、彗星等天象記錄方面，也十分細緻和準確。

四、數學的進步

隋朝統一以後，為適應經濟建設的需要，數學也得到了很大的發展。隋朝在中央國子寺設立算學，在科舉考試中又設立明算科，這是中國歷史上第一次由國

8　張奎元、王常山：《中國隋唐五代科技史》，頁 14，北京，人民出版社，1994。

家創辦的數學教育。唐承隋制，在中央國子監中設有算學館，計有博士二人，助教一人，學生三十人，主要學習「十部算經」，即：《周髀算經》、《九章算術》、《海島算經》、《孫子算經》、《五曹算經》、《夏侯陽算經》、《張丘建算經》、《五經算術》、《緝古算經》、《綴術》。此外，還學習《數術記遺》和《三等數》。學習期限是：「孫子」、《五曹》共限一歲，《九章》、《海島》共三歲，《張丘建》、《夏侯陽》各一歲，《周髀》、《五經算》共一歲，《綴術》四歲，《緝古》三歲，《記遺》、《三等數》皆兼習之。」考試是：「凡算學，錄大義本條為問答，明數造術，詳明術理，然後為通。試《九章》三條，《海島》、《孫子》、《五曹》、《張丘建》、《夏侯陽》、《周髀》、《五經算》各一條，十通六，《記遺》、《三等數》帖讀十得九，為第。試《綴術》、《緝古》錄大義為問答者，明數造術，詳明術理，無注者合數造術，不失義理，然後為通。《綴術》七條、《緝古》三條，十通六，《記遺》、《三等數》帖讀十得九，為第。落經者，雖通六，不第。」[9]

唐在地方都督府、州、縣學中，也都設置有算學課程。唐中央算學館在唐高宗時期曾一度廢止，但不久又恢復。安史之亂以後，唐皇室衰微，學校廢敗，生徒流散，數學教育自然也衰落下去。又由於統治階級對經史治國的過分依賴，科舉逐漸趨重明經、進士二科，這又致使明算科的冷落，大約到晚唐，明算科停止了考試。

隋唐時期，政府對書籍的整理工作十分重視。唐初作為國學教科書的「十部算經」，就是唐高宗令太史令李淳風與算學博士梁述、太學助教王真儒等選定注釋的。這些著作中除《緝古算經》是初唐王孝通所作以外，其餘都是以前的作品。唐以前書籍都是由手抄流傳的，而且也無國家頒定的本子，所以錯誤較多，注疏龐雜。「十部算經」經李淳風等人認真整校後，很多錯誤得以澄清，又經政府頒定為教科書，不僅方便了當時學者的需要，而且也使這十部算經得以流傳至今。

李淳風等人注釋的「十部算經」還取得了一些新的進步，如李淳風根據實際

---

9 《新唐書‧選舉志》。

觀測認為，《周髀算經》中所謂「地差千里，影差一寸」的假定是不對的；又如《海島算經》原本是劉徽附於《九章算術》之後的「重差」一卷，原著文字難於理解，李淳風等人即詳細指明了解題中的演算步驟。不過李淳風等人的注釋工作也存在著一些不足，如沒有認識到劉徽割圓術的意義，也有些注釋品質還不夠高。但從總體而言，對李淳風等人的工作應予以肯定。這是中國第一次對數學著作進行的大規模的整理，也是對中國古代唐以前數學成果的一個總結，這對推動數學教育的開展和數學知識的普及與提高都有著重要的意義。

在「十部算經」中，《緝古算經》是唐初數學家王孝通所作。王孝通生平不詳，曾在高祖武德年間（618-626 年）擔任算學博士，後因參與校勘傅仁均制訂的《戊寅曆》，有新的見解，被提升為太史丞。

王孝通的主要成就在數學方面，著有《緝古算術》一書，後因被列入「十部算經」中，改稱為《緝古算經》。全書共二十問，第一問是講用算學解答天文曆法的計算問題。第二至十四問是立體問題，是以三次方程解答的問題。第十五至二十問是勾股問題，是以三或四次方程解答的問題。書中在每問之後，都有術文說明各項系數的解法，重要術文之後，還有作者自注，說明立術或建立方程的理論根據及運算過程。王孝通建立的三、四次方程及其解法，依據幾何的性質，還只限於正解，但這在中國古代數學史上已經是一個突破，而且在世界上也處於領先的地位。李約瑟在他的《中國科學技術史·數學卷》中就認為「在歐洲，斐波那契（西元十三世紀）是第一個提出王孝通那類問題的解法的人。有理由認為，他可能是受到東亞來源的影響」。

再從王孝通寫作此書的目的來看，主要是為了解決一些現實中的實際問題，如其第一章就是有關天文曆法計算的問題。此外，他在《上緝古算術表》中又稱：「伏尋《九章》商功篇有平地役功受袤之術，至於上寬、下狹，前高後卑，正經之內闕而不論。致使今代之人不達深理，就平正之間同欹邪之用。斯乃圓孔方枘，如何可安。臣晝思夜想，臨書浩嘆，恐一旦瞑目；將來莫睹。遂於平地之餘，續狹斜之法，凡二十術，名曰《緝古》。」可見他編著此書的目的，主要是想用以解決現實中一些土木工程的計算問題。

隋唐時期，數學方面取得的另一重要成就是二次內插法的建立。在隋以前計算日行度數，都是用一次內插法。由於日、月視運動的不均勻性，用一次內插法計算的結果與實際誤差很大。到隋朝以後，劉焯在制定《皇極曆》時，創立了等間距二次內插法，從而使計算方法大為精密。利用這一公式計算所得的曆法精確度也有了很大提高。但在現實中，日、月、五星不是作等加速運動，所以這種算法仍然存在著缺點。為了提高制定曆法的精確度，唐僧一行在西元七二七年，又創立了不等間距二次內插法，較好地解決了計算與實際誤差較大的問題。一行所編制的《大衍曆》在推算日、月、五星運行度數方面又有了新的提高，到晚唐徐昂制定《宣明曆》時，還進一步簡化了內插的計算公式。

二次內插法的建立，標誌著中國天文曆算學進入一個新的階段，用它計算編制的曆法也處於世界的領先地位。

此外，隋唐五代時期，十進位小數的應用也得到了推廣。數學在長期的實際運用中，還不斷簡化了計算方法，這些都使數學在經濟和生產建設中發揮著更大的作用。

第二節 ·

農業科技
和水利事業新成就

農業是封建社會最主要的生產部門。水利是農業的命脈，與國計民生相關緊

密。隋唐五代時期，農業科技、農田水利及河防、航運、城市供水等水利事業，都得到了很大發展和進步。

一、農業科技的發展與進步

隋及唐前期，由於推行均田制，使廣大勞動人民獲得了土地，同時，統治階級又實行了較為寬鬆的農業政策，農業生產得到了較大的恢復和發展，到唐玄宗開元、天寶年間，出現了「耕者益力，四海之內，高山絕壑，耒耜亦滿」[10]的局面。隨著人口的增加和農業經濟的發展，人們不斷擴大耕地面積，於是向山地開荒，出現了畬田；又利用瀕河灘地和湖泊淤地而產生了圩田。

畬田，是指焚燒田裡的草木，用草木灰做肥料的耕種方法。畬田在唐詩中多有反映，如杜甫有「畬田費火耕」[11]之句；白居易有「灰種畬田粟」、「春畬煙勃勃」[12]之句。杜甫是唐玄宗時人，生活到安史之亂以後，白居易是唐後期人。他們的詩句說明唐開元、天寶以後，畬田的開墾已十分普遍。

關於畬田的造田方法，南宋范成大《勞畬耕》詩序中說：畬田，「刀耕火種之地也。春初斫山，眾木盡蹶。至當種時，伺有雨候，則前一夕火之，借其灰以糞。明日雨作，乘熱土下種，即苗盛倍收。無雨反是」。所謂「春初斫山，眾木盡蹶」，說明畬田是開山造田。「田盡而地、地盡而山」，開山造田是農業生產發展到一定階段的產物。

圩田，是在低窪地四周築堤防止外水自由流入的農田，是人們利用瀕河灘地、湖泊淤地的過程中發展起來的。早在先秦時期，中國勞動人民在治水的同時，已圍淤湖為田。起初築土堤主要是用來擋水，後來逐漸發展成為利用堤岸、涵閘、溝渠而建成相應的水利工程來保護耕地。堤上的涵閘，平時閉閘御水，旱

---

10 《元次山集·問進士第三》。
11 《戲作俳諧體遣悶二首》。
12 《白氏長慶集》卷十、卷十九。

時開閘放水入田，也可以用提水工具把水灌入或排出，因而水旱無慮。圩田在唐中葉以前發展緩慢，唐後期隨著南方經濟的發展，圩田得到了迅速的發展。又由於南方河流縱橫，以致發展成圩圩相接，並與河渠相結合的完整體系。唐代在浙西還設有營田司負責堤防堰閘之事，每年派人巡查江河湖道，清理淤淺，充分保護對圩田的開發利用。到五代時期，吳越的圩田發展的規模更大，「每一圩方數十裡如大城，中有河渠，外有門閘，旱則開閘引江水之利，潦則閉閘拒江水之害，旱潦不及，為民美利」[13]。

唐代的南方處於一個很重要的開發時期，圩田很好地解決了南方河灘及湖泊淤地的利用問題，從而促使了南方農業經濟的發展。

隨著耕地面積的擴大，農業生產的發展，農業生產工具也得到了改進。

隋唐時期，政府非常重視農田水利工程的建設，當時勞動人民也充分利用水利資源，除了以前已有的橘槔、轆轤、翻車還在普遍使用外，勞動人民又創造了連筒、桶車、筒車、水輪和井車等新的灌溉工具。

連筒的製作方法是用粗竹相連，打通竹內的關節，用以引水，它的優點是能夠架越澗谷，把水引到對岸。

桶車是「以木桶相連汲於井中」[14]的水車。

筒車的形狀類似紡車，在其四周縛以竹筒或木筒，利用水力推動，「旋轉時，低則舀水，高則瀉水」[15]。

水輪即水轉翻車，製作與人踏翻車相同，只是改用水力推動而已。唐代陳廷章寫過一篇《水輪賦》，描述它的運轉情況和功能；劉禹錫在《汲機記》中也敘述河岸住宅，利用它汲水以供灌溉的情況。唐朝為了發展農業生產，大和二年（828 年），曾令京兆府造水車，散給百姓以供灌溉之用。

---

13 《范文正公集‧奏議上》。
14 《太平廣記》卷二五〇《鄧玄挺》。
15 《杜詩鏡銓》引李定注。

井車是在井上使用，用於平地灌溉的工具。它由許多水鬥組成一條汲水鏈，通過齒輪旋轉帶動，把水源源不斷地提取上來，劉禹錫在《何處春深好》一詩中云：「接比栽籬槿，咿啞轉井車」，不僅提到井車，還描述了井車的運轉聲音。

除了引水工具的增加以外，耕作工具也有了改進，其中最主要的是曲轅犁的推廣和應用。

唐以前使用的犁是直轅的，唐後期隨著江南經濟的發展，在長江流域出現了曲轅犁，因其首先推廣於長江中下游地區，又被稱江東犁。對曲轅犁的構造，唐代陸龜蒙在《耒耜經》中有詳細的介紹。

曲轅犁由十一個木和金屬製作的零件組成，全長一丈二尺（唐尺，合今 3.6 米）。和以前的直轅犁相比，有這樣一些改進：直轅改為曲轅，便於轉彎，操縱時也靈活省力；犁上添置了犁評，可以調節犁鏵入土的淺深；犁梢和

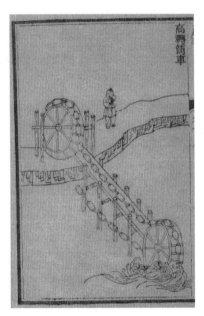

高轉筒車圖

犁底分開，可以根據犁梢擺動的幅度，調節耕垡的寬度；有犁壁裝置，並豎於犁鏵之上，兩者成不連續曲面，耕地時能夠自由碎土、鬆土和起壟作畝；犁轅前面有能轉動的犁槃，便於耕畜牽引時犁身的擺動和換向。這些都說明曲轅犁的構造已相當進步，其形體構造也與今天的中式犁相近。曲轅犁在當時的農業生產中發揮了重大的作用。

《耒耜經》除記載曲轅犁外，還記載了耙、礰礋和礰碡。耙是用來破碎土塊，平整地面和去除雜草之用的，也即「耕而後耙，渠疏之義，散撥去芟者焉」。礰礋和礰碡均為鎮壓器，為碎土鬆土之用，「至爬（耙）至礰礋皆有齒，礰碡皆有齒，礰碡觚棱而已，咸以木為之，堅而重者良」。

除農業工具的改進外，農業栽種技術也有了提高。這其中最主要的是稻穀育秧移栽技術的推廣和使用。

水稻是中國主要的糧食作物，有著長久的種植歷史，水稻移栽也早已見於漢代崔寔的《四民月令》中。唐安史之亂以後，由於江南土地不斷被開發利用，稻田的墾種面積不斷擴大，並且在北方陸稻栽種技術的啟發下，南方開始推廣和設置秧田，即從直接插種於大田，變為先插種於秧田，再移栽於大田。集中育秧節約了用水，也便於管理和使用壯秧技術，從而達到豐產的目的。唐中葉以後，育秧技術已比較普遍，如杜甫描述四川育秧移栽的情況說：「插秧適雲已，引溜加灌溉」；又白居易描寫長江中下游等地的情況說：「泥秧水畦稻，灰種畬田粟。」

在育秧移栽技術推廣的同時，秧田、稻田也已經作畦作埂，使土地平整成塊，以便於下種、移栽和管理。當時還總結出一些下種、育秧和移栽的經驗，如接種要先看當年的氣候早晚，寒暖之宜，然後下種即可保證豐收。因為插種過早，秧苗會受寒潮傷害，造成爛秧，插種晚了，耽誤了農時，也育不成壯秧。秧田面積也不宜過大，還要保持活水及水層的深淺均勻適度，以免對秧苗造成損害。又因為生肥會損壞秧苗，施肥也要用發酵腐熟後的肥料。

育秧移栽技術的推廣，極大地提高了水稻的單位面積產量，同時為水稻的一年兩熟奠定了基礎。

在中國古代蠶桑業是僅次於糧食的生產部門。隋朝和唐前期推行均田制，以北方為主的大部分地區，每戶都分有桑田，並在此基礎上徵收綢絹和絲綿，這極大地促進了蠶桑業的發展。當時已經用營養繁殖的壓條法培育種苗。在播種育苗方面，已經比較細緻地運用選椹、畦種、育苗、移栽、截條、剪枝等技術，對採葉的時間、數量和部位也都有了詳細的規定，並且還培育出不同品種的桑樹。唐後期，由於南方經濟的發展，蠶桑業也興盛起來，據唐李肇《國史補》記載：「初，越人不工機杼，薛兼訓為江東節制，乃募軍中未有室者，厚給貨幣，密令北地取織婦以歸，歲得數百人，由是越俗大化，竟添花樣，綾紗妙稱江左。」南方的蠶桑業很快超過了北方地區，桑田的種植面積擴大了，桑樹的種植技術提高了。當時育成了葉肉厚、花椹少、樹體生長快的湖桑品種，還運用嫁接技術培育桑苗，並採用剪定方式控制桑樹的生長期等。

茶樹的發現和利用在中國已經有四、五千年的歷史了，到唐代飲茶之風逐漸

興起。這時茶葉的生產和加工,逐漸成為農業和農產品加工的一個重要部門。在栽培技術方面,已經知道要選擇光照好,又有林木遮陰的南向或東南向的丘陵斜坡地,及排水良好、持水率高、通氣孔多、營養豐富的岩石風化不久而形成的土壤。此外,對種植方法、茶苗出土後的管理、採摘時間,都形成了一套技術要求。其中沙藏催芽法,即「熟時收取子,和濕沙土拌,筐籠盛之,穰草蓋。不爾,即乃凍不生,至二月出種之」[16],至今仍為茶農所採用。

唐以前的餅茶青草氣味很濃,為了去掉青草氣味,唐代發明了「蒸青」製法,即「晴採之,蒸之,搗之,拍之,穿之,封之,茶之乾矣」[17]。這種方法需掌握恰當,技術要求很高,但優點是殺青迅速而均勻,降低了製茶的苦澀味。蒸青技術在唐時傳入日本,現在日本、東歐和印度的綠茶製法仍被廣泛使用。

唐代還出現了世界上最早的茶葉專著《茶經》。作者陸羽(?-804 年),字鴻漸,復州竟陵(今湖北天門)人,小時為僧人所撫養。當時寺廟飲茶風很盛行,陸羽從小就受這種風氣的影響,長成後又曾隱居名茶產地苕溪(今浙江吳興)。他熟悉當時各種飲茶習俗,從而寫成《茶經》一書。

《茶經》共三卷,約九千字,分為十個專題。卷上講茶樹的形態、名稱;茶葉的品質與土壤的關係;茶葉的種類和製茶方法等。卷仲介紹煮茶和飲茶的各種用具。卷下講與茶有關的各種知識,如煮茶的方法、飲茶的知識、飲茶的故事與藥方、茶的主要產地、簡便的製茶和煮茶的過程等。

《茶經》是唐代種茶、製茶及飲茶經驗和技術的總結,傳播了茶業的科學知識,促進了茶業的生產發展。之後,茶業專著相繼出現,著名的有盧仝的《茶歌》、張又新的《煎茶水記》、蘇廙的《十六湯品》以及五代時蜀毛文錫的《茶譜》等。

隋唐五代時期,園藝經營業也有了很大的發展。當時人們已會運用人工栽培

---

16 《四時纂要》。
17 《茶經·三之造》。

技術生產食用菌，具體方法是：「畦中下瀾糞，取構木可長六七尺，截斷槌碎，如種菜法於畦中勻布，土蓋、水澆，長令潤如初。」並將「小菌子，仰杷推之，明旦，又出，亦推之」[18]的辦法，幫助菌種擴散，借以培養大菌。還會利用溫泉提高地溫，促進瓜果蔬菜的早熟。對此，唐詩人王建在《宮詞》中描述說：「酒幔高樓一百家，宮前楊柳寺前花，內園分得溫湯水，二月中旬已進瓜。」另外，果樹嫁接技術已較普遍，水果保鮮技術也已產生，並人工栽培牡丹、芍藥、蘭花、菊花等著名花卉及培育各種盆景等。

唐代的畜牧飼養業也達到了很高的水平。當時有由政府專門機構管理的官牧，飼料搭配非常講究，並能根據家畜的不同情況，規定不同的供給標準。

二、水利事業的新成就

隋唐五代時期，非常注意農田水利工程的修復和興建。

隋朝建立以後，在積極整頓經濟制度發展農業生產的同時，也注意興修水利工程，如開皇初，都官尚書元暉曾「奏請決杜陽水灌三畤原，溉舄鹵之地數千頃，民賴其利」[19]。又如蒲州（今山西永濟）刺史楊尚希，「引瀵水，立隄防，開稻田數千頃，民賴其利」[20]。據《隋書‧地理志》載：當時京兆郡的武功縣有永豐渠和普濟渠；在涇陽有茂農渠；在沁水有利民渠等。

入唐以後，唐王朝更加重視農田水利工程的修建。唐前期，中國的經濟重心在北方的黃河流域。北方的水利工程多是開渠引水灌溉的。就京師所在的關中而言，水利資源比較豐富，涇、渭、灞、滻等大河都流經其間，在唐以前關中有鄭國渠、白渠、成國渠等著名的水利工程。

---

18 《四時纂要》。
19 《隋書‧元暉傳》。
20 《隋書‧楊尚希傳》。

鄭國渠是秦始皇時採納韓國水利專家鄭國的建議開鑿的，自中山西瓠口（今陝西涇陽）引涇水東流，至今三原北會合濁水，利用濁水及石川河水道，再引流東經今富平、蒲城之南，注入洛水。渠長三百多里，「溉澤鹵之地四萬餘頃」（灌溉面積約等於現在 280 萬畝），使關中成為沃野，漢、魏時，為涇水流域主要的灌溉系統。

白渠始開鑿於漢武帝時期，因是採用趙中大夫白公建議，故名白渠，亦稱白公渠，位於鄭國渠南。自谷口（今陝西禮泉東北）分涇水東南流，經高陵、櫟陽（今鎮東北），東至下邽（今鎮東南），南注入渭水，長達二百里，當時溉田四千五百餘頃（約合今 28 萬畝）。渠成，民得其利。

成國渠是漢武帝時開鑿，自今陝西眉縣東北的渭水北岸，引渭水東流，經今扶風南、武功、興平、咸陽之北，至灞、渭會合處東注入渭水。三國時，魏國又徵集民工自陳倉（今寶雞市東）引汧水東流和漢成國渠相接，總稱成國渠。

至唐，鄭國渠、白渠和成國渠，因年久失修，泥沙淤積，已很難進行灌溉。唐建立以後，即派人對這些水渠進行修治，清除泥沙，重新疏通，恢復其灌溉作用。三渠共可溉田數萬頃。此後，唐朝還不斷派人檢查，維修保護，使鄭、白、成三渠，很好地發揮了灌溉作用。到唐德宗時期（780-804 年），又組織人力在鄭、白渠以南，另開闢了太白渠、南白渠和中白渠，通稱「三白渠」，沿渠設置了二十八個鬥門，控制水流和適時灌溉，三渠之間，還有支渠相連，總灌溉面積達萬頃以上。成國渠也在咸通十二年（871 年）加以重修，可以灌溉「武功、興平、咸陽、高陵等縣田二萬餘頃」[21]。

除上述外，其他古渠道也得到了修復，如《舊唐書‧姜師度傳》載：師度為同州刺史時，「於朝邑、河西二縣界，就古通靈陂，擇地引雒水及堰黃河灌之，以種稻田，凡二千頃，內置屯十餘所，收穫萬計」。當時不僅修復古渠道，而且還開鑿新的灌溉渠，如姜師度任華州刺史時，曾開鑿了敷水渠、利俗渠、羅文渠

---

21 宋敏求：《長安志》。

等，由於他「好溝洫，所在必發眾穿鑿」，當時人稱他是「一心穿地」的水利專家[22]。據史書記載，唐前期開鑿的重要渠道及其他水利工程就有一百多處，遍及全國各地。除上述的關中地區外，蔡州新縣（今河南息縣）有玉梁渠，溉田三千餘頃；河套地區的唐徠渠規模更大，渠長二百公里，有支渠五百多條，可溉田六千頃以上。新疆焉耆一帶的渠道工程也很大。在南方偏重排水和蓄水等工程，特別是東南地區的堤、堰、塘、陂非常盛行。規模最大的有朗州（湖南常德）的北塔堪、右中堪，揚州的愛敬陂，沿海地區的海塘，等等。大的工程可灌溉田萬頃，小的也可灌溉田數千頃。

安史之亂以後，由於南方經濟的發展，南方的農田水利工程有了進一步的發展，其中著名的有它山堰水利工程和塘浦圩田灌溉系統。

它山堰工程建在奉化江的上源鄞江上（即今浙江寧波西南二十五公里以外的鄞江橋鎮西南），是唐大和七年（833年），由鄞縣（今浙江鄞縣）縣令王元暐開始主持修建的。奉化江下游是入海河道，坡降平緩，稍遇水旱，河水減少，海水鹹潮上溯，使水不能飲用，田地不能灌溉，給人民的生活造成很大的困難。它山堰工程主要起著拒鹹蓄淡的作用，也就是將上游淡水拒後引入南塘河灌渠，從事灌溉和利用，並且截斷了上溯的海潮鹹水。為了防止洪水期南塘河水量過大，給灌區帶來水災，又在南塘河下游建築了烏金、積瀆、行春三座溢流堰，以便澇時洩水，旱時利用湖汐將頂托上來的淡水入河。作為配套工程，又開渠引南塘河水灌溉鄞西平原和引水供城鎮居民飲用。

它山堰壩長一百餘米，壩身總高十米以上，整個大壩用大石塊疊砌而成，是中國建壩史上首次用塊石砌築而成的攔河滾水壩。而且還可能是一座空腹式重力壩，據宋代魏峴的《四明它山水利備覽》記載：其「堰身中空，擎以巨木，開如宇屋，每遇溪漲，則有沙隨實其中，俗稱護堤沙。水準沙去，其空如初，人以杖試中，信然。堰低昂適度，廣狹中度，精緻牢密，功侔鬼神，其與他堰雜用土石竹木磚，稍久壞者不同」。這可能是利用壩身中空減弱水對條石的沖擊，同時又

<hr>

22 《舊唐書‧姜師度傳》。

利用洪水中挾帶的大量泥沙自動填塞壩心，從而增加壩體的穩定性。

它山堰工程的設計和施工技術已經達到了很高的水平。唐以後不斷增修，一直起著拒鹹蓄淡、灌溉農田、飲用居民的有益作用，直到一九七五年在鄞江上游建成新壩，它的作用才被代替。

塘浦圩田系統是結合圩田修築的水利工程，是與中唐以後南方圩田迅速發展的同時出現的。塘浦是指湖區的河網，溝渠東西向者稱為橫塘，南北向者稱為縱浦。塘浦圩田工程就是開挖塘浦，疏通積水，並以挖出的土構築堤岸，兼有防禦外水和從事灌溉的作用，堤內則利用湖泊淤地發展成為農田，也就是圩田。塘浦圩田工程往往發展規模較大，河渠網狀密布，形成一個幾萬畝的灌區。當時以太湖地區的塘浦工程最為著名，據李翰《蘇州嘉興屯田紀績頌》稱：「嘉禾（今嘉興）大田二十七屯，廣輪曲折千有餘里」又稱「嘉禾一穰，江淮為之康；嘉禾一歉，江淮為之儉。」可見太湖塘浦圩田工程在當地經濟的發展中起著相當大的作用。到五代時，又疏浚湖水入海的通道，保持了湖水入海的通暢，更有利於塘浦圩田的發展，塘浦圩田工程的日益完備，確保了農業的豐收。

隋唐五代時期，海潮的衝擊對沿海各地危害很大，為了抵禦海潮的侵襲，當時人們修築了捍海塘。捍海塘在唐代有了較大的發展。其中比較著名的是江浙海塘工程，在唐代主要興築過三次，第一次是開元元年（713 年），在杭州鹽官縣（治今浙江海寧西南鹽官鎮），築防海堤「長百二十四里」。第二次在開元七年（719 年），增修防海塘，「自上虞江抵山陰百餘里，以蓄水溉田」。第三次在大曆十年（775 年）和大和六年（832 年），增修會稽縣（今浙江紹興）「防海塘」，長度都在百里以上，[23]這些工程有效地阻止了海潮的危害。

到五代，吳越地區的勞動人民又創造了「石囤木樁法」，制服海潮的衝擊。具體作法是：沿岸築石堤，在距離石堤幾丈以內設下許多盛滿石塊的長形竹籠，再打下幾行粗大的木樁維護竹籠，使堤成為堅固的捍海塘。吳越時最著名的為杭

---

23 《新唐書·地理志》。

州捍海石塘，並在此基礎上擴建的杭州，有「地上天宮」之稱。

隋唐五代時期北方河患較多，尤其是五代時期，戰爭頻仍，以水代兵，短短的五十五年間，黃河河患達十八次之多。這一時期對黃河進行較大規模的治理是從唐玄宗時開始的，開元十年（722 年）六月，博州黃河堤壞，唐玄宗派博州刺史李畬、冀州刺史裴子餘和趙州刺史柳儒等治理，並命蕭嵩為按察使總領其事。到開元十四年（726 年），冀州河溢，魏州黃決，當時的濟州刺史裴耀卿在未奉朝命的情況下，率眾治河，成績顯著，濟人為他立碑頌德。

安史之亂以後，唐朝對黃河還有兩次大規模的治理。一次是在元和八年（813 年），滑州河溢，鄭滑節度使薛平、魏博節度使田弘正，經憲宗批准，徵役萬人，於黎陽界開古黃河道，分黃河水流入，「滑人遂無水患」[24]。另一次是咸通四年（863 年），東都暴水成災，滑州刺史蕭倣經唐懿宗准許，施工兩月，「移河四里」，平息水患。[25]

五代時期，河患增多，治河興役也頻繁，但多收效一時。後周世宗時，針對當時黃河大堤連年崩潰的情況，命宰相李谷督師六萬，堵住連年決口，才使黃河水患平息了一段時間。

當時除黃河外，北方的其他河渠也不斷造成水患。如唐初滹沱河和滱河時常泛濫，淹沒農田，毀壞房屋，河水暴漲，更散為津渚，幾百里盡成澤國。賈敦頤於貞觀二十三年（649 年）遷為瀛州刺史，即組織人力疏浚河渠，使水流暢通；又修築堤堰，使河水不能泛濫，從而治伏了河水。又如薛大鼎於貞觀、永徽之際在滄州（治今河北滄州東南）刺史任內，開通無棣渠以減輕當地水害，又灌溉了流域內的田地，之後，他還組織當地人民掘通流經境內長蘆、漳、衡三條河，「洩汙潦，水不為害」[26]。

由於隋唐五代時期治河實踐的增多，治河經驗和技術也有了進步。當時已有

---

24 《舊唐書·憲宗本紀》。
25 《舊唐書·蕭俛傳蕭倣附傳》。
26 《新唐書·薛大鼎傳》。

被稱為遙堤的大堤，並大量用草堵塞堤岸，也就是運用帚工技術，其方法是將薪柴、竹木、軟草等夾以土石捆扎成帚捆，連接起來用以保護堤岸和堵塞決口，能很好地抵抗水的衝擊。

隋唐五代時期，不僅防治水害和發展農田水利工程，而且還進一步利用水資源，發展航運，這方面最值得稱道的是開鑿了貫通南北的大運河。

中國早在西周時期已開鑿人工運渠，戰國以後人工運渠逐漸發達，由於不繼的開鑿，到隋以前已初步形成溝通江、淮、河、海四大水系的人工運河輪廓。

隋朝建都長安（今陝西西安），需要關東財賦供給京師，當時最便捷的交通是通過水路運輸，但隋建立後，因「渭水多沙，流有深淺，漕者苦之」[27]，西元五八四年，隋文帝楊堅命宇文愷率水工鑿渠，引渭水經大興城（長安城）北，東至潼關三百餘里，名曰廣通渠。廣通渠是在漢代漕渠基礎上開浚的。到西元五八七年，隋為了滅陳，又於「揚州開陽瀆，以通運漕」[28]。山陽瀆自山陽（江蘇淮安）引淮水，到江都縣的揚子津（今揚州南）入長江。這條水道原稱邗溝，最早為春秋末吳王夫差所開。西元五九五年，隋文帝又「詔鑿砥柱」[29]，整治黃河三門峽險段，這些為開鑿大運河打下了基礎。

西元六〇五年（大業元年），隋煬帝楊廣繼位以後，開始大規模開鑿運河，徵調河南、淮北一帶一百多萬人民，從西苑（洛陽西面）引谷、洛二水到達黃河，再從板渚（河南滎陽東北）引黃河水入汴水，復自大梁（開封）之東引汴水入泗水，最後達於淮水，這被稱為通濟渠。六〇八年，又徵調河北民工一百多萬，引沁水南達於黃河，北到涿郡，這被稱為永濟渠。六一〇年，又從京口（鎮江）引長江水到餘杭，溝通了長江與錢塘江水系，這被稱江南河。至此，大運河全部開通。

大運河的開通，連接了海河、黃河、淮河、長江、錢塘江五大水系，貫穿了

27 《隋書·食貨志》。
28 《隋書·高祖紀》。
29 同上。

河北、河南、安徽、江蘇、浙江五省，全長兩千五百多公里，是世界上最雄偉的工程之一。大運河的開通，加強了南北聯繫，成為南北交通的大動脈，對加強中國的統一，促進經濟文化的交流和發展，起著重大的作用，有著深遠的影響。

到唐玄宗以後，京師對江淮財賦依賴日益增強，為了保持運河的暢通，政府不斷組織人對大運河進行整修和疏浚，大的工程為開鑿三門山，在三門山北另闢比較安全的新河，名開元新河。由於大運河是利用天然水系，受地形和氣候的影響不能均衡供水，在江淮缺水時，當時人們就引附近湖泊陂塘水濟運，為了能靈活節制用水，還在運河上設置了鬥門。具體方法是用木製成排，安放在鬥門兩側石墩上，蓄水以待行船，船到時，拉開木排放水過船，如此反覆分段開閉，就可通行舟楫。鬥門關閉後還有防潮水和洪水湧入的作用。此外，唐代還沿運河修了許多支渠，以形成交通運輸網和兼有灌溉之利，「自是天下利於轉輸」，「運漕商旅，往來不絕」[30]，大大促進了全國經濟文化的交流和發展。

隋唐時期在城市供水方面也取得了引人注目的成就，唐都長安面積達八十四平方公里，人口一百多萬，為了保證用水，當時大致建有供水工程八處，漕運兼供水四處，另還有排水系統，溝渠或明或暗，形成一個完整的體系。

由於水利工程頻繁，測量儀器也有了很大的進步，當時的水準儀，由「水準」、「照板」、「度竿」三部分組成，可以利用儀器的水準視線和標尺測竿的配合，去測兩地間高差，這是測量史上一個重大成就，其工作原理至今仍在使用。這種儀器的配合運用，還極大地提高了測量的精確度和準確度。

隋唐時期還十分重視水文的觀測和記錄。著名的四川涪陵縣長江中的白鶴梁石魚枯水題刻，共一百六十三則，記錄了自唐廣德二年（764 年）以來七十二個枯水年份。據此分析，長江上游每三、五年有一次枯水期，十至數十年有一次較大的枯水期，這為後世研究長江水情提供了歷史數據。

隋唐五代時期還重視水利建設的管理，唐代在中央工部下設水部，「掌天下

---

30 杜佑：《通典・州郡典》。

川瀆陂池之政令，以導達溝洫，堰決河渠。凡舟楫灌溉之利，咸總舉之」。又設都水監，「掌川澤津梁之政令」，「凡虞衡之採捕，渠堰陂池之壞決，水田鬥門灌溉，皆行其政令」。基層管理人員職責還具體到渠堰鬥門。唐代還制定了非常細緻的水利管理章程《水部式》，對農田水利的管理，水碾水磑的設置，用水量的規定，航運船閘、橋梁、津渡等的管理和維修，各級水官的職責以及水手、工匠、夫役和物料的來源及分配等，都規定得很細緻，這一嚴格的水利法規，標誌著唐代水利事業的進步。到五代還設立了堤長，建立了「每歲差堤長檢巡」的制度，沿河官員還兼帶「河堤使」，這說明在河防管理上較唐代又有了進步。

第三節·

醫藥學
的全面發展

隋唐五代時期，中國醫藥學獲得了全面的發展。當時產生了巢元方、孫思邈、王燾為代表的一批著名的醫藥學家，撰寫成了《諸病源候論》、《備急千金要方》和《外臺秘要》等一批著名的醫藥學著作。此外，在醫事制度、醫學分析、醫學理論、臨床實踐，對古醫籍的整理，對本草著作的研究整理等各方面都取得了不同的成就。

隋唐時期主要為皇宮人員治病的醫療機構已比較完善。隋朝門下省屬有尚藥

局，「總知御藥事」；太常寺下設太醫署，「掌醫藥等事」[31]。到唐朝略有調整，尚藥局歸殿中省；太醫署仍歸太常寺。就唐太醫署而言，分為醫、針、按摩、咒禁四科，並兼有教育的職能，各科「皆教以博士，考試登用如國子監」[32]。醫科又分為體療（內科）、瘡腫（外科）、少小（兒科）、耳目口齒（五官科）和角法（火艾燒灸）五科，並「教授諸生以《本草》、《甲乙》、《脈經》」[33]等。針科主要教授學生學習各種針法，利用經脈孔穴部位，治療各種疾病。按摩科主要教授學生學習消息導引之法，即以按摩推拿的技術治療風、寒、暑、濕、飢、餓、勞、逸「八疾」，並且能對「損傷折跌者」，作正骨處理。咒禁科，「掌教咒禁祓除為厲者」，這反映了封建醫學的局限性。此外，「宮人患坊有藥庫，監門蒞出給；醫師、醫監、醫正番別一人蒞坊。凡課藥之州，置採藥師一人。京師以良田為園，庶人十六以上為藥園生，業成者為師。凡藥，辨其所出，擇其良者進焉」[34]。

在各州府，唐也多設醫學，太醫署還「歲給藥以防民疾」[35]，此外，開元十一年（723 年），唐玄宗親制《開元廣濟方》五卷，頒示天下。天寶五年（746年），玄宗又令郡縣官就《廣濟方》中選其切要者，於村坊要路處榜示宣布。貞元十二年（796 年），德宗又親制《貞元集要廣利方》五卷，五百八十六方，頒於州縣，題於通衢，以療民疾。

據《唐會要》卷四十九《病坊》載，各地還設有「悲田坊」和「養病坊」，所謂「悲田養病，從長安以來，置使專知。國家矜孤恤窮，敬老養病，至於安庇，各有司存」。同時，唐朝還制定了有關醫藥的法律：「諸醫為人合藥及題疏針刺誤不如本方殺人者，徒二年半」，「其故不如本方殺人者，以故殺傷論。雖不傷人，杖六十。即賣藥不如本方殺傷人者如之」[36]。

---

31 《新唐書・百官志》。
32 同上。
33 同上。
34 同上。
35 同上。
36 《唐律疏議》卷二十六。

就唐朝政府而言，在醫學上最值得稱道的是組織人編成了《唐新本草》一書。

隋唐時期，藥物品種增多，本草著作大量湧現。據《隋書·經籍志》記載，當時有本草書目三十一部九十三卷，《新唐書·經籍志》的記載則增加到三十六部二百八十三卷。本草書的種類也很多，有整理以前著作的；有講食療的；有介紹海外本草的；有圖譜本草的；有增訂本草的；有談藥性的，等等，不一而足。唐高宗顯慶二年（657年），左監門府長史蘇敬鑑於陶弘景的《本草經集注》流傳已一百多年，其中多有錯誤，並且本草新增品種很多，因此，建議高宗新編本草，高宗遂命大臣長孫無忌、李勣等領銜，並由蘇敬實際負責的二十三人參加編撰，經過兩年多的努力，於顯慶四年（659年）八月編撰完畢，名曰《新修本草》，後世稱為《唐新本草》。這部巨著共五十四卷，按玉石、草木、禽獸、蟲、魚、果、菜、米穀、有名未用分為九部，收載藥物約八百五十種，新增藥物一百一十四種，圖文並茂。其中如硇砂、安息香、密陀僧、郁金香、龍腦香、訶黎勒、薄荷、胡椒等外來藥和民間的用藥經驗及治療作用，都是《唐新本草》開始收載的。《唐新本草》在編撰過程中，對過去的本草書籍進行了全面考訂，糾正有差錯藥物四百餘種，並詳細記載了各種藥物的性味、產地、功效和主治疾病等，這有利於全國用藥的統一。

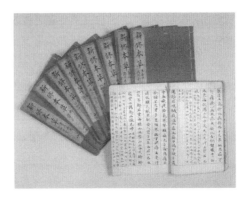

（唐）《新修本草》

《唐新本草》修成以後，由政府頒布發行，很快流傳全國，並被列為醫藥學生的必修課。這是中國由政府頒行的第一部藥典，也是世界上最早的藥典。它比西歐最早的一四九四年意大利的《佛羅倫薩藥典》要早八百多年。

《唐新本草》的編修和頒行，標誌著中國藥物學的發展進入了一個新的階段，對中國的藥物學發展起了推動作用，對歷代都產生著深遠的影響。該書還傳入日本，對日本醫學也有著很大的影響。可惜這部巨著後來亡佚，大部分內容保

存在孫思邈的《千金翼方》中。

《唐新本草》問世數十年以後，陳藏器收集《唐新本草》遺編的藥物，於七三八年撰成了《本草拾遺》十卷，書中增加了很多藥物新品種，雖然有些藥物的實用價值不大，但起到了豐富藥物品種和擴大用藥範圍的作用。

到五代時期，後蜀的韓保升，又在《唐新本草》的基礎上重新增刪，配以精細繪圖，編成了《蜀重廣英公本草》二十卷，後人稱為《蜀本草》。

《本草拾遺》和《蜀本草》對後世藥物學的發展起了較大的作用。

除對藥物的研究整理外，隋唐時期一些藥物學家，還對《黃帝內經》等古醫籍開展了校注整理工作。

《黃帝內經》最早見於《漢書·藝文志》，由於年代久遠，文字古奧，錯訛較多，齊梁時全元起曾對《黃帝內經·素問》篇作過校注，到隋唐之際，楊上善又編注成《黃帝內經太素》三十卷。

楊上善在隋朝曾任太醫侍御，唐時又任通直郎、太子文學及太子司議郎等職，精於醫和老莊之學，因感於《內經》繁雜，讀之茫無津涯，而對《內經》的《素問》、《靈樞》兩篇進行整理。他把兩篇中的一百六十二小篇全部拆散，重新校注，並按其內容的不同性質，歸納為攝生、陰陽、人合、髒腑、經脈、腧穴、營衛氣、身度、診候、症候、設方、九針、補養、傷寒、寒熱、邪論、風論、氣論、雜病十九類，在每類下又分若干小類，從而新編成《黃帝內經太素》一書。

《黃帝內經太素》是《內經》分類研究的成果，不僅加強了原書的系統性，而且對中醫基礎理論體系的形成起到了先導的作用。該書也是至今見到的最早的《內經》注本，對《內經》的注釋考訂科學正確，歷來為研究《內經》的學者所重視。該書宋以後在國內失傳，清代藏書家楊惺吾在日本的仁和寺發現該書唐代抄本。

到唐玄宗及其以後時期，著名醫學家王冰又整理注釋《內經》，撰成了《注黃帝素問》一書。王冰治學嚴謹，校注精慎，把原書重新編排，並根據先師張氏

所藏秘本，補齊了《素問》所缺的第七卷。《注黃帝素問》合計二十四卷，八十一篇，大體分為養生、陰陽五行、髒象、治法、脈法、經脈、疾病、刺法、運氣、醫德和雜論等，文字通暢、簡潔、精當，較齊梁時期全元起著的《內經訓解》前進了一大步，此外，王冰在該書中對《內經》的理論也多有發揮，如在《素問·四氣調神大論》注中認為：陰陽二氣互為根本，只有「二氣常存」，才能強身延年。又如在《素問·至真要大論》中，注說：「肝氣溫和，心氣暑熱，肺氣清涼，腎氣寒列，脾氣兼並之。」也即人體五髒性質是各不相同的，認識這一點，對探討病理是非常重要的。

《注黃帝素問》對後世中醫理論和臨床實踐產生了很大影響。

此外，唐初楊玄操還對《黃帝八十一難經》做了研究。他把《難經》八十一篇，歸並為十三類，並在東吳呂廣所注《難經》的基礎上，詳加注釋，撰成《黃帝八十一難經注》五卷。

隋唐五代時期，在臨床辨症上也有了很大進步，這突出的表現在巢元方所著的《諸病源候論》一書中。

巢元方在隋大業年間（605-616年）曾任太醫博士，在此期間，他和吳景賢主持編著了中國第一部病因學專著《諸病源候論》。

《諸病源候論》簡稱《巢氏病源》，成書於大業六年（610年），全書五十卷，分為六十七門，一千七百二十論。書中自言「湯熨針石，別有正方」，所以「但論病源，不載方藥」[37]。

全書記載了內、外、婦、兒、五官、皮膚等各科，在各科中又對各種疾病分類系統加以敘述。如在內科疾病中，首先把風病、虛勞病、熱性病以及傷寒、溫病、熱病、時氣病等全身性的大病列在前面，然後再根據髒腑系統、症候特徵，把其他疾病分門別類進行敘述。又如把婦科疾病分為雜病、妊娠病、將產病、難

---

37 《四庫全書簡明目錄·子部·醫家類》。

588　中國文化通史｜隋唐五代卷·下冊

產病、產後病五類敘述。這些分類比較科學，較前代有了很大的進步。其次對各種疾病的症狀和病源的描述都比較具體和準確，如描寫中風症狀說：「風邪之氣，若先中於陰，病發於五髒者，其狀奄忽不知人，喉裡嘖嘖然有聲，舌強不能言。」又如解釋「虛勞咳嗽」的病源說：「虛勞而咳嗽者，髒腑氣衰，邪傷於肺故也，令人胸背微痛，或驚悸煩滿，或喘息上氣，或咳逆唾血，此皆髒腑之咳也。」從這些描述可以看出，作者把臨床經驗和《內經》的基本理論有機地結合起來，從而使中國中醫臨床理論發展到一個新水平。此外，該書有些描述，如「妊娠欲去胎候」、「金瘡腸斷候」、「拔齒損候」等，說明當時已能進行人工流產、做腸吻合和拔齒等手術，可惜具體方法不詳，我們還不能了解這些手術的實際施行情況。

《諸病源候論》總結了魏晉南北朝以來醫療的經驗和成就，並在前人的基礎上有所突破和提高，標誌著中國古代醫學理論發展到一個很高的水平，對後代醫學有著深遠的影響，也給現代醫學的研究提供了有價值的參考資料。該書問世以後，歷代都非常重視，並傳入朝鮮和日本，也被視為醫學的經典之作。

隋唐五代時期，還產生了很多著名的醫學家，其中以唐代的孫思邈最為著名。

孫思邈像

孫思邈，京兆華原（今陝西耀縣）人，年輕時通釋老及百家之學，後隱居太白山，攻讀醫學，成為一代名醫，並多次推辭統治者的做官徵請，終生生活在人民群眾之中，為中國的醫學事業作出了傑出的貢獻。他的醫學成就主要表現在他所作的《備急千金要方》和《千金翼方》中。

《備急千金要方》成書於六五二年，他在該書序中說：「人命至重，貴於千金；一方濟之，德逾於此。」因此，書有「千金」之名。全書三十卷，分二百三十二門，合方論五千三百首，除廣輯前代各家方書及民間驗方外，又敘述婦、兒、內、外各科疾病的診斷、預防與主治方藥、食物營養、針灸等。所列方劑，有些藥味較多，有

一病而立數方，或一方而治數病，內容豐富，保存了不少唐以前的醫學文獻資料，是中國古代重要醫學著作。《千金翼方》為《備急千金要方》的續編。全書三十卷，內容涉及本草及臨床各科，其中首卷為「藥錄」，輯錄藥物八百餘種，詳論其性味、主治等，其中有些是以前醫書未曾收錄的。此外，對傷寒、中風、雜病、癰疽等的論述也較突出。其他內、外各科病症的診治都在《備急千金要方》的基礎上有所補充，並選錄《備急千金要方》未載的古代方劑二千餘首，保存了很多失傳的方藥，是一部內容豐富的重要醫學著作。

孫思邈一生大部分時間都生活在山區，他親自到山野去採藥，他對苦參子、白頭翁、黃連可以治痢疾，朱砂、雄黃可以消毒等，作了進一步研究和肯定。他還從自己臨床實踐中得知大脖子病（今天醫學上叫甲狀腺腫大，因食物缺碘所致）是由於長期飲用山區裡的水造成的。治療這種病，需用海帶、海藻或羊和鹿的甲狀腺作藥物。他還強調婦女和小兒的重要性和特殊性，主張另立婦科和兒科，對孕婦、嬰兒的護理，對難產和產後病的治療，都有自己獨到的見解。對老年病，他強調「食療不癒，然後命藥」，同時提倡老年人要抑情節欲，注意養性。此外，他還認為講求衛生，可以預防疾病，參加一些力所能及的勞動有利健康，這些看法，在今天仍有現實意義。

孫思邈還非常重視醫德和醫療態度，他說一個好的醫生要精力集中，不能有絲毫貪求財物的念頭，要對病人非常愛護、同情，一視同仁，在治病過程中，要有獻身精神，「不得瞻前顧後，自慮吉凶，護惜身命」。還要有一種謙虛謹慎、嚴肅認真的敬業精神。他的這些主張對後世有很大的指導作用。

《千金翼方》和《備急千金要方》

總之，孫思邈對中國醫學及醫風醫德的建設作出了不可磨滅的貢獻，他死後被人們尊稱為「藥王」，又將他隱居過的五臺山，稱為「藥王山」。

孫思邈之外，唐前期的王燾和他所著的《外臺秘要》，也在中國醫學史上占

有重要的地位。

《外臺秘要》成書於七五二年，四十卷，輯錄唐以前有關各科疾病的理論和方藥，包括內、外、骨、婦產、小兒、皮膚、眼、齒、精神病等各科病症，其中有很多獨到的見解，如對天花（斑瘡、登豆瘡）的發疹、起漿到化膿、結痂整個過程作了詳細的說明，並能根據痘的色澤、分布預後吉凶。又如對糖尿病（中醫稱消渴）人小便發甜的記載，在世界上是最早的。此外，還重視灸法，但不錄針法，應該說是一種缺憾。

王燾是繼孫思邈之後的又一位著名的醫藥學家，《外臺秘要》是繼《千金方》之後，又一部大規模的綜合性醫學著作，至今仍有很大的參考價值。

隋唐五代時期，藏族醫學也得到了很大發展，產生了《月王藥診》和《四部醫典》等著名的醫藥學著作。

《月王藥診》是現存最古老的藏文醫著，全書記載各種藥物三百餘種及各種疾病的病源病理和治療方法。其中有不少藥物為西藏高原所特產，有些醫療知識還處於領先的地位，如藏族有天葬的風俗，經常解剖屍體，所以書中所載人體解剖學知識要比漢族醫書清楚。此外，書中所介紹的灌腸、艾灸、放血等治療方法，至今仍被藏醫所沿用。

《四部醫典》的作者宇妥·元丹貢布是八世紀著名的藏族醫學家。他精於內科、婦科，又長於精神療法和針灸療法，是吐蕃王朝中期九大名醫之一，曾任吐蕃王朝首席侍醫。他總結了西藏各族人民豐富的醫學經驗，結合自己的臨床實踐，又博采眾書精華，歷時二十年，寫成了《四部醫典》一書。

《四部醫典》分為四部，一百五十六章，共二十四萬餘字。另附人體解剖、藥物、器械、脈診、飲食衛生防病等精彩繪圖七十九幅。第一部（總則本集），為醫學總論。第二部（論述本集），講述解剖、生理、病理、藥物、器械、飲食和疾病診治原則。第三部（秘訣本集），為臨床各論，講述內、外、婦、兒等各科疾病的臨床治療。第四部（後續本集），主要介紹各種藥物的炮制和用法。

《四部醫典》全面論述了藏醫學理論，記述了藏醫學豐富的臨床治療經驗，奠定了藏醫學體系形成的基礎，對中國及世界醫學都產生了很大的影響。

隋唐五代時期，中外醫學交流也很頻繁，如鑑真東渡日本，對日本醫學產生了很大的影響；中國煉丹術傳入阿拉伯，之後又傳入西方，對現在化學的形成和發展起了巨大的作用。當時，中國的醫藥輸入印度，如人參、茯苓、當歸、遠志、麻黃、細辛等，被印度人譽為「神州上藥」。此外，中國醫藥對今天的越南、東南亞、歐洲、非洲等國家和地區都產生過一定的影響。同時外國醫藥知識也傳入了中國，如朝鮮的白附子、元胡索；印度的龍腦、郁金香、菩提樹、質汗；越南的白茅香、蘇方木、丁香、訶黎勒；東羅馬一帶的底也伽等藥物，也相繼傳入中國，豐富了中國的醫藥學寶庫。

第四節 ·
精湛的
手工業技術

隋唐五代時期，隨著農業的發展，經濟的繁榮，文化的進步，手工業也得到了很大的發展，獲得了很大的成就，這突出的表現在雕版印刷術的成熟、唐三彩與金銀器的製造及火藥的發明上。

一、雕版印刷術的成熟

　　早在四、五千年以前，我們的祖先已經懂得了壓印的方法，在陶器上面印成幾何紋、水波紋、繩紋和席紋等不同的花紋。在殷商時期，我們的祖先又把文字刻在龜甲和獸骨上，這就是後世所謂的甲骨文。大約在春秋以前中國已出現了石刻的文字。到了戰國時代，印章開始出現，最初人們在捆扎簡牘的繩結上抹一層泥，在泥上加蓋印章，作為封口的印記。

　　印章也叫圖章。戰國時的蘇秦即身佩六國相印。漢朝時，印章已很流行。印章上的文字，有的是凹下去的「陰文」，有的是凸起來的「陽文」，都是反寫的，印出來就成了正字。印章通常只刻三、四個字，到東晉時，中國古代著名的煉丹家葛洪著的書中，記有刻著一百二十個字的大木印。

　　石刻到戰國以後也日益流行，秦始皇統一中國以後，到處巡遊刻石，此後，石刻更加流行，並出現了刻字的石碑。東漢時，政府曾經在洛陽把經書刻在四十二塊石碑上，作為標準讀本。這便是有名的《熹平石經》。起初人們只是抄寫石碑上的文章，或者拿書去和石碑上的文章校對。後來有人用濕紙貼在碑上，然後再用墨輕輕地拓，這樣變黑的紙上便出現了白字，被稱為拓本，這種技術叫做「拓石」。

　　印章和拓石給雕版印刷術以很大的啟示。

　　到隋唐時期，國力強盛，經濟繁榮，促進了文化事業的發展，這樣，人們對書籍的需求就大大增加了。原來手抄、人工謄寫的方式已無法適應社會的需要，因此促進了印刷術的發明。另一方面，我們的祖先很早就發明了墨，不過早期的墨質地粗劣，是黑土或者石墨一類天然的黑色物質。所謂的「墨」字，也就是由「黑」和「土」兩個字合成的。

　　湖南長沙出土的戰國竹簡，上面的墨色直到現在還漆黑，這說明當時可能已經發明了用松煙製成的人造墨。西漢馬王堆漢墓的帛書，也是用人工造的墨書寫的。東漢時的《說文解字》對「墨」字的解釋是：「墨者，煙煤所成。」此外，

東漢的鄭眾和三國時的曹植也都說過，墨是用松煙製成的。可見，最遲在漢朝，人們已經懂得用松煙造墨了。松煙墨非常適用於木刻印刷。

雕版印刷所需的另一種重要原料是紙。紙是中國古代四大發明之一。

隋唐時期的造紙業非常發達。造紙作坊遍及全國各地。造紙原料品種很多，供應充足，所造的紙也各式各樣。據《唐六典》記載：益州有大小黃、白麻紙；均州有模紙；蒲州產細薄白紙；杭、婺、衢、越等州產上細黃、白紙。如按產地劃分則有蜀紙、峽紙、剡紙、宣紙、歙紙；按原料命名則有楮紙、藤紙、桑皮紙、海苔紙、草紙；按製造工藝則分為金泥紙、松花紙、五雲紙、金粉紙、冷金紙、流沙紙；按質地分則有綾紙、薄紙、礬紙、玉版紙、錦囊紙、硬黃紙；按顏色分則有紅紙、青紙、綠紙、白碧紙等。總之，品種之多，數不勝數。[38]

當時造紙技術也達到很高水平，如揚州六合的麻紙不僅質量高，而且具有防潮、防水的性能。又如晉代人們造紙時，加進一種味道非常苦澀的叫做黃檗的草藥。這樣造出的紙可以避免蟲蛀，能夠長期保存。這種方法稱為「入潢」，至唐已非常流行。尤其是在中國久負盛名的宣紙，潔白細密，柔軟均勻，質地堅韌，經久不變色，而且吸水力很強，唐朝的宣州已經是宣紙的著名產地了。紙的普及和質量的提高，為印刷術提供了最重要的原料條件。

再從文化的發展需要看，隋唐以前的書都是靠人抄寫而成的，抄書費時又容易出錯，不便於書籍的流行。隨著社會的進步和經濟文化的發展，人們也迫切要求出現一種簡便的成書方式。

在隋唐時期大一統的國家裡，隨著經濟和文化的日益繁榮，雕版印刷術就應運而生，並且日趨成熟。

雕版印刷術，通常選用質地堅硬的梨木或棗木，先鋸製成一塊塊的木板，然後在木板上刻出凸起的陽文反字，再把墨塗在文字或圖畫的線條上，然後鋪上

---

38 參見張奎元、王常山：《中國隋唐五代科技史》，頁153，北京，人民出版社，1994。

紙，用棕刷在紙上刷印，這樣便印成白地黑字的印刷品了。

關於印刷術發明的時間，據明代陸深《河汾燕閒錄》卷上記載：「隋文帝開皇十三年（593 年）十二月八（日）敕廢像遺經，悉令雕撰，此即印書之始。」入唐以後，唐太宗曾將長孫皇後所撰《女則》十篇，「令梓行之」[39]。從現在來看，已經發現了刻印於七〇四至七五一年間的木刻漢字《陀羅尼》印本。此外，唐安史之亂以後，作為商人納稅憑據用的「印紙」出現。長慶四年（824 年），元稹為白居易寫的《長慶集》序文中講到，有人拿白詩的寫本和印本在街頭叫賣或換取酒茶。到文宗大和年間，四川和江淮一帶民間已經每年「以板印曆日」，在市場上出售，以致不等朝廷頒下新曆，「其印曆已滿天下」[40]。

現在所發現世界上最早的注有確切日期的印刷品，是唐懿宗時期印製的《金剛經》。該書末尾注有「咸通九年四月十五日王玠為二親敬造」。「咸通」是唐懿宗的年號，咸通九年是西元八六八年。卷首有版畫，是釋迦牟尼在祇樹給孤獨園說法圖。這是一幅高三十三釐米、長三十三釐米多的木刻版畫。釋迦佛祖坐在中間舉手示意，學生長老須菩提披袒右肩，右膝著地跪在座前，合掌恭聽。諸天神圍繞，神態生動。全書字跡清晰，刻鏤精美，墨色濃厚而均勻，說明唐代雕版印刷已經達到一個很高的水平。

五代時期，政局動盪，但刻書業卻蒸蒸日上，雕版印刷技術又得到了進一步的提高，這主要表現為大規模刻印文集和古代書籍。

雕版印刷術的普及，加速了文化知識的傳播，也使著書和刻書人易於揚名。因此興起了刊刻私人文集之風。先是前蜀乾德五年（923 年），曇域和尚刻印了其師貫休和尚的《禪月集》。之後，洛陽的和凝也把自己的文集百卷刻印。後蜀宰相毋昭裔又刊刻了《文選》、《初學記》等書籍。五代時期刻印規模最大的是馮道建議後唐明宗雕刻的儒家經典。

---

39 邵經邦：《弘簡錄》卷四十六。
40 《冊府元龜》卷一六〇《帝王部·革弊二》。

西元九三二年，身為後唐宰相的馮道，看到吳（今江蘇）、蜀（今四川）等地販賣農書、曆本、佛經、醫書、字帖等各種書籍，唯獨沒有儒家經典。因此，他建議朝廷刊印九經。從此開始，經後晉、後漢，直到後周廣順三年（953年），先後花了二十二年的時間，才全部刻成。

雕版印刷術發明以後，首先傳入了朝鮮，隨後又逐漸傳入周邊國家。世界各國的印刷術大都是在中國印刷術的影響下發生、發展起來的。雕版印刷術是中國古代的偉大發明，也是人類歷史上的最偉大發明之一。對中國，對世界的文化發展都起著巨大的推動作用。

二、唐三彩與金銀器

隋唐五代時期，陶瓷製造業也得到了很大的發展，其生產技術也有了很大的提高。在製瓷方面，邢州（今河北邢臺）生產的白瓷「類銀」、「類雪」，杜甫有詩詠白瓷說：「大邑燒瓷輕且堅，扣如哀玉錦城傳。君家白碗勝霜雪，急送茅齋也可憐。」[41]

越州（今浙江紹興）生產的青瓷類玉類冰，深受當時人們的喜愛。尤其是到五代時期，這裡生產的秘色瓷器，胎質釉色都比以前進步，更是當時瓷器的最上品，陸龜蒙《秘色越器》詩有：「九秋風露越窯開，奪得千峰翠色來」，盛贊秘色瓷的精美。除青瓷、白瓷兩大瓷系外，還有黑釉、醬釉、黃釉、褐釉等瓷器。當

白瓷燈（唐）
1956 年河南陝縣唐墓出土

---

41 《全唐詩》卷二二六《又於韋處乞大邑瓷碗》。

時生產的瓷器不僅工藝水平高，而且品種繁多，器形和裝飾還形成了獨特的風格，僅從裝飾手法看，就有繪畫、劃花、刻花、印花、堆貼、捏塑等。裝飾的紋飾有樹木、花鳥、動物、建築、人物、星、月等，具有鮮明的時代特色。就製陶而言，更有著劃時代的發展，這就是代表當時製陶工藝水平和成就的「唐三彩」。

雕花蓮瓣紋青瓷缽（吳越）

浙江寧波出土

秘色青瓷碗（唐）

1987 年陝西法門寺塔地宮出土

　　「唐三彩」是唐代三彩陶器的簡稱。所謂「三彩」，是因為在陶器的釉色裝飾上多以黃、綠、褐三種顏色為主而得名。但實際上並不僅限於這三種顏色，釉色還有白、藍、赭、茄紫等多種，即使黃、綠，也有深、淺之不同。名稱上也不僅限於「唐三彩」，如以藍色釉為主的稱之為「藍三彩」，因其稀少，尤為珍貴。

　　「唐三彩」類瓷，但實為陶器，與瓷器有本質的區別。唐三彩一般精選高嶺土、鞏縣土和黏土做坯體。坯體一般是用手捏塑和模製的方法製成。坯體製成後陰乾，再送入窯爐燒成陶胎，火溫要達到一千一百度左右。陶胎冷卻後再施以釉彩。釉彩中須加入一定比例的鉛，作為助熔劑，以使釉的熔點降低，然後將掛好彩釉的陶胎，再

彩繪釉陶文官俑（唐）

1972 年陝西禮泉鄭仁泰墓出土

次放入窯內，焙燒至九百度左右，在焙燒的過程中，胎體表面釉料受熱熔化，自然地向四周流動擴散，致使各種釉色相互浸潤交融。這樣，再次燒成後的陶器，便呈現出斑斕絢麗而又自然天成的奇異釉色。又由於鉛的作用，釉面還顯出明亮奪目的光澤。

唐三彩的種類繁多，從考古發現看，大體可分為人物、動物、器具和建築模型四種。人物俑包括男俑、女俑、文官俑、武士俑、騎馬俑、牽馬俑、馭駝俑、天王俑、樂舞俑等；動物俑包括馬、牛、駝、豬、羊、狗、雞、鴨、鳥等；建築模型有房屋、亭閣、假山、水池、井欄、兵器架、馬車、牛車等。日常生活用具更是應有盡有。

從藝術造型上看，唐三彩有較強的表現力和寫實性，尤其是人和動物造型，不僅線條優美流暢，形態自然，生動活潑，栩栩如生，而且不同社會地位和等級的人物，往往表現出特定的感情特徵，具有永久的藝術魅力。

貴族婦女俑大都體態豐滿，豔麗動人，並有意加強臉部的體積，對髮式進行高度的概括處理，使臉部形象更加圓潤飽滿。有時還把人體比例縮短，用上大下小的體積變化來反映當時「豐頰體肥」的審美特徵。一般婦女俑也大多姿態自由，面容豐腴，肌膚細膩，雙手纖巧，兩足豐柔，同時又根據不同的人物、服式、材料等「隨類賦彩」，使色彩和造型完美地結合起來。

文臣俑多峨冠博帶，道貌岸然，或瞪眼挺胸，不可一世，或表情拘束，似乎在窺測上司的臉色。

武士俑往往怒目圓睜，肌肉發達，作劍拔弩張之勢；或為姿態各異的騎馬射獵狀，有的帶犬奔馳，有的背弓荷箭，有的舉手向上，身體外傾。不拘常規的形式變化，充分展示了武士們的英武和勇敢，以及唐代國力強盛和經濟繁榮所反映出的時代特徵和社會風貌。

唐三彩中還有很多胡俑，其臉部造型和體格及衣履裝束都體現了西亞人所具有的特點。胡俑多牽馬俑和馭駝俑。牽馬俑往往從自信、熟練、內行的牽馬姿勢中，表現出良好的馭馬本領；馭駝俑的駝上一般還負有行李包，會令人想到古絲

綢之路上長途跋涉、歷盡艱辛的胡商駝隊。

彩繪釉陶武官俑（唐）

1972 年陝西禮泉鄭仁泰墓出土

三彩天王像（唐）

1955 年陝西西安韓森寨出土

出身社會下層和活躍於舞臺上的藝人，造型多樣，更是趣味無窮，但一般衣著簡單，身軀扭動，奔放樂觀，無拘無束。天王俑又多作腳踏魔鬼之勢，被踏魔鬼作咧嘴鼓目、掙扎而無法脫逃狀。

在人物俑的衣著處理上，還吸收了中國古代繪畫的技巧，多用陰刻線紋，線條流暢自如，疏密相間，使塑像衾服飄舉，天衣飛揚，有「吳帶當風」的韻味；有的衣褶稠疊貼體，衣緊袖窄，有「曹衣出水」的風采。

唐三彩的動物造型以馬最多，也最為動人，或騰空奔馳、或緩步徐行、或昂首嘶鳴、或低頭啃蹄、或追逐戲耍，無論哪一種形象，都給人一種氣魄、一種力量，並有一種浪漫、活潑的感覺。

三彩馬（唐）

1957 年陝西西安鮮於庭誨墓出土

生活器具從造型上看，顯得雄渾飽滿、雍容華貴，有許多器物還造型獨特。器物的各個部分又往往不拘一格，富於變化，和諧統一，充滿情趣。如雙魚扁形壺，壺體以兩條並列的魚組成；貝型杯，外殼如海貝形象；鳳首壺的造型更複雜一些，由口、頸、流、腹、足、柄等部分組成。其管狀流如前伸的尖喙，再配以扁長的鳳頭、細長的頸部，將鳳鳥亭亭玉立的形態和壺類器具修長的造型融為一體，從而充滿了藝術的魅力。

　　唐三彩的裝飾紋樣，也豐富多彩，內容有人物鳥獸，花草蔓枝等。在雕塑技巧上，也手法多樣，有劃花、刻花、堆雕、捏雕、浮雕等。由於運用適當，更增加了器物的藝術感染力。

　　唐三彩不僅是蜚聲中外的藝術品，而且是用於殉葬的明器。此外，三彩器由於典雅別致，當時富貴人家也把它陳設在廳堂之中，作為觀賞擺設。三彩器也為來唐的外國人所喜愛。朝廷也徵調大量精品享用，或贈送友邦。現在在朝鮮、日本、印度尼西亞、伊拉克、埃及等許多國家都發現了唐三彩遺物，這是中國與世界各國人民友好往來的歷史見證。

　　唐三彩創始於唐初，由高宗至玄宗天寶年間進入極盛時期，安史之亂以後，日漸衰落。唐以後雖然仍生產三彩陶器，有所謂「遼三彩」、「金三彩」等，但在數量、品質、釉色、造型藝術等各方面，都不能與唐三彩相提並論，以後三彩器幾乎失傳。今天，經陶瓷專家的多年潛心研究，這一古老的工藝又煥發了新的色彩，製品已達數百種，遠銷世界很多地區。隨著中國經濟文化的發展，唐三彩必將更加豐富多姿，光輝燦爛。

　　除「唐三彩」外，唐代金銀器的製造也取得了突出的成就。

　　金銀器的製造在中國有著悠久的歷史，從考古資料來看，早在春秋戰國時期就產生了。秦漢以後，隨著神仙迷信和煉丹術的興盛，金銀器的製造得到了進一步的發展。按照煉丹家的說法：「黃金入火，百煉不消，埋之，畢天不朽。」以

此煉入人的身體，「能令人不老不死」[42]。同時，方士和煉丹家認為使用黃金做的飲食器皿，也有延年益壽、長生不死的效應。這種思想一直到唐朝仍為統治階級所接受。如「武德中，方術人師市奴合金銀並成，上（李淵）異之，以示侍臣，封德彝進曰：『漢代方士及劉安等皆學術，唯苦黃白不成，金銀為食器，可得不死。』」[43]唐後期李德裕也曾對敬宗說：「臣又聞前代帝王雖好方士，未有服其藥者。故《漢書》稱黃金可以成，以為飲食器，則益壽。」[44]以此勸阻敬宗餌食丹藥時用黃金製成的玩好。可見唐朝統治者鑄造黃金器皿的目的是明確的。不過，也應該看到，金銀是稀有金屬，本身具有製造華貴器皿的條件，這也是統治階級製造、使用金銀器皿的又一個重要原因。

中國在東漢時期已經進行較大規模的金銀器製造了。到了東漢末期已經有了較多純金、純銀質地的器物。當時墓葬中隨葬的金銀器也日益增多。魏晉至隋代，在長沙、南京、大同、西安等地的墓葬遺址中，都發現了這一時期的金銀飾物和器皿，文獻上更有了關於饋贈、賞賜、貢獻、偷盜、查抄金銀器的記載。到唐代金銀器製造進入了一個興盛時期。

唐代中央少府監的中尚署下有「金銀作坊院」，專門製造金銀器。按唐律「一品以下食器，不得用純金純玉」[45]，所以「金銀作坊院」所作的金銀器皿主要是供皇室享用的。此外，當時，各地官吏每逢四節還向李唐皇室貢獻包括金銀器在內的各種禮物，所進器物還往往刻藩鎮官銜姓名，並作為考績的根據，因此，各地官吏競相進奉金銀器，以討好皇帝，有時數額非常之大。如鹽鐵轉運使王播於「大和元年五月，自淮南入覲，進大小銀碗三千四百枚」[46]。但皇帝並不因此滿足，還不斷向各地宣索；並於唐宣宗大中八年創建了另一個專門為皇帝打造金銀器物的作坊文思院。

42 葛洪：《抱朴子·金丹》。
43 《太平御覽》卷八一二。
44 《舊唐書·李德裕傳》。
45 《唐律疏議》卷二十六。
46 《舊唐書·王播傳》。

當時皇室擁有大量的金銀器，除供自己享用外，還用以賞賜臣下，收買異己，贈予佛寺，或作為民族貿易交往的珍品，往往數量都很大。如高宗李治為了得到大臣長孫無忌的支持立武則天為皇後，曾「密遣使賜無忌金銀寶器各一車」[47]。又如玄宗曾為安祿山治第於親仁坊，「既成，具幄幕器皿，充牣其中」，重要的金銀器有「銀平脫屏風，帳方丈六尺；於廚廄之物皆飾以金銀，金飯罌二，銀淘盆二，皆受五門，織銀絲筐及笊籬各一；他物稱是」[48]。

獅紋鎏金銀盤（唐）
1956 年陝西西安八府莊出土

唐代金銀器在今天不斷被發現或被發掘出土面世，從文物的種類看，也非常繁多，銀器有銀盒、銀盆、銀盤、銀罐、銀籠子、銀槲等；金器有金碗、金笋、金腰帶、金棺等。而且做工都非常精緻。如一九七〇年在西安出土的金花鸚鵡紋提梁銀罐，高二十四點二釐米，下底直徑十四點三釐米。罐外壁刻有鸚鵡和鴛鴦，周圍飾以環狀花枝，所有紋飾都鎏金。同

鎏金銀熏球（唐）
1963 年陝西西安沙坡村出土

時出土的還有刻花蓮瓣金碗，碗高五點五釐米，口徑十三點七釐米。碗外壁捶出兩層蓮花瓣，蓮瓣內刻有鴛鴦、鴨、鸚鵡、狐及卷葉花飾。這兩件文物都是很難得的精品。更值得提到的是，一九八七年對法門寺地宮的科學發掘，共得到唐皇室御製和內庫供奉的金銀器一百二十一件（組），其系列性、集群性之強、文化內涵之豐富均為中國唐代考古所僅見。

法門寺這批金銀器，製作富麗堂皇，極為精美，除日常生活用品外，還有成套的茶具和各式各樣的薰香用具及許多與佛教有關的金銀器皿，其中金銀法器、

47 《舊唐書·長孫無忌》。
48 《資治通鑑》卷二一六。

供養器，及瘞藏舍利的容器，既是難得的藝術珍品，也是研究佛教考古的寶貴資料。其製作以皇家的文思院為主，代表了唐代金銀器製作工藝的最高水平。

銀簪、銀釵（唐）

蓮瓣花鳥紋高足銀杯（唐）
1963 年陝西西安沙坡村出土

這批金銀器中鏨銘文字的約占總數的四分之一，內容都有一定的敘述式，即負責製作的部門，製作的原因、時間，器物的名稱、件數、重量、質地、工匠、僧人、監制官及職銜等。這對鑑定文物，研究特定時代的生產和工藝水平、內官設置、社會關係、佛教與政治的關係，佛教發展趨勢等問題，都有極其重要的史料價值。[49]

三、火藥的發明

火藥是中國的四大發明之一，早期的火藥是黑色的，是把硝石、硫磺和木炭三樣東西研成粉末，按照一定的比例配製而成的。硝石、硫磺和木炭的比例，一般是七十五比十比十五。其中硫磺是一種礦物，大約在西漢年間，中國湖南就發現了豐富的硫磺礦。以後，在今山西、河南等省，也陸續發現了硫磺礦。西漢劉

---

49 參見韓金科：《法門寺與唐文化研究》，《唐文化研究論文集》，上海，上海人民出版社，1994。

安的《淮南子》一書中，就有硫磺的記載。硝石也是一種礦物，產於今四川、甘肅一帶。另在中國華北各地，許多低溫地方的牆根上，常常長著硝的細微白色結晶，叫做「牆霜」，這可能是中國早期硝石的主要來源。在古代硝石的名稱很多，因其能發煙發火，被稱為煙硝或火硝；因其有苦味，又被人稱為苦硝；因其出產在地上，顏色如霜，又被稱為地霜。西漢時的《神農本草經》中已記有硝石，可見硝石在西漢或西漢以前就發現了。木炭是很常見的，因為中國古代早期還沒有發現煤，人們主要砍伐樹木燒，或把樹木燒成木炭做燃料。當然它發現的年代也比硫磺和硝石早得多。硫磺和硝石都是醫用的藥物，和木炭混在一起會發火，因此，人們把這三樣東西的混合物叫做「火藥」。

火藥的合成，起源於中國古代的煉丹術，而煉丹術又是中國冶煉技術發展到一定階段的產物。

早在殷商時期，中國就開始大量生產青銅器了。當時的青銅器造型複雜，非常美觀，說明中國冶鑄技術已經相當發達。中國冶鐵也有著悠久的歷史，大約在春秋中期，中國已經發明了生鐵冶煉技術，春秋後期已經出現了鑄鐵工具。戰國、秦漢以來，中國的煉鋼技術也有了較大的成就。勞動人民在冶煉金屬的過程中，積累了豐富的化學知識，也創造了很多採礦和冶金方法。

在戰國到西漢時期，有些人把冶金技術運用到煉製礦物藥方面，夢想煉出長生不老的仙丹；或者煉出更多的金銀來。這就產生了煉丹術，同時也出現了稱為「方士」的煉丹家。這些煉丹家並沒有煉成仙丹，也沒有煉出金銀，但卻在一次又一次的冶煉過程中，積累了新的冶煉經驗和化學知識，促進了中國古代化學的發展。中國火藥的發明和發展，就與煉丹術有著很大的關係。

煉丹家起先是建造煉丹的爐灶，找來一些礦物和植物，煉製丹藥，不久，就出現了專講煉丹的著作，著名的有東漢末年魏伯陽寫的《周易參同契》，書中提到煉丹所用的一些礦物，其中就有硫磺。

魏晉南北朝時期，煉丹風氣更盛，東晉葛洪的名著《抱朴子》，所載的煉丹原料中，有硫磺和硝石。

唐初，著名的藥物學家孫思邈，也長於煉丹術，他寫了《丹經》一書。書中提到了「內伏硫磺法」，就是用硫磺二兩，硝石二兩，研成粉末，放在砂罐裡。之後，在地上掘一個坑，把鍋放入坑內，鍋頂和地面齊平，鍋周圍用土填充。然後用皂角子三個，點火放入鍋內，使硫磺和硝石燃起焰火。等火焰剛熄，再用生熟木炭三斤來炒，等木炭燒完三分之一，趁未冷卻即取出混合物，就叫做「伏火」。「伏火」可以說是中國見於文獻記載最早的火藥，所講的硫磺、硝石、木炭正是配製火藥的主要原料。不過火藥的產生要比孫思邈生活的初唐為早。

據《太平廣記》卷十六《杜子春》引《續玄怪錄》記載，周隋間人杜子春追隨一道士修煉金丹，五更起來，見煉丹爐「紫焰穿屋上，大火起四合，屋室俱焚」。這描述的正是火藥燃著的場景，如果這不足以證明火藥產生於唐朝以前的話，僅就孫思邈所記載的情況來看，他並不是記述自己的發明，而是記述當時「伏火」的製造情況，也就是說「伏火」的發明當比孫思邈的記載要早。

煉丹術是一種方術。在中國古代，方術和軍事有著密切的關係。在中國古代有些兵書裡談到方術，有些方書裡也談到軍事。火藥發明後，首先被用到軍事方面，大約在唐末，已經用火藥製造武器了。據宋人路振的《九國志》記載：唐哀宗天祐（904-907 年）初年，鄭璠攻打豫章（今江西南昌市），曾用「發機飛火」燒毀豫章的龍沙門。「飛火」可能就是火炮一類的東西，火炮又為何物？這應從最初的「炮」談起。

古人打仗，近距離用刀槍，遠了用弓箭，後來又用拋石機，把大石球拋出去，較遠距離的打擊敵人，這拋石機就是最初的炮。炮就是拋的意思，因最早拋的是石頭，所以「炮」最初寫成「砲」，不過「炮」字也早已產生，但指的是一種烹飪方法，或者是一種製藥方法，至於「炮」字用來指武器，那是火藥發明以後的事情了，也就是用拋石機去拋擲火藥。鄭璠所用的「發機飛火」，就是把火藥包裝在拋石機上，用火點著，向敵人拋過去。這種火炮，可以說是最早用火藥製造的燃燒性武器了。

唐以後又用火藥製成火箭、爆炸性武器、管形武器、金屬武器等，從而使整個作戰方法發生了重大的變革，對人類戰爭產生了深遠的影響。

第五節·

凝聚時代精神
的建築

　　隋唐五代時期，中國的建築藝術又進入了一個新的高潮時期。尤其是唐代國力強盛，經濟繁榮，建築業也取得了顯赫的成就。其城市、宮殿、園林、陵墓、宗教寺廟、橋梁等建築大都具有獨創精神，具有恢宏的氣勢、質樸、真實的品格和藝術的感染力，蘊含著一種時代精神，給人以親切、樸素、莊嚴、壯麗等多種感受。

一、都市建築

　　隋唐時期，最重要的城市是都城長安和東都洛陽。它們建築規模大，形制完整規則，藝術處理成熟，在中國城市建築藝術上占有空前的地位。

　　中國古代都城布局，早在先秦時期就已形成棋盤形格局。魏晉南北朝時期，又發展成對稱軸封閉式的棋盤形格局。隋唐時期隨著大一統局面的到來和中央集權制的加強，都城布局在此前的基礎上更加嚴謹，規模更為宏大。

　　隋朝建立以後的第二年（582 年），文帝楊堅就令宇文愷在漢長安東南，另建新都，名大興城。唐朝建立以後仍以此城為都，但改大興為長安城，並做了進

一步的修整。

唐代長安幾乎等於現今西安城的十倍，總面積達八十四平方公里。城內建築群分宮城、皇城、外郭城三個部分。宮城位於全城最北部的正中，為皇帝和皇族居住。皇城位於宮城之南，並與宮城連接。尚書省、御史臺等中央官署衙門，並列其間。皇城內沒有居民。宮城、皇城之外，是外郭城，城內有南北大街十一條，東西大街十四條，相互交叉，把全城劃分為一百零

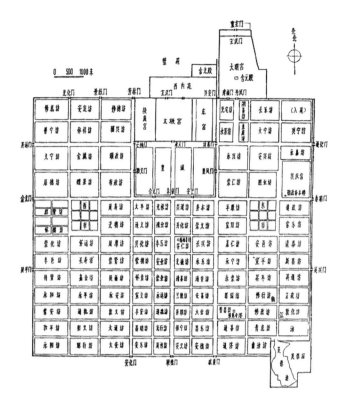

唐長安圖

八個布局整齊的居民坊。經南門明德門到皇城朱雀門的一條大街為中軸線，把長安城分為東西兩半。東西對稱各設一市，稱東市、西市。市周有土牆，市內有井字形的街道，店鋪都集中於此，宋敏求在《長安志》中說：「棋布櫛比，街道繩直，自古帝京未之有也」。

城內街道筆直而寬闊，特別是六條主要街道更寬，如朱雀門大街寬一百四十七米，宮城南門——承天門外的橫街寬四百四十一米。當時街道兩旁大都種著整齊的槐樹，宮城、皇城裡則多種梧桐和柳樹，在樹蔭掩映下，長安城顯得非常優美。此外，外郭城四面各有三個城門，其中正南門——明德門有五個門洞，其餘每個城門各三個門洞。各城門都建有門樓，城內各坊大都建有寺廟，在郭城北牆東段外建有大明宮，城內東部建有興慶宮，在城東南角修有曲江池風景區，在這些門樓、寺廟、宮殿群、風景區的點綴下，長安城更顯得壯觀靚麗。

長安城對國內外的城市建築產生了直接的影響，當時國內各州和日本、新羅

等國都市競相仿效，同時也極大地發展和豐富了中國城市建築的獨特風格和優良傳統，有著深遠的歷史影響。

洛陽在隋唐時期為陪都，其城市建築也僅次於長安。

洛陽位於今河南省西部的伊洛盆地，南臨伊闕，背靠邙山，東有虎牢關，西有函谷關，四周群山環繞，氣候溫和，自東周開始，歷來為許多王朝的建都之地。至隋城垣已經破敗。煬帝為了控制關東和江南地區及滿足自己享樂的需要，於大業六年（610年），命曾創制大興城的宇文愷營建東都洛陽，一年建成。唐初廢毀東都，不久又重建，並多沿隋代之舊。

隋唐時，洛陽面積約為長安城的一半。宇文愷的原意，洛陽城是要按長安城修建的，但實踐中，宮城、皇城以西的郭城部分沒有完成，於是建成了一座不均衡的城市，宮城、皇城偏於全城的西北一角。

洛陽城市水道很多，最主要的是洛水，唐時建有三市，即南市、北市、西市。三市之外，洛陽建有一百多個裡坊。裡坊比長安的小，顯得較為緊湊。此外，洛陽宮城之西建有西苑，面積廣大，唐稱神都苑。武則天時在皇城外西南方又建造了上陽宮。

洛陽背負邙山，中貫洛水，遠接伊闕，城市建築與當地自然環境有機地聯繫起來，顯得頗有氣勢。

唐代城市建築規模之壯觀，從其他城市中也可看出。如《元和郡縣圖志》卷十三載：北都「太原有三城，府及晉陽縣在西城，太原縣在東城，汾水貫中城南流」。太原外郭城周四十里，直抵東西兩山，阻隔南北，很為雄壯，比後來宋元明清的太原城要大得多。不過，唐代大多數的州縣城是要小一些的。有的小城可能就是一個里坊，坊郭合一，內開十字街。這種建築風格對後世影響很大，留存至今的一些明清城的建築中，仍然保留著。

唐代城市外郭大都是方形或矩形，城牆大多用夯土築成，城門下部城臺包磚，四面正中開城門，門上建城樓，四角設角樓，從而使整座城市顯得非常壯

麗，又富於色彩。城外大多還圍以城壕，架橋通向城門，有的城壕在門外向前折轉，使城門前形成一個廣場，這些更增添了城市的雄壯。

在都城的建築中，最主要的是宮殿建築。隋唐時期宮殿建設的規模、氣度不僅超越前代，而且色彩更為輝煌、絢麗。其中以太極宮、大明宮和洛陽宮最為著名。

太極宮位於唐長安宮城的中部，即隋之大興宮。宮內部大致採取中軸對稱格局，軸線上前後建有幾座大殿，即外朝、治朝和燕朝。外朝是指太極宮最南的承天門，門前寬闊的大街，東西貫通皇城。皇帝每年元旦、冬至所舉行的大朝會以及重要的肆赦、四方各國朝賀，都在這裡舉行。承天門內為太極門，再內是太極殿，即治朝，又稱常朝，為宮之正殿，皇帝「朔望則坐而視朝焉」[50]。殿庭前部東有鐘樓，西有鼓樓。再後為朱明門，繼為兩儀門，門內兩儀殿，即燕朝，唐又稱日朝，皇帝在此「常日聽朝而視事焉」[51]。兩儀殿東西有萬春殿和千秋殿，之後有甘露門和甘露殿，可能是備退朝後休息的地方。在這些殿庭左右還對稱地建有一些殿庭。這些殿裡設有直接與皇帝理政有關的衙署如門下省、中書省、宏文館、史館等。此外，宮內還有其他館閣殿亭三十六所及山、池、球場等，著名的圖繪功臣像的凌煙閣在宮內的西北部。

太極宮北有禁苑，東有東宮殿庭組群，西有掖庭宮，都有宮門與之相通。

大明宮在太極宮東北，又稱東內，太極宮則稱西內，宮址南寬北窄，南牆是長安郭城北牆東段的一部分。東牆由東北角向東南方向斜行，與南牆相接。大明宮總面積約三點二七平方公里，大於太極宮、東宮和掖庭宮面積的總和。

蓮花紋瓦當（唐）
1958 年陝西西安唐興慶宮遺址出土

---

50 《唐六典》。
51 《唐六典》。

大明宮南面有五門，其中正門、丹鳳門三道，直接面臨里坊，這裡也常舉行朝會、赦免、朝賀等重要活動，但相當於太極宮承天門的大朝則在丹鳳門內的含元殿。含元殿也是大明宮中軸線上的第一座宮殿，距丹鳳門約六百米，坐落在龍首原高地的南緣，殿下又築很高的土臺，兩側建有翔鸞、棲鳳二閣，通過飛廊同含元殿相連，殿閣有凌空之感。

含元殿還有龍尾道，這是由殿堂下至殿前廣場的三條平行階道，它平、坡相間，共七折，長約七十餘米，自高而下，猶如「龍尾」垂地。由此登臨，仰視含元殿及二閣「如在霄漢」[52]，氣魄分外壯闊，展示著充滿自信心的強盛王朝的精神風貌。

含元殿北有宣政殿，是為常朝，再北有紫宸殿，是為白朝，在這些正殿兩側還有中書省及宏文館、史館、延英、含象等殿。

紫宸殿以北為林園池沼，其中大池名蓬萊池，又稱太液池，池中有島名蓬萊島，沿池南岸有蓬萊、珠鏡、郁儀等殿，西南岸建廊四百間。

蓬萊池西建有麟德殿，由四座殿堂前後緊密串連而成，並配建有亭樓，總體量非常宏大，高低錯落結合在一起。這是皇帝舉行大型宴會的地方。麟德殿式的組合建築，對唐以後的建築有著重要的影響。

洛陽宮城不到長安宮城一半，南面開三門，正門隋稱則天，唐改為應天，後又改稱五鳳樓。左右宮闕較低，略向前，與此門相連，形成一個「凹」字，較低的宮闕突出了門樓主體，凹字所圍空間又給人威嚴感受。這種宮闕形制對後代也產生了深遠的影響。

則天門為大朝；門內隋時有乾陽門、乾陽殿，為常朝；再後的大業門、大業殿為日朝。這些殿、門，唐初均被焚毀。高宗時於乾陽殿舊址，修乾元殿，武則天又毀乾元殿作「明堂」。

---

52 《劇談錄》。

明堂是合宮殿與壇廟為一的建築，約高五十米，共三層，下層方形四面，象徵四季，各方按東南西北方各施青、赤、白、黑色，重簷；中層八角，四正向面每面三門，共十二門，象徵一天的十二個時辰，亦重簷，下簷八角，上簷圓形；上層聳立一圓形重簷攢尖頂大亭，類似今北京天壇祈年殿，八間，每間三門，共二十四門，象徵一年的二十四節氣。

據《舊唐書·武後本紀》載：明堂北又起「天堂」，比明堂更高，五級，「內貯夾 大像，至三級則俯視明堂矣」。

明堂、天堂建成僅八年即遭火毀，隨即，又依舊制重建明堂，更名為「通天堂」。開元年間，折去上層，復名為乾元殿。

在洛陽宮城中軸線正殿兩側也各建有一串殿庭，總體也成為左、中、右三路，在宮內西北部，有九洲池及沿池的許多遊觀建築。

綜觀隋唐宮殿建築，都力求創新，不循舊蹟。如明堂，高大雄偉，形制特殊，含元殿、麟德殿等也別具匠心，顯示出勃勃生機和昂揚健康的浪漫情調，同時也顯示出高超純熟的技術水平。此外，宮殿群左、中、右三路的布局方式，中路順序布置三朝，這對以後的宮殿建築也有著深遠的影響。

皇帝的宮殿建築往往極盡豪華工巧之能事，但對官員的住宅卻有規定。唐《營繕令》曰：「王公之居不施重栱、藻井；三品堂五間九架，門三間五架；五品堂五間七架，門三間兩架；六品七品堂三間五架，庶人四架，而門皆一間兩架。」[53]不過從實際情況看，未必全能遵行，如《長安志》載：肅宗時中興名將馬璘，營宅於皇城南長興坊，「重價募天下巧工營繕，屋宇宏麗，冠於當時」。白居易的《傷宅》也描述當時大宅院說：「誰家起甲第，朱門大道邊。豐屋中櫛比，高牆外回環。壘壘六七堂，棟宇相連延。一堂費百萬，郁郁起青煙。洞房溫且清，寒暑不能乾。高堂虛且迥，坐臥見南山。繞廊紫藤架，夾砌紅藥欄。攀枝摘櫻桃，帶花移牡丹。主人此中坐，十載為大官⋯⋯」此大宅有六、七進，每一

---

53 《新唐書·車服志》。

進中軸線上建有豪華的堂，高牆深院，屋宇相連，並栽種有各種花木。

唐代一般住宅從敦煌壁畫來看，與清代四合院十分相似，只是清代由於風水之說，除王府外，宅門大都開在右前角。唐代宅門都在正中，住宅一側還另以土牆隔成側院，院內又以土牆隔為前後二部，後部畜馬為廄院，前部有「蝸牛廬」為僕夫棲身之所。

宮殿是君主處理朝政的地方，君主退朝要享樂，於是在宮中又布置了園林遊樂之所。達官貴人為了自己的休息、遊玩的需要也大置園林。但中國古代的園林與城市及宮殿或私家住宅不同，它不強調秩序井然，規則對稱，而是自由式的，尊重大自然的自身規律。尤其中國早期的園林，更是以自然山水為主，但到隋唐時代，造園藝術有了很大的進步，不再大尺度的模仿真山真水，而是更多的融進了人的創造，講究園林對自然的神似。隋唐園林大致包括皇家園林和私家園林兩個部分。

隋唐三百多年間，皇家園林建築不絕如縷，著名的有隋唐西苑、唐興慶宮、溫泉宮和其他幾處避暑離宮等。其中隋唐西苑和唐興慶宮為城市園林。

西苑位於洛陽西郊，始建於隋朝，據史書記載推測，其周長二百里，為洛陽城的三點六倍，面積為洛陽城的十三倍。大致可分南、中、北三部：南部有五湖，「每湖方四十里，東曰翠光湖；南曰還陽湖；西曰金光湖；北曰潔水湖；中曰廣明湖。湖中積土石為山，構亭殿屈曲環繞澄碧，皆窮極人間華麗」。中部指五湖之北的「北海」，「周環四十里，中有三山效蓬萊、方丈、瀛洲，上皆臺榭回廊，水深數丈。開溝通五湖北海，溝盡通行龍鳳舸」[54]。北部龍鱗渠「縈紆注海內，緣渠作十六院，門皆臨渠……堂殿樓觀，窮極華麗」[55]。此外，渠上跨有飛橋以備通行，還從事果蔬家畜的生產，植物種類繁多，各種動物「動輒成群」。

---

54 《隋煬帝海山記》。
55 《資治通鑑》卷一八〇。

從苑的布局看，十六院聚於北部，人工因素較強，中部的北海，空間較為開闊，再南的五湖起陪襯作用，自然氣勢強一些。整個苑區以水景為主，結合地形布置景區，構成一片恢宏開闊，又亭殿屈曲環繞的園林景觀。

唐高宗時，西苑重加修整，改名東都苑，又稱神都苑，範圍有所縮小。

興慶宮在長安興慶坊，原為李隆基稱帝前宅所，後有泉湧出為池。李隆基稱帝後改邸為宮，又沿池布置建築，構成園林區。池東北有著名的沉香亭，李隆基與楊貴妃常在此賞牡丹，李白曾作詩記之曰：「名花傾國兩相歡，長得君王帶笑看。解釋春風無限恨，沉香亭北倚闌干。」[56]宮殿大多集中在北部，龍首渠自東而西橫穿宮殿區，與池水相通。

中國古代公共園林甚為罕見，隋唐長安東南的曲江即為一例。

曲江風景區在長安東南角，穿跨城角內外。長安地勢西北低東南高，在東南角有一水西折入城，故名曲江。水面在此擴大，匯為一湖，名曲江池。曲江池占長安城東南二坊之地，並延展至城外，從而形成曲江風景區，長安城也因池水阻隔而沒有合攏。唐玄宗開元年間曾對曲江池進行修擴，並重造園林建築，成為一時勝境。曲江池面積為零點七平方公里。

曲江池南有紫雲樓，西有杏園（亦稱杏圃）。園區內有宮苑式建築芙蓉苑及一些其他建築。池北岸是一帶高地，由此北望全城在目，南望一帶郊原，遠及南山。

曲江雖有專屬帝王的宮苑，但畢竟是一個公共大園林，每至佳節，常傾城而至，「鮮車健馬，比肩擊轂」[57]。唐時進士及第後，都要到曲江杏園聚宴。對此，劉滄《及第後宴曲江》詩云：「及第新春選勝游，杏園初宴曲江頭。」

曲江景色自然質樸，靠近城市，當時文人也多有題詠，在唐代乃至中國歷史

---

56 《清平調詞三首》之三。
57 《劇談錄》。

上都頗負盛名。

二、安濟橋與其他橋梁

橋梁的產生有著悠久的歷史，遠古時期，人們由於實際生活的需要，已經設置獨木橋，或在河溪中安放步石了。到秦漢時期，橋梁的設置已經非常普遍了。但從漢畫石、漢墓壁畫和文獻記載來看，大都是比較簡單的橋下立柱的梁式橋。著名的秦漢渭水橋、漢灞橋，都是梁式橋。據《三輔黃圖》載：秦「始皇始造渭橋，鐵墩重不能移」。說明當時已經用金屬製橋墩。比起梁式橋，石拱橋有更加堅固，更能加長跨度等優點，但它的施工難度也更大。現可知最早的石拱橋是《水經注·谷水注》中所記載的「旅人橋」，該「橋去洛陽宮六七里，悉用大石，下圓以通水，題太康三年（282 年）十一月初就功」。這種石拱橋的建造可能是從秦漢以來磚墓發券結構得到啟發的，規模也不會很大。旅人橋現已無存。

現存最古的石拱橋是位於今河北趙縣的安濟橋，是隋朝由李春負責設計和建造的。安濟橋全長五十二點八二米，橋中部寬八點五一米，淨跨度長達三十七點四七米，是當時中外跨度最大的石拱橋。安濟橋首創了大跨弓形拱式，不用連續半圓拱券，這使橋下「豁然無楹」，山洪得以迅速流過，同時也使橋面平緩，有利於橋上交通。橋兩側各有兩個小拱洞，可以減少洪水對大橋的衝擊力，並具有洩水功能，又可減輕橋身自重免致下沉，同時也減少了工程量。

安濟橋的拱「弧用二十八道並列拱券組成。各券石塊之間嵌以鐵腰相連。各券可以逐道建造，在施工過程中如遇水發也不致前功盡棄，並可使模架重複使用。為加強各券間的橫向聯繫，不使向外翻倒，在拱券背上有五條橫向鐵拉桿，兩端鉚固，串拉各拱，又砌橫向伏石一層，同時又借鑑木結構建築中的『側腳』做法，兩頭橋腳寬度大於橋頂寬度各五十一釐米和七十四釐米，使各道拱券向內自然擠緊，用心可謂周密」。「四個小拱的砌法同於大拱，在各拱頂都有鐵拉桿一根和伏石一層。」「小拱的造型效果很好，在尺度上它們是大拱和橋面石欄桿之間的過渡，同時又對出了大拱的真實尺度；大小拱做法一致，顯出了統一性，

同時，小拱的通透更使全橋顯得空靈輕巧。全橋用石料砌成，卻並不顯得呆板笨重。可以說安濟橋是真、善、美的高度結合，體現了古代匠師取得的高度成就。」[58]

安濟橋高超的藝術水平，不斷引起後人的讚嘆，唐人張鷟在《朝野僉載》中稱讚此橋「望之如初雲出月，長虹飲澗」，宋杜德源詩說：「架石飛梁盡一虹，蒼龍驚蟄背磨空。」明祝萬祉詩又說：「百尺高虹橫水面，一彎新月出雲霄。」他們用雨後初晴的長虹、初出雲層的新月、遨遊長空的蒼龍，來形容安濟橋的舒展和美觀，是再恰當不過了。

橋的兩側欄桿、欄板和柱子也裝飾得十分華美。其中欄板實心，板心雕有蛟龍，或互相纏繞，或迴盤相望，或張目怒視，或作二龍戲珠狀。還有的龍嘴裡吐出美麗的水花，姿態生動，變化多端。龍尾都繞過後足向上翹起，顯得「若飛若動」。欄柱上還刻有獅子頭，個個栩栩如生。這些欄桿上的石雕，刀法古樸蒼勁，是隋代優秀的石雕藝術作品，有著很高的藝術價值和文物價值。

安濟橋至今已經有一千三百多年的歷史了，至今仍十分堅固，可以通行車馬。除橋面和欄桿外，其他方面也沒有大修過。新中國成立後，結合李春的設計，運用現代的技術條件，對安濟橋進行了徹底整修，使之恢復了青春的光彩，並列為國家重點文物，加以保護。一九六六年邢臺地震，震中離橋很近，但橋身安然無恙。這充分顯示了安濟橋高超的設計和建築工藝水準。

安濟橋建成後，對中國的橋梁建築產生了很大影響。同在河北趙縣，有兩座石拱橋就是仿照安濟橋修造的，一是金代修造的永通橋，與安濟橋完全一樣，只是規模略小，所以又名小石橋。另一座是明中葉修建的濟實橋，橋身由兩個大石拱構成，另在兩個拱的兩端和中間有三個小拱，顯得非常玲瓏可愛。此外，如山西原平縣普濟橋（金），河北井陘的「橋樓殿」橋（隋），貴州興義的木長橋（清）等十餘座橋，都是弓形拱，有的也有敞肩小拱，而且在建築技術上有所發展。

---

58 參見蕭默：《隋唐建築藝術》，西安，西北大學出版社，1996。

安濟橋在世界建橋史上也占有重要的位置。歐洲羅馬帝國時代所修的石拱橋雖更為古遠，但早已毀壞。大約在元代，流行於中國的弓形拱技術才被帶到歐洲，十三世紀末，法國羅納河上的聖埃斯普特橋就是運用弓形拱技術修建的。而歐洲人得知「敞肩拱」的做法，已經是十四世紀末了。

三、寺塔建築

唐代佛教興盛，佛教建築也取得了很大的成就，這主要體現在寺塔建築上。

寺塔是指佛寺和佛塔。其中佛寺是供養佛像，傳播教義，居止住僧眾的地方。唐以前佛寺布局有兩種方式：一是中心塔式，即圍繞寺院中心一大塔四周建以廊廡殿堂，塔中供養佛像佛經，僧徒沿襲印度禮俗，繞塔禮拜，以示尊崇。另一種是不建中心塔，而以佛殿、講堂等建築為主，與一般官署、住宅的院落式組合差不多。唐代佛教已完成了中國化的進程，佛教更加世俗化，所以寺院建築也以後者為主。

唐都長安和陪都洛陽，集中了當時主要的佛寺建築，據唐韋述《兩京新記》載，僅長安城內就有僧尼寺九十餘所。有的佛寺很大，幾乎占到一坊之地，殿宇達到四千一百三十間。

唐代一般寺院大都採取具有中軸線的嚴整組群構圖，院落由回廊圍成。前廊正中設大門，唐時稱「中三門」。四角廊頂聳起角樓，形式有方形、矩形、圓形、六角、八角不等，角樓放置鐘和經卷。中軸線上有一至三座大殿，大殿有單層的，也有樓閣式的。大殿兩邊建築配殿，配殿小於正殿，多為單層，也有樓閣式的，不過以兩層為止。佛說淨土世界有七寶池、八功德水，所以寺院常有很大的水池，池中對稱架一些低平臺，臺上繪佛說法和歌舞場面，各臺以小橋相連，各臺又有小橋與各殿相連。也有表演歌舞音樂的平臺。整個寺院，殿、樓交錯，布局得體。寺院中還種植樹木花草，顯得優美壯觀。現存唐代佛殿只有兩座，即在山西省五臺縣境內的南禪寺大殿和佛光寺大殿。雖然只是一些單體的中小型殿

堂，不能反映唐代組合的寺院風貌，但仍有著很重要的文物價值。

南禪寺位於山西五臺縣李家莊，現存殿宇除大殿外都是明清建築。大殿梁底有題記，曰：「大唐建中三年因舊名重建」。「建中」為唐德宗的年號，「建中三年」為西元七八二年，距今已有一千二百餘年了。是國內現存最早的木構殿宇。大殿開間、進深均三間，近於方形，單簷九脊頂。殿內無柱，使用通長大梁（四椽）。鬥拱不用昂，只出兩跳華栱。整個結構極為簡潔。屋頂平緩，殿內中部為佛壇。壇高七十釐米，壇上置滿佛像。這為當時殿內布置的一般形式。

佛光寺位於五臺山臺外豆村的山腰，依地形坐東向西，這在佛寺中是少見的，因為一般佛寺是坐北向南的。主殿建於寺後部的高臺上，據殿內梁下題記，該大殿重建於唐大中十一年（857 年），面闊七間三十四米，進深四間十七點六六米，單簷廡殿頂。全殿有內外兩圈柱網，柱高度相同，柱上層疊多層木枋，構成內外兩「槽」。「兩槽之間用鬥栱和梁枋結合，構成結構整體。槽的上面，隔著天花板再架屋頂結構的梁、檁、椽，稱為草架。這種雙層梁架體系，在宋《營造法式》中稱為『殿閣』結構，至遲在初唐已形成，佛光寺大殿是現存最早的一個實例。」[59] 佛光寺大殿鬥栱已出四跳，高度等於柱高的一半。柱高與開間的比例略近方形。屋頂坡度平緩，屋脊用疊瓦形式，兩端鴟尾遒勁有力，體現了唐代建築渾厚、莊重的風格。「殿內還保存了一組唐代塑像和唐、宋壁畫，連同建築本身及墨跡題字，堪稱一殿四絕。」[60]

據史載和敦煌壁畫所示，佛光寺大殿原高九十五尺，合今二十八點五米，唐武宗滅佛時被拆毀，大中年間重建，規模已大不如前。此外，佛光寺內外還有一些唐代的經幢和墓塔。

隋唐佛寺建築對日本和朝鮮產生了很大的影響，如鑑真和尚東渡日本後，在奈良參與興建唐招提寺的規劃工作。該寺的金堂建築，採用於鴟尾、三層鬥拱等形制，整個殿堂氣勢雄偉，結構精巧，體現了唐代寺院建築的成就和風貌。

---

59 羅哲文、王世仁：《佛教寺院》，《中國古建學術講座文集》，北京，中國展望出版社，1986。
60 同上。

佛寺之外，與佛教相關的建築還有塔。塔也是由印度傳入中國的。塔在印度原指墳墓，用以葬藏佛骨，或作為佛教紀念性的建築。傳入中國後，除貯藏佛骨舍利外，又用為供奉佛像、佛經或埋藏高僧遺骨。

隋唐時期很注意建塔，塔的建築也很多，並多為木塔，因木塔易於毀壞，流傳至今的全是磚石塔，而且多為唐塔。從形式上看，以樓閣式和密簷式為主。

樓閣式塔多為二層木結構，也有磚石結構的。臺基多為方形，塔身大致有方形、六角形、八角形三種。塔簷和平座有花瓣狀的，也有圓形和其他形制的，還多裝飾有覆缽、華蓋、相輪、仰月、寶珠、懸鐸等。

唐代磚樓閣式塔，保存至今的以西安慈恩寺大雁塔最著名。此塔唐代為十層。後遭破壞僅剩七層，遺存至今。大雁塔在明代曾包砌加厚壁，所以今天看來顯得堅穩雄壯。塔內建有仿木的壁柱、闌額和簡單的櫨鬥等，之外，又設木板樓梯以供登臨。唐代詩人題詠雁塔的詩作很多，其中以杜甫、岑參所作最為著名。岑參的詩曰：「塔勢如湧出，孤高聳天宮……下窺指高鳥，俯聽聞驚風。」[61]第一層塔壁有唐初著名書法家褚遂良書寫的碑文，是書法中的珍品。

此外，唐長安香積寺善導塔（在今西安市南郊長安縣韋曲的西南）也是比較著名的磚石樓閣式塔，方形，原塔共十三層，現殘存十層，其中也有仿木砌出的柱楪，不過此塔從形制上看，已介於樓閣式塔和密簷塔之間。

唐代磚石樓閣式塔，只是大體模木構件，講究神似，不刻意追求細節逼真，顯得簡潔無華，反映了唐人豪放的審美趣味。

密簷式塔中國現存最早的是河南登封北魏嵩岳寺塔，隋唐密簷式塔是從它發展而來的。

隋代密簷式塔現已無存，唐代密簷式塔留存至今的較多，著名的有位於今西安市南郊的小雁塔，河南登封嵩山法王寺塔和雲南大理崇聖寺千尋塔。

---

61 《與高適、薛據同登慈恩寺浮圖》。

密簷式塔的共同特點是：磚砌，下層塔身很高，二層以上塔身驟減，層層屋簷緊密相接，塔層高度變小，層數增加。

小雁塔又稱薦福寺塔，原十五層，約高四十六米，現存十三層，殘高四十三點三米，塔身素平無飾，各簷的簷端連線向上層層收小，但一至六簷收分很小，七簷以上收分程度加大，塔身輪廓線有一種由內向外的張力。

法王寺塔，十五層，總高四十餘米，塔身上部收小明顯，輪廓線中部微微膨出，整體略作梭形。基臺極低，底層特高，猶如從平地湧出，十分挺拔俊秀。

千尋塔建於南詔國時期，東臨洱海，西負點蒼山，基臺寬大，塔身高瘦，顯得勁利挺拔。宋代在千尋塔之西，又建南北對稱二塔，三塔峙立，增添了大理的秀麗景色。

唐代亭式塔建造也非常普遍，多為高僧墓塔，並多為木結構，但現存全為磚石建造的。亭式塔多單層，塔身大致像一個亭子，下有臺座，上有塔剎裝飾，並多有仿木傾向和採用華麗的浮雕。

塔一般實用性不強，僅可供登臨或觀賞，但從建塔的本意來看，主要是為了祈福，或為顯示本地方的驕傲而建立的，因此，各地為了建塔往往不惜花費巨資，這就為建塔提供了充足的物質條件，使匠師可以充分展現自己的才華，這不僅使塔的建造追求精巧華麗、偉岸挺拔，而且也追求造型多樣。如建於唐代，位於今山東歷城縣的九頂塔即非常奇特，其塔身由簡單的方線劃分為上下兩段，塔頂聳立九座小塔，各小塔又都有蓮花瓣座。隋唐時期還建有中央一大塔，四隅各一小塔的金剛寶座塔，還有的亭式塔上建巨大塔尖，塔尖表面飾許多花瓣，瓣上立小塔，尖頂有一較大的華塔，其造型想像也是很奇特的。當時還建有與印度建築風格接近的窣堵波式塔，現僅存的一座在山西五臺山佛光寺後，為志遠和尚墓塔。

此外，唐代還開始了石幢和石燈的建造。石幢具體樣式較多，一般以幢身和華蓋為其主體，並雕以垂縵、花葉、寶珠等。唐代風格較為質樸，以後則華靡，南宋以後漸趨消失。石燈是在石座頂上立中空石亭，亭內可置燈，以石亭象徵佛

國的天宮樓閣，置燈意為佛光普照，光明永被。佛燈為寺院點綴建築小品，唐代石燈現存兩座，分別在山西長子縣法興禪寺和黑龍江寧安縣原渤海國上京興隆寺。

第十三章

社會風俗與
時尚

　　隋唐五代時期的社會風俗與時尚豐富多彩。由於隋唐王朝上承魏晉南北朝,受少
數民族風氣影響嚴重,具有濃烈的「胡風」色彩,這從當時尚武游俠之風的盛行以及
衣食住行等方面明顯表現出來。又由於隋唐王朝在政治上長期穩定,經濟上高度繁
榮,社會具有相當的開放性,這就使得人們非常注重現世的享樂,當時的各種歲時節
令活動不斷,游藝項目五花八門;人們不但重視生命價值,而且渴望來生還能享受,
所以重生與厚死也成為社會風俗的一大景觀。

第一節·
尚武與游俠

　　隋唐五代時期，社會上普遍彌漫著一股尚武游俠之風。這種風氣的形成，有著非常複雜、深厚的歷史文化背景。

　　從淵源上來講，隋唐五代的社會風尚上承魏晉南北朝。魏晉南北朝是中國歷史上民族大融合和大交匯的重要時期，在「五胡亂華」的激烈碰撞中，充溢著豪俠剛健氣概的胡文化注入傳統的華夏文化系統內，起到了一種「補強劑」和「復壯劑」的功用[1]。

　　從文化背景而言，隋及唐前期，國力強盛，統治者通過開邊拓土，使版圖日漸擴大，整個社會充斥著昂揚奮發、蓬勃向上的民族意識，英雄主義的社會思潮空前高漲，人們向往立功絕域邊塞，實現個人平生抱負。而重然諾、輕生死，友難傷、國難忿，財權輕、國權重，一言不合拔劍而起、一發不中屠腹以謝的游俠尚武精神與這種時代氣質相契合，自然成為人們心目中孜孜以求的理想風範。唐後期以至五代，藩鎮割據，朝代迭興，方國林立，戰火紛飛，加之宦官專權、朋黨相爭，驕兵悍將、蠹政害民，整個社會陷入苦難深重的深淵，人們崇尚氣力，渴求公正，這就為傳統的仗劍遠遊、行俠仗義、輕財重施、闖蕩江湖的尚武游俠之風提供了適宜的社會環境。

1　參見馮天瑜等：《中華文化史》，576頁，上海，上海人民出版社，1990。

隋唐王朝承北朝之業而相繼統一天下，其社會風尚自有一股豪俠尚武之氣。隋唐王朝所賴以立國的統治基礎，是以關隴貴族軍事集團為核心，聯合關東地區世族地主集團、豪強地主集團以及北部邊疆少數民族部落貴族而形成的。這個集團的重要特點，就是崇尚武力。這種社會風氣與漢族士大夫階層——特別是南朝士大夫——「崇文鄙武」的風氣，大不相同。

關隴地區的尚武游俠之風源遠流長，早在漢代即有「關西出將、關東出相」之說。宇文泰入關後，創建府兵制度，他所帶領的部分代北軍人，聯合關隴世族地主形成關隴貴族軍事集團。這個集團構成周隋及唐初統治集團的重要支柱。他們祖尚弓馬騎射、嫻習攻戰，其子弟耳濡目染，崇尚武藝。

隋唐王朝的建立者都出身這個集團。隋文帝楊堅的父親為十二大將軍之一，文帝「素無學術，好為小數……又不悅詩書，廢除學校」[2]，使尚武豪俠之風更得以強化。隋將周羅睺為世宦子弟，年輕時「善騎射，好鷹狗，任俠放蕩，收聚亡命，陰習兵書」，「勇冠三軍」，後為鎮壓漢王楊諒餘黨反叛，「為流矢所中，卒於師」[3]。隋將劉權，少時有俠氣，重然諾，平時結交豪傑，藏亡匿死，衙吏不敢進其門，「豪帥多願推權為首」[4]。另一位隋將唐憲，被罷官後，「不治細行，好馳獵，藏亡命，所交皆博徒輕俠」，後參與李淵晉陽起兵，成為唐王朝的開國元勳。[5]

尚武游俠之風在隋代上層社會的蔓延，對廣大的民間也產生深刻影響。闖蕩江湖、崇尚氣力的民間游俠異常活躍。隋代名將麥鐵杖，最初是名江湖俠士，他目不識丁，「好交遊，重信義」，「性疏誕使酒」，勇武有力，身懷絕技，能快步如飛，日行五百里。後因聚眾為盜被罰在宮廷服役。他白天在宮中「執御傘」，罷朝後疾行百餘里，到另一個城市行劫。有人告發他，但朝廷中的人見他每天清

2　《隋書・高祖紀下》。
3　《隋書・周羅睺傳》。
4　《隋書・劉權傳》。
5　《新唐書・唐儉傳附唐憲傳》。

晨都在，十分不解[6]。沈光是個貧窮的破落戶子弟，他身懷絕技，「少驍捷，善戲馬，為天下之最。……常慕立功名，不拘小節」，「交通輕俠」，急人所難，時人號稱「肉飛仙」[7]。類似麥鐵杖、沈光這樣的江湖俠士，在隋代民間社會當不在少數。

當隋朝階級矛盾日益尖銳之時，江湖俠士紛紛鋌而走險，成為綠林好漢，加入到反隋暴政的時代大洪流中。楊玄感起兵時，餘杭劉元進響應，史稱元進「少好任俠，為州裡所宗」[8]。割據雁門的劉武周，「驍勇善射，交通豪俠」，終為「鄉閭豪傑」推為首領[9]。瓦崗軍首領李密也頗有些俠氣，史稱「密多籌算，才兼文武，志氣雄遠，常以濟物為己任。開皇中，襲父爵蒲山公，乃散家產，賙贍親故，養客禮賓，無所愛吝」[10]。所以當他追隨楊玄感起兵失敗後，到處逃匿，多得民間俠士相助，曾「轉匿大俠王季才家」[11]。後來他領導瓦崗軍時，許多民間俠士，紛紛追隨他參加反隋大業。

亂世出英雄，亂世也是出俠士的年代。後來成為唐王朝開國功臣的人中，有許多是在隋末群雄中湧現出來的豪傑俠士。如劉弘基亡命江湖，結交輕俠，是個盜馬賊[12]；牛進達藏亡匿死，號為輕俠，卻是個流浪江湖、穿牆入戶的竊賊[13]；公孫武達，少有膂力，稱為豪俠[14]；丘和，少重氣俠，善騎射；盛彥師，少任俠，交結英豪[15]；盧祖尚，家饒財，好施，以俠聞，年十九即為眾所推任刺史[16]；張謹，善弓馬，有膂力，少以豪俠聞[17]；尤其是被稱為「風塵三俠」之一的李靖，

6　《隋書·麥鐵杖傳》。
7　《隋書·沈光傳》。
8　《隋書·劉元進傳》。
9　《舊唐書·劉武周傳》。
10　《隋書·李密傳》。
11　《新唐書·李密傳》。
12　《舊唐書·劉弘基傳》。
13　《冊府元龜·總錄部·任俠》。
14　《舊唐書·公孫武達傳》。
15　《冊府元龜·總錄部·任俠》。
16　《新唐書·盧祖尚傳》。
17　《冊府元龜·總錄部·任俠》。

「姿貌瑰偉，少有文武材略，每謂所親曰：『大丈夫若遇主逢時，必當立功立事，以取富貴。』」[18]最終成為唐王朝的開國元勳。他的事蹟經小說家演繹，與虯髯客、紅拂女一起被唐人寫進著名的文言武俠小說《虯髯客傳》中。由此可知，隋末唐初的動盪年代，成為綠林好漢、俠客義士活躍的時期。

唐王朝的建立者也是關隴貴族軍事集團的重要成員。唐高祖李淵的祖父位列八大柱國，李淵本人精於弓馬騎射。有個「畫屏射雀」招親的故事，說的是竇皇后年輕時才貌雙全，不想隨便就嫁人，而要招一個真正的英雄為夫，「乃於門屏畫二孔雀，諸公子有求婚者，輒與兩箭射之，潛約中目者許之。前後數十輩莫能中，高祖後至，兩發各中一目」，於是嫁給了李淵。[19]唐太宗李世民更是一位雄才大略、英武善戰的帝王。他曾領兵掃除各地割據勢力，為唐王朝的統一建立奇功。太宗武勇超群，騎射俱佳，好用「四羽大箭」，自謂「以弓矢定四方」[20]。武德四年（621 年），李世民在偵察竇建德營地時被發覺，敵數千騎追來，他親自殿後，射殺敵將士數人而還。唐太宗為了強兵衛國，曾在加強文治的同時，提倡尚武之風。武德九年（626 年），他剛即帝位不久，「引諸衛將卒習射於顯德殿庭」，並告誡諸將士：「戎狄侵盜，自古有之，患在邊境少安，則人主逸遊忘戰，是以寇來莫之能禦。今朕不使汝曹穿池築苑，專習弓矢，居閒無事，則為汝師，突厥入寇，則為汝將，庶幾中國之民可以少安乎！」[21]他認為國家缺少尚武精神就不能振奮國民抵禦外侮，因而經常督率將士們習武。武則天雖為女皇，也精於騎射，她曾為太宗宮中才人，馴服過一匹烈馬。長安二年（702 年），她還創立「武舉」，以騎射、馬槍、負重為考試的主要內容，對唐代尚武風氣起了推動作用。另外，像馬球、摔跤、拔河等一些尚勇武的活動，一直受到唐代諸帝的重視和喜好。可以說，統治者的倡導是形成尚武游俠風氣的重要原因。

關東地區，特別是河北、山東一帶，由於長期處於北方少數民族的襲擾和統

---

18 《舊唐書‧李靖傳》。
19 《舊唐書‧後妃傳‧竇皇后傳》。
20 《資治通鑑》卷一九二。
21 《資治通鑑》卷一九一。

治之下，所以也漸漸形成尚武游俠風氣。[22] 這種風氣明顯體現在所謂「山東豪傑」集團身上。隋末唐初群雄並起，山東豪傑成為反隋暴政的重要力量。像竇建德、翟讓等成為農民起義的領袖。據《新唐書·竇建德傳》載：竇建德是一位「重然諾，喜俠節」的俠士。他廣交豪傑，急人所難，聽說有人喪親，無錢下葬，即輟耕解牛換錢予以接濟。當他的父親病故時，送葬者達千餘人，但凡所饋贈，概不受收。他勇力過人而又富有謀略。有一次群盜夜劫其家，竇立窗後，盜入，連殺三人，餘者不敢再進，乞還死者屍體。竇建德讓他們投繩繫取。盜投繩，竇建德自繫，待盜曳出，躍起提刀又殺數人，由此威名遠振。徐世勣、秦叔寶、程知節、單雄信等俠客義士，紛紛參加反隋武裝，後來又陸續降附唐朝，致位通顯，位列宰輔，圖形凌煙閣。據說，徐世勣曾誇耀：「我年十二三為無賴賊，逢人則殺；十四五為難當賊，有所不快者無不殺之；十七八為好賊，上陣乃殺人；年二十便為天下大將，用兵以救人死。」[23] 言語之中，露出一股豪俠之氣。關東豪族地主集團加盟唐政權，更增加了整個統治集團的尚武之風。

隨著隋唐大一統帝國的逐漸鞏固和擴大，胡人番將大量湧入內地，宿衛朝廷，出任將官。他們尚武善戰，如史大奈、契必何力、黑齒常之、李多祚、論弓仁、李光弼、哥舒翰、渾瑊等，都是著名番將。據《資治通鑑》記載：貞觀四年（630 年）五月，史大奈為豐州都督，安置突厥降戶，「其餘酋長至者，皆拜將軍中郎將，布列朝廷，五品以上百餘人，殆與朝士相半，因而入居長安者近萬家」。唐代統治集團容納了大批番將，刺激和強化了尚武風氣的蔓延。

在這樣的時代背景下，上層官僚貴族普遍尚武游俠成風。唐太宗的弟弟元吉常「執稍躍馬」，宗室李道宗、孝恭、神通等，更是披堅執銳，領兵出征。而不尚武習武成為人們嘲笑的對象。如「唐宋國公蕭瑀不解射，九月九日賜射，瑀箭俱不著垛，一無所獲，歐陽詢詠之曰：『急風吹緩箭，弱手馭強弓。欲高翻復下，應西還更東。十回俱著地，兩手並舉空。借問誰應此，乃應是宋公。』」[24]

---

22 史念海：《唐代前期關東地區尚武風氣溯源》，《河山集》，第 5 集，太原，山西人民出版社，1991。

23 劉餗：《隋唐嘉話》。

24 《太平廣記》卷二五四《歐陽詢》引《啟顏錄》。

不尚武習武甚至影響到官職升遷，唐初竇皇後的從兄竇威，就因耽玩文史疏於武藝而長久得不到升遷。據《舊唐書‧竇威傳》記載：

家世勳貴，諸昆弟並尚武藝，而威耽玩文史，介然自守，諸兄哂之，謂為「書癡」。隋內史令李德林舉秀異，射策甲科，拜秘書郎。秩滿當遷，而固守不調，在秘書十餘歲，其學業益廣。時諸兄並以軍功致仕通顯，交結豪貴，賓客盈門，而威職掌閒散。諸兄更謂威曰：「昔孔丘積學成聖，猶棲棲當時，棲遲若此，汝效此道，復欲何求！名位不達，固其宜矣。」

在上層貴族官僚的觀念中，有無才氣，不是以文藝突出為標準，而尚武習武卻是必不可少的。甚至唐初皇室多與武臣聯姻。太宗時制定的皇族通婚政策是「王妃、主婿皆取當世勳貴名臣家」[25]。這種傾向自中唐仍很嚴重，唐憲宗欲嫁愛女岐陽公主時，提到「舊制，選多戚裡將家」[26]。以高祖、太宗諸公主所選四十六位駙馬為例，其中十一位為武臣，四位出身將門子弟。[27]武勇之強可補才氣之弱，皇室觀念尚且如此，可見上層社會普遍尚武。

隋唐時期文武界限分別不像後代那樣嚴格，「出將入相」，才兼文武最為當時人們所稱羨。在當時的各級政府中，出身軍人武將者不乏其人。像唐初名將李靖、李勣、侯君集等，都曾出任宰輔，參與中樞決策；而在貞觀十一年（637年）唐太宗欲行世襲刺史之制時所任命的十四人中，十人為武將，只有四人為文臣。至於後來的劉仁軌、郝處俊、張說、郭元振、郭子儀、裴度等無不是文武兼備、出將入相的典範。

軍功大臣受到全社會的普遍尊崇，在政治生活中常顯出某種優越性。不僅君王可以原諒其平日微過，如尉遲敬德朝堂不肅、長孫順德受賄，不會被輕易羞辱，而且對一些功臣的違法之舉，常能法外施恩，多有寬宥，甚至有恩詔特恕功臣一死、二死者。軍功因此也成為一些功臣自矜的資本。如武德初，劉文靜「自

---

25 《舊唐書‧高儉傳》。
26 《新唐書‧杜悰傳》。
27 李曉路：《論唐代的文武之變》，載《江海學刊》，1990（2）。

以才能幹用在裴寂之右，又屢有軍功，而位居其下，意甚不平」[28]。侯君集在貞觀時自恃戰功，「深懷矜伐，恥在房玄齡、李靖之下，雖為吏部尚書，未滿其志，非毀時賢，常有不平之語」[29]。尉遲敬德也「負其功」，與宰相較論短長，面折廷辨。「嘗侍宴慶善宮，時有班在其上者，敬德怒曰：『汝有何功，合坐我上？』任城王道宗次其下，因解喻之，敬德勃然，拳毆道宗目，幾至眇。」[30]將軍邱師利等也是「或自矜其功，或攘袂指天，以手畫地」[31]，不可一世。所謂「諸將爭功，紛紜不已」[32]。

相形之下，一些無軍功可恃的大臣雖居高位也心懷忐忑。如貞觀名臣岑文本「自以出自書生」，「而無汗馬之勞，徒以文墨致位中書令」，歸家後面帶憂色，自稱「非勳非舊，濫荷寵榮，責重位高，所以憂懼」[33]。儀鳳中，魏元忠上封事說：「當今朝廷用人，類取將門子弟，亦有死事之家而蒙抽擢者。」[34]這既反映出朝廷對將門子弟的優待，又是社會時尚追求軍功的折射[35]。

對於一般百姓而言，也大都樂於從軍效力，以軍功博取功名，並借以提高身分地位。唐高祖起兵太原時，對部曲、徒隸就規定了「征戰有功勳者，並從本色（良口）勳授」[36]的賞功政策；太宗也曾詔令士伍「若能齊力一心，屠城陷敵，高官厚秩，朕不食言」[37]；高宗顯慶四年（659 年），改修《士族志》為《姓氏錄》，「以仕唐官品高下為準，凡九等。於是士卒以軍功致位五品，豫士流。時人謂之『勳格』」[38]。唐令還規定：「諸習學文武者為士……工商之家，不得預於

28 《舊唐書·劉文靜傳》。
29 《舊唐書·宗室傳·江夏王道宗傳》。
30 《舊唐書·尉遲敬德傳》。
31 《唐會要·功臣》。
32 《資治通鑑·唐高祖武德九年》。
33 《舊唐書·岑文本傳》。
34 《舊唐書·魏元忠傳》。
35 參見任士英：《唐代尚武之風與追求功名觀念的變遷》，《唐文化研究論文集》，上海，上海人民出版社，1994。
36 《全唐文》卷一《徒隸等準從本色授官教》。
37 《冊府元龜·帝王部·親征二》。
38 《舊唐書·李義府傳》。

士。」[39]百姓在高官厚祿重賞之下，對從軍應募極為踴躍，出現了「人人投募，爭欲征行，乃有不用官物，請自辦衣糧，投名義征」[40]的盛況。

在這種社會背景下，有些專以經史射策為務的太學生，也「不以舉薦為意」，反專心於「今古用兵成敗之事」，有的因精於用兵命將的韜略而很快升遷。貞觀中，舉明經科的裴行儉，就喜聞用兵奇術，深精「安置軍營、行陣部統、克料勝負」之謀，以文武兼資得以經營邊疆、立功塞外。[41]再如擢進士第的婁師德，高宗時也積極表請征吐蕃，因頗有戰功，擢升很快，後竟「自專綜邊任前後三十餘年」[42]。

唐代知識分子突破傳統的「學而優則仕」的觀念，紛紛投筆從戎，希望通過立功邊塞來建功立業，像崔行功、元萬頃、陳子昂、岑參、高適等都曾親身從戎，遠歷邊陲，報效於邊鎮幕府。像張昌齡進士及第後仍出塞崑崙，「破盧明月，平龜茲，軍書露布，皆昌齡之文也」[43]。從初唐到盛唐，知識分子出入邊塞、習武知兵的責任感與榮譽感成為一種社會氛圍，即使沒有經歷過大漠苦寒的軍旅生涯，也紛紛以戰爭景象、邊地異俗作為創作內容。劉希夷、李頎、王昌齡、王之渙、李益等都是「善為從軍之詩」的代表，從而形成盛極一時的邊塞詩派。楊炯著名的五言律詩《從軍行》中喊出「寧為百夫長，勝作一書生」的心聲，反映出這一時代文人的精神風貌。[44]

尚武帶動了游俠之風的蔓延。唐代文人知識階層具有一股勁健俠豪之氣，李白是一個最好的代表。《新唐書·文藝中·李白傳》說他「喜縱橫術，擊劍，為任俠，輕財重施」。他的詩表現出一種空前豪邁的浪漫氣質，不能說不與他的這種「任俠」行為有關係。他鄙視只顧埋頭讀書的儒生，羨慕古來的游俠，大膽喊出：「儒生不及游俠人，白首下帷復何益。」他曾高吟：「酒後競風采，三杯弄

---

39 《唐令拾遺·戶令第九》。
40 《舊唐書·劉仁軌傳》。
41 《舊唐書·裴行儉傳》。
42 《舊唐書·婁師德傳》。
43 《舊唐書·文苑上·張昌齡傳》。
44 參見葛承雍：《唐代知識分子的觀念變革》，載《人文雜誌》，1989 年第 6 期。

寶刀。殺人如剪草，劇孟同遨遊。」劇孟是古代著名俠客。他的友人魏顥就說他：「少任俠，手刃數人。」[45]由於在他身上充分體現出俠風猛氣，因此贏得：「三吳邦伯多顧眄，四海雄俠皆相推。」著名詩人王維也頗富俠風，他在回憶年輕時的俠義壯舉時說：「少年十五二十時，步行奪得胡馬騎，射殺山中白額虎，肯教鄴下黃須兒。」詩人杜甫的祖父杜審言遭人陷害，杜甫的叔父杜並年方十三歲，乃於袖中暗藏利刃，刺殺仇家，自己也被害。[46]另一著名詩人宋之問的父親宋令文，「富文辭，且工書，有力絕人，世稱『三絕』」。京城有牛凶惡異常，經常傷人。宋令文手擒牛角，折斷牛頸，殺死了這條凶牛。[47]正是在知識分子身上表現出來的這種猛氣英風，才使得他們創作出大批詠俠詩文，從而成為唐代文苑中的奇特現象。

唐後期，藩鎮割據，紛爭不已。他們都竭力擴充武裝，驕兵悍將，父死子繼，兄終弟及，盤根錯節。民間尚武游俠風氣依然濃厚。唐憲宗時民間俠士胡證，膂力絕人。名臣裴度有次在酒肆被一群自命為「武士」的流氓所困。胡證聽說後，闖進酒樓，連飲三大杯，眾流氓大驚失色。然後，胡證拿過鐵燈架橫放在膝上，對惡少們說：「我們輪流喝酒，誰不喝乾杯底，我就用這傢伙揍他。」於是他一飲數升，將酒杯挨個傳給惡少們，眾流氓嚇得叩頭求饒不迭，灰溜溜地都跑了，人們無不拍手稱快。[48]歷陽郡（治今安徽和縣）俠士段居貞新婚不久，在江湖上行商時，被盜所害。其妻謝小娥有乃夫俠風，女扮男裝，充當下人查訪仇人。後偵知群盜行蹤，託傭盜魁家，伺其酒醉，拔刀斬首，大呼捕盜，其黨數十人皆伏法，聞名遐邇。[49]在民間，像這類俠士的義行所在皆是。唐代宗廣德元年（763 年），吐蕃兵陷京師，百姓塗炭，唐軍四潰，代宗出逃。郭子儀聞訊勤王，僅收得散兵數千人。在此國家危難之時，長安城內的「少年豪俠」主動與官軍取得聯繫，約定於同一天夜裡突然在城中心的朱雀街一起擊鼓，並齊聲高呼：「王

45 《李翰林集》序。
46 《新唐書‧文藝上‧杜審言傳》。
47 《新唐書‧文藝中‧宋之問傳》。
48 《新唐書‧胡證傳》。
49 《新唐書‧列女傳‧段居貞妻謝》。

師已到！」吐蕃兵驚駭不已，倉惶出逃，潰不成軍。京師收復，百姓得以重見天日，唐王朝度過一場外族入侵的劫難。[50]此外，像崑崙奴、古押衙、聶隱娘、紅線女等的出現，構成唐後期俠客群像。

俠風流播，使得一些失意文人、仕途蹉跌之輩也紛紛轉而投靠藩鎮幕府，謀求新的發展。更有極端例子，如范陽盧秀才者：「生年二十，未知古有人曰周公、孔夫子者。擊球飲酒，馬射走兔，語言習尚，無非攻守戰鬥之事。」[51]這雖不能代表當時文人的整體時尚，但像他這樣的例子也不在少數。如中唐詩人劉叉為著名「節士」，他「少放肆，為俠行，因酒殺人亡命」[52]。成名後，仍「恃故時所負，不能俯仰貴人，常穿屐、破衣」[53]。這些都反映出民間尚武游俠風尚的濃厚。

唐王朝在農民起義和藩鎮混戰中覆滅了，繼之而來的五代十國更是武夫悍將爭雄的年代。那些出身卑微、以武力相尚的地方節度使，在混戰中崛起，搖身一變而成為割據一方的王國君長，武將兼職州郡或凌駕於地方官之上，造成吏治敗壞。《新五代史·相裡金傳》說：「諸州皆用武人，多以部曲主場務，漁蠹公私，以利自入。」《十國春秋》卷二說南唐也是「時諸州長吏多武夫，專以軍旅為務，不恤民事。」武人飛揚跋扈，輕視、鄙夷文臣和文治，把持中央政府，實行軍人專政。這種局面，至後漢時已很嚴重。史弘肇曾揚言：「安朝廷，定禍亂，直須長槍大劍，至如毛錐子（毛筆，意指文臣），焉足用哉！」[54]三司使王章和樞密使楊邠也十分輕視文臣，王章對「郡官所請月俸，皆取不堪資軍者給之，謂之『閒雜物』，命所司高估其價，估定更添，謂之『抬估』」[55]。楊邠雖兼宰相，卻不懂文治，說什麼「為國家者，但得帑藏豐盈，甲兵強盛，至於文章禮樂，並是虛事，何足介意也」[56]。在這種社會風氣下，重武輕文的傾向臻於極峰。直到北

50 《舊唐書·郭子儀傳》。
51 杜牧：《樊川文集·唐故范陽盧秀才墓誌》。
52 計有功：《唐詩紀事》。
53 《新唐書·韓愈傳》。
54 《舊五代史·史弘肇傳》。
55 《舊五代史·王章傳》。
56 《舊五代史·楊邠傳》。

宋時期，壓抑武人，確立文官制度，文武分途，社會風氣始由尚武徹底轉變為重文輕武，這也是唐宋之際中國社會發生巨變的一大關鍵點。

第二節 ·
重生與厚死

　　隋唐五代時期的社會相對安定和繁榮，社會生活多姿多彩，整個社會充溢著歡欣、喧騰的生命活力。人們對生命的重視和對生活質量的關注意識空前高漲，即使今生今世不能長命百歲，那麼寄希望於來生仍然能享受生命的樂趣。人們幻想在彼岸世界仍然像現實社會一樣充滿生活情趣。

　　隋唐時人重生觀念的高度強化，表現在許多方面，突出反映在人們重視現實生活的享受和對生命延續的強烈追求上。

　　隋唐時人極會享受生活，就拿春遊踏青活動而言，每年還未從歡樂、喧鬧的春節慶祝活動中解脫出來，性急的人們就開始準備郊遊野宴的活動。「都中仕女，每至正月半後，各乘車跨馬，供帳於園圃或郊野中，為探春之宴。」即使是科場失意的舉子，也不會辜負這大好春光。「苗晉卿困於科舉，一年似得復落。春時攜酒乘驢，出都門，藉春而眠。」[57]在重生享樂觀念的影響下，有一種現象非常值得重視，即奢靡、服食之風在上層社會的蔓延。雖然也有部分較為清醒的

---

57 王讜：《唐語林》卷六補遺。

統治者，屢戒奢靡、服食之風，在一段時期和局部範圍內會造成較為節儉的開明風尚，但他們剝削階級的屬性，決定了他們不可能從根本上扭轉和清除這種腐敗現象，所以此風日漸彌漫，最終成為導致統治危機的根源之一。

隋王朝建立之初，統治者還是比較注意節儉的，政治也較清明，並很快統一了全國，史稱隋文帝「薄賦斂，輕刑罰，內修制度，外撫戎夷。每旦聽朝，日昃忘倦，居處服玩，務存節儉，令行禁止，上下化之。開皇、仁壽之間，丈夫不衣綾綺，而無金玉之飾，常服率多用布帛，裝帶不過以銅鐵骨角而已」[58]。在較短的時間內，就造成了全面繁榮富庶的新局面。隨著社會財富的日益增加，統治者奢侈貪婪的本性就開始暴露，特別是隋煬帝即位以後，窮奢極欲，奢侈糜爛之風在上流社會迅速蔓延開來。

隋煬帝奢侈糜爛的生活在歷史上是很有名的。他好大喜功，修東都、開運河、築長城、征高麗，數度巡游，把一個富庶的隋王朝拖入民不聊生的境地。在各種建築工程與巡游中，他極盡奢靡之能事。建造顯仁宮時，搜羅大江南北的奇材、異石、果木花草、珍禽異獸，充斥其間。建東都時，只西郊修造的西苑，周圍二百里，苑內有人工海，周回也有十多里，海內有蓬萊、方丈、瀛洲三仙山。山上起許多亭臺樓閣，海北有龍鱗渠流入海中，渠兩旁建有十六院，極其華麗。苑內花木，秋冬凋謝，就用綾彩剪成花葉加以裝飾；池沼裡布滿綾製的荷、芰、菱、芡。迷樓更是「千門萬牖，上千金碧」，「工巧之極，自古無有也」。[59]出遊江都時所用的龍舟等各色各樣的船有幾千艘，拉縴船工有九千多，都穿錦彩袍，「執青絲纜挽船」，號稱殿腳。「舳艫相接，二百餘里。」沿途州縣，都要供獻食物，「多者一州至百輿，極水陸珍奇」。吃不完的就地埋掉。[60]隋煬帝為了點綴太平，向外國人誇耀，每年正月，在洛陽端門外、建國門內，大演百戲，「伎人皆衣錦繡繒彩。其歌舞者，多為婦人服，鳴環佩，飾以花毦者，殆三萬人」，為製此衣服，「兩京繒錦，為之中虛」。大業六年（610 年），徵集天下奇技異巧之

---

58 《隋書・高祖紀下》。
59 韓偓：《迷樓記》。
60 《隋書・食貨志》。

人，於天津街演百戲，「崇侈器玩，盛飾衣服，皆用珠翠金銀，錦罽綵繡。其營費巨億萬」[61]。西域人請求到洛陽市內交易，煬帝又令盛飾街肆，至用繒帛纏樹，表示豪華。連西域人看了也問：「中國亦有貧者，衣不蓋形，何如以此物與之，纏樹何為？」[62]煬帝除了大煽奢靡之風外，還耽於服食，妄想長生不老，永享富貴。他還在藩邸時，就和道士徐則、王遠知等過從甚密。這些人「行辟穀，以松水自給，皆為煬帝所重」[63]。即位以後，「其在兩都及巡遊，常以僧、尼、道士、女官自隨，謂之四道場」[64]。嵩山道士潘誕，騙他說已經三百歲，他就信以為真，為建嵩陽觀，「華屋數百間，以童男童女各一百二十人充給使，位視三品，常役數千人，所費巨萬」，為他合煉金丹，結果當然是一場騙局。[65]在隋煬帝的帶頭倡導下，整個統治集團奢靡成風。

隋煬帝所信任的大臣，如楊素、宇文述等，都非常奢侈糜爛。大貴族楊素「家僮數千，後庭妓妾曳綺羅者以千數。第宅華侈，制擬宮制。」即使如此，他還不滿足，他在東、西兩京的住宅，雖然極盡侈麗，仍「朝毀夕復，營繕無已」[66]。宇文述家中也是「曳羅綺數百，家僮千餘人，皆控良馬，被服金玉」[67]。名將賀若弼，「家珍玩不可勝計，婢妾曳綺羅者數百」，而「時人榮之」。[68]可見奢靡風氣已成社會時尚，最終成為導致隋王朝覆亡的重要原因。

唐王朝建立之後，總結亡隋的經驗，認為「隋煬帝志在無厭，惟好奢侈。……上之所好，下必有甚，競為無限，遂至滅亡」，所以決心以奢侈為戒，節儉為師。貞觀元年（626 年），唐太宗下令：「自王公已下，第宅、車服、婚嫁、喪葬，準品秩不合服用者，宜一切禁斷。」不遵法度者治罪。「由是二十年

---

61 《隋書·音樂志》。
62 《資治通鑑》卷一八一。
63 《隋書·隱逸·徐則傳》。
64 《資治通鑑》卷一八一。
65 《資治通鑑》卷一八一。
66 《隋書·楊素傳》。
67 《隋書·宇文述傳》。
68 《隋書·賀若弼傳》。

間，風俗簡樸，衣無錦繡，財帛富饒，無飢寒之弊。」[69]但隨著「貞觀之治」的繁榮局面的形成，統治者逐漸不能保持慎終如一了。史臣評價他說：貞觀末年，「牽於多愛，復立浮圖，好大喜功，勤兵於遠」[70]。唐太宗自己也曾說：「吾居位已來，不善多矣，錦繡珠玉不絕於前，宮室臺榭屢有興作，犬馬鷹隼無遠不致，行遊四方供頓煩勞。」[71]唐代的奢華之風自茲濫觴。當時的狀況正如計有功《唐詩紀事》所述：「是時天下初定，君臣俱欲無為，酒杯善謔，理亦有之。……於是回波豔辭，妖冶之舞，作於文字之臣，而綱紀蕩然矣。」其實，當時上流社會的靡麗浮華之風豈止於妖舞豔辭，而是已浸淫到權臣貴族的全部生活內容中。

唐太宗以後，雖也有個別帝王和一些正直的朝臣力戒奢靡之風，但從總的趨勢而言，整個統治階級日益奢侈腐化。較為典型的有玄宗和懿宗。唐玄宗剛即位時，還勵精圖治，造成了「開元盛世」的宏大局面。但到後期不願過問政事，專以聲色自逸。為了滿足楊貴妃的奢欲，當時供貴妃院役使的織繡工就多達七百人，雕刻熔造工又數百人。楊貴妃兄妹五家過著奢侈的生活。據《舊唐書·後妃上·楊貴妃傳》記載：楊家「昆仲五家，甲第洞開，僭擬宮掖。車馬僕御，照耀京邑，遞相誇尚。每構一堂，費逾千萬計。見制度宏壯於己者，即撤而復造，土木之工，不捨晝夜」。皇親貴戚向玄宗進奉的精美肴饌，一盤值十個中等人家的財產。玄宗看到國庫裡財物堆積如山，就更加「視金帛如糞壤，賞賜貴寵之家，無有限極」[72]。當時京城富豪誇富鬥豪之風已逾六朝石崇之流。《開元天寶遺事》卷下記載：

王元寶，都中巨豪也。常以金銀疊為屋壁，上以紅泥泥之。於宅中置一禮賢堂，以沉檀為軒檻，以碔砆甃地面，以錦文石為柱礎。又以銅錢穿線甃於後園花徑中，貴其泥雨不滑也。四方賓客，所至如歸，故時人呼為王家富窟。

連唐玄宗也禁不住好奇地問王元寶到底有多少家私？王回答說：「臣請以絹一

---

69 吳兢：《貞觀政要·儉約》。
70 《新唐書·太宗紀》。
71 《資治通鑑》卷一九九。
72 《資治通鑑》卷二一六。

匹，繫陛下南山樹，南山樹盡，臣絹未窮。」其奢侈之風可想而知。

正當統治階級沉湎於窮奢極欲的生活之中醉生夢死之時，「漁陽鼙鼓動地來」，一場席卷北方的叛亂如颶風般吹來，幾乎傾覆了唐王朝。經過唐朝軍民歷經八年的浴血奮戰，唐王朝勉強平息了安史之亂，但從此以後陷入藩鎮割據的深淵。唐王朝雖然危機重重，但統治階級的奢靡不但無絲毫減弱，反而更盛。號稱「中興」名將第一的郭子儀，「良田美器，名園甲館，聲色珍玩，堆積羨溢，不可勝紀」。連當時人都認為他「侈窮人欲」[73]。另一名將馬璘，「積聚家財，不知紀極。在京師治第舍，尤為宏侈。……璘之第，經始中堂，費錢二十萬貫，他室降等無幾」[74]。其他如杜亞為淮南節度使，盛為奢侈；王鍔為荊南節度使，「厚殖財貨，營第宅，頗逾侈」；郭英乂為劍南節度使，服用奢靡，日費數萬；陳敬瑄鎮西川，輿馬之侈，至人皆惡之的程度。[75]

這些武夫悍將驕奢淫逸，那些宰輔文臣也有過之而無不及。裴冕，「性本侈靡，好尚車服及營珍饌，名馬在櫪，直數百金者常十數。每會賓友，滋味品數，坐客有昧於名者」[76]。元載，「城中開南北二甲第，室宇宏麗，冠絕當時。又於近郊起臺榭，所至之處，帷帳什器，皆於宿設，儲不改供。城南膏腴別墅，連疆接畛，凡數十所，婢僕曳羅綺一百餘人，恣為不法，侈譖無度」。「名姝、異樂，禁中無者有之。」後來，元載被抄家，只供服食用的鐘乳就多達五百餘兩。[77]段文昌，出入將相，近二十年，「其服飾玩好，歌童妓女，苟悅於心，無所愛惜，乃至奢侈過度」[78]。連號稱不殖財產的名臣李吉甫，也「服物食味，必極珍美」[79]。可見，中唐以來，整個統治階級奢靡成風。《冊府元龜·將帥部·奢侈》在總結唐玄宗以來的奢靡風氣時指出：

---

73 《舊唐書·郭子儀傳》。
74 《舊唐書·馬璘傳》。
75 《冊府元龜·將帥部·奢侈》。
76 《舊唐書·裴冕傳》。
77 《舊唐書·元載傳》。
78 《舊唐書·段文昌傳》。
79 《舊唐書·李吉甫傳》。

初，天寶中，貴戚勳家已務奢靡，而垣屋猶存制度，然衛公李靖家廟已為嬖臣楊氏馬廄矣；及祿山大亂之後，法度隳馳，內臣戎帥，競務奢豪，亭館第舍，力窮乃止，時謂「木妖」。

穆宗時大臣面對越演越烈的奢靡之風，不無憂慮地指出：

國家自天寶已後，風俗奢靡，宴席以喧嘩沉湎為樂。而居重位、秉大權者，優雜倡肆於公吏之間，曾無愧恥。公私相效，漸以成俗，由是物務多廢。[80]

這種奢靡之俗，至晚唐時達到極點。唐懿宗荒淫殘暴，不理朝政。他喜歡「音樂宴遊，殿前供奉樂工，常近五百人；每月宴設，不減十餘，水陸皆備。聽樂觀優，不知厭倦，賜與動及千緡。曲江、昆明、灞滻、南宮、北苑、昭應、咸陽，所欲遊幸即行，不待供置。有司常具音樂、飲食、幄帟，諸王立馬以備陪從。每行幸，內外諸司扈從者十餘萬人，所費不可勝計」[81]。懿宗和憲宗一樣，也到鳳翔法門寺去迎佛骨。憲宗迎佛骨，曾搞得長安舉城若狂，「焚頂燒指，百十為群，解衣散錢，自朝至暮，轉相仿效，惟恐後時，老小奔波，棄其業次」[82]。造成了極大的浪費。懿宗時又迎佛骨，臣下諫止時，他竟說：「朕生得見之，死亦無恨。」於是「廣造浮圖、寶帳、香轝、幡花、幢蓋以迎之，皆飾以金玉、錦繡、珠翠，自京城至寺，三百里間，道路車馬，晝夜不絕」。「佛骨至京師，導以禁軍兵仗、公私音樂，沸天燭地，綿亙數十里。儀衛之盛，過於郊祀，元和之時，不及遠矣。富室夾道為彩樓及無遮會，競為侈靡。……宰相已下競施金帛，不可勝紀。」[83]懿宗的女兒同昌公主出嫁，懿宗「傾宮中珍玩以為資送，賜第於廣化裡，窗戶皆以雜寶，井欄、藥臼、槽匱亦以金銀為之，編金縷以為箕筐，賜錢五百萬緡，他物稱是」[84]。真是極盡奢靡之能事。

懿宗所任用的大臣也極其奢侈腐化。宰相楊收，「性侈靡，門吏僮奴多倚為

---

80 《舊唐書·穆宗紀》。
81 《資治通鑑》卷二五〇。
82 韓愈：《韓昌黎集·論佛骨表》。
83 《資治通鑑》卷二五二。
84 《資治通鑑》卷二五一。

奸利」；尚書右丞裴坦子娶楊收女，「資送甚盛，器用飾以犀玉」[85]；路岩在相位八年，也是日趨奢靡，賄賂公行。[86]整個統治階級生活的窮奢極欲，使本來就腐敗的政治更加黑暗。

與此同時，唐代社會普遍流行服食之風。上自皇帝，下及文人士大夫，甚至於庶民百姓，都對服餌養生懷有濃厚的興趣，並熱心於飛丹合藥，希冀通過服食，延年益壽，長生不老。其結果適得其反，不少人為此殞命早夭。唐代諸帝多迷戀服食養生，清代學者趙翼曾注意到「唐諸帝多餌丹藥」[87]的問題。唐太宗輕信婆羅門方士那羅邇娑婆「自言壽二百歲，雲有長生之術」的謊言，命其「於金飈門造延年之藥」。歷年而成，服之，「竟無異效，大漸之際，名醫莫知所為」[88]。高宗時，婆羅門僧盧迦阿逸多，又「受詔合長年藥，高宗將餌之。」開耀二年（681年）閏七月庚申，「上以服餌，令太子監國」[89]，不久即病死；武則天曾餌張易之、張昌宗兄弟所合丹藥，「已而後久疾」[90]，直至病歿；唐玄宗曾親自合藥，晚年心情不好，「日以不懌，因不茹葷、辟穀，浸以成疾」[91]而逝；唐憲宗，因「服餌過當，暴成狂躁之疾，以至棄代」[92]；穆宗也「餌金石之藥」，處士張皋上書極力勸阻；[93]唐敬宗在位雖然很短，也多處求訪異人、仙藥，追求服食；[94]文宗曾服食鄭注所合之藥，據說還挺靈驗；[95]武宗「重方士，頗服食修攝，親受法篆」，因服食後，藥性發作，喜怒失常而辭世；[96]宣宗服餌太醫李玄伯所製長生藥，病渴且中燥，疽發背而崩；[97]唐僖宗也曾服雲母粉，以為可以輕

85 趙翼：《廿二史札記》卷十九。
86 《舊唐書·天竺傳》。又見同書《太宗紀》下及《郝處俊傳》。
87 《舊唐書·郝處俊傳》。
88 《舊唐書·天竺傳》。又見同書《太宗紀》下及《郝處俊傳》。
89 《資治通鑑》卷二〇二。
90 《新唐書·張行成傳附易之昌宗傳》。
91 《資治通鑑》卷二二一。
92 《舊唐書·李臯傳附李道古傳》。
93 《舊唐書·穆宗紀》。
94 《舊唐書·李德裕傳》。
95 《資治通鑑》卷二四四。
96 《舊唐書·武宗紀》。
97 《資治通鑑》卷二四九。

身不死。這些封建帝王迷信服食，竟為此付出生命代價。

在官僚士大夫階層中，也有不少人迷戀服餌養生術。如被稱為初唐四傑之一的盧照鄰，「以服餌為事」[98]；大詩人白居易，自言「早服雲母散」，並希望煉伏火丹砂的杜錄事藥成後分他一粒；[99]昭義節度使李抱真，「晚節又好方士，以冀長生。有孫季長者，為抱真煉金丹，紿抱真曰：『服之當升仙。』……凡服丹二萬丸，腹堅不實，將死，不知人者數日矣。……益服三千丸，頃之卒」[100]。韓愈曾說：

余不知服食說自何世起，殺人不可計。而世慕尚之益至。此其惑也，在文書所記及耳聞相傳者不說，今直取目見親與之遊而以藥敗者六七公。[101]

這些人有襄陽節度使孟簡、東川節度使盧坦、金吾大將軍李道古、工部尚書歸登、殿中侍御史李虛中、刑部尚書李遜、刑部侍郎李建和太學博士李干等。這些人因服食中毒而死時，痛苦難忍，如孟簡「服藥誤」，病二歲卒；盧坦歿時，「溺出血，肉痛不可忍，乞死乃死」[102]；李道古給唐憲宗推薦方士合長生藥，毒死憲宗，而他本人竟不醒悟，也「以服丹藥，嘔血而卒」[103]；歸登，食水銀染疾，「自說若有燒鐵杖自頸貫其下者，摧而為火，射竅節以出，狂痛號呼氣絕，其茵席常得水銀，髮且止，唾血十數年斃」；李虛中「疽發其背死」；韓愈的侄孫女婿李干，服食後，「往往下血，比四年，病益急，乃死」，拋下三個孤兒。[104]韓愈勸人不要輕信服食，但他本人，據白居易說，也因服食硫磺，一病不起。由此可見，服食之風影響之大。《唐語林》說：長安風俗，貞元後，「侈於遊宴」，「侈於服食」。其實，何止唐後期，整個唐代服食之風都很濃厚。連普通民眾也不乏追求服食者，張籍《學仙》詩，描寫了樓觀學仙人，「少年休穀糧」，服食金丹後，

98 《舊唐書·文苑·盧照鄰傳》。
99 《白居易集·病中詩十五首》。
100 《舊唐書·李抱真傳》。
101 韓愈：《韓昌黎集·故太學博士李君墓誌銘》。
102 同上。
103 《舊唐書·李皋傳附李道古傳》。
104 韓愈：《韓昌黎集·故太學博士李君墓誌銘》。

「虛羸生疾疹，壽命多夭傷。身歿懼人見，夜埋山谷旁」的悲慘下場。[105]

五代十國時期，也是侈靡，服食成風。後梁趙岩「奢侈不法，自古無比」，「天下良田美宅，可有千計」；[106]後漢蘇逢吉身為宰相，「性多侈靡，好鮮衣美食。中書公膳，鄙而不食，私庖供饌，務盡甘珍。嘗於私第大張酒樂，以召權貴，所費千餘緡」[107]；吳越，南唐，前、後蜀的統治者也大都窮奢極欲，敗亡相踵。他們不僅奢靡成風，而且還承襲了前代服食之風。後唐宰相豆盧革，「自作相之後，不以進賢勸能為務，唯事修煉，求長生之術，嘗服丹砂，嘔血數日，垂死而愈」[108]。後唐莊宗、後周世宗也迷戀服食，南唐烈祖李昪因服食方士丹藥，中毒身亡，重蹈了前代諸帝的悲劇。侈靡、服食之風在五代十國時期的繼續蔓延，使混亂的政治局面更加黑暗腐敗，加劇了階級矛盾和民族矛盾的激化，起到了毒害社會風氣的不良作用。

既然追求永生是不可能的，那麼隋唐五代時人對死後的歸宿也極看重。無論是上層，還是民間，都盛行厚葬之風。

唐太宗為了防止盜掘，提倡薄葬，遺言依山為陵。然而，隨著唐王朝的覆滅，軍閥溫韜率先盜掘。「韜在鎮七年，唐諸陵在其境內者，悉發掘之，取其所藏金寶。而昭陵最固，韜從埏道下，見宮室制度宏麗，不異人間，中為正寢，東西廂列石床，床上石函中為鐵匣，悉藏前世圖書，鐘、王筆跡，紙墨如新，韜悉取之，遂傳人間。」[109]至於王公貴族，違禮逾制，厚葬成風。《貞觀政要・儉約》說：「勳戚之家多流遁於習俗，閭閻之內或侈靡而傷風，以厚葬為奉終，以高墳為行孝，遂使衣食棺槨，極雕刻之華，靈輀冥器，窮金玉之飾。富者越法度以相尚，貧者破資產而不逮。」這還是號稱治世的貞觀年間的情況，太宗屢倡節儉，尤尚如此，其他時期厚葬之俗更甚。

---

105 《全唐詩》卷三八三。
106 《冊府元龜・邦計部・貪污》。
107 《冊府元龜・宰輔部・奢侈》。
108 《舊五代史・豆盧革傳》。
109 《新五代史・溫韜傳》。

從考古發現和文獻記載來看，厚葬逾制的情況極為普遍。高宗時大臣李義府改葬其祖父，營造墓於永康陵側，當時三原令李孝節，「私課丁夫車牛，為其載土築墳，晝夜不息」。共動用了高陵、櫟陽、富平、雲陽、華原、同官、涇陽七縣的丁夫。高陵令張敬業不堪勞苦，死於作所。「王公已下，爭致贈遺，其羽儀、導從、轜輀、器服，並窮極奢侈。又會葬車馬、祖奠供帳，自灞橋屬於三原，七十里間，相繼不絕。武德以來，王公葬送之盛，未始有也。」[110]至於皇室宗親死去，安葬的規模更為宏大。懿宗愛女同昌公主死後送葬時，贈以大量的殉葬品，「凡服玩，每物皆百二十輿，以錦繡、珠玉為儀衛、明器，輝映三十餘里；賜酒百斛，餅餤四十橐駝，以飼體夫。……樂工李可及作《嘆百年曲》，其聲悽惋，舞者數百人，發內庫雜寶為其首飾，以綵八百匹為地衣，舞罷，珠璣覆地」[111]。這樣一場窮極侈靡的葬儀，真不知耗費了多少財物。

唐代統治集團中的有識之士對厚葬之風的蔓延憂心忡忡，不斷有人提出移風易俗的主張。高宗永隆二年（681年），鑑於「商賈富人，厚葬越禮」，詔令雍州長史李義玄「嚴加捉搦，勿使更然」[112]。但到睿宗太極元年（712年），左司郎中唐紹上疏指出：「臣聞王公已下，送終明器等物，具標甲令，品秩高下，各有節文。……近者王公百官，競為厚葬，偶人像馬，雕飾如生，徒以眩耀路人，本不因心致禮。更相扇慕，破產傾資，風俗流行，遂下兼士庶。若無禁制，奢侈日增。望諸王公已下，送葬明器，皆依會式，並陳於墓所，不得衢路行。」[113]這說明厚葬之風有愈演愈烈之趨勢。玄宗、代宗、德宗、憲宗時屢有詔誡薄葬，但厚葬之風，久禁而不止，致使皇帝詔令也形同具文。元和三年（808年）薄葬詔下達後，「是時厚葬成俗久矣，雖詔命頒下，事竟不行」[114]。至穆宗長慶三年（823年），浙西觀察使李德裕上奏：「緣百姓厚葬，及於道途盛設祭奠，兼置音樂等。閭裡編甿，罕知報義，生無孝養可紀，歿以厚葬相矜。喪葬僭差，祭奠奢靡，仍

110 《舊唐書・李義府傳》。
111 《資治通鑑》卷二五二。
112 《舊唐書・高宗紀下》。
113 《舊唐書・輿服志》。
114 《唐會要》卷三十八《葬》。

以音樂榮其送終，或結社相資，或息利自辦，生業以之皆空。習以為常，不敢自廢。人戶貧破，抑止之由。」[115]因此他建議嚴加禁止，但正如前代禁令一樣，屢禁不止，因為直到武宗會昌年間，還下過類似的詔令，「伏以喪葬之禮，素有等差，士庶之家，近罕遵守，逾越既甚，靡費滋多。……雖每令舉察，亦怨謗隨生」[116]，所以逼得朝廷只好另尋變通辦法。但到晚唐懿、僖時期，朝廷帶頭破壞制度，終於使歷代努力全化為泡影。

奢靡、服食、厚葬作為一種文化現象，自有其深厚的土壤。茲風的流蕩，給社會帶來不少消極的影響。

第三節·

胡氣氤氳
的衣食

隋唐五代時期文化的一大特徵，即在於經過長期的民族衝突與融合，中國文化呈現出一種「大有胡氣」的全面開放狀態。這種特徵在衣食住行等社會生活方面有較強的表現。

中國封建社會服飾制度的基本特點是具有強烈的政治等級意義和濃厚的社會

---

115 同上。
116 同上。

禮儀功能。而胡服卻與之大相逕庭，它重在實用功能，兼有審美功能和倫理功能，而比較缺乏政治等級意義和社會禮儀功能。它能體現出矯捷驍勇的陽剛之美，反映出崇尚實際的質樸精神和自由天性。[117]這種特徵與隋唐時代的精神風貌相契合，所以，胡服在當時極為流行。

隋唐服飾深受胡服影響，唐人張守節在《史記・趙世家》的《正義》中對「胡服」是這樣解釋的：「今時服也。」所謂「時服」，就是當時唐人日常所穿之服。的確，穿胡服、戴胡帽成為當時人們的一種時髦風尚。劉肅《大唐新語》卷九《從善》記載唐初貞觀時的風尚就有「胡著漢帽，漢著胡帽」之說。《隋書・禮儀志七》也說：「後周之時，咸著突騎帽，如今胡帽，垂裙覆帶，蓋索髮之遺像也。」後周的突騎帽即鮮卑大頭長裙帽。而《隋書》乃初唐時人所撰，所以文中所謂「如今胡帽」者，就是說這種鮮卑帽在唐代猶存，並被稱之為「胡帽」。

當時的貴族大臣競相著胡服，長孫皇後的兄長、太宗朝宰輔長孫無忌，「以烏羊毛為渾脫氈帽，天下慕之，（謂）其帽為趙公渾脫」[118]。渾脫帽是一種用整張皮（或氈子）製成的囊形或錐形的帽子，北方游牧民族男子多戴之。這種氈帽在唐後期仍很流行，元和十年（815 年），裴度早朝遇刺墮馬，多虧他頭戴氈帽，才幸免於致命之傷。[119]長孫無忌還身著胡人的「漫襠」褲，保留著鮮卑的辮髮之俗。唐貞觀中，歐陽詢與長孫無忌在朝廷上互相戲謔，歐陽詢嘲無忌曰：「索頭連背暖，漫襠畏肚寒。只由心溷溷，所以面團團。」太宗斂容曰：「汝豈不畏皇後聞耶！」[120]漫襠，又作「縵襠」，《梁書・高昌傳》載：其國人「著長身小袖袍，縵襠袴」。縵襠袴，即不開襠的褲，也就是滿襠褲。所謂「索頭連背暖」，是指鮮卑辮髮垂於後背，故歐陽詢嘲笑他說冬天背上也暖和了。由此可見，長孫無忌從頭到腳整個一個胡人裝扮。唐初，辮髮之俗猶存，還可以從《新唐書・常山愍王承乾傳》中得到佐證：唐太宗之子李承乾，使戶奴數十百人習音聲，學胡人椎髻，翦彩為舞衣，尋橦跳劍，鼓鞞聲通晝夜不絕。……又好突厥言

---

117 參見呂一飛：《胡族習俗與隋唐風韻》，北京，書目文獻出版社，1994。
118 張鷟：《朝野僉載》卷一。
119 《舊唐書・裴度傳》。
120 劉肅：《大唐新語》卷十三《諧謔》。

及所服，選貌類胡者，被以羊裘，辮髮，五人建一落，張氈舍，造五狼頭纛，分戟為陣，繫幡旗，設穹廬自居，使諸部斂羊以烹，抽佩刀割肉相啗。承乾身作可汗死，使眾號哭剺面，奔馬環臨之。李承乾學胡人音聲、服飾、語言、舞蹈、辮髮、居住、飲食、喪俗……可見胡俗浸透到社會生活的許多方面。

胡服具有衣長及膝、衣袖瘦窄的特點。腰間繫有革帶，頭戴毛氈或皮帽，腳穿靴，領式有圓領、翻折領、對襟開領等，下穿帶豎條的小口褲。這種服飾便於騎馬作戰或出遊，所以在隋唐時期大為流行，不分官庶、貴賤都多穿胡服。這在出土的陶俑、三彩人物及壁畫中都可以找到大量著胡服的形象。《新唐書·五行志》說：「天寶初，貴族及士民好為胡服胡帽，婦人則簪步搖釵，衿袖窄小。」其實，何止是天寶初風俗尚胡服，《舊唐書·輿服志》在總結唐初至開元、天寶年間胡服流變的情況時說：

武德、貞觀之時，宮人騎馬者依齊、隋舊制，多著冪䍦。雖發自戎夷，而全身障蔽，不欲路途窺之。王公之家，亦用此制。永徽之後，皆用帷帽，拖裙到頸，漸為淺露。……則天以後，帷帽大行，冪䍦漸息。……開元初，從駕宮人騎馬者，皆著胡帽，靚妝露面，無復障蔽。士庶之家又相仿效，帷帽之制，絕不行用。俄又露髻馳騁，或有著丈夫衣服靴衫，而尊卑內外，斯一貫矣。

這一記載提到的冪䍦，在隋代就很流行。《隋書·文四子·秦孝王俊傳》載：「為妃作七寶冪䍦。」唐初繼承隋制，冪䍦仍為婦女流行的服飾，後來隨著風俗的轉移，冪䍦又為帷帽所替代。帷帽之制，也起於隋代。唐景龍二年（708年）太子左庶子劉子玄奏議曰：「閻立本畫《昭君入匈奴》，而婦人有著帷帽者……帷帽創於隋代，非漢宮所有。」[121]帷帽的形制，從考古資料中看到，其特點是帽的四周垂絲網，拖裙至頸，既障風沙，又防窺視。顯然這是承襲鮮卑長裙帽之形制演變而來的。[122]窄袖和女著男裝也是明顯受胡服影響的結果，在唐墓葬壁畫中曾發現過不少女著男裝的形象，如李爽墓壁畫中，有一吹簫女伎，身著男裝，小袖

121 《舊唐書·輿服志》。
122 秦浩：《隋唐考古》，頁181，南京，南京大學出版社，1992。

袍、黑腰帶、條紋小口褲，手執長簫，櫻唇輕吐，姿態優美；另外，在房陵公主、章懷太子、永泰公主、李鳳、韋頊等墓葬中都發現過女著男裝的形象。[123]這種服飾上的開放風氣，深刻地反映出當時社會的時代風貌。

由於受胡服的影響，中國古代的服飾制度在這個時期發生了一個重大的變化，即由秦漢以來的服飾主流「上衣下裳（裙）」之制，一變而為「上衣下褲」之制，並沿襲至今。《舊唐書・輿服志》云：

> 讌服，蓋古之褻服也，今亦謂之常服。江南則以巾褐裙襦，北朝則雜以戎夷之制。爰至北齊，有長帽、短靴、合袴、襪子，朱紫玄黃，各任所好。雖謁見君上，出入省寺，若非元正大會，一切通用。……隋代帝王貴臣，多服黃文綾袍，烏紗帽，九環帶，烏皮六合靴。百官常服，同於匹庶，皆著黃袍，出入殿省。天子朝服亦如之，惟帶加十三環以為差異，蓋取於便事。……武德初，因隋舊制，天子讌服，亦名常服，唯以黃袍及衫……

唐太宗時，服制與之大體相同。《舊唐書・輿服志》又載：

> 其常服，赤黃袍衫，折上頭巾，九環帶，六合靴，皆起自魏、周，便於戎事。自貞觀以後，非元日冬至受朝及大祭祀，皆常服而已。

這種北朝流行的小袖袍和靴，是隋及唐早期最時興、最平常的服裝（常服）。上至皇帝，下至百官，乃至士庶，都經常穿著。皇帝穿袍、靴上朝視事（除非是最重要的朝會和大祭祀，才穿正規的「禮服」），大小官員穿袍、靴出入官府，辦理公務，真可謂通行一時。至於「合袴」，即縵（漫或滿）襠褲，大概就是壁畫中各種人物所穿的小管長褲。這些都是源自北朝的胡服。《說郛三種》卷十八宋顧文薦《負暄雜錄》古制度條云：

> 漢魏晉時皆冠服，未嘗有袍、笏、帽、帶。自五胡亂華，夷狄雜處。至元魏時，始有袍、帽，蓋胡服也。唐世亦自北而南，所以襲其服制。

---

123 參見陝西歷史博物館編：《唐墓壁畫真品選粹》，西安，陝西人民美術出版社，1991。

瞿宣穎先生也指出：「古人上衣下裳，直至周隋用胡服，而男子始不復著裙。」[124]
從此，服飾主流成為上衣下褲，這不能不說是中國古代服飾史上的劃時代劇變！

順便提一下婦女妝飾，也受胡妝影響較深。《新唐書·五行志》載：「元和末，婦人為圓鬟椎髻，不設鬢飾，不施朱粉，惟以烏膏注唇，狀似悲啼者。」這種「髻堆面赭」的流行妝，顯然是「胡妝」。白居易《時世妝》詩云：「時世妝，時世妝，出自城中傳四方。時世流行無遠近，腮無施朱面無粉。烏膏注唇唇似泥，雙眉畫作八字低。妍蚩黑白失本態，妝成盡似含悲啼。圓鬟無鬢堆髻樣，斜紅不暈赭面狀。……元和妝梳君記取，髻堆面赭非華風。」據《新唐書·吐蕃傳上》記載：「衣率氈韋，以赭塗面為好。婦人辮髮而縈之。」可見，婦女妝飾受到吐蕃風俗的影響。

隋唐五代時期的飲食也頗受胡人習俗之影響。瞿宣穎先生曾說：

自漢以來，南北飲食之宜，判然殊異。蓋北人嗜肉酪麥餅，而南人嗜魚菜稻茗，如此者數百年。隋唐建都於北，饒有胡風，南食終未能奪北食之席。[125]

此話是頗有見地的。《舊唐書·輿服志》就說過：開元以來，「太常樂尚胡曲，貴人供饌，盡供胡食，士女皆盡衣胡服」。所謂「胡食」，據唐釋慧琳《一切經音義》卷三十七解釋說：「胡食者，即鐸鑼、燒餅、胡餅、搭納等是」。鐸鑼，類似今天新疆的羊肉抓飯。[126]唐都城長安有許多賣鐸鑼的店肆，東市、長興里就有鐸鑼店肆，有櫻桃鐸鑼等名食，賣鐸鑼以斤論計。鐸鑼在當時是一種很普遍的食物，段成式曾說：「予在秘丘，嘗見同官說俗說樓羅，因天寶中，進士有東西棚，各有聲勢，稍偉者多會於酒樓食鐸鑼，故有此語。」[127]唐代燒餅的製作方法與今天不同，賈思勰《齊民要術·餅法》有製燒餅法云：「麵一斗，羊肉二斤，蔥白一合，豉汁及鹽熬令熟，炙之。麵當令起。」唐代燒餅的製作方法應與此法近似。

124 瞿宣穎：《中國社會史料叢鈔》，上冊，頁 101，上海，上海書店，1985。
125 瞿宣穎：《中國社會史料叢鈔·南北飲食風尚》，上冊，頁 142，上海，上海書店，1985。
126 趙文潤：《隋唐文化史》，125 頁，西安，陝西師範大學出版社，1992。
127 段成式：《酉陽雜俎》續集卷四《貶誤》。另見同書續集卷一《支諾皋》上。

胡餅是唐代很流行的一種胡食，即芝麻餡餅。安史之亂，玄宗逃難途中曾以胡餅充飢。《資治通鑑》卷二一八載：「日向中，上猶未食，楊國忠自市胡餅以獻。」日本僧人圓仁入唐求法，在長安也吃過胡餅，並說：「時行胡餅，俗家皆然。」[128] 後來，胡餅越做越大。《唐語林》卷六說：「時豪家食次，起羊肉一斤，層布於巨胡餅，隔中以椒豉，潤以酥，入爐迫之，候肉半熟食之，呼為『古樓子』。」我們今天常見的芝麻燒餅就是由胡餅演變而來的。還有餢飳，類似於油煎餅，釋慧琳《一切經音義》卷三十七說：「此油餅本是胡食，中國效之，微有改變，所以近代亦有此名。」

胡食的特點是以肉酪為主，其味重鮮純羶腥之味，像「熱洛河」就是這樣一種胡食。《太平御覽》卷八五九《飲食部·熱洛河》引《唐書》曰：「安祿山、（安）思順、（哥舒）翰並來朝。玄宗使驃騎大將軍、內侍高力士及中貴人供奉官於京城東駙馬崔惠童池亭宴會。使射生官射鮮鹿，取血煮其腸，謂之『熱洛河』以賜之，為翰好故也。」隋唐的飲食製作方式

餃子、點心（唐）
1972 年新疆吐魯番出土

中明顯吸收了胡食的特點，如酪、酥、醍醐、乳腐等動物奶制品，已為當時人民所熟悉和經常食用，所以被視為「珍味」。《新唐書·穆寧傳》贊其四子曰：「兄弟皆和粹，世以珍味目之；贊少俗，然有格，為『酪』；質美而多入，為『酥』；員為『醍醐』；賞為『乳腐』雲」。

唐代還引進了西域甘蔗製糖法和西域酒及製作方法。蔗糖，唐人稱之為「石蜜」，即今之冰糖，唐人能造出較西域更精緻的蔗糖。《唐會要》卷一○○雜錄：「西域胡國出石蜜，中國貴之。太宗遣使至摩伽佗國取其法，令揚州煎蔗之汁，於中廚自造焉，色味逾於西域所出者。」這種蔗糖製作方法是從南亞逐漸傳來

---

128 〔日〕圓仁：《入唐求法巡禮行記》卷三。

的。西域酒及製作方法的傳入，在唐初有高昌的葡萄酒傳入長安，唐人根據其製作方法釀成八種色澤的葡萄酒，「芳香酷烈，味兼醍醐，既頒賜群臣，京中始識其味」[129]。波斯的三勒漿、龍膏酒也傳入長安。李肇《唐國史補》卷下記：「又有三勒漿類，酒法出波斯。三勒者，謂菴摩勒、毗梨勒、訶梨勒。」晚唐人韓鄂撰的《四時纂要》詳細記錄了三勒漿的釀造方法，說：「味至甘美，飲之醉人，消食，下氣。」說明這一技術已為唐人所掌握。順宗時，宮中有龍膏酒，「黑如純漆，飲之令人神爽。此本烏弋山離國所獻」[130]。

許多胡人來到內地開店設坊，釀製買賣西域酒及胡人風味的飯菜，並且雇傭胡姬侍酒伴舞。長安市中就有許多這類胡人開設的酒館，備受居民歡迎，生意也很興隆。許多文人學士經常光顧這類胡店，品嘗著純美的域外佳釀，醉眼朦朧地欣賞著具有異國情調的歌舞，留下許多膾炙人口的佳作。如李白《少年行》詩云：「五陵年少金市東，銀鞍白馬度春風。落花踏盡遊何處，笑入胡姬酒肆中。」又《送裴十八圖南歸嵩山》詩有：「胡姬招素手，延客醉金樽」句；《前有樽酒行》詩有：「胡姬貌如花，當壚笑春風」句；張祜《白鼻騧》詩有：「為底胡姬酒，長來白鼻騧」句，反映的都是胡人開設酒店的情形。胡人在內地開店設鋪，直接介紹和傳來許多胡人的飲食製作方法和風俗，使受胡風薰染的隋唐飲食更加胡氣氤氳。

隋唐五代時期的服飾飲食儘管受胡風影響甚深，但當時人對胡衣胡食的引進並非簡單的移植，而是吸收其精華，經過消化，最終轉化為中華飲食服飾文化的有機組成部分。

---

129 《唐會要》卷一○○。
130 蘇鶚：《杜陽雜編》卷中。

第四節·

歲時節令
的慶祝活動

　　歲時節日由來已久。歲時源於古代曆法，節日源於古代季節氣候。中國古代的節日，無論是數目還是內容，以及慶賞的方法，歷代都有增減變更。隋唐五代的節日眾多，節日活動內容也豐富多彩。

一、除夕、元旦、人日和元宵節

　　元旦是隋唐五代時期最大、最有代表性的節日之一。這個節日往往從前一年的臘月開始一直延續到新年以至整個正月。過年的節日性質是由喜慶一年豐收，祭祀神佛、祖先，除舊布新，迎喜接福，闔家團聚，文化娛樂等多樣式、多層次、多方面的活動所定。它集各種習俗之大成，節日活動內容之豐富，成為展示民俗文化的綜合性大節。

　　元旦節日活動從春節前一日就開始，這一天為一年中的最後一日，被稱為除夕，寓意除舊布新。除夕驅儺打鬼是一項很隆重的活動。驅儺，是一種古老的祓禳儀式，它是通過由人戴著假面具舞蹈而達到驅疫、趕鬼、納吉目的而形成的一種風俗。在古籍中，一般把驅儺時所舉行的一系列繁瑣儀式稱之為「大儺之

禮」。據《新唐書·禮樂志》和《樂府雜錄·驅儺》記載，每逢除夕，都要舉行「大儺之禮」，非常壯觀。舉行前要做仔細而慎重的準備工作。事前十天，太常卿並諸官便要先行閱儺，也就是檢查排練準備工作。到除夕驅儺時，五百名年齡在十二歲以上、十六歲以下的孩子，穿紅衣，戴假面，扮作「侲子」。另有執事十二人，也著紅衣，連頭髮都染成紅色，手拿麻線編成的長鞭，隨手揮舞，發出尖厲的嚦啪之聲。還有一些敲打吹唱的樂工和唱師，也戴面具，穿皮衣。在巫師和「方相氏」的帶領下，一面舞蹈跳動，一面呼號著繞宮城逐疫驅鬼，之後出宮，分詣諸城門，直奔城外，表示已把疫鬼全部趕走。儀式舉行時，百官顯貴紛紛搭棚觀看，普通百姓亦許縱觀，全城歡動，萬人空巷，蔚為壯觀。儺俗在唐代又和鍾馗信仰相結合，為傳統的禮俗注入新的內容。鍾馗捉鬼的傳說故事形成於唐代，唐玄宗曾賜鍾馗畫像給大臣，在敦煌文書中，也曾發現《除夕鍾馗驅儺文》，這說明唐代除夕驅儺儀式的主角方相氏已為鍾馗所取代。五代時，鍾馗信仰更有發展，當時盛行畫工們畫鍾馗捉鬼圖，《新五代史·吳越世家》云：「歲除畫工獻鍾馗擊鬼圖，」可證鍾馗信仰與傳統儺儀已完全結合。

進入除夕夜，闔家團聚，然後在庭院中燃放爆竹，這是名副其實的爆竹。據記載：「廿九日暮際，道俗共燒紙錢，俗家後夜燒竹與爆，聲道萬歲。」[131]同時，在門上懸掛桃符，沿至後世成為門神，以秦瓊、尉遲恭畫像分貼掛大門兩側。五代時出現春聯，今之所知最早的一副春聯為後蜀主孟昶所作：

初，昶在蜀專務奢靡……每歲除，命學士為詞，題桃符，置寢門左右。末年，學士辛寅遜撰詞，昶以其非工，自命筆題云：「新年納餘慶，嘉節號長春。」[132]

這些活動在後代發展成為火藥紙炮、煙火和大紅對聯，為節日增添了歡樂、喜慶氣氛。

正月一日，又稱元日、正日、元正、正朝、新年、元旦、春節等名目，又稱

---

131 〔日〕圓仁：《入唐求法巡禮行記》卷一。
132 《宋史·世家二·西蜀孟氏》。

為「三元」（即歲之元、月之元、四時之元）。春節期間，「官俗三日休假」[133]，君臣上下，四民百姓，都要舉行一系列慶祝活動，如元旦朝會，皇帝接受百官朝賀及貢獻；朝廷為歡娛群臣及外國使節，要舉辦大型的歌舞、雜技及百戲表演等活動；民間百姓互相拜年、道賀，舉行家宴或遍請親朋好友，各種傳統的民間遊藝活動形式多樣，內容豐富生動，造成全面喜慶的節日氣氛。

人日。相傳從正月初一到初七，分別為雞、狗、羊、豬、牛、馬、人各司一日，所以正月初七又稱「人日」。這一天人們互贈手工剪裁的紙花，插在頭上，外出郊遊，登高賦詩，提前迎接春天的到來。唐代詩人留下不少人日登高的詩句。

元宵節，在正月十五，又稱上元節。元宵觀燈，相傳始於漢代，正式確定於唐代。據《帝京景物略·燈市》載：「上元三夜燈之始盛唐也，玄宗正月十五日前後二夜，金吾馳禁，開市燃燈，永為式。」這種風氣，世代相傳以至於今。

其實，上元觀燈在隋煬帝時已很盛行。《隋書·音樂志》記載：煬帝每年都要舉辦規模盛大的燈會，同時舉行百戲表演，「於端門外，建國門內，綿亙八里，列為戲場。百官起棚夾路，從昏達旦，以縱觀之。至晦而罷。伎人皆衣錦繡繒彩。其歌舞者，多為婦人服，鳴環佩，飾以花髦者，殆三萬人」。大業二年（606 年），元宵盛會，「總追四方散樂，大集東都」，節目有走索、頂竿、扛鼎、舞輪、舉重、幻術、歌舞等，「千變萬化，曠古莫儔」。

到唐代，武則天、中宗、睿宗朝的上元觀燈活動仍很盛行。「神龍之際，京城正月望日，盛飾燈影之會。金吾馳禁，特許夜行。貴遊戚屬，及下隸工賈，無不夜遊。車馬駢闐，人不得顧。王主之家，馬上作樂以相誇競。」[134]詩人蘇味道《正月十五日》詩記載這次放燈盛況曰：

火樹銀花合，星橋鐵鎖開。暗塵隨馬去，明月逐人來。遊妓皆穠李，行歌盡

133 〔日〕圓仁：《入唐求法巡禮行記》卷一。
134 劉肅：《大唐新語》卷八。

落梅。金吾不禁夜，玉漏莫相催。

中宗晚年（710 年）曾於元宵夜與韋皇後微服「觀燈於夜裡，又縱宮女數千出遊，多不歸省」[135]。不過，將上元觀燈制度化，並把這項古代的民俗活動推向高潮，則在玄宗時期。唐玄宗曾在即位的第一個上元夜，就搞了一次規模空前的燈會：在京師安福門外製作了一個高二十丈的燈輪，「衣以錦繡，飾以金玉，燃五萬盞燈，簇之如花樹。宮女千數，衣羅綺，曳錦繡，耀珠翠，施香粉」。又「妙簡長安、萬年少婦千餘人……於燈輪下踏歌三日夜，歡樂之極，未始有也」[136]。在統治者的大力提倡下，上元觀燈這項活動迅速在全國各地普及開來。至唐後期，上元觀燈仍很盛行，張祐《正月十五夜燈》詩描寫長安燈會盛況有：「千門開鎖萬燈明，正月中旬動帝京。三百內人連袖舞，一時天上著詞聲。」日本僧人圓仁入唐求法，於唐文宗開成四年（839 年），在揚州親眼目睹了「正月十五日夜，東西街中，人宅燃燈……三夜為期」[137]的盛況。這說明，上元觀燈盛會終唐不衰。

二、上巳、寒食和清明節

在農曆的陽春三月，正是人們踏青郊遊的大好季節，因此節日也一個接著一個。以上巳節、寒食節和清明節為主，人們展開了豐富多彩的郊遊娛樂活動。

上巳節，在三月初三，所以又稱「三月三」節。這是一個古老的節日，一般在清明節前後。活動內容有祓禊、祭高禖、浮卵、聚餐、野合及其他娛樂活動。

每當上巳日來臨，正值春和景明，人們結伴來到郊野水畔，擇草地而坐，戲水賞花，聚餐飲酒，熱鬧異常。帝京長安周圍的風景名勝區，如曲江、杏園、樂遊原等，成為唐人聚會的首選佳處。康駢《劇談錄》記載，每逢上巳，皇帝在曲

---

135 《資治通鑑》卷二一〇。
136 張鷟：《朝野僉載》卷三。
137 〔日〕圓仁：《入唐求法巡禮行記》卷一。

江大宴群臣，並有樂舞助興，湖中彩船蕩搖，供君臣遊賞，「傾動皇州，以為盛觀」。大詩人杜甫在《麗人行》詩中描繪盛唐時節上巳日士女遊春盛況，有「三月三日天氣新，長安水邊多麗人」句。許棠《曲江三月三日》詩也記錄下唐人上巳遊春的盛況，云：「滿園賞芳辰，飛蹄復走輪。好花皆折盡，明日恐無春。鳥避連雲幄，魚驚遠浪塵。」上巳節傳到日本後，發展演變成後來的女兒節；在中國，則逐漸合併到清明節中了。

寒食節，相傳為紀念春秋時晉文公臣屬介子推而設的禁火忌日。清明節則是二十四節氣之一，在一年的季節變化中占有特殊地位。由於寒食與清明在時間上相近，一般情況下，寒食節早清明節兩天，所以在唐代，兩節有合一的趨勢，並形成了祭祖掃墓與踏青郊遊相結合的大規模活動。

郊遊踏青活動，在隋唐時期非常盛行，尤其是盛唐時期，政治上長期安定，經濟繁榮，郊遊活動豐富多彩。統治者帶頭享樂，唐玄宗「於藩邸時，每戲遊城南韋、杜之間，因逐狡兔，意樂忘返」[138]。當時的城市居民，尤其是長安、洛陽等大城市的市民階層，更熱衷於郊遊活動。「長安貴家子弟，每至春時遊宴，供帳於園圃中，隨行載以油幕，或遇陰雨，以幕覆之，盡歡而歸。」[139]大量的人群走出喧囂、忙碌的城市，擁向鄉村曠野，春遊野宴，一些大城市，尤其像長安這樣的大都市周圍，「園林、樹木無閒地」。尤其是到寒食清明這樣的春遊踏青節日，出遊的人們更是熙熙攘攘，杜甫《清明》詩云：「著處繁花務是日，長沙千人萬人出。」記述的是長沙人民傾城出遊的情景。元稹《寒食日》曰：「今年寒食好風流，此日一家同出遊。」反映的是攜眷拖幼、全家出動的情況。

在節日期間，上墳掃墓風俗被唐玄宗於開元二十年（732年）「編入禮典，永為常式」[140]。人們「共為歡飲，遞相酬勸，酣醉始歸」[141]。同時開展許多文娛活動，如鬥雞、鞦韆、球戲、角力等，為節日更增添了歡樂熱鬧的氣氛。

---

138 鄭棨：《開天傳信記》。
139 王仁裕：《開元天寶遺事》卷下。
140 《唐會要》卷二三《寒食拜掃》。
141 同上。

三、端午龍舟競渡

　　端午節，在五月初五，又稱端五、端陽、重五等，是戰國以來的民間傳統節日。相傳，是為了紀念偉大詩人屈原於是日投汨羅江自盡而設。端午節日活動內容豐富多彩，有吃粽子、飲雄黃酒、掛香囊、繫彩絲、採菖蒲、艾草、鬥百草等，其中尤以賽龍舟最富時代特色。

　　端午節前後的龍舟競渡，是一項古老的活動。它的競技性和趣味性極強，深為廣大人民群眾所喜愛。《隋唐嘉話》曰：「俗五月五日為競渡戲，自襄州以南，所向相傳云：『屈原初沉江之時，其鄉人乘舟求之，意急而爭前，後因為此戲。』」

　　唐代統治者中有不少人喜歡賽龍舟活動。唐高祖、玄宗喜愛觀賞龍舟競渡，唐穆宗觀競渡時，還奏樂助興。[142]唐敬宗也是個競渡迷，寶曆元年（825 年），曾命地方官王播一次就打造競渡船二十艘。[143]由於統治者的喜好和倡導，賽龍舟活動在地方州縣和民間更為廣泛地開展起來。杜亞坐鎮淮南時，於「端午日，盛為競渡之戲，諸州徵伎樂，兩縣爭勝負。彩樓青棚，照耀江水，數十年未之有也。凡揚州之客，無賢不肖，盡得預焉」[144]。崔涓官杭州，「其俗端午習競渡於錢塘湖，每先數日即於湖畔排列舟舫，結絡彩檻，東西延袤，皆高數丈，為湖亭之軒飾」[145]。至於「五陵、鄱陽、荊楚之間」，也有「五月盛集，水嬉則競渡」[146]的風俗。從現存唐代詩歌中，可以很好地了解到唐人競渡歡騰的盛況。張建封《競渡歌》云：

> 五月五日天清明，楊花繞江啼曉鶯。
>
> 使君未出郡齋外，江上早聞齊和聲。
>
> 使君出時皆有准，馬前已被紅旗引。

142 《新唐書・穆宗紀》。
143 《資治通鑑》卷二四三。
144 盧子：《逸史》。
145 劉崇遠：《金華子雜編》卷上。
146 調露子：《角力記》。

兩岸羅衣破暈香，銀叉照日如霜刃。

鼓聲三千紅旗開，兩龍躍出浮水來。

棹影斡波飛萬劍，鼓聲劈浪鳴千雷。

鼓聲漸急標將近，兩龍望標目如瞬。

坡上人呼霹靂驚，竿頭彩掛虹霓暈。

前船搶水已得標，後船失勢空揮橈。

瘡眉血首爭不定，輸岸一朋心似燒。

只將輸贏分賞罰，兩岸十舟五來往。

須臾戲罷各東西，競脫文身請書上。

……[147]

這首詩描寫競渡的精彩激烈場面，讀之使人彷彿身臨其境，深受感染。直到五代時，「郡縣村社競渡，每歲端午，官給彩緞，俾兩兩較其遲速，勝者加之銀碗，謂之『打標』」[148]。這已經類似於我們今天的錦標賽。

但也應該看到，龍舟競渡在娛樂的同時，也給地方和人民帶來一定程度的災難。如元稹在《競舟》詩中提到為了「買舟俟一競，竟斂貧者賕」。甚至為了競渡，「年年四五月，蠶實麥小秋」時，召集壯丁，「習競南畝頭」，以致「一時歡呼罷，三月農事休」[149]，妨稼害農，遺患無窮。另如杜亞在揚州時，為了「競渡採蓮龍舟錦纜繡帆之戲，費金數千萬」[150]，造成很大浪費。同時，競渡時還常發生事故，如寶曆三年（856 年）五月初三，瓜步鎮申報浙右試競渡船十艘，「其三船平沒於金山下，一百五十人溺死」[151]。另外，競渡還引發一些社會弊端，如以競渡賭博，《文苑英華》有一則《競渡賭錢判》詞云：「揚州江都縣人，以五月五日於江津競渡，並設管弦。時有縣人王文，身居父喪服，未預管弦，並將錢物賭競渡，因爭先後，遂折舟人臂。」

147　《全唐詩》卷二七五。
148　馬令：《南唐書》。
149　《元稹集》卷三。
150　李冗：《獨異志》補佚。
151　無名氏：《大唐傳載》。

四、乞巧——牛郎、織女相會的節日

乞巧日，即七月初七，又稱七夕。節日來源於牛郎和織女相會的美麗傳說，東晉以後，發展成為民間節日。陳鴻《長恨歌傳》說：「秋七月，牽牛織女相見之夕。秦人風俗：是夜張錦繡，陳飲食，樹瓜花，焚香於庭，號為乞巧。宮掖間尤尚之。」又《麗情集》也說：「三拜畢，鏤針於月，衽線於裳。」可見，七夕主要是廣大婦女們的節日。這一晚，她們擺好供品，向天祈禱，訴說心願，多為求子、求恩愛一類的願望。白居易《長恨歌》詩中有：「七月七日長生殿，夜半無人私語時：『在天願為比翼鳥，在地願為連理枝。』」這描述的唐明皇與楊貴妃在七夕夜，向著天祈禱時訴說的私房話。正因為此，青年婦女們特別喜歡這個節日。

七夕夜開展許多有意義的娛樂活動。王仁裕《開元天寶遺事》卷下記載宮中七夕夜活動情況，曰：「帝（唐明皇）與貴妃每至七月七日夜，在華清宮遊宴，時宮女輩陳瓜花酒饌於庭中，求恩於牽牛織女星也，又各捉蜘蛛於小盒中，至曉開視蛛網稀密，以為得巧之候，密者言巧多，稀者言巧少。民間亦效之。」又「宮中以錦結成樓殿高百丈，上可以勝數十人，陳以瓜果酒炙，設坐具，以把牛女二星，嬪妃各以九孔針、五色線，向月穿之，過者為得巧之候，動清商之曲，宴樂達旦。士民之家皆效之」。七夕是女兒們向織女乞巧的日子，她們都渴望有織女那樣一雙靈巧的手。人們相信，七夕夜深人靜之時，在院中葡萄架下擺上香案，陳列瓜果，屏息靜聽牛郎織女相會的喜悅，如果碰巧這時天上灑下零星細雨，那一定是織女激動的淚水。這時，人們都祝願牛郎織女永遠相愛，相伴終身；同時也祈求織女賜福，無不如願。李商隱《七夕偶題》詩寫道：「靈歸天上匹，巧遺世間人。花果香千戶，笙竽濫四鄰。」反映的就是這種乞巧風俗。

另外，乞巧日還有一些風俗，如讀書人講究於是日曬書，防蟲蛀腐黴；農家則曬衣，講究保健衛生。這些都是中國勞動人民在長期的生活實踐中保留下來的優良傳統。

五、社日民俗活動

社日，是祭祀生養五穀的土地之神的節日，又稱「社稷日」。社為社神，是土地之神；稷為稷神，為五穀的代表。由於土地生育了萬物百穀，所以社也可以代表稷，社稷也就簡稱社，祭社也就是對社稷的祭祀。中國為傳統的農耕社會，自然對養育自己的鄉土懷著深厚的感激之情。春種之前，祈求社的保佑，風調雨順，賜予豐年；秋獲之後，報謝社的恩典，所以社稷的祭祀才那麼隆重和熱烈。

唐代一年兩次的社日，是民間的盛大節日。每當春分和秋分前後的社日來臨之際，都要舉行周密的準備活動。《舊唐書‧禮儀志》載：「諸裡祭社稷儀，前一日社正及諸社人應祭者，各清齋一日於家，正寢；應設饌之家，先修治神樹之下。」民間以祭社活動為中心形成的居民社會組織也稱「社」，《歲華紀麗‧社日》引述前人的解釋說：「百家共一社。」唐後期，人民為了保衛鄉土，聯結成社，有些地方「令五十人為一社」[152]，可能是為了更有效地管理。

社日活動，規模盛大，內容豐富。人們殺雞宰羊，都來參加社日活動，其他和社日活動無關的事都停辦了。張籍《吳楚歌詞》云：「今朝社日停針線，起向朱櫻樹下行。」[153]婦女們停下了手中的針線活，出嫁的媳婦得閒還可以回娘家走走。在舉行迎神賽會之前，統一著裝「白布長衫紫領巾」的青壯年們，還未聽到一聲令下，就湧向田頭「樂社神」[154]。賽神之後，同社人聚會飲宴。村社裡，神鴉社鼓，處處悠揚，暢飲歡歌，熱鬧非凡。一直持續到日頭西斜，月上柳梢，人們還戀戀不捨不想回家。大詩人杜甫在《遭田父泥飲美嚴中丞》詩中就描寫了農村社日之時，樸實的老農邀請詩人暢飲，「自卯將及酉」，直到「月出遮我留，仍嗔問升鬥」[155]的情景。由於在社日這天四鄰合集祭社，所以後世我們常說的「社會」一詞也在唐代正式出現。

---

152 《舊唐書‧穆宗紀》。
153 《全唐詩》卷二一九。
154 韓愈：《昌黎先生集》卷九《賽神詩》。
155 《全唐詩》卷二一九。

六、中秋賞月

中秋節，即八月十五。秦漢時，中秋指秋後第二月，即八月，本月內主要以「白露節」為節日。唐代中秋節已經成為一個較大的民間節日，它的慶賞方式以賞月、拜月為特點，兼舉行一些群眾性的娛樂活動，與後世的中秋節活動內容不盡相同。

中秋玩月、賞月是帝王貴冑及文人士大夫們所喜愛的活動。每當中秋夜，秋高氣爽，皓月當空，皎潔如畫，最易激起人們的雅興。風流天子唐明皇與楊貴妃於中秋夜，「臨太液池，憑欄望月不盡」，下令在池西專門修築了一座高達百尺的「望月臺」，以備來年與貴妃登臺賞月。文人學士們多於是夜，「備文酒宴」玩月，這時「長天無雲，月色如畫」，他們大發詩興，或抒發個人遭遇之不幸，或寄託對親人朋友的思念，或盼望與家人早日團聚，留下了許多膾炙人口的賞月名作。這時，守衛邊關的將士和奔波旅途的征人都會情不自禁地想起自己的親人來，遙對明月，唯有寄上無限的思念與祝福。

中秋夜，也是青年男女們縱情歌舞、自由交往的大好時光，《宣和畫譜》卷五記載：「南方風俗，中秋夜婦人相持踏歌，婆娑月影中，最為盛集。」女仙吳彩鸞與青年進士相戀的美麗傳說，就是在這迷人的夜晚產生的。的確，在這明月當空之夜，歌聲不斷，舞姿翩躚，場面熱烈歡騰，怎能不激起人們的激情。

七、重陽登高

九月初九重陽節，又稱「重九」。相傳始於漢代，與人們祈求長壽的願望有關。唐代每逢重陽，君長都要賞賜臣下「茱萸樹、菊花酒、五色糕」，登高野宴，為節日助興。醫學家孫思邈把登高當作一項健身強體的有益運動。他說：「重陽之日，必以肴酒登遠眺，為時宴之遊賞，以暢秋志。酒必采茱萸、甘菊以

泛之，既醉而歸。」[156]

登高活動有益於身心健康。許多人在登高遠眺時，還抒發了懷念故土、故人的情懷及愛鄉愛國的崇高情操。在登高活動中，有以茱萸插頭以僻邪惡的風俗，所以王維在《九月九日憶山東兄弟》詩中寫道：

獨處異鄉為異客，每逢佳節倍思親。
遙知兄弟登高處，遍插茱萸少一人。

喝菊花酒是重陽節的另一項重要內容。菊花為秋天裡凋枯較晚的花。它不怕嚴霜，不畏秋寒，花香味美，風骨凜然，相傳喝菊花酒可以使人長壽，由此相沿成習，這反映了古人對身心健康的關注。

由於重陽登高在文人學士中特別盛行，唐代詩人給我們留下了大量的以登高為題材的作品，通過這些作品可以了解到當時重陽活動的情況。

當時，長安城最有名的登臨之處，是京師的最高處、四望寬敞的樂遊原。原西有芙蓉園，內有芙蓉池。園北即曲江池。帝王後妃、官僚貴族、文人學士經常登臨遊賞。唐人流傳下來不少詠登樂遊原的詩篇，其中最有名的為李商隱的《樂遊原》詩，「夕陽無限好，只是近黃昏」，成為人們千古傳詠的名句。

---

156 孫思邈：《千金要方‧月令》。

豐富多彩
的游藝

　　隋唐五代時期，是中國古代文體娛樂發展史上的一個黃金時代。這首先應歸之於當時封建經濟的高度繁榮，為它提供了充足的物質基礎；其次是當時政治的開明和社會環境的相對安定，為它創造了一個良好的社會氛圍；此外，像城市的繁榮，商業的發展和市民階層力量的壯大，文化上的傳承，當時的社會風尚，人民的愛好，統治者的提倡以及對外文化交流的擴大，等等，都是這一時期游藝文化空前繁盛的原因。

一、球戲的盛況

　　隋唐五代時期，各種球戲活動頗為盛行，有擊鞠、蹴鞠、踏球等，種類繁多，其中尤以擊鞠最為流行。

　　擊鞠，又稱擊球、打球、打馬球等，是當時最有代表性的一種游藝活動。有人稱它是藏族人民在體育史上的重大貢獻[157]；也有人認為它是從波斯傳來的一種

---

157 徐壽彭、王堯：《唐代馬球考略》，載《中央民族學院學報》，1982 年第 2 期。

游藝項目，所以又稱「波羅球」[158]（Polo）。

馬球的打法是：騎在馬上，分為兩隊，揮舞一種飾以雕文、下端為月牙形的球杖，縱馬爭逐一種大小如拳、朱紅色的球。正規的球場，廣闊平坦，「平望若砥，下看猶鏡」[159]，有單球門和雙球門兩種場地。參賽人數沒有嚴格的限制，以進球多少定勝負。

馬球運動精彩激烈，上至帝王將相，下及普通文士軍人，甚至百姓，都普遍從事。軍人以「擊鞠」為訓練和娛樂方式，及第新進士則照例要赴月燈閣打球慶賀，[160]豪門顯貴以擊球作為比富鬥氣、消磨時光的手段，國家則以馬球招待來訪的貴賓以增進友誼。景龍四年（710 年），吐蕃迎娶金城公主，雙方在宮中舉行「擊鞠」大賽，唐中宗命後來成為唐玄宗的臨淄王、嗣虢王邕和兩位駙馬楊慎交、武崇訓四人上場，力敵吐蕃十人，大獲全勝。[161]唐宣宗擊球技藝精湛，「兩軍老手，咸服其能」[162]。唐僖宗頗以球藝自負，自詡「若應擊球進士舉，須為狀元」[163]。史稱「上好擊球，由是風俗相尚」[164]。一九七一年在陝西乾縣章懷太子墓發現的《打球圖》壁畫，形象生動地再現了唐代擊球的場景。[165]

值得一提的是，連柔弱女子，也巾幗不讓鬚眉，縱馬馳騁，右衝左突，飛杖猛擊。女詩人魚玄機的《打球作》詩描寫道：「堅圓淨滑一星流，月杖爭敲未擬休」[166]。出土文物中也有女子擊球銅鏡和擊球女俑。可以毫不誇張地說，馬球是唐王朝的國球。

由於馬球運動劇烈，危險性較大，經常發生從馬上墮落，或馬匹相撞導致球

158 向達：《唐代長安與西域文明·長安打球小考》，北京，三聯書店，1957。
159 《文苑英華》卷五十九閻寬《溫湯御球》。
160 王定保：《唐摭言》卷三。
161 封演：《封氏聞見記》卷六。
162 王讜：《唐語林》卷五。
163 《資治通鑑》卷二五三。
164 《資治通鑑》卷二〇九。
165 《唐章懷太子墓發掘簡報》，載《文物》，1972 年第 7 期。
166 《全唐詩》卷八〇四。

員碎首折臂的事故，所以，中唐以來，又興起一種「驢鞠」，即騎驢擊球。如節度使郭英乂就曾在府中「教女妓乘驢擊球」[167]。還有「步打」，即徒步打球，如王建《宮詞》就有「殿前鋪設兩邊樓，寒食宮人步打球」[168]句，指的就是這種打法。

彩繪騎馬擊球陶俑（唐）

1958 年陝西西安出土

蹴鞠，也稱踏鞠、蹴球，即古代的足球運動。戰國時代，就開始流行。至唐盛行於全國各地，並有很大的發展和創新。主要表現在「氣球」的發明和「球門」的設置。「氣球」，即充氣之球，球的外殼用八瓣皮革縫製，內實以充氣的球膽。歸氏子弟《嘲詠皮日休》詩有：「八片尖裁浪作球，大中爆了水中揉。一包閒氣如常在，惹踢招拳卒未休。」[169]反映了球的構造及用途；球門是於場端「植兩修竹，絡網於上為門以度球」；比賽方式是「球工分左右朋，以角勝負」[170]。和現代足球基本相似。

軍中以蹴鞠為「習武之戲」，統治者以踏鞠為消遣方式，文人學士中也不乏

---

167 《新唐書·郭知運傳》。
168 《全唐詩》卷三○二。
169 《太平廣記》卷二五七。
170 《文獻通考·樂考·教樂百戲》。

蹴鞠愛好者，普通百姓則更鍾愛踢球。仲無顏《氣球賦》中說：「廣場春景，寒食景妍，交爭競逐，馳突喧闐。或略地以丸走，乍凌空以月圓。」[171]反映了足球運動的精彩激烈。蹴鞠在婦女中也頗流行，《內人踏球賦》描寫宮女的高超踏球技巧有「球不離足，足不離球」[172]句。杜詩「十年蹴鞠將雛遠」、王維「蹴鞠屢過飛鳥上」等句，都反映了唐代流行蹴鞠的盛況。

此外，唐人還發明了多種球戲方式：（1）「打鞠」，也叫「一人場」。比賽時不用球門，也不拘人數多少，由一人表演，可用身體的任何部位，如頭頂、胸靠、膝踢等，比賽花樣和球不離身的技巧與時間長短。《燕山叢錄》載唐顯靈宮道士韓承義，可以「使鞠繞身，終日不墮」，「肩背膺腹，皆可代足。兼應數敵，皆給自弄」。（2）「白打」，也稱「二人場」或「四人場」，是一種偶數對踢的比賽，賽時不設球門。此遊戲在婦女中頗為流行。王建《宮詞》有「寒食內人長白打」句，即指此。（3）「趯鞠」，專以踢高為比賽，軍中頗為流行。軍人張芬，「常於福感寺趯鞠，高及半塔」[173]。康騈《劇談錄》記載了一個十七、八歲的女子趯鞠的故事：有三鬟女子，過長安勝業坊北街，「值軍中少年蹴鞠，接而送之，直高數丈。於是觀者漸眾」。可見女子踢球技巧也不同凡響。另外，還有拋球、弄彩球等戲，不一而足。

二、「雅戲」── 棋藝

隋唐五代時期流行各種棋類活動，有圍棋、象棋、彈棋、雙陸、蘰融等，其中以圍棋最盛。

圍棋，在隋唐時期趨於成熟並最後定型[174]。從考古材料來看，既有十三道、十五道、十七道等發展中的圍棋文物被發現，也有已經成熟定型的十九道圍棋文

---

171 《文苑英華》卷八十一。
172 同上。
173 段成式：《酉陽雜俎》。
174 王永平：《論唐代的圍棋文化》，《唐文化研究論文集》，頁365-377，上海，上海人民出版社，1994。

物的出土。[175]從有關圍棋理論的著述來考察，《新唐書・藝文志》中記載關於圍棋的專著就不下十種，在敦煌石窟藏經洞就曾發現唐代寫本《棋經》殘卷，是世界上迄今發現的最古老的手抄本。此外，像探討圍棋起源的論著有皮日休的《原弈》，總結唐代圍棋發展經驗的有徐鉉的《圍棋義例詮釋》等，標誌著唐代圍棋無論從形制還是理論，都已全面成熟。唐代圍棋的成熟，還突出表現在具有國家棋院性質的棋待詔和棋博士的出現。棋待詔是中國圍棋史上最早的國家認可的專業棋手，代表了當時棋藝的最高水平。棋待詔除了陪皇帝下棋，還代表國家參加國際間的重大比賽。唐代著名的棋待詔有玄宗朝的王積薪、順宗朝的王叔文、宣宗朝的顧師言、僖宗朝的滑能等；懿宗朝還出現了一位外籍棋待詔，這就是來自朝鮮半島新羅國的樸球[176]。開元二十五年（737年），圍棋國手楊季鷹曾代表唐王朝出訪新羅，譜寫下中韓圍棋史上的新篇章；[177]大中二年（848年），以日本王子為首的代表團訪唐，顧師言代表國家出戰，成為中日之間有史以來第一場有正式記載的圍棋比賽。[178]棋博士，又稱宮教棋博士，專門負責教習諸王、公主和宮人下棋，[179]是中國歷史上出現較早的專業棋類學校。由於政府的提倡，加之圍棋的棋局充滿哲理和智慧，比賽時又對時間和場地沒有特殊的要求，所以深得當時人的喜愛，在朝野上下蓬蓬勃勃地開展起來。

象棋，在隋唐時還處於演變過程中，其流傳程度遠不如圍棋廣泛。棋子已有「將」、「馬」、「車」、「象」、「卒」等。走法有「車直入」、「馬斜飛」、「卒橫行」、「將走四方」等，與今天的象棋有所不同。據載，武則天夢中與「大羅天女」下棋，「局中有子，（則天）旋被打將，頻輸天女」[180]。又載，肅宗寶應元年（762年），汝南人岑順夜夢金象將軍與天那將軍列陣交鋒，「天馬斜飛度三止，上將橫行擊四方，輜車直入無回翔，六甲次第不乖行」，又有「步卒橫行一尺」。岑順醒來，就地發掘出一個古墓，「有金床戲局，列馬滿枰，皆金銅成形。……乃

---

175 王永平：《隋唐文物中的圍棋》，載《文物季刊》，1994年第4期。
176 《全唐詩》卷六三八張喬《送棋待詔樸球歸新羅》。
177 《舊唐書・新羅國傳》。
178 《舊唐書・宣宗紀》。
179 《新唐書・百官志》卷二。
180 《士禮居叢書・狄梁公九諫第六》。

象戲行馬之戲也」[181]。另外，象棋名譜《橘中秘》和《橘中樂》，都來源於唐代流傳的一則關於象棋的故事：有個巴邛人，家有橘園，因霜後橘已收，餘兩顆大橘，剖開一看，橘中有兩老者在下象棋。[182]不過，唐代象棋還不見有「炮」、「士」子，走法與今也有所不同，這說明象棋還沒有最終成型。

彈棋，玩法已失傳。玩時主要靠技巧。棋盤為二尺見方的木盤，中間隆起，頂如小壺，四角也微隆。棋子二十四枚，雙方各十二枚：六紅六黑。紅子貴，黑子賤。玩時用己方子去擊對方子，規則是先用賤子，不得已才用貴子。大概是以擊中對方子入中間「小壺」多者為勝。類似今天的臺球和康樂棋的玩法。唐代彈棋是一種頗為盛行的棋戲，文人騷客多有吟詠，如柳宗元的《彈棋序》、盧諭的《彈棋賦》、張廷珪的《彈棋局賦》、閻伯嶼的《彈棋局賦》等。韋應物的《彈棋歌》盛贊了一位有高超技藝的彈棋名家劉生；李頎《彈棋歌》也稱道彈棋高手崔侯；王建《宮詞》中有婦女彈棋的描寫。可見彈棋在隋唐時期是一種很流行的遊戲。但是到宋代，彈棋突然失傳，北宋沈括感嘆：「彈棋，今人罕為之，」[183]南宋陸游則「恨其藝之不傳也」[184]。

雙陸，又稱「握槊」、「長行」、「婆羅塞戲」、「雙六」等名目，唐人目之為「雅戲」。其玩法已失傳。唐代雙陸，有棋盤，上下各十二道。棋子三十枚，雙方各十五枚，以黃黑分別。行棋時先擲骰子，決定先後，骰子二枚，各為二十一點。據唐時傳日本，其形制仍保留至今的雙陸玩法是：兩人對局，黑棋自上左向右行，復由下右向左行；白棋由下左向右行，復由上右向左行。二人輪流擲骰子行棋，同一道中同色之棋任重數子，有二枚同色之棋者，敵棋不得入，已入者取去。取掉的棋可於敵方下次擲骰時入局。如取掉棋不得入局則它棋均不能行。一方不能行棋，即由對方擲骰行棋。如一方棋均入最高的六道（黑為下內六道，白為上內六道）者勝。[185]其玩法近似於現代跳棋。雙陸是唐代棋戲中最為盛行的一

---

181 牛僧孺：《玄怪錄・岑順》。
182 牛僧孺：《玄怪錄・巴邛人》。
183 沈括：《夢溪筆談》。
184 陸游：《老學庵筆記》。
185 〔日〕《日用百科全書・圍棋與將棋・雙陸錦囊》。

種遊戲，唐人李肇《唐國史補》卷下記載：

今之博戲，有長行最盛。……王公大人，頗或耽玩，至有廢慶弔，忘寢休，輟飲食者。……有通宵而戰者，有破產而輸者。其工者近有渾鎬，崔師本首出。圍棋次於長行。

唐代喜玩雙陸者很多，韋後與武三思打雙陸，中宗點籌[186]；武則天的男寵張昌宗與名相狄仁傑對雙陸，武後點籌；[187]楊貴妃與玄宗玩雙陸，將輸，放白鸚鵡亂局；[188]更有嗜之如命者，如高宗時貝州民潘彥，「每有所詣，局不離身。曾泛海，遇風船破，彥右手挾一板，左手搶雙陸局，口銜雙陸骰子。二日一夜至岸，兩手見骨，局終不捨，骰子亦在口」[189]。唐人吟詠雙陸的詩賦也很多，有趙搏的《廢長行》、釋皎然的《薛卿教長行歌》和邢紹宗的《握槊賦》等，為我們認識這種久已失傳的古老遊戲提供了生動素材。

蹙融，也是一種棋類遊戲，玩法已失傳。好像也是兩人對局，有棋盤，各五子。唐人李匡乂《資暇集》卷中描述：「今有弈局，取一道人行五棋，謂之蹙融。」蹙融的子少，下法簡單，所以唐人稱之為「小戲」。段成式曾說：「小戲中，於弈局一樣，各布五子，角遲速，名蹙融。」[190]假如蹙融弈局指的是圍棋盤的話，那麼我們推測這大概是類似於今天「五子棋」的一種遊戲。

除以上較為流行的五種棋戲外，「又有小雙陸、圍透、大點、小點、游談、鳳翼之名，然無如長行者」[191]。這大概是與雙陸玩法相似或從雙陸派生出來的一些棋類遊戲，惜其玩法已全不可考。

---

186 《資治通鑑》卷二〇八。
187 薛用弱：《集異志·集翠裘》。
188 鄭處誨：《明皇雜錄》。
189 張鷟：《朝野僉載》補輯。
190 段成式：《酉陽雜俎》續集卷四。
191 李肇：《唐國史補》卷下。

三、壯士裸袒猛相撲 —— 角抵

角抵戲，又稱角力或相撲，類似於今之摔跤。隋唐五代時期頗為盛行。柳彧曾說：「近代以來，都邑百姓，每至正月十五日，作角抵之戲，遞相誇競。」[192]宮廷、行伍和民間把它作為主要的觀賞、軍訓及娛樂的項目之一。

宮廷經常舉行角抵比賽，帝王們大都喜歡親臨觀賞。隋文帝曾召和尚法通與西番人較量而大勝；[193]唐玄宗每賜宴常有百戲表演，角抵則被安排為壓軸戲出場；憲宗最熱衷的兩項運動是角抵和擊球；穆宗觀賞角抵戲，經常搞到「日昃而罷」；[194]敬宗「常閱角抵於三殿，有碎首斷臂，流血廷中。……夜分乃罷」；[195]文宗曾於「寒食節，御勤政樓觀角抵」；[196]五代後唐莊宗甚至親自赤膊上陣與李存賢角勝負，以刺史為酬賞；[197]南唐二主李璟、李煜，不僅能做詩填詞，而且也是角抵的愛好者。

軍隊將角抵列為軍訓項目。《新唐書·兵志》稱：天寶以後，府兵制廢弛，離隊軍士為了維持生計，有不少人以賣藝為生，「壯者為角抵、拔河、翹木、扛鐵之戲」，反映了軍士們在軍營中受過角抵等訓練。唐後期，中央禁軍神策左右軍和各地方鎮都非常重視對士兵的角抵訓練。穆宗、文宗、懿宗等帝王經常檢閱神策左右軍的角抵表演；各地方鎮也經常舉行角抵大賽。

政府為了發展角抵事業，還設立皇帝摔跤隊，取名「相撲朋」，從行伍和民間選拔了一批優秀選手。文宗時，「鎮海軍進健卒四人……悉能拔撅、角抵之戲」[198]。相撲朋還注重後備人材的培養，從少兒中遴選一些有前途的好苗子，重點培養。摔跤大師蒙萬贏，「於咸通中選隸小兒園……尋入相撲朋中」，從

---

192 《隋書·柳彧傳》。
193 《續高僧傳》。
194 《舊唐書·穆宗紀》。
195 《新唐書·宦者劉克明傳》。
196 調露子：《角力記》。
197 《舊五代史·李存賢傳》載：「存賢少有材力，善角抵。……莊宗自矜其能，謂存賢曰：『與爾一搏，如勝，賞爾一郡』。即時角抵，存賢勝，得蔚州刺史。」
198 范攄：《雲溪友議》卷上。

十四、五歲開始，就因「拳手輕捷」而嶄露頭角，「擅場多勝，受賜豐厚，萬贏呼名從此始」。後來他歷懿、僖、昭三朝，技藝日趨精湛成熟，於是廣收門徒，「五陵年少、幽燕任俠，相從詣教者數百」[199]。堪稱一代宗師。

在政府的推動下，角抵活動在民間廣泛開展起來。《角力記》云：「五陵、鄱陽、荊楚之間，五月盛集，水嬉則競渡，街坊則相拂（按：方言，角力）為樂。」在陝南、成都一帶，還設擂臺比賽，「募橋市壯勇者，於山前平原作場，候人交（比賽），贏者社出物賞之，彩馬擁之而去；觀者如堵，巷無居人。從正月至五月方罷」。在這種風氣的影響下，民間湧現出一批角力高手。穆宗時有雲陽角抵人張蒞；文宗時，邢州角抵人在南詔劫掠成都時，獨斃蠻兵二人；武宗時壯士管萬敵，「富有膂力」，每戰必勝，人稱「萬敵」，後選入左軍，在一次街坊酒肆的角力比試中，卻敗在一位不知名的「麻衣掌蓋」手下，真是強中自有更強者；懿宗時楊河，「性好相撲，身形魁偉，為人若有所求，必與人敵」，且善於圍棋。像這類角抵高手，在唐代民間還有不少。在敦煌莫高窟藏經洞發現的一幅唐代幡畫相撲圖，形象生動，可與文獻記載相印證。

最為驚奇的是，隋唐婦女也開展這項活動。唐政府在《禁斷女樂敕》中說：「自有隋頹靡，庶政雕弊……廣場角抵，長袖從風，聚而觀之，浸以為俗。……傷風害政，莫斯為甚，既違式令，尤宜禁斷，自今以後，不能更然。」[200]其中提到的「長袖從風」，即指女子角抵。但這道禁令並沒有被認真執行，因為在唐末，號稱「勇而多力」的皇家角抵高手張季弘，被一位山村婦女的高超技藝嚇得「流汗神駭……闔扉假寐，不敢交手」[201]。可見唐代婦女中也不乏角抵名家。

---

199 調露子：《角力記》。
200 《唐大詔令集》。
201 調露子：《角力記》。

四、拔拒抵長河 —— 拔河

拔河，古稱「牽鉤」或「拖鉤」。相傳興起於春秋時期的南方荊楚一帶，初用以教戰，至隋唐時期，風俗以拔河祈豐年，所以頗為盛行。據唐人封演《封氏聞見記》卷六記載：

> 拔河，古用篾纜，今民則以大麻繩，長四五十丈，兩頭分繫小索數百條掛於前，分兩朋，兩勾齊挽。當大絙之中，立大旗為界。震鼓叫噪，使相牽引，以卻者為輸。

隋唐時期的拔河活動，規模很大，參加的人數也很多，每邊多達數百人，甚至上千人。《隋書‧地理志》載：「牽鉤之戲，云以講武所出。……鉤初發動，皆有鼓節，群噪歌謠，振驚遠近。俗云以此厭勝，用致豐穰。」拔河是農閒時的一種很好的娛樂活動。

到了唐代，拔河活動由民間傳入宮廷。唐玄宗曾組織過一次有一千多人參加的拔河比賽，薛勝《拔河賦》記此盛會曰：「皇帝大誇胡人，以八方平泰，百戲繁會，令壯士千人，分為二隊，名拔河。」[202]唐玄宗還曾作《觀拔河俗戲》詩以助興，詩序寫道：「俗傳此戲，必致豐年，故命北軍，以求歲稔。」詩云：「壯徒恆賈勇，拔拒抵長河。俗練英雄志，須明勝負多。噪齊山岌嶪，氣作水騰波。預期年歲稔，先此樂時和。」大臣張說也作詩《奉和聖制觀拔河俗戲應制》曰：「今歲好拖鉤，橫街敞御樓。長繩系日住，貫索挽河流。鬥力頻催鼓，爭都更上籌。春來百種戲，天意在宜秋。」這兩首詩對當時拔河比賽的氣勢作了很好的描寫，並指明舉行這種大規模的拔河比賽是為了祈求豐年。同時，在首都舉行有一千多人參加的氣壯山河的比賽，也具有極大的政治意義，所謂「名曰拔河於內，實耀武於外」，這是顯示國力盛衰的一種方式。

唐代民間拔河，多是男子參加；而唐中宗李顯在宮中組織的拔河比賽，還有宮女參加。《資治通鑑》卷二○九載：景龍三年（709 年）二月，「幸玄武門，與

---

202 《文苑英華》卷八十一。

近臣觀宮女拔河」；中宗還組織官僚貴族參加拔河比賽，景雲元年（710 年）春，「上御梨園球場，命文武三品以上拋球及分朋拔河。韋巨源、唐休璟衰老，隨綆踣地，久之不能興。上及皇後妃主臨觀，大笑」。這場比賽以中書、門下省的三位大臣和五位將軍為一隊，尚書省七位大臣和二位駙馬為一隊。唐以後，拔河活動雖然在民間廣泛開展，但像唐朝這樣大規模的並有朝臣和婦女參加的比賽，卻很少見諸於記載。

五、萬里鞦韆習俗同

鞦韆戲，是中國古老的民間遊戲之一。盪鞦韆時，既不需要很大的力量和複雜的動作，又帶有幾分驚險，通過自身的力量把身體盪至空中，所以深受婦女和少年兒童們的喜愛，成為隋唐時期開展較為普及的一項游藝活動。

唐代宮廷流行鞦韆戲，「天寶宮中，至寒食節，競豎鞦韆，令宮嬪戲笑，以為宴樂，帝呼為『半仙之戲』。都中士女因而呼之」[203]。王涯《宮詞》有「春風擺盪禁花枝，寒食鞦韆滿地時」句，反映的就是唐代宮廷流行鞦韆戲的盛況。

唐代民間開展鞦韆活動更為廣泛，王維《寒食城東即事》詩有：「蹴鞠屢過飛鳥上，鞦韆競出垂楊裡。」杜甫《清明》詩：「十年蹴鞠將雛遠，萬里鞦韆習俗同。」說明盪鞦韆活動在唐代民間廣泛開展。

唐代詩人留下大量吟詠鞦韆戲的詩篇，為我們更好地認識這項游藝提供了豐富的材料。王建《鞦韆詞》寫道：

> 長長絲繩紫復碧，嫋嫋橫枝高百尺。
> 少年兒女重鞦韆，盤巾結隊分兩邊。
> 身輕裙薄易生力，雙手向空如鳥翼。

---

203 王仁裕：《開元天寶遺事》卷下。

下來立定重繫衣，復畏斜風高不得。

旁人送上那足貴，終睹鳴瑞鬥自起。

回回若與高樹齊，頭上實釵從墮地。

眼前爭勝難為休，足踏平地看始愁。

詩中生動地描寫了少年兒童進行盪鞦韆活動的比賽，他們以盪的高低程度為輸贏，有較高的技巧和膽略。

鞦韆戲在唐代，尤其是在婦女中，一直流行，究其原因，是因為這一時期社會風氣較為開放，婦女們受封建禮教的束縛相對較輕，戶外活動的機會相對較多。每當春暖花開，草長鶯飛之際，春光融融，風和日麗，楊柳吐絮，綠草如茵，正是一年中盪鞦韆的最佳季節。女兒們走出深閨，呼朋喚友，聚在一起，歡聲笑語隨鞦韆上下而回盪。張籍《寒食》詩云：「綠楊柳上五絲繩，枝弱春多欲不勝。唯有一年寒食日，女郎相喚擺階癡」。劉禹錫《同樂天和微之探春》中「鞦韆爭次第，牽拽彩繩斜」；韋應物《長安清明》中「紫陽亂嘶紅叱拔，綠楊高映畫鞦韆」等名句，描寫的都是唐代鞦韆戲的盛況。這些詩讀來令人彷彿置身於當時的綠草、碧野、嬌楊、麗日的無限春光之中，耳畔迴盪著婦女兒童的歡聲笑語。

六、自解凌波不畏沉 —— 游泳

游泳，作為一種消夏解暑、健身娛樂的活動，在此時也有很大的發展，並且湧現出一批游泳高手。據《通幽記》載：唐德宗貞元年間，有個叫周邯的人，有小奴約十四、五歲，「入水如履平地。令其沉潛，雖經日移時，終無所苦」。所以稱為「水精」。周邯曾帶他從四川沿江而下，「經瞿塘、灩澦，遂令『水精』沉而視其邃遠。水精入，移時而出，多採金銀器物」。能潛入水深流急的長江三峽，說明其潛水技術是相當高超的。又據《因話錄》卷六記載：有洪州優胡曹贊，「善為水嬉。百尺檣上，不解衣投身而下，正坐水面，若在茵席。又於水上靴而浮。或令人以囊盛之，繫其囊口浮於江上，自解其繫。至於回旋出沒，變易

千狀。見者目駭神竦，莫能測之」。這段記載表明唐時的水上運動有類似於現代的「高臺跳水」；水中解囊，沒有高超的游泳技術是不行的；「回波出入，變易千狀」，已經有「花樣游泳」的味道。

游龍門和弄潮是最能體現唐代民間高超的游泳技術水準的活動。龍門，位於今晉、陝交界地帶，為一斷裂帶，上下懸差，形成急流湍瀑，令人望而生畏。然而「龍門人皆言善游，於懸水接水，上千如神」[204]。錢塘江潮，由於海水倒湧，氣勢壯觀，有膽大者下水戲游，稱「弄潮」。《唐語林》卷五載：「杭州端午競渡，於錢塘弄潮。」在江南水鄉，許多女子也是游泳能手，楊師道《採蓮》詩描寫一位游泳姑娘「自解凌波不畏沉」；五代後蜀花蕊夫人徐氏也曾描寫過美女游泳的情景。

晚唐五代時期，一些權門豪貴之家還擁有私人游泳池，據引《舊五代史·雷滿傳》載：雷滿是一位游泳愛好者，「滿嘗鑿深池於府中，客有過者，召宴池上，指其水曰：『蛟龍水怪皆窟於此，蓋水府也。』酒酣，取座上器擲池中，因而入取器。嬉水上久之乃出」。由此可見，游泳運動在隋唐五代時期有很大的發展。

七、雜技的進一步風行

雜技藝術是傳統的百戲內容之一。隋唐時期，百戲大盛，經常舉行大規模的雜技表演。如大業六年（610 年），「諸夷大獻方物，突厥啟民以下，皆以國主親來朝賀。乃於天津街盛陳百戲……百戲之盛，振古無比」[205]。唐政府每逢重大節日朝會，都要以各種百戲、歌舞來招待臣僚及外國使節。《唐語林》卷七記載：「舊制，三二歲，必於春時，內殿賜宴，宰輔及百官，備太常諸樂，設魚龍曼衍

---

204 李肇：《唐國史補》卷下。
205 《隋書·音樂志》。

之戲，連三日，抵暮方罷。」所謂「內撫諸夏，外接百蠻」[206]正是唐王朝的真實意圖所在。在政府的倡導之下，雜技藝術得到進一步的發展。當時較為流行的雜技有如下幾種：

竿技，主要有頂竿和爬竿兩種。頂竿，又稱「戴竿」、「竿木」、「都盧尋橦」、「透橦」等名目。唐時，每逢皇帝誕辰、重大朝會，常大張音樂，盛陳百戲，頂竿為必演節目，被稱為「熱戲」。同時，還要進行頂竿比賽。「凡戲輒分兩朋，以判優劣，則人心競勇，謂之『熱戲』。」[207]武後時幽州藝人劉交，「戴長竿高七十尺，自擎上下。有女十二，甚端正，於竿上置定，跨盤獨立」[208]。玄宗時教坊王大娘，「善戴百尺竿，上施木山，狀瀛洲方丈，令小兒持絳節，出入其間，而舞不輟」[209]。敬宗時幽州藝人石大胡，「攜養女五人，才八九歲，於百尺竿上張弓弦五條，令五女各居一條之上，衣五色衣，執戟持戈舞《破陣樂曲》，俯仰來去，赴節如飛」[210]。這種竿技驚險刺激，玄宗時神童劉晏詠詩有「樓前百戲競爭新，惟有長竿妙入神」[211]。在敦煌石窟一百五十六號洞中，有一幅《宋國夫人出行圖》壁畫，在長長的隊伍中，走在最前面的即是頂竿表演。

爬竿，又稱「緣橦」。隋唐民間流行此技。《隋書·沈光傳》說，吳興沈光，少年時「驍捷善戲」，曾爬上禪定寺門前高十餘丈的幡竿繫繩，只見他「以口銜繩，拍竿而上，直至竿頭，繫繩畢，手足皆放，透空而下，以掌拒地，倒行數十步。……時人號為『肉飛仙』」。這種爬竿上樹技藝，在民間當經常比試。

繩技，也即走索。藝人在掛在空中的平直的繩上，表演各種平衡騰躍的驚險技巧。《封氏聞見記》卷六記載唐玄宗生日時的一次繩技表演云：

開元二十四年（736 年）八月五日，御樓設繩技。多者先引長繩，兩端屬

---

206 韓鄂：《歲華紀麗》卷一。

207 崔令欽：《教坊記》序。

208 張鷟：《朝野僉載》卷六。

209 鄭處誨：《明皇雜錄》卷上。

210 蘇鶚：《杜陽雜編》卷中。

211 《全唐詩》卷一二〇《詠王大娘戴竿》。

地，埋鹿盧以繫之。鹿盧內數丈立椿以起繩，繩之直如弦。然後使女以繩端躡足而上，往來倏忽之間，望之如仙，有中路相遇，側身而過者，有著屐而行之從容俯仰者。或以畫竿接脛，高五六尺，或蹋肩蹈頂至三四重，既而翻身擲倒，至繩還注，曾無蹉跌，皆應嚴鼓之節，真奇觀者。……自安史覆盪，伶倫分散外方，始有此伎，軍州宴會時或有之。

唐代關於詠繩伎的詩文很多，如胡嘉隱的《繩伎賦》、張楚金的《樓下觀繩伎賦》以及劉言史的《觀繩伎》詩等，都有精彩的描述。

呈力伎，以表演力大為特色。《唐會要》中有「神龜負岳」、「夏育扛鼎」等項目，就屬於這種表演活動。唐末俳優王某，「有巨力，每遇府中饗軍宴客，先呈百戲，王生腰背一船。船中載十二人，舞《河傳》一曲，略無困乏」[212]。這也是一種呈力伎表演。

雜旋伎，表演者取多種圓形器物，放在竿上旋轉，有「旋盤」、「轉碟」、「耍盆」等。

弄槍伎，表演者赤身帶著幾個環，另一個表演者在數十步之外，連擲槍，皆中環。類似於擲飛刀表演。

蹴瓶伎，表演者將一瓶從地面踢到一根鐵棒頂端，穩穩立住而不跌落，也稱「踢瓶」。

擎戴伎，兩個表演者以手相抵，一在上，頭手朝下，一在下，以手撐住，擎戴而行。

拗腰伎，表演者向後翻腰，不僅手足皆到地，而且口能銜取到地上的東西，然後重新挺身而立。類似於銜花表演。

瞋面戲，表演者以手舉足緊貼頸上，技藝嫻熟者，可不用手而腳能自加頸

---

212 孫光憲：《北夢瑣言》逸文卷一。

上。唐有劉吃陀奴就擅長此技。[213]

衝狹戲，又稱透劍門戲，是一種驚險的雜技表演。在一個木圈的四周，插上利劍，劍刃向內，表演者袒身從圈中穿梭往來而不傷身。這種驚險節目表演易出事故。《唐語林》卷八載：「軍中有透劍門伎。大宴日，庭中設幄數十步，若廊宇者，而編劍刃為檳棟之狀。其人乘小馬至門，審度端直，鞭馬而過，琤然聞劍動之聲，既過而人馬無傷。宣武有小將善此伎，每饗軍則為之。」「鑽火圈」之類的雜技也屬此類。

踏球戲，表演者站在一尺多高的大木球上，腳下旋轉滾動球而行。《封氏聞見記》卷六云：「今樂人又有踏球之戲，作彩畫木球，高一二尺，女伎登躡球，旋轉而行，縈回去來，無不如意。」

倒立伎，從印度傳入，是一種含有柔術和硬氣功的驚險雜技。《新唐書·禮樂志》載：「睿宗時，婆羅門國獻倒行以足舞。仰置 刀，俯身就鋒，歷臉下。復植於背，箄篥者立背上，曲終而無傷。又伏伸其手，二人躡之，周旋百轉。」

丸劍伎，表演跳劍、弄丸的一項古老雜技。表演者把數枚鐵丸或數把鐵劍拋擲空中，用雙手或雙腳互相接拋，使之上下飛轉，往復不絕。技高者可同時手擲四劍、腳受五丸。《唐音癸籤·樂·散樂》載，「雜戲」有「跳丸」、「跳鈴」、「跳劍」等名目，皆屬此伎。

飛彈伎，表演者以彈弓來表演各種技藝。唐代有一個叫張芬的人，「彈弓力五鬥……每除牆方丈，彈成『天下太平』字。字體端研，如人模成」[214]。

---

213 以上所列諸伎見：《文獻通考·樂考·散樂百戲》。
214 段成式：《酉陽雜俎》卷五。

八、馬戲和幻術

馬戲有舞馬、舞象、舞獅等節目。其中舞馬活動，規模最大，技巧最精。

舞馬，據《樂府雜錄》記載：「馬舞者，櫳馬人著彩衣，執鞭，於床上舞蹀躞，蹄皆應節也。」這種活動，在玄宗朝最盛。《舊唐書·音樂志》說：「玄宗在位多年，善音樂，若宴設酺會，即御勤政樓。……日旰，即內閑廄引碟馬三十匹，為《傾杯樂》曲。奮首顧尾，縱橫應節。又施三層板床，乘馬而上，抃轉如飛。」明皇時，曾出現過「舞馬四百蹄」[215]的盛況。文人墨客紛紛寫詩作賦以紀其盛，較著名的有薛曜《舞馬篇》、錢起《千秋節勤政樓下觀舞馬賦》、李濯《內人馬伎賦》、敬括《季秋朝宴觀內人馬伎賦》等。新中國成立以後，中國考古工作者在西安發現唐鎏金舞馬銜杯銀壺[216]，可與文獻記載相印證。

舞象，是由馴服的大象所進行的各種表演活動。在南方產象的少數民族地區十分流行，他們曾以象舞作為招待來自中原唐使者的節目。據《嶺表錄異》記載：「蠻王宴漢使於百花樓前，設舞象曲。樂動，倡優引入一象，以金羈絡首，錦襜垂身，隨膝騰踏，動頭搖尾，皆合節奏。」唐政府也有西南、東南各少數民族及南亞諸國贈送的馴象。唐玄宗時經常舉行象舞表演。《明皇雜錄》卷下記載了一次包括馬、象在內的馴獸大型表演，有「戲馬鬥雞……又引大象、犀牛入場，或拜舞，動中音律」，引起人們的極大興趣。直到唐末，還有關於舞象的記載：「乾符四年（877 年），占城國進馴象三頭，當殿引對，亦能拜舞。」[217]

舞獅，是人們模仿獅子的形象動作，創造的各種獅子舞，有五方獅子、九頭獅子之類。五方獅子歸入「立部伎」的《太平樂》中，由人裝扮成五頭不同顏色的獅子，各立一方，在獅子郎的逗弄下，表演獅子「俯仰馴狎」的各種神態；九頭獅子是一種更為粗獷的獅子舞。白居易《西涼伎》詩描寫舞獅的形象道：「假面胡人假獅子，刻木為頭絲作尾。金鍍眼睛銀帖齒，奮迅毛衣擺雙耳。」

---

215 鄭處誨：《明皇雜錄》補遺。
216 《西安南郊何家村發現唐代窖藏文物》，載《文物》，1972（1）。
217 劉恂：《嶺表錄異》卷下。

幻術種類也很多，除傳統的「吞刀」、「吐火」等幻術外，還出現了「藏狹」之類的新幻術。

「吞刀」、「吐火」是從印度傳來的幻術。王棨《吞刀吐火賦》曰：「原夫自天竺來。……初呈，握內豈吹毛之銳，難親含腹指胸，雖鑠石之威可出。於是叱吒神勵，含呀氣質，旁駕肩而孰不觀也，忽攘臂而人皆異之。俄而精鋼克腹，織烈交顧；罔有剖心之患，曾無爛額之疑。寂影滅以光沉，霜鋒盡處，煙霞舒而血噴；朱焰生時，素刃兮倏去。於乎紅光兮遞騰其口，始蔑爾以虹藏竟爇；然而電走隱於笑語，回看而琤鏗，皆空出自煙喉，旁取而榆檀何有？」[218]唐人李冗《獨異志》記載：「高祖時，有西國胡僧，能吐火脅眾。」這種幻術類似於現代魔術。

還有一種「斷手足刳剔腸胃」的幻術，也是從天竺傳來的。類似於現代魔術中腦袋搬家之類的表演。唐高宗時曾有人在內地演出。

唐代還有一個叫「燕奴」的戲法，表演時，「有術士於腕間出彈子二丸，皆五色，叱令變化，即化雙雙燕飛騰，名燕奴，又令變，即化二小劍交擊。須臾復為丸入腕」[219]。

藏狹，又名「藏掖」。表演者以敏捷的手法變戲法。據《文獻通考·樂考·散樂百戲》載：「藏狹，蓋取物而懷之，使觀者不能見也。」

此外，蘇鶚《杜陽雜編》記載的幻術藝人米寶，能在粗二寸、長尺許的蠟燭上，施五色光，燃亮後，呈現樓臺殿閣的形狀，「竟夜不滅」。《通典·樂·散樂》也說，唐代幻術藝人能「額上為炎爐，手中作江湖。舉足而珠玉自墮，開口則幡旄亂出」；《酉陽雜俎》更記載了能使畫龜變活、畫枝開花的幻術表演；還有「漱水而霧」、「吐飯而蜂翔」等幻術，也十分有趣。這些都充分反映了唐代幻術的發展水平。

---

218 《文苑英華》卷八十二。
219 馮贄：《雲仙雜記》卷九。

九、種類繁多的雜遊戲

雜遊戲的種類繁多，可分為博戲、鬥勝遊戲和宴集遊戲三大類，是隋唐五代人民閒暇游藝的主要內容。

博戲的種類很多，大致說來，當時人最常開展的有葉子戲、選格、龜背戲、錢戲、藏鉤等。

葉子戲：唐代發明的一項遊戲活動。《太平廣記》卷一三六《李郃》引《感定錄》曰：「唐李郃為賀州刺史，與妓女葉茂蓮江行，因撰骰子選，謂之『葉子戲』。咸通以來，天下尚之。」又據宋人王辟之《澠水燕談錄》卷九說：唐一行禪師製葉子格，「當時士大夫宴集皆為之」。雖然記載不同，但都肯定是唐代才出現這種遊戲。它是由骨牌演變而成紙牌，具體玩法已不考。有的學者認為它是近代撲克遊戲的先驅。

選格：是從雙陸發展而來的一種遊戲。其玩法以擲骰為之。據房千里《骰子選格序》說：「開成三年（838 年）春，予自海上北徙，舟行次洞庭之陽……遇二三子號進士者，以六骰雙為戲更投局上，以數多少，為進身職官之差數。」[220]所以戲稱「選格」（選，為選官之意）。唐僖宗就精於此戲，《北夢瑣言》記載：「唐僖宗皇帝播遷漢中，蜀先主建為禁軍都頭。與其儕於僧院擲骰子，六雙次第相重，自麼自六，人共駭之。」後世的選官圖遊戲就是從此戲發展而來。

龜背戲：是從內宮傳出、迅速流行於公卿士大夫中間的一種遊戲。柳宗元《龜背戲》詩云：「長安新技出宮掖，喧喧初遍王侯宅。玉盤滴瀝黃金錢，皎如文龜麗秋天。八方定位開神卦，六甲離離齊上下。投變轉動玄機卑，星流霞破相參差。四分五裂勢未已，出無入有誰能知。乍驚散漫無處所，須臾羅列已如故。徒言萬事有盈虛，終朝一擲知勝負。修門象棋不復貴，魏宮妝奩世所棄。豈如瑞質耀奇文，願持千歲壽吾君。廟堂巾笥非餘慕，錢刀兒女徒紛紛。」詩中提到這種遊戲比象棋還流行，惜其玩法已失傳。

---

220 《全唐文》卷七六〇。

錢戲：又稱「攤錢」。據李匡乂《資暇集》曰：「錢戲，有每以四文為一列者，即史傳所云意錢也，俗謂之攤錢，亦曰攤鋪其錢。不使疊映欺惑也。」又趙與時《賓退錄》也說：「因問何謂攤錢，云博也。按：梁冀能意錢之戲。注云：即攤錢也。則擲錢之為博亦信矣。」並引杜詩「長年三老長歌裡，白晝攤錢高浪中」來說明錢戲之盛。唐代宮中流行各種錢戲，有擲金錢，據《開元天寶遺事》卷上云：「內廷嬪妃，每至春時，各於禁中結伴三人至五人擲金錢為戲。蓋孤悶無所遣也。」又有白打錢，王建《宮詞》有：「寒食內人長白打，庫中先散與金錢。」又韋莊《長安清明》詩也有：「內宮初賜清明火，上相閒分白打錢。」白打錢戲在民間也有開展，侯白《啟顏錄》記載，封抱一為益州九隴尉，「與同列戲白打賭錢」。這些錢戲的玩法已全部失傳。

藏鉤：是一種古老的遊戲，漢代已經發明，唐時繼續流傳。《酉陽雜俎》續集卷四載：「舊言藏鉤起於鉤弋，蓋依辛氏《三秦記》，云漢武鉤弋夫人手拳，時人效之，目為藏鉤也。……眾人分曹，手藏物，探取之。又令藏鉤剩一人，則來往於兩朋，謂之餓鴟。《風土記》曰：『藏鉤之戲，分二曹以較勝負。』人若偶則敵對，若奇則使一人為遊附，或屬上曹，或屬下曹，名為飛鳥。又今為此戲必於正月。」唐舉人高映，「善意鉤。成式嘗於荊州藏鉤，每曹五十餘人，十中其九。同曹鉤也知其處，當時疑有他術。訪之，映言但意舉止辭色，若察同視盜也」。又「山人石旻尤妙打鉤，與張又新兄弟善，暇夜會客，因試其意鉤，注之必中。張遂置鉤於巾襆中。旻良久笑曰：『盡張空拳』。有頃，眼鉤在張君襆頭左翅中。其妙如此」。這是一個集體性遊戲，主要是猜測把某樣東西藏在某人身上的遊戲。

以上這幾種遊戲雖然娛樂性很強，但都在不同程度上帶有賭博性質，所以定名為博戲。

鬥勝遊戲有鬥雞、鬥鵝、鬥茶及鬥百草等，以鬥雞最盛。

鬥雞是帝王將相和庶民百姓都十分喜愛的遊戲。唐代統治者中有不少人熱衷於鬥雞。唐太宗在做藩王時就喜歡觀賞鬥雞，大臣杜淹曾作《詠寒食鬥雞應秦王教》詩；唐玄宗朝為鬥雞戲的極盛期，《資治通鑑》卷二一一記載他和諸王「退

則相從宴飲，鬥雞擊球，或獵於近郊，游賞別墅，中使存問相望於道」。陳鴻《東城老父傳》借一位開元、天寶年間的鬥雞專家賈昌的事例，生動形象地描繪了當時鬥雞戲的盛況：「玄宗在藩邸時，樂民間清明節鬥雞戲。及即位泊雞坊於兩宮間，索長安雄雞，金毫鐵距，高冠昂尾千數，養於雞坊。選六軍小兒五百人，使馴擾教飼。上之好之，民風尤甚。諸王世家、外戚家、貴主侯家，傾帑破產，市雞以償雞直。都中男女，以弄雞為事，貧者弄假雞。……時人為之語曰：『生兒不用識文字，鬥雞走馬勝讀書。』」此外，像敬宗、文宗、宣宗等都是鬥雞迷。至晚唐懿宗、僖宗更加腐化，僖宗不僅喜好鬥雞，還好鬥鵝，《資治通鑑》卷二五二載：「上好騎射，劍槊、法算，至於音律、蒲博，無不精妙，好蹴鞠、鬥雞，與諸王賭鵝，鵝一頭至五十緡。」在統治者的倡導下，鬥雞、鬥鵝活動廣為開展。

鬥百草為隋唐時婦女兒童廣為喜好的遊戲。此戲以比賽花草種類、品種多寡、新奇為內容。為尋花草，人們四處巡遊，甚富野趣，甚至有拿胡須作百草的有趣事情。《隋唐嘉話》卷下記載：「晉謝靈運須美，臨刑，施為南海祇洹寺維摩詰須。寺人寶惜，初不虧損。中宗朝，安樂公主五月鬥百草，欲廣其物色，會馳驛取之。又恐為他人所得，因剪棄其餘，遂絕。」白居易《觀兒戲》詩有「弄塵鬥百草，盡月樂嘻嘻」句，反映了兒童對鬥百草遊戲的喜愛。

鬥茶，又稱「茗戰」[221]，以比賽茶的品種優劣、烹飪手藝為內容，類似於現代茶道。大盛於唐中葉以後。

宴集遊戲是人們在節日聚會和飲宴時所舉行的一系列遊戲。最常見的有行酒令、投壺和拋彩球等。

行酒令，在唐人宴集時很流行。一般是推一人為令官，稱「酒糾」，監督其餘人輪流按令表演，違令者罰酒，所謂「酒令大於軍令」就是這種遊戲的一條約定俗成的規則。《雲溪友議》記載了一位叫崔雲娘的酒糾在澧州宴上機敏應變，

---

221 馮贄：《雲仙雜記》。

屢罰來賓的故事。時人有「瘦拳拋令急，長嘴出歌遲」句，詠其在酒宴上「每戲舉罰眾賓」的神態。唐人行酒令比較複雜，沒有一定的文化水平和修養是不行的。唐人酒令的名目繁多，並且有一定的章程，有字令、旗幡令、詩令、閃壓令、拋打令、手打令等。[222]今存《全唐詩》中有酒令一卷。

投壺，是由古代射禮發展而來的一種宴賓娛樂，早在春秋時代就開始流行。投壺，即在一定的距離外向壺中投「矢」。所用之壺，大腹細長頸，一般高一尺，壺口直徑三寸，兩耳直徑各為一寸，壺內裝滿小豆，若投矢時用力過猛，矢會反彈出來；為增加投矢的難度，有時直接投空壺，稱「驍壺」。投壺的規則很複雜，極講究技巧，娛樂性強，頗受唐人喜歡。唐人精通投壺者很多，如《新唐書‧裴寬傳》中的「寬性通敏，工騎射、彈棋、投壺」；《大唐新語》中的「盧藏用博學工文章，善草隸、投壺、彈琴，莫不盡妙」；韓愈《鄭儋碑》中的「鄭公與賓客朋游，飲酒必極醉，投壺博弈，窮日夜而不厭」[223]。還有一些投壺高手，能反手投壺，難度較高。據《朝野僉載》卷六記載：「薛 惑者，善投壺。龍躍隼飛，矯無遺箭。置壺於背後，卻反矢以投之，百發百中。」唐代還出現了專門研究投壺的著作。《孔帖》載：「上官儀著有《投壺經》一卷。」反映了當時投壺遊戲的盛行。

拋彩球，當酒酣時，以拋彩球為戲，還伴以專門的音樂《拋球樂》，樂停，球在誰手中，罰誰喝酒或出節目。唐人對這種遊戲多有描述，劉禹錫有《拋球樂詞》，皇甫松也有《拋球樂》詩，從中可以了解到拋球戲歡樂熱鬧的情景。今天宴集活動時玩的擊鼓傳花遊戲與此戲類似。

十、出門俱是看花人

賞花，在城市居民中極為流行。每當春暖花開之時，到處都是賞花和遊春的

---

222 王讜：《唐語林》卷八。
223 《昌黎先生集》卷二十六。

人流，「若待上林花似錦，出門俱是看花人」。唐代都市市民攜酒跨馬、輾轉於花圃園林，其如痴如醉、若顛若狂的程度，令人難以置信。《開元天寶遺事》卷上記載：「長安俠少，每至春時，結朋聯黨，各置矮馬，飾以錦韉金某輅，並轡於花樹下往來，使僕從執酒皿而隨之，遇好圃則駐馬而飲。」劉禹錫《百花行》詩描寫長安賞花盛況云：「長安百花時，風景宜輕薄。無人不沽酒，何處不聞樂。……爛漫簇顛狂，飄零勸行樂。」這種規模空前的賞花盛況，點綴著大唐繁榮、安定的升平景象。

　　在唐人的賞花活動中，牡丹特別為人們所偏愛。愛牡丹、植牡丹、賞牡丹、詠牡丹成風。人們把牡丹花比喻為雍容華貴的美女，這正是大唐盛世的象徵。牡丹花，在「隋朝花卉中所無也」，但自「天寶中，為都中奇賞」[224]以來，身價鵲起，貴族之家，至有「用沉香為閣，檀香為欄，以麝香、乳香、篩土和為泥飾壁」[225]而種植者。《唐語林》卷七說：「京師貴牡丹，佛宇、道觀多游賞者。」《唐國史補》卷中也說：「每春暮，車馬若狂，以不耽玩為恥。」李正封詠牡丹詩有「國色朝酣酒，天香夜染衣」句，國色天香是對牡丹的最好贊譽。由於唐人對牡丹花的癖好，當時的長安市場上還出現了花市，「灼灼百朵紅，戔戔五束素」；「一叢深色花，十戶中人賦」[226]。由此可見，牡丹花在唐人心目中之珍貴。

　　除牡丹花外，長安城中唐昌觀的玉蕊花、杏園杏花、玄都觀的桃花，等等，也是唐人所喜愛觀賞的花卉。《劇談錄》說：「上都安業坊唐昌觀，舊有玉蕊花甚繁。每發，若瑤林瓊樹。元和中，春物方盛，車馬尋玩者相繼。」姚合《杏園行》詩云：「江頭數頃杏花開，車馬爭先盡此來。欲待無人連夜看，黃昏樹樹滿塵埃。」劉禹錫《戲贈看花諸君子》詩曰：「紫陌紅塵拂面來，無人不道看花回。玄都觀裡桃千樹，盡是劉郎去後栽。」洛陽梨花滿枝頭時，「人多攜酒其下，日為梨花洗妝，或至買樹」[227]。李花也頗受人鍾愛，「終南及廬岳出好李花，兩市

---

224 段成式：《酉陽雜俎》卷十九。
225 王仁裕：《開元天寶遺事》卷下。
226 白居易：《買花》。
227 馮贄：《雲仙雜記》卷一、卷三。

貴侯富民以千金買種於廬，有致富者」[228]。蘭花也很名貴，「霍定生與友遊曲江，以千金募人竊貴侯亭榭中蘭花插帽，兼自持往綺羅叢中賣之。士女爭買，拋擲金錢」[229]。這些都生動地反映了唐人愛花、賞花的巨大熱情。

228 馮贄：《雲仙雜記》卷一、卷三。
229 同上。

參考書目

《周書》

《北史》

《南史》

《隋書》

《舊唐書》

《新唐書》

《舊五代史》

《新五代史》

《資治通鑑》

《唐會要》

《五代會要》

《全唐文》

《全唐詩》

《冊府元龜》

《太平廣記》

《文苑英華》

《通典》

《唐六典》

《唐大詔令集》

《唐律疏議》

《太平御覽》

《文獻通考》

《古今圖書集成》

封演·《封氏聞見記》·北京：中華書局，1958

蘇鶚·《杜陽雜編》·北京：中華書局，1958

李吉甫·《元和郡縣圖志》·北京：中華書局，1983

樊綽撰·向達校注·《蠻書校注》·北京：中華書局，1962

元稹·《元稹集》·北京：中華書局，1982

杜牧·《樊川文集》·上海：上海古籍出版社，1978

《白居易集》

《道藏》

《大正藏》

溫大雅·《大唐創業起居注》·上海：上海古籍出版社，1983

劉肅‧《大唐新語》‧北京：中華書局，1984

吳兢‧《貞觀政要》‧上海：上海古籍出版社，1984

段成式‧《酉陽雜俎》‧北京：中華書局，1981

劉餗、張鷟‧《隋唐嘉話‧朝野僉載》‧北京：中華書局，1979

李肇、趙璘‧《唐國史補‧因話錄》‧上海：上海古籍出版社，1983

王仁裕等撰，丁如明輯校‧《開元天寶遺事十種》‧上海：上海古籍出版社，1985

王定保‧《唐摭言》‧上海：上海古籍出版社，1978

宋敏求‧《長安志》，四庫全書本。

范祖禹‧《唐鑑》‧上海：上海古籍出版社，1984

王讜‧《唐語林》‧上海：上海古籍出版社，1985

計有功‧《唐詩紀事》

孫光憲‧《北夢瑣言》‧上海：上海古籍出版社，1981

辛文房‧《唐才子傳》‧哈爾濱：黑龍江人民出版社，1986

徐松‧《兩京城坊考》‧北京：中華書局，1985

徐松‧《登科記考》‧北京：中華書局，1984

趙翼，王樹民校注‧《廿二史札記校證》‧北京：中華書局，1984

王昶輯‧《金石萃編》‧北京：中國書店，1985

河南省文物研究所、河南省洛陽地區文管處編‧《千唐志齋藏志》‧北京：文物出版社，1984

周紹良主編・《唐代墓誌匯編》・上海：上海古籍出版社，1992

王重民、向達等編・《敦煌變文集》・北京：人民文學出版社，1957

〔朝鮮〕崔致遠・《桂苑筆耕集》，叢書集成本。

〔日本〕圓仁・《入唐求法巡禮行記》・上海：上海古籍出版社，1986

瞿宣穎・《中國社會史料叢鈔》（影印本）・上海：上海書店，1985

《中華文明史・隋唐五代卷》・石家莊：河北教育出版社，1992

趙文潤主編・《隋唐文化史》・西安：陝西師範大學出版社，1992

馮天瑜等著・《中華文化史》・上海：上海人民出版社，1990

范文瀾主編・《中國通史》・第 3、4 卷・北京：人民出版社，1978

韓國磐・《隋唐五代史綱》・北京：人民出版社，1979

呂思勉・《隋唐五代史》・上海：上海人民出版社，1961

鄭學檬主編・《唐文化研究論文集》・上海：上海人民出版社，1994

陶懋炳・《五代史綱》・北京：人民出版社，1984

鄭學檬・《五代十國史研究》・上海：上海人民出版社，1991

卿希泰主編・《中國道教史》・第 1、2 卷・成都：四川人民出版社，1992

任繼愈主編・《中國道教史》・上海：上海人民出版社，1990

李養正・《道教概說》・北京：中華書局，1989

葛兆光・《道教與中國文化》・上海：上海人民出版社，1988

湯用彤・《隋唐佛教史稿》・北京：中華書局，1982

郭朋‧《隋唐佛教》‧濟南：齊魯書社，1981

方立天‧《中國佛教與傳統文化》‧上海：上海人民出版社，1988

程方子‧《隋唐時代的儒學》‧昆明：雲南教育出版社，1991

〔美〕謝弗著，吳玉貴譯‧《唐代的外來文明》‧北京：中國社會科學出版社，1995

牛志平‧《唐代婚喪》‧西安：西北大學出版社，1996

王永平‧《唐代游藝》‧西安：西北大學出版社，1995

羅宗強‧《隋唐五代文學思想史》‧上海：上海古籍出版社，1986

向達‧《唐代長安與西域文明》‧北京：三聯書店，1957

任繼愈主編‧《中國哲學史》‧第 2 冊‧北京：人民出版社，1963

郭紹林‧《唐代士大夫與佛教》‧開封：河南大學出版社，1987

謝保成、趙俊‧《中國隋唐五代思想史》‧北京：人民出版社，1994

吳宗國‧《唐代科舉制度研究》‧瀋陽：遼寧大學出版社，1992

馮曉林‧《中國隋唐五代教育史》‧北京：人民出版社，1994

秦浩‧《隋唐考古》‧南京：南京大學出版社，1992

程千帆‧《唐代的進士行卷與文學》‧上海：上海古籍出版社，1980

瞿林東‧《唐代史學論稿》‧北京：北京師範大學出版社，1989

蕭默‧《隋唐建築藝術》‧西安：西北大學出版社，1996

孫振華‧《中國雕塑史》‧北京：中國美術學院出版社，1994

楊仁愷‧《中國書畫》‧上海：上海古籍出版社，1990

張奎元、王常山·《中國隋唐五代科技史》·北京：人民出版社，1994

高世瑜·《唐代婦女》·西安：三秦出版社，1988

任半瑭·《唐戲弄》·上海：上海古籍出版社，1984

楊蔭瀏·《中國古代音樂史稿》·北京：人民音樂出版社，1980

王克芬·《中國舞蹈史·隋唐五代部分》·北京：文化藝術出版社，1987

侯外廬主編·《中國思想史綱》·北京：中國青年出版社，1980

尹盛平主編·《唐墓壁畫真品選粹》·西安：陝西人民美術出版社，1991

韓偉編著·《海內外唐代金銀器萃編》·西安：三秦出版社，1990

游國恩等編·《中國文學史》·北京：人民文學出版社，1963

尹協理、魏明·《王通論》·北京：中國社會科學出版社，1984

湯用彤·《湯用彤學術論文集》·北京：中華書局，1983

王明·《道教和道教思想研究》·北京：中國社會科學出版社，1984

鐘肇鵬·《讖緯論略》·瀋陽：遼寧教育出版社，1991

史念海·《河山集》·第 5 集·太原：山西人民出版社，1991

呂一飛·《胡族習俗與隋唐風韻》·北京：書目文獻出版社，1994

再版後記

本套叢書第一版出版於二〇〇〇年，若再上溯到一九九五年項目正式起動，則距今已有十五年之遙。十五年前的中國，改革開放正進入重要階段。隨著國家現代化建設事業的不斷推進，深層次的文化問題愈益受到普遍關注。人們也越來越意識到，所謂現代化，首先就是人的現代化；而所謂人的現代化，離不開人的道德文化素養的提升，所以，歸根結柢，現代化的實現有賴於文化的現代化。也因是之故，一九九七年黨的十五大報告即提出了建設「有中國特色社會主義的文化」的宏偉目標。報告不僅強調「社會主義現代化應該有繁榮的經濟，也應該有繁榮的文化」，而且強調有中國特色社會主義的文化，「它淵源於中華民族五千年文明史，又植根於有中國特色社會主義的實踐」。學術反映時代。明白了這一點，便不難理解，隨著文化問題自二十世紀八〇年代後期以來的持續升溫，其時中國文化史的研究也發展到了一個新的階段：關注對中國文化總體史的探究。這也正是本叢書當年創意的緣起。

本叢書的作者多是來自京內外高校和科研院所的中青年學者。當年既沒有什麼科研經費，也沒有什麼津貼，大家的合作主要是出於共同的學術興趣。整套叢書寫作長達四年之久，尤其是最後一年，幾乎每週末都需要開會討論問題。但大家心態平和，似乎都樂此不疲。當然，說到底，這還要感謝當年比較寬鬆的學術環境，因為那時候高校沒有如今這樣沉重的量化考核的壓力，作者得以避免產生浮躁的心態和陷入急功近利的怪圈。當年參與本叢書編寫的作者，今天多成了有成就的學者和各單位的學術骨幹，大家有時聚首，說起來都很懷念那一段共事的時光。

由於種種原因，本叢書出版後沒有為更多讀者所熟知，也沒有產生應有的社會效益。二〇〇九年，北京師範大學出版社找到我，認為這套「文化通史」依然有著重要的學術價值，值得向廣大讀者推介，希望能夠將之再版。這一動議讓我看到了北京師範大學出版社對學術與市場雙向的判斷力，和助益學術的執著追求。所以，我當即表示欣然同意。

現在本叢書即將出版，我們想利用這個機會，對北京師範大學出版社的大力支持深表感謝。策劃編輯饒濤、李雪潔同志為本叢書出版付出了很多的辛勞；碩士研究生明天、李豔鳳、鞠慧卿同志為本叢書的圖片選取，也做了大量的工作，在此，一並申致謝意。

鄭師渠

於北京師範大學

二〇〇九年五月十五日

亮點書系 . 中國文化通史 A1001008

中國文化通史・隋唐五代卷　下冊

主　　編　鄭師渠
版權策畫　李　鋒

發 行 人　陳滿銘
總 經 理　梁錦興
總 編 輯　陳滿銘
副總編輯　張晏瑞
編 輯 所　萬卷樓圖書股份有限公司
排　　版　菩薩蠻數位文化有限公司
印　　刷　維中科技有限公司
封面設計　菩薩蠻數位文化有限公司

出　　版　昌明文化有限公司
桃園市龜山區中原街 32 號
電話　(02)23216565
發　　行　萬卷樓圖書股份有限公司
臺北市羅斯福路二段 41 號 6 樓之 3
電話　(02)23216565
傳真　(02)23218698
電郵　SERVICE@WANJUAN.COM.TW
大陸經銷
廈門外圖臺灣書店有限公司
　電郵　JKB188@188.COM

ISBN 978-986-496-160-3
2018 年 1 月初版
定價：新臺幣 480 元

如何購買本書：

1. 劃撥購書，請透過以下郵政劃撥帳號：
　帳號：15624015
　戶名：萬卷樓圖書股份有限公司
2. 轉帳購書，請透過以下帳戶
　合作金庫銀行　古亭分行
　戶名：萬卷樓圖書股份有限公司
　帳號：0877717092596
3. 網路購書，請透過萬卷樓網站
　網址　WWW.WANJUAN.COM.TW
大量購書，請直接聯繫我們，將有專人為您
服務。客服：(02)23216565 分機 610

如有缺頁、破損或裝訂錯誤，請寄回更換

國家圖書館出版品預行編目資料

中國文化通史. 隋唐五代卷 / 鄭師渠著. -- 初
版. -- 桃園市：昌明文化出版；臺北市：萬
卷樓發行, 2018.01
　冊；　公分
ISBN 978-986-496-160-3(下冊：平裝)
1.文化史 2.中國
630　　　　　　　　　　　　　　107001802

本著作物經廈門墨客知識產權代理有限公司代理，由北京師範大學出版社（集團）有
限公司授權萬卷樓圖書股份有限公司出版、發行中文繁體字版版權。